中国墨子学会与墨学研究三十年
(1991—2021)

邵长婕　编撰

山东大学出版社
SHANDONG UNIVERSITY PRESS
·济南·

图书在版编目(CIP)数据

中国墨子学会与墨学研究三十年 ：1991-2021 / 邵长婕编撰. -- 济南 ：山东大学出版社，2024. 10.

ISBN 978-7-5607-8039-9

Ⅰ. B224.5-53

中国国家版本馆 CIP 数据核字第 202457FY93 号

责任编辑　楚洋洋

封面设计　蓝海文化

中国墨子学会与墨学研究三十年(1991—2021)

ZHONGGUO MOZIXUEHUI YU MOXUEYANJIU SANSHINIAN(1991—2021)

出版发行　山东大学出版社

社　　址　山东省济南市山大南路 20 号

邮政编码　250100

发行热线　(0531)88363008

经　　销　新华书店

印　　刷　东港股份有限公司

规　　格　720 毫米×1000 毫米　1/16

29.25 印张　528 千字

版　　次　2024 年 10 月第 1 版

印　　次　2024 年 10 月第 1 次印刷

定　　价　118.00 元

序　一

党的十八大以来，习近平总书记多次强调要传承和弘扬中华优秀传统文化，凝聚民族精神。党的二十大报告又对“推进文化自信自强，铸就社会主义文化新辉煌”作出战略部署，对“传承中华优秀传统文化”提出明确要求。

墨子学说，是中华优秀传统文化的重要组成部分。作为力行学派的墨家，为了践行墨学思想，以“兼相爱，交相利”为宗旨，以民众为本，以自苦为极。正因如此，墨学与儒学在春秋战国时期成为言盈天下、技压群芳的显学，堪为中华传统文化的瑰宝，至今闪耀着人文主义的光辉。

墨学从发轫至今，历经“显学”“式微”“绝学”“重光”2000多年的嬗变，足以说明墨学的不息之生命力和广泛适用性。墨家思想以润物细无声的方式潜流民间，深耕中华文化2000余年。墨学的兼爱倡导、平民立场、奉献情怀、俭约品德、实践品格、劳动本位、诚信意识、科学精神无不从某种程度上耦合了中国特色社会主义，在真、善、美、慧的维度上，彰显了墨学与中国特色社会主义理论体系的会通逻辑。墨家以其深刻的哲学洞见和民主、科学因素成为连接东西方文化的桥梁，为中国注入了鲜灵生动的活力，传播了超越时代的思想价值。

1991年，山东大学与滕州市以超前的战略眼光，联合抓住“墨子研究”这一领域开展合作，成立了山东大学·滕州市墨子研究中心，不仅为专家提供了研究平台，也结束了墨学研究2000多年的分散、冷落局面，标志着墨学研究从此进入了一个崭新的阶段。这是20世纪中国思想史上意义重大的事件。这种现象本身说明墨子的理论与主张“当而不可易”(《墨子·公孟》)，也说明20世纪中国社会产生了对墨学理论的巨大需求。

滕州作为墨子故里，研究、挖掘、弘扬、传承、宣传、普及墨家文化责无旁贷。30多年来滕州市历届市委、市政府和滕州市人民以高度的历史使命感和历史责任感，积极推动墨家文化研究事业各项工作快速发展，先后成立了中国墨子学会、山东墨子基金会、滕州市墨子研究中心，建设了墨子纪念馆、鲁班纪念馆、墨砚馆、墨子图书资料库、中国墨子网、墨子云大数据平台，建立表彰机制，与20多个国家建立学术联系，成功举办了13届墨子鲁班学术研讨会、8届墨子文化节、5届鲁班文化节、2届墨子小孔成像国际摄影学术研讨会等节会和重大活动，在组织架构、人、财、物等方面予以全方面保障，为墨学研究事业的发展打下了坚实基础。山东大学、滕州市联合推动墨学文化的研究，成功打造了校地合作共同推动中华优秀传统文化事业发展的“滕州模式”。墨子故里——滕州已经成为墨学文化的圣地，为推进墨子研究事业的发展提供了重要载体和高端平台。

圣人墨子出滕州，兼爱思想誉全球。墨子是滕州的，是中国的，也是世界的。进入新时代，我们要牢记习近平总书记关于中华优秀传统文化创造性转化、创新性发展的指示精神，继续加大对墨学研究事业的支持保障力度，精心谋划，全力推进、弘扬墨子创新精神，进一步提升民族自信心和文化自豪感。

邵长婕同志于2011年至2020年在滕州市墨子研究中心工作，组织并实施了一系列推动墨学研究事业发展的工作和活动，是墨学文化事业发展的参与者、推动者、执行者、见证者，其编撰的《中国墨子学会与墨学研究三十年(1991—2021)》,既是墨学研究事业发展历程的生动记录,又是墨学研究学术风格的鲜明体现,是墨学研究事业的一个阶段性总结,正应了当年墨子"古之善者则述之,今之善者则作之"之说。值此付梓之际,我谨致以热烈的祝贺!是为序。

中共枣庄市委常委、滕州市委书记

二〇二三年六月

序　二

喜读邵长婕同志编撰的《中国墨子学会与墨学研究三十年(1991—2021)》,令我感悟良多。我认为,首先这是一部具有独特性的墨学研究发展史;其次,这是一部有关墨学研究的叙事史;最后,这是一部兴盛社会经济的文化史。

首先,这是一部具有独特性的墨学研究发展史。一是体现在编撰者按照编年史原则,阐明了中国墨子学会与墨学研究三十年的成就和历程。编撰者既是墨学研究实际组织者,又是历届墨子学术研讨会的参与者。如在每届墨子学术研讨会举行之前,编撰者要提出研究的学术主题,说明其意义,还要拟定研讨的规模、时日和会址等提请主管部门核定。二是这部墨学研究发展史具有独特性,还在于它不是对墨学某一方面某一具体思想或学说研究发展史的阐明,如墨家的社会政治思想、军事思想、科技思想、认识论方面"三表"思想等问题的研讨发展史,而是对每届墨子学术研讨会提出、研讨、论述的有关墨家诸方面的所有问题三十年的演进、发展史的阐述。为此,编撰者对十多届数百万字的墨学研讨成果《墨子研究论丛》(共十四辑),进行了艰辛的查阅、分析、研究,提炼概括出有关墨学研究的主要学术问题,作了阐述。如对首届墨子学术研讨会的成果《墨子研究论丛》(一)就提炼概括出关于墨子的里籍和时代、关于墨家的思想体系、关于墨家的历史地位及现代意义三大重要问题。又如,编撰者对第五届墨子学术研讨会成果《墨子研究论丛》(六)中的54篇论文,提炼概括出关于墨家学派的军事学说及其现代价值、关于墨子军事思想的具体范畴研究、关于墨子军事学说与先秦诸子军事学说的比较研究、关于墨子逻辑学研究四个问题。再如,将第十届国际墨子鲁班学术研讨会成果《墨子研究论丛》(十一)中42篇论文,概括为四个方面的研究问题:关于墨子的经济伦理思想、关于墨子的节用主张及其现代价值、关于墨家其他领域的研究、关于鲁班创新精神的传承与人才培养。对此,不再一一列举。但要着重说明的是,编撰者对每届研讨会成果概括的所有问题的阐释,虽然以摘录原作的话为依据,但其中却蕴含着编撰者对该问题的深度见解,以及对新视角、新方法的揭示,这是难能可贵的。

其次,这是一部有关墨学研究的叙事史。其主要内容有三。

一是不仅叙述了有关各级党政领导对开展墨学研究、弘扬中华优秀传统的重要指导,还叙述了有关领导亲临研讨会参与研讨。如第三届墨学国际研讨会在山东省会济南召开时,时任中央政治局委员、山东省委书记吴官正同志出席会议并讲话,鼓励与会学者积极发掘和弘扬墨子学说对优秀传统文化发展的意义。之后他还为王玉玺同志的《墨子名言》作了序:“墨子是我国古代伟大的思想家、教育家、科学家、军事家和社会活动家,也是一位学贯文理、注重实践、百科全书式的平民圣人。毛泽东主席高度评价墨子是一个劳动者,他不做官,但他是比孔子高明的圣人,是古代辩证唯物论大家;江泽民总书记一九九一年五月在莫斯科访问讲话时也曾引用墨子‘强不执弱,富不侮贫’的名言,来阐明我党我国的立场观点,在国内外引起了很好的反响。墨学是中华民族优秀传统文化的重要组成部分,研究墨学,古为今用,对于加强社会主义精神文明建设,促进祖国统一,维护世界和平,具有重要的现实意义和深远的历史意义。”2002年全国政协副主席宋健为王玉玺同志的《八体书古今名人评墨子》作序说:“现代人在《墨子》中看到,民主政治、和平外交、人道伦理、公民道德和丰富的辩证唯物论哲学情愫跃然字里行间……人言《天志》《明鬼》篇为唯心论,余以为非然也,实为托古改意,曲抒历史唯物主义之作。‘兼相爱’曰仁,‘交相利’曰义,爱人先于爱己,被定为社会政治道德和社会伦理的基本准则(《兼爱》)。立论‘非攻’,批判‘强凌弱、富侮贫、诈欺愚'的强权政治(《非攻》)。选官应'尚贤','官无常贵,民无终贱',包括天子在内的各级官员都应以德、才、能为选任,'虽农工肆人,有能则上之'(《尚贤》)。政治保证庶民'饥者得食,寒者得衣,劳者得息'(《非命》)……扼言之,战国时代声影浩大又极得人民支持的墨学,对人文、民主诸主题的思想和论述,与二千年后的欧洲文艺复兴时代的最突出的思想家、哲学家和法学家的著作轩轾相埒,毫不逊色。"他还说:"二十世纪初现代科学技术大规模传入中国以后,人们再读二千三百多年前的《墨经》,才惊奇地发现其中包含了丰富的关于力学、光学、几何学、工程技术知识和现代物理学、数学的基本要素……最使科学界震惊的是《墨子》中关于光学知识的研究记录。《经下》和《经说下》篇中有八处讲到光学,准确阐述了光的直线传播和反射,影子的生成,透镜的正、虚像生成原理等……《墨经》中关于光传播直线的记录早于和超过欧几里德,在世界科学史上应有崇高的地位。"

王玉玺同志曾任山东省人大常委会副主任,多次亲临研讨会发言予以指导,不仅向研讨会提交墨子研究著作,还借会举行作品展,特别对《墨子大全》的编辑和出版作出了决定性的贡献。

滕州市委、市政府历届领导对开展墨学研究,给予无条件的全力支持,不仅对每届墨学研讨会进行谋划、设计和具体指导,还为永久开展墨学和鲁班思想研究、弘扬中华优秀传统文化组建常设研究机构"滕州市墨子研究中心",并按建制配备专职研究人员,为永久有序开展墨子鲁班思想研究给予了坚实保障。

二是叙述有关开展墨子鲁班思想研究的软硬件建设,以及搭建墨子鲁班思想研究平台。硬件方面,竖起墨子塑像,建成墨子纪念馆和鲁班纪念馆,以及相应的墨砚馆和艺术馆。软件方面,编辑出版百卷本的《墨子大全》;每届研讨会后,均按时选编研讨会论文集《墨子研究论丛》,现已正式出版了十四辑;创办了期刊《墨学研究》,现已发行七十多期,很受研究者和一般读者欢迎;建立的"中国墨子网"更为广大网友访问和赞扬;等等。

三是记载和叙述了有关规范中国墨子学会和墨学研究活动的章程、规则,还叙述了中国墨子学会领导成员更迭换届的有关情况。总之,作为叙事史的《中国墨子学会与墨学研究三十年(1991—2021)》,“事”不是一般的事,而是推进墨子鲁班思想研究之“事”,是为弘扬中华优秀传统文化之“事”,是很有重要意义的。

最后,这是一部兴盛社会经济的文化史。从首届墨子学术研讨会开始,就同时举行促进社会经济发展的经贸洽谈活动,之后还通过举办墨子文化节、鲁班文化节来振兴社会经济的发展。在滕州市墨子中心的工作规划中,制定了“产业发展规划”细目,并进行了具体实施。

总之,读了《中国墨子学会与墨学研究三十年(1991—2021)》,收获良多,其内容丰富,难以言透,谨将上述,是为序。

武汉大学教授

朱传棨

癸卯年二月

目 录

引 言 …………………………… 1
1991年 …………………………… 4
1992年 …………………………… 22
1993年 …………………………… 33
1994年 …………………………… 43
1995年 …………………………… 50
1996年 …………………………… 60
1997年 …………………………… 68
1998年 …………………………… 76
1999年 …………………………… 88
2000年 …………………………… 92
2001年 …………………………… 96
2002年 …………………………… 109
2003年 …………………………… 113
2004年 …………………………… 115
2005年 …………………………… 145
2006年 …………………………… 146
2007年 …………………………… 165
2008年 …………………………… 170
2009年 …………………………… 185
2010年 …………………………… 205
2011年 …………………………… 225
2012年 …………………………… 235
2013年 …………………………… 253
2014年 …………………………… 272
2015年 …………………………… 286
2016年 …………………………… 292
2017年 …………………………… 317
2018年 …………………………… 342
2019年 …………………………… 379
2020年 …………………………… 399
2021年 …………………………… 435
后 记 …………………………… 451

引 言

墨子(约公元前480—前390年),姓墨名翟,春秋战国之际思想家、哲学家、科学家、军事家、教育家、社会活动家,墨家学派创始人,鲁地小邾国(今山东省滕州市)人。

《汉书·艺文志》著录《墨子》七十一篇,现只存五十三篇。墨子出身工匠,终生为平民百姓呐喊奔波。他博学多才,创立了墨家学派。以"兴天下之利,除天下之害"为宗旨,在社会政治与伦理思想方面提出了"兼爱、非攻、尚贤、尚同、节用、节葬、非乐、非命、天志、明鬼"等十大主张,形成了完整的思想体系。墨学与儒学在春秋战国之际并称为"显学"。毛泽东主席曾评价墨子是"古代唯物辩证论大家","是比孔子更高明的圣人"。

就科技而言,墨子及其弟子在科学史上作出的贡献是划时代的。英国科学家李约瑟认为,"完全信赖人类理性的墨家,明确地奠定了在亚洲可以成为自然科学的主要概念的东西","他们勾画出了堪称科学方法的一套完整理论"。墨家团队结合具体的生产实践和工艺活动,自觉地有意识地探究、归纳若干自然现象和生产过程的内在机理,总结或发现了包括几何学、算学、时空观、力学、光学、哲学、逻辑学等在内的诸多领域中的某些公例或定律,这些成果载于《墨经》中。因此,墨子是一位百科全书式的"平民圣人",被后人尊称为"科圣"。

墨子不仅是一位思想家、哲学家、科学家、社会活动家,还是一位军事家。他从"兼爱天下,热爱和平"的思想出发,反对大国以强凌弱,主张积极防御,使小国免受或少受战争侵略之苦。他设计了完美的防守工程和科学的防御武器,这些都成为古代军事宝库中的瑰宝。《墨子·备城门》以下十一篇被列为古代最早的防守方面的兵书,与以进攻为主的《孙子兵法》并称"兵家双璧"。中共中央政治局原常委、中央军委原副主席刘华清同志称墨子是"伟大的军事家"。

汉武帝"罢黜百家,独尊儒术"后,墨学不彰,一度中衰。从汉至明,文人学者提到墨子的,代不乏人;但多数抑墨崇儒,只有唐代大儒韩愈提出儒墨相通相用,墨子必用孔子,孔子必用墨子,不相用不足为孔墨。

明代《墨子》评点著述迭现,清中后期墨学研究特别是《墨辩》研究大兴,都是“倡导经世致用之实学,以求学术之今用”的结果。其中最著名的当属孙诒让的《墨子间诂》,梁启超说:“自此书出,然后《墨子》人人可读,现代墨学复活,全由此书导之。”

进入20世纪20年代,随着西学东渐,古老的中华传统文化受到西方近代科学与社会科学的巨大冲击,以胡适、梁启超、冯友兰为代表的一批学者开始将研究的重点投向墨家,并进行了不同角度的深入研究。这一时期,在墨学研究上实现了重大突破,墨学的地位也发生了根本性的转变:从抑墨渐变为兴墨。

山东大学是我国以文史见长的学府。自20世纪20年代起,山东大学就与墨学研究有着不解之缘,墨学研究在文史两系代不乏人,成绩斐然。栾调甫、高亨、杨向奎、张知寒、姜宝昌、郑杰文等一批墨学研究名家取得了很多重要的研究成果,可以说,在墨学研究方面,山东大学是有传统的。而推动墨学研究第二次复兴的正是山东大学历史系教授张知寒。

张知寒先生1954年考入山东大学历史系,师从杨向奎、童书业诸先生。在童先生教诲和引导下,潜心研究墨学。20世纪80年代末,张知寒先生连发五篇论文,考证出墨子为小邾国人,里籍即今之滕州,获得广泛认同。张知寒先生在作好墨学学术研究的同时,为推动墨学复兴做了大量艰苦的工作。1986年秋,经张知寒先生引荐,山东古国史研究会会长刘敦愿先生主持的“山东古国史学术研讨会”在滕县招待所召开,这是从“山东古国史”角度梳理、考证、探讨墨子里籍的重要学术会议。1988年2月2日,滕县王裕安县长和县人大常委会郭良志主任等在济南召开“驻济滕县老乡振兴滕县联谊会”时,张知寒详尽介绍了各界关于墨子里籍的观点和他多年的考证成果,作了题为“墨子也是滕州人”的讲话。该讲话内容发表在1988年2月8号《枣庄日报》上,题目是《回来吧! 墨子》。1988年3月,经国务院批准,撤销滕县,设立县级滕州市。1988年10月,张知寒先生从山东大学离休,仍然往返于济南和滕州之间,多次向滕州及枣庄领导汇报,商议启动墨子研究的事宜。1990年11月19日,经市人大常委会郭良志主任引荐,张知寒面见滕州市新任市委书记林兆义、市长张昭、市政协主席朱锡光等领导并进行了亲切会谈。林书记当即决策,由朱锡光主席牵头,李广星(时任市政府办公室副主任、史志办主任)等同志去山东大学对接商讨联合研究墨学之事。山东大学党委书记陈之安、副校长乔幼梅等领导、专家大力支持,愿意与滕州共同弘扬墨学。双方商定，于12月底在滕州成立山东大学·滕州市墨子研究中心，筹备工作由张知寒教授、朱锡光主席、李广星主任负责。经过一个月紧张的筹备，12月29日，山东大学·滕州市墨子研究中心成立大会在滕州市机关招待所举行。会议由市长张昭主持，张知寒教授汇报了墨子研究中心的筹备情况，郭良志主任宣读了滕州市委和山东大学党委关于成立山东大学·滕州市墨子研究中心的决定，任命陈之安为主任，林兆义、乔幼梅、祝明、张知寒、郭良志、张昭、朱锡光、崔静珠为副主任，张知寒兼任秘书长、李广星兼任副秘书长。山东大学·滕州市墨子研究中心是新中国成立以来成立的首个墨学研究机构，它的成立在墨学史上具有划时代的意义，揭开了墨学第二次复兴及健康发展的大幕。

同年，为配合山东大学·滕州市墨子研究中心开展工作，滕州市委、市政府专门成立滕州市墨子研究中心办公室，其为全额事业单位，编制20人。1991年6月4日，在滕州市召开首届墨子学术研讨会，6月6日，经过民主协商讨论，通过了拟定的《山东墨子学会章程》。1995年，经山东省民政厅批准，山东墨子学会正式成立。1992年，在山东墨子学会各项工作的基础上，经民政部批准，中国墨子学会成立，民政部为主管单位，挂靠在山东大学，秘书处在滕州市墨子研究中心办公室，学会由山东大学党委书记兼任会长，滕州市委书记兼任中国墨子学会第一副会长，先后聘请吴官正、费孝通、宋健、马万祺、姜春云、李景、杨斯德、赵志浩、张高丽、李建国、姜异康、王玉玺和任继愈、张岱年、季羡林、杨向奎、蔡尚思等领导与专家担任中国墨子学会名誉会长。为助力墨学文化的研究、弘扬、普及和开发等工作的开展，山东省民政厅于1995年8月批准成立了山东墨子基金会。山东墨子基金会的成立，进一步保障了墨学文化研究的健康有序发展。

30年来，中国墨子学会围绕中华优秀传统文化的弘扬和传承，先后成功举办了13届墨子鲁班学术研讨会、8届墨子文化节、5届鲁班文化节；举办“墨子公开课”等各种讲座100余场；编辑出版《墨子大全》等300余部、共计约8000万字的墨学研究论著和普及读物；建立中国墨子学会评选表彰机制，每年列出专项经费对墨子鲁班文化研究学者进行奖励；规划建设了墨子纪念馆、鲁班纪念馆、墨砚馆等宣传普及阵地。同时，积极探索传统文化宣传、普及新途径，在墨子鲁班文化研究、挖掘、宣传、普及、弘扬、交流等多个领域得到全面发展，为传承和弘扬墨学文化作出了积极贡献。

1991 年

4 月 6 日，滕州市在木石镇修建了墨子纪念馆。

滕州市在木石镇修建了墨子纪念馆。张知寒恭请中国社科院历史研究所研究员杨向奎先生题写馆名“墨子纪念馆”；由中国人民解放军装甲兵工程学院教授、著名的军事工程专家颜道岸先生恭请西南联大的老同学、老同事，时任国家图书馆馆长的任继愈先生题写“墨子故里碑”和“目夷亭”。馆内共有 8 间展室，展出墨子生平简介、图书、文物、名人字画等。

4 月，周云之《墨经校注 · 墨家逻辑学》由甘肃人民出版社出版发行。

《墨经》是中国古代文化的瑰宝、中国逻辑史上最精彩的一章，又是公认的很难读的古书之一。《墨经校注 · 墨家逻辑学》集点、校、注、译、论于一体，作者以严谨而审慎的科学态度对《墨经》重新点校和注释，并以传统逻辑知识去准确地分析、整理和诠释《墨经》中较为系统的辩学体系，吸取众家之长。该书是作者多年来研究《墨经》逻辑学成果的一个总结，把《墨经》逻辑学的研究提高到了一个新的水平。

6 月 4 日至 6 日，首届墨子学术研讨会暨山东墨子学会成立大会在滕州市召开。

6 月 4 日至 6 日，首届墨子学术研讨会暨山东墨子学会成立大会在滕州市召开，山东省委常委、宣传部部长苗枫林在开幕式上作了重要讲话。与会学者通过实地考察论证，认为墨子故里就在今天的滕州市，这是墨学研究的重大成果。会议还选举成立了山东墨子学会。根据与会专家和领导建议，为了进一步加强对墨学研究工作的组织领导，滕州市委、市政府研究决定成立滕州市墨子研究中心办公室，作为墨子研究中心的办事机构。滕州市墨子研究中心办公室为局级单位，由滕州市政府办公室管理。

应邀出席这次大会的著名专家、教授有南京大学名誉校长、教授、中国孔子基金会会长、南京大学中国思想家研究中心名誉主任匡亚明，北京图书馆馆长、教授、中国哲学史研究会会长任继愈，北京大学教授、清华大学思想文化研究所所长张岱年，中国社会科学院历史研究所研究员杨向奎、张政烺，山东大学教授王先进、张季平、刘敦愿、田昌五，中国人民解放军装甲兵工程学院教授颜道岸，河北大学教授漆侠等，有来自全国 28 个省、自治区、直辖市的 40 多所高等院校及科研单位的 120 多位墨学专家，以及人民日报社、新华社、光明日报社、大众日报社、枣庄日报社等 13 家新闻单位 20 多名记者、编辑参加了会议。出席这次会议的省市党政领导有：中共山东省委常委、宣传部部长苗枫林，山东省政协副主席郑维民，山东省文化厅厅长于占德，枣庄市委书记孙淑义，枣庄市委副书记孟繁成，枣庄市政协主席王海一，山东大学党委书记陈之安，山东大学副校长乔幼梅，枣庄市委常委、滕州市委书记林兆义，滕州市市长张昭，滕州市政协主席朱锡光等。此外，还有滕州市各级有关领导以及各界代表，与会者共 200 余人。

张昭市长主持了开幕式，林兆义书记代表滕州市委、市政府致辞，苗枫林部长、孙淑义书记、陈之安书记、乔幼梅副校长等领导分别作了重要讲话。苗部长指出："墨子是中国古代伟大的思想家、教育家、科学家、社会活动家。在我们祖国的文明史上，他代表了一个时代的高度。他的思想具有极其重要的时代价值。第一，墨子是中国人民自古以来酷爱和平，也是人类自古以来酷爱和平的一面旗帜。第二，墨子是中国古典人道主义，也是人类古典人道主义的一面旗帜。第三，墨子是中国古代劳动者智慧，也是世界古代劳动者智慧的一面旗帜。他在天文学、光学、几何学、物理学、逻辑学、工程学方面，都高于先秦诸子，在某些领域，堪称人类先祖。墨子作为一位百科全书式的学者，充分体现了劳动者的伟大智慧。通过墨子学术研讨会，把冷落了 2000 年的墨学发掘工作做好，把历史的遗缺在我们的时代补救起来，向前人证明，也是向后人证明，我们做了应该做的事情。"

孙淑义书记在讲话中指出："自去年年底山东大学和滕州成立墨子研究中心

以来,不到半年的时间,滕州市完成了墨子纪念馆和目夷亭的建设,并为今天的墨子研究会的召开做了大量积极有效的工作。在墨子的故乡滕州市进行首届墨子学术交流大会,有深远的历史意义和重大的现实意义,有利于当代又惠及后世。首先,我认为通过对墨子思想和学术的研究,有利于继承和发扬我国的优秀传统文化,将会有力地推动精神文明进一步发展。其次研究墨子思想和学术,也有利于发展经济、建设社会主义的物质文明。特别是滕州市,作为墨子学术的发源地,加强这方面的研究和交流,不仅对发掘墨学遗产会起到一定的积极作用,同时对宣传滕州,建设滕州,提高滕州的知名度,进而促进整个枣庄地区经济的繁荣和文化的昌盛,必将产生积极而深远的影响。"

山东大学党委书记陈之安在讲话中指出:"我们相信,经过大家的认真探讨,我们这次墨子学术研讨会,一定能在批判继承墨学精华,弘扬中华民族优秀的传统文化,提高民族的自信心,促进'两个文明'建设方面,作出应有的贡献。同时,我们也高度评价枣庄和滕州的领导和同志们抓住'墨子研究'这个课题开拓前进,应该说是有战略眼光的雄图大略。"

枣庄市委常委、滕州市委书记林兆义在讲话中首先代表市委、市政府和滕州市百万人民向莅临大会的领导和学者表示了热烈的欢迎和衷心的感谢,同时他指出:"为了深入研究墨子,我们决定举办首届墨子学术研讨会暨墨子学会成立大会,这是很有必要的,也是非常及时的,通过研讨会,各位专家、学者可以进行学术交流,增进友谊与了解,互相促进,共同提高研究水平。成立墨子学会,可以更广泛地团结墨学专家和墨学爱好者,共同为研究墨学、弘扬民族文化作出更大的贡献。因此,我们这次会议肩负着神圣的历史使命,任务光荣而艰巨。"

6月5日,在首届墨子学术研讨会上,与会学者、教授进行了民主、热烈、和谐的学术交流和探讨。

在首届墨子学术研讨会上,各位学者、教授在马克思主义的指导下,按照百家争鸣、百花齐放的方针,围绕以下四个方面进行了民主、热烈、和谐的学术交流和探讨。匡亚明、任继愈、杨向奎、张岱年、颜道岸、王先进、张季平、刘敦愿、张知寒、漆侠、田昌五等著名学者分别作了深刻精辟的发言,为以后的墨子研究指明了方向。

一是关于墨子的里籍和时代。通过大多数学者论证，墨子的故里就在今天的山东滕州市。这是墨子研究史上重大的突破与收获。

二是关于墨家的思想体系。这次会议上，专家和学者们就墨家的哲学思想、政治思想、逻辑思想、自然科学思想以及儒墨的异同、墨道的关系、墨学与中国传统文化等问题进行了深入而热烈的讨论，提出了许多精到的见解，反映了我们对墨学的研究正在向深入发展。

三是关于墨家的历史地位。专家和学者们对此进行了深入的研究和阐述，充分肯定了墨学在我国突出的历史地位，特别是对墨学中衰的原因、墨学的价值进行了多侧面、多层次的分析研究，作出了科学的评价。

四是关于墨家的现代意义。这次会议不仅给墨学以应有的历史地位，而且也探讨了墨学与"两个文明"的关系，以及如何为弘扬我国优秀的民族文化，提高我们的民族自尊心、自信心、自豪感，服务文化建设而贡献力量。

6月6日，经过民主协商讨论，通过了山东大学、滕州市拟定的《山东墨子学会章程》，成立了山东墨子学会。

这次大会，经过民主协商讨论，通过了山东大学、滕州市拟定的《山东墨子学会章程》，成立了山东墨子学会，选举陈之安同志为会长，林兆义、乔幼梅、郭良志、张昭、朱锡光、祝明、张知寒、王裕安等同志为副会长，张知寒同志兼任秘书长，刘合光、李广星、董家胜、张德锁等同志为副秘书长；聘请匡亚明、张岱年、蔡尚思、张政烺、王先进、张季平、刘敦愿、颜道岸、漆侠、田昌五、石峻、汤一介、刘守朴、梁自洁、王学仲等同志为顾问；聘请杨向奎、任继愈、苗枫林、孟繁成等同志为名誉会长。

作为中国墨子学会的前身，山东墨子学会的成立为中国墨子学会的成立打下了坚定的基础。

6月，水渭松《墨子导读》由巴蜀书社出版发行。

该书是"中华文化要籍导读丛书"中的一部著作，主要目的是引导广大中青年正确学习和了解中国古代文化要籍，引导他们深入发掘曾长期在中国文化史乃至世界文化史上放射出璀璨光芒的文化瑰宝，引导他们辨别和扫除窒息人心的文化毒素,引导他们正确处理传统文化与现代化的关系。

《墨子导读》内容主要分为两部分。第一部分是导言。该书的导言部分共由七个部分组成:第一章为墨子;第二章为墨家;第三章为《墨子》;第四章为墨子学说的基本体系和重要思想;第五章为《墨子》文章风格;第六章为读法;第七章为释词。第二部分是选读。该书共选取《修身》等37篇并进行了注释。全书通俗易懂、深入浅出,是作者多年研究成果的呈现。

10月,山东大学《文史哲》1991年第5期发表陈之安、蔡尚思、张岱年、杨向奎的墨学研究论文。

陈之安:《关于墨子的两个问题》

关于墨子,谈几点粗浅的看法,向大家请教。一是墨子的里籍问题。二是墨子的评价问题。首先说关于墨子的里籍问题。学术界曾有人说他是宋国人,也有人说他是齐国人,但多数专治墨学的著名学者认为墨子是鲁国人。不过,他的故乡在鲁国的什么地方,人们却一直不大清楚。近年来,学术界有所突破、确认它在鲁国的"滥邑"。按,"滥"这个地方原为商族的同姓目夷氏所建的"目夷国",至周代变为小郳国的下邑。小郳,曾经是宋国的附庸。到了鲁昭公三十一年合并到鲁国,战国时期又为齐国占有,所以说墨子是宋人、鲁人或齐人都不为无因,有一定道理。但重要的是具体地点,据近年来专家的考证,确认古代的"目夷国"或小郳国的"滥"这个地方,就在今天滕州市木石镇一带。

其次谈谈对墨子的评价。墨子应是我国古代继孔子之后,又一位伟大的思想家、政治活动家;同时也是继孔子之后,创立"私学"的伟大的"平民教育家"。《吕氏春秋》说他"弟子弥丰,充满天下"。他的弟子也和他一样,多来自社会的下层。他们在墨子的领导下,自动组成了一个有严格纪律并过着极端艰苦生活的"学术团体",即"墨家学派"。这个学派当时曾有"言盈天下"之势。后来墨家虽遭孟子、荀子等人的攻击,遭受后世封建统治阶级崇儒抑墨的打击而趋于衰微,但在战国末年以前,曾与儒家一样,并称"世之显学"。

蔡尚思:《墨子的历史地位与当代价值》

关于墨子思想的历史地位,作者认为在中国古代思想史上价值最高的是墨家,而不是儒、道、名、法、佛等家,墨家也是最先反儒的一家,是首先引起战国百家争鸣的一家。在先秦诸子百家中儒墨同为“显学”,在学术思想上孔墨二人的地位是不相上下的。

关于姓氏。墨也许是姓,也可能含有色黑、瘠墨(俭薄)、绳墨、墨刑等的意义,而以因多“形劳”而致色黑,与其实行俭薄,以绳墨自矫为近是。关于时代。其生大约稍后于孔子,也许少时还能看到晚年的孔子,但绝不是如《史记》说的“并孔子时”,其死或在孟子生时的前后。关于籍贯。他是鲁人而不是宋人、楚人。关于出身与学派。墨子是平民(“贱人”“役夫”)的小人学派,是代表被压迫者的革新派,而不是贵族的君子学派和代表压迫者的守旧派。他是手工业者,接近农民而非正式农民。这是墨家独异于儒、道、名、法诸家之处的。其著作与孔子同样是由其弟子记录。异处是在文字上,墨子师徒出身中下阶层,文字比较浅白,孔子师徒出身多属中上阶层,文字比较典雅。关于崇拜的古人。墨家以夏禹之道为最高。(详见《庄子·天下》)

关于墨子思想的中心,作者认为是打破先天决定一切,如打破亲疏的血统观念的“兼爱”和打破贵贱贫富智愚强弱等的宿命观念的“非命”。墨家还有高于先秦诸子的科学技术。

关于墨子思想的当代价值主要体现在以下几个方面:(一)反宗法血缘关系的大公无私。(二)强调人力否定宿命的绝对正确。(三)强调人类必须加紧生产,努力工作,才能生存。(四)强调节省不必要的消费。(五)墨子主张有力相劳、有财相分、有道相教,这也是他的兼爱交利主义的具体表现之一,有其积极的一面。(六)强调实行,反对空谈等。文章在肯定墨子的长处之外,还指出墨子思想也存在一定的局限性。

杨向奎:《谈墨经的研究》

《墨子》一书,尤其是《经上》《经下》《经说上》《经说下》四篇是中国乃至世界科学史上之瑰宝、人类之光辉,但因其文字之深奥以及有关数学、力学各方面成就之难于通晓,以致 2000 多年来沉埋无治理者,原文凌乱失误处多,不能卒读。所以高亨教授在《墨经校诠》自序中说:“墨经自汉代以来就没人重视,没人钻研,没人能懂;只有晋朝鲁胜曾为作注,可惜早就亡掉了。在这种情况下,流传了两千年,转抄了无数次,以致字句上多有误、衍、脱、窜之处,是不足怪的。直到清代才有人加以整理,近代学者中就出现了些墨经专家了。”所谓“直到清代才有人加以整理”,是指乾嘉学派兴起后,用校勘训诂的方法对之进行初步加工,其著者有张惠言的《墨子经说解》、毕沅的《墨子注》,后来治墨者多,到清末已有多家,其最著者,则为孙诒让之《墨子间诂》,可谓清代墨学之集大成者。

民国以来治墨者尤多,国学大师章太炎、梁启超俱曾从事于此,梁任公之《墨经校释》初步以近代科学解经,使读者耳目一新,后来遂多于此方努力,于是沉埋已久之"墨经"逐渐发出光辉。及高亨教授之《墨经校诠》出,遂使墨学达到一个新高峰。高亨教授著作的最大贡献还是校勘,《墨经校诠》当为研究墨经者必读书。

张岱年:《谈墨子的救世精神与摹物论言之学》

在战国时期,儒墨并称"显学"。《韩非子·显学》说:"世之显学,儒墨也。儒之所至,孔丘也;墨之所至,墨翟也。"《吕氏春秋》多次以儒墨并称,这足见在战国时代墨子思想学说曾经有多大的影响。墨子提出十大纲领,即兼爱非攻、尚贤尚同、天志明鬼、非命非乐、节用节葬,其中最重要的是兼爱非攻。

文章同时指出,"摹落万物之然",表现了墨家与儒家、道家不同的学风,儒家与道家不大注意对于万物的研究,唯有墨家重视对万物的客观研究,表现出科学探索的精神,后来惠施的"遍为万物说"可能也是受了墨子的影响。

墨子是一个卓越的思想家,具有自己的一套理论体系,又善守御,能制造守御的兵器,在墨子身上表现了思想理论与制造工艺的统一。儒道两家都比较轻视工艺技术。墨子之学可以说实现了道与技的统一,即思想理论与科学技术的统一,这是难能可贵的。这就是墨子科学精神的表现,具有卓越的价值。同时墨家的自然科学研究从属于"为天下兴利除害"的最高宗旨,表现了突出的救世精神。孟子说:"墨子兼爱,摩顶放踵利天下而为之。"(《孟子·告子下》)

12 月,孙中原著、石峻审定的《墨子及其后学》由新华出版社出版发行。

《墨子及其后学》研究的就是墨家思想,内容包括:创说与活动、生产观和科技理论、节约观和非乐论、政治伦理观、战争观和军事学、军事游说活动、人生观和价值观等。韩非子把儒墨并称为"世之显学",人们也常把"孔墨"并提。在百家争鸣的时代,提倡"兼爱""非攻"的墨家思想独树一帜。"罢黜百家,独尊儒术"使得墨家受到排斥和贬低,经过几千年的沉寂后,我们发现墨家思想闪烁着人类智慧的光芒。

12 月，张知寒主编《墨子研究论丛》(一)由山东大学出版社出版发行。著名学者、北京大学教授张岱年作序。

张岱年教授所撰序的内容如下：

序

一九九一年六月，山东大学与山东滕州市联合发起召开了“全国首届墨子学术研讨会暨墨子学会成立大会”，会中宣读了关于墨学的论文多篇，主持会议的张知寒同志等将论文汇编成书，这是一本有重要价值的学术论文集，值得向读者推荐的。

墨子学说兴起于战国初期，是为了矫正儒家“厚葬久丧、繁文缛礼”而建立的。《淮南子·要略》云：“墨子学儒者之业。受孔子之术，以为其礼烦扰而不说，厚葬靡财而贫民，久服丧生而害事，故背周道而用夏政。”在战国时期，儒墨并称显学。《韩非子·显学》云：“世之显学，儒墨也。”《吕氏春秋》多次以孔墨并称，如云：“孔墨之后学，显荣于天下者众矣，不可胜数。”(《吕氏春秋·当染》)“孔丘墨翟无地为君，无官为长。”(《吕氏春秋·顺说》)“孔墨之弟子徒属充满天下。”(《吕氏春秋·有度》)足见战国时期墨学之盛。

汉武帝时，罢黜百家、独尊儒术，于是墨学衰绝。曾任景帝、武帝的太史的司马谈著《论六家要旨》，对于墨学有扼要的评述，表明司马谈对于墨学有一定的了解。但司马迁著《史记》，在《孟子荀卿列传》中对于墨子仅说了两句：“盖墨翟宋之大夫，善守御，为节用。或曰并孔子时，或曰在其后。”说明司马迁没见过《墨子》书，也表明当时已无墨家学者了。《汉书·艺文志》著录“《墨子》七十一篇”。此书自汉以来，历魏、晋、唐、宋以至明、清，幸而保存下来，这是难得的。唐代韩愈反对佛老，而推崇墨子，他说：“儒墨同是尧舜、同非桀纣……余以为辨生于末学，各务售其师之说，非二师之道本然也。孔子必用墨子，墨子必用孔子。不相用，不足为孔墨。”(《韩昌黎集·读墨子》)韩氏此说，可称卓识，惜乎未能得到后儒的公认。

《墨子》书虽存，但读者盖寡。直到清代，才有人钻研墨学。毕沅开始校注《墨子》，其后汪中、张惠言继起，孙诒让集清代众家之大成，撰《墨子间诂》，于是墨学精旨显明于世。“五四”以来,梁启超、胡适、冯友兰、杜国庠等哲学史家对于墨子学有更多的阐释。

墨家之学有胜过儒、道两家之处,主要在于对自然科学及名辩之学的研究。墨子本注意“谈辩”,又长于工艺之学,后期墨家所著《墨经》中有关于自然科学的精微命题,《小取》《大取》更是名辩的名篇。这都是中国传统文化的珍贵遗产。清代末年已有学者指出西方学术近于墨学。如果墨学未中绝,唐宋以后的学术不是儒、佛、道三教并存,而是儒、墨、道三学并立,那么中国传统文化的面貌将大大不同了。

近年以来,关于孔子的讨论会已开过多次,关于墨学的讨论会这是第一次,因而具有特别重要的意义。实际上,先秦时代的孔、墨、老三大家都是应该重视的。(当然也不应轻视对于佛学的研究。)对于墨家注意自然科学与名辩之学的学风,更应推崇。我希望今后对于墨学的研究将有更大的开展。

张岱年　序于北京大学

一九九一年九月

《墨子研究论丛》(一)收录了36篇墨学研究的论文,主要集中在以下四个方面。

关于墨子的里籍和时代

张知寒:《再谈墨子里籍应在今之滕州》

文中强调,墨子的里籍问题,历来众说纷纭,自1987年以来,作者曾先后写过五篇文章,从不同侧面进行讨论,所得结论是“墨子里籍应在今山东省滕州市境内”。此结论得到了张岱年、任继愈、杨向奎等前辈的赞同。作者在文中先将关于墨子里籍的几种说法作了简略的分析:(1)墨子为外国人说。(2)墨子为宋国人说。(3)墨子为鲁国人说。(4)墨子为小邾国人说。特别是对墨子为小邾国人说从五个方面作了进一步的陈述,第一是从墨子的身世看,第二是从墨子思想学术的渊源上看,第三是从科技发展的渊源上看,第四是从墨学时代人们的生活习俗上看。另外在今之滕州境内,尚有不少与墨子有关的遗迹、遗址,由此看来,滕州正是墨翟的故乡无疑。

孙以楷:《墨子年里考辨》

文章指出,墨子是一位很重要的思想家,但是对他的年里,至今仍是悬案,这在一定程度上影响了对墨子学术思想的评价。作者在点校《墨子间诂》时,对有关材料作了比较。

第一,生卒年问题。孙诒让指出墨子出生于公元前468年、卒于公元前378年后,学界多采用孙说,其间曾有变化,但相差不大。1962年,任继愈在《文史哲》上发表了《墨子生卒年简考》,对孙氏之说作了较大的修正。他认为墨子当生于公元前480年、卒于公元前420年。通过作者的考证,墨子应生于公元前470年,那么根据什么来判定墨子的卒年呢?作者认为还是要根据《墨子》一书所涉及的历史及一些同时代的历史事件,以不见孟胜殉难为近是,因此约卒于公元前381以前几年内。

第二,里籍问题。墨子是哪里人?学界大约有五种说法。比较各种关于墨子里籍的说法,正确的结论应当是:墨子的先祖是宋公子目夷,本人是鲁国人(或鲁附庸小郳国人),其故里在今山东省滕州市。

李永先:《墨子实非鲁阳人考》

文章指出,墨子为鲁阳人(今河南鲁阳县)是由清人毕沅、武亿指出的。毕沅在《墨子注叙》中说:"高诱注《吕氏春秋》以为鲁人,则是楚鲁阳,汉南阳县,在鲁山之阳。该书多有鲁阳文君问答,又亟称楚四境,非鲁卫之鲁。"武亿《跋墨子》曰:"《吕氏春秋·慎大览》高诱注:'墨子名翟,鲁人也。'鲁即鲁阳,春秋时属楚。古人于地名,两字或单举一字,是其例也。"清代末年,研究墨子的权威孙诒让指出:毕、武二人的鲁阳设定是荒谬的。他说:"考古书无言墨子为楚人者。《渚宫旧事》载鲁阳文君说楚惠王曰'墨子北方圣贤人',则非楚人明矣。"

近些年来,墨子鲁阳人说又有人重新拾起,根据这些文字推出来的一些论证,作者从"墨子时代鲁国鲁阳早已分清"以及"几点不同的理解"两个大方面,反复论证得出结论:墨子晚年居于鲁阳。据钱穆考证,墨子可能死于鲁阳,因此,鲁山有墨子的传说和遗迹,甚至还有自认为墨子后裔者。但死于鲁阳并不等于是鲁阳人,确定墨子是哪里人是要看他出生于何地,看他的父、祖是何地人。退一步说,传说中的鲁山墨子故里,只能算作墨子故居,不能算作墨子故里,应予分清。

李广星:《墨子与滕州》

文章指出,墨子里籍应在今之滕州的说法,不仅为大多数墨学专家所赞同,更为当代著名学者匡亚明、任继愈、杨向奎、张岱年等先生所首肯。他们分别为滕州题写了“墨子研究中心”“墨子故里”“目夷亭”“墨子诞生地”“墨子纪念馆”等牌匾,滕州人民深感欣慰,并为这位到处“云游”的“平民圣人”举行了隆重的安家仪式。

该文作者结合滕州市所保存的地方史志、考古及口碑材料等提出以下佐证,供研究此问题的学者参考。

第一,以地名资料来看墨子与滕州。据明万历《滕县志》记载:“城东南十五里曰狐台山,一名目台山,俗呼省台字,遂讹为湖山,又曰壶山者皆非也。按鲁襄公四年,邾人、莒人伐鄫,鲁臧纥救鄫侵邾,败于狐台。杜预注云:鲁国蕃县(滕之别称)东南狐台山,又有目台亭,山南头名木时者,疑亦目台之讹也……”

第二,从口碑资料来看墨子与滕州。狐台山东南有一座南走向大山,名叫落凤山,元代伊世珍在《琅环记》中指出,墨子“母梦鸟而生,因名之曰乌”,乌即翟,墨子名翟(“天翟”,是凤凰的别名。凤凰落于此地,即墨子生于此地之意)。

第三,从民俗资料上来看墨子与滕州。宋代大文学家苏轼在任徐州太守期间,曾到滕县(今滕州)视察民情,他在《滕县时同年西园》诗中称赞滕人“重义忘千金”。这说明此地自古以来即以“义”为重。这完全是墨子的遗韵。

关于墨家的思想体系

朱传棨:《墨子哲学唯物主义思想刍议》

墨子是春秋末战国初之际的卓越思想家和著名社会改革家,在我国历史上占有很重要的地位,本文仅就墨子哲学思想的唯物主义因素谈点个人看法。

第一,不彻底的唯物主义观和具有宗教外衣的进步历史观。

在墨子研究中,有的学者提出“墨子在宇宙观方面是唯心主义者,说墨子关于‘尊天’‘事鬼’是想恢复关于上帝和鬼神的信仰”。而作者认为,纵观墨子残存各篇论述及其生平事业,很难断言墨子是个唯心主义者。从墨子关于“尊天”“事鬼”的表层意思或直接意思看,是有唯心主义、神秘主义色彩,但是从墨子关于“尊天”“事鬼”的大的氛围和实际内容来看,却是具有极为具体内容的“唯物”的思想观点。

第二,墨子的唯物主义经验论的认识论及其意义。

墨子的认识论是属于从物到感觉和思想的认识论路线的。首先，他认为人的认识起源于人的感觉器官所能感受到的客观实际。其次，墨子在“实”与“名”的关系上是坚持唯物主义认识论的。

第三，墨子还提出了检验人们认识论的正确性的标准问题，即“三表法”。

杨俊光：《谈关于墨学的理论体系问题》

关于墨子学说的体系或以什么为核心的问题，历来颇多歧见。有以为是“天”“鬼”，有以为是“兼爱”（包括“二利”），亦有以为是“非攻”或“尚同”的。

认为墨子的根本思想在“天”“鬼”者，有张尔田（《史微》）、章炳麟（《检论·订孔上》）、太虚（《墨子平议》）、郭沫若（《读梁任公〈墨子新社会之组织法〉》，《创造周报》第7号，1923年6月23日，又《孔墨的批判》）和马宗霍（《墨学论略》，《国衡》第1卷第2期至第7期，1935年5月25日至8月10日）等人。张曰：“墨家学术之宗旨，可一言以蔽之。亦曰顺天而已矣……而所谓非攻、兼爱、尚贤、尚同、非乐、非命、节用、节葬者，其由天志之义推而见诸行事者乎！”（《原墨》）太虚云：“法天仪鬼，是墨子之根本义……墨子之根本义在天鬼，同乎神教。”（《太虚法师文钞》初集第二编）郭沫若说，墨子的“‘天志’……是他的规矩。这正是墨子思想的一条脊梁”（《孔墨的批判》）。

这是以宗教（哲学）思想为其学说的主体，此说实不确。郭沫若说：“墨子自己偏要说他的根本观念是在尊天明鬼。”（《读梁任公〈墨子新社会之组织法〉》）从《墨子》一书看，是没有根据的。《墨子·天志上》的“我有天志，譬若轮人之有规，匠人之有矩”，是说只是把“天志”作为一种手段（而不是目的）的意思。各种说法中，以“兼爱”核心说为最早，影响亦较大。

周立升：《墨家思想与中国传统文化》

文章认为，中国传统文化是由儒、道、墨及其他各家一起组成的思想文化大系统。在这个大系统中，墨家虽然没有儒家和道家那样地位显赫和根基深厚，但作为一个旁系或支流，它的存在和所起的作用是不容抹杀的。如果把中国传统文化看作由一系列子系统有机构成的母系统的话，那么墨家学派作为其中的一个子系统，它具有自身相对独立的文化价值体系。这个文化价值体系的核心就是唯物主义的认识论和“德力”并重、“义利”统一的价值观。同时，还有政治思想、经济思想、自然科学、逻辑知识等作为它的血肉和骨架。它的重要特征是：重视知识（科学和逻辑），重视人才（尚贤和使能），重视发展生产（尚力和贵利),追求外在超越(改造环境,自强不息)。尽管在这个体系中,杂有尊天事鬼和轻视乃至否定歌舞音乐(非乐)的成分,但从总体结构来看,却有胜过当时的儒家文化价值体系和道家文化价值体系之处。然而历史却给墨学以极为不公的待遇,使它的命运十分悲惨凄凉。尽管在明清之际的实学思潮影响下,清代和近代的一些学者开始问津墨学并对它加以探讨和研究,但是作为在先秦时期曾经显赫一世、光彩夺目的学派来说,它得到的评价仍然不高。

今天,我们应以马克思主义的科学态度来重新审视墨学。同时,也要站在时代的高度来省察我国的传统文化。绝不能以为墨家的刻苦耐劳、勤俭节约和勇于奉献精神已经融入中华民族特别是劳动人民的性格之中,就认为墨学已经得到了它的一席之地,而应清醒地看到,我国传统文化的不足正是墨家学说所独具的长处,如果墨学不中绝,我国的传统文化绝对不是现在的形态。

我们应在新的历史条件下,认真总结历史的经验,充分吸取传统文化和外域文化的优秀成果,建立起马克思主义的价值观念体系,创造出新的时代智慧,形成和发展我们具有中国特色的社会主义新文化。

关于墨家的历史地位及现代意义

颜道岸:《谈墨子在科学上的杰出贡献》

文章指出,我们国家正在号召提倡科学,宣传科学,要推广执行科学。现在农业要科学,工业要科学,一切事情都要科学,而墨子是最早的科学家,墨子在自然科学方面的成就是伟大的,是我们民族的骄傲,是世界的瑰宝。清朝学者俞樾(曲圆)先生说:“墨子唯兼爱,是以尚同;唯尚同,是以非攻;唯非攻,是以讲求备御之法。”俞先生最后一句话似乎远没有说出来,这就是“唯讲求备御之法,才研究自然科学与技术科学”。

墨子现有的自然科学发现有四五十条之多,即一些数学概念和理论 19 条,空间和时间 5 条,运动和静止 2 条,五行 1 条,不同类物理量不能相比 1 条,物质不灭 1 条,力学和几何简单机械 8 条,光和影、针孔成像和球面反射镜成像理论8 条,测臬影定南北方位问题 2 条等。内容丰富,都是稀世瑰宝,有待我们后人继续研究、传播与爱护。

《墨子》第四十四篇《大取》和第四十五篇《小取》专门研究讨论名辩之学,内含墨家表达自然科学与社会科学的语言工具,言简意赅,早于西方逻辑学数百年,这也是我们应当重视的。

姜宝昌:《墨经逻辑理论与实践总谈》

文章认为,人们对“墨经”一词的含义有两种理解。一指《墨子》书中《经上》《经下》《经说上》《经说下》四篇。其源盖出于晋鲁胜。其所著《墨辩注叙》云:“墨子著书,作辩经以立名本。”“《墨辩》有上下《经》,《经》各有《说》,凡四篇。”一指上述四篇外加《大取》《小取》两篇,其源盖出于清孙诒让。其所著《墨子间诂·墨子传授考》云:“案《墨经》即《墨辩》,今书《经》《说》及《大取》《小取》二篇,盖即相里子、邓陵子之伦所传诵而论说者也。”

作者分别从说认识、说概念、说逻辑基本范畴、说判断、说推理、说论证、说逻辑基本规律七个大的方面,对《墨经》的逻辑理论与实践作了总结和具体举例分析,同时强调指出,上述一系列论述说明西方形式逻辑的许多形式和方法在距今2000多年的名著《墨子》中的《经上》《经下》《经说上》《经说下》四篇中就有不少用例。这一事实,足以证明“逻辑规律属于全人类,而不为某一地区或某一民族所专有”这一论断的正确性。当然《墨经》中虽不乏逻辑理论的闪光,但更多的是墨子及其后学在谈事辩理的实践中运用逻辑作为思维工具,大量的逻辑理论潜藏在甚至深埋在墨辩的实践之中,这有待于我们不断地开掘和阐发。

孙中原:《论墨者的合理思想》

文章认为,我们现在研究古代学术思想,在多方面的分析中更为关心的是其所包含的合理成分,即在一定程度上合乎科学真理和对现实生活有积极意义的内容。弘扬中华民族的优秀传统文化,研讨墨子学术,自应特别注重墨家的合理精神及其当代价值。

作者在文中剖析的墨学中的重要合理精神有以下几点。其一,“赖其力者生”:生产观。其二,“节俭则昌”:节约论。其三,“尚贤尚同”:用人之道和行政管理。其四,兼爱互利:理想教育。其五,非攻善守:战争观和军事学。其六,自苦利他:人生观和价值论。其七,重视伦理,崇尚科学。其八,尊重唯物论、尊重辩证法。其九,探究真理,讲究逻辑。

高晨阳:《后期墨家:一个独特文化形态的学派》

文章认为,后期墨家是先秦诸子中,甚至是整个中国哲学和文化史上一个独特的学派,它以自然界为独立的认知对象,并且构筑了一个比较完整的逻辑学体系,表现了鲜明的科学精神。后期墨家与先秦其他诸子相比,其思想特征可以概括为以下两个方面。

第一,以自然界为独立认识对象的科学精神。先秦诸子号称“百家”,照司马谈《论六家要旨》说法,可分为儒、道、名、法、墨、阴阳六家。其思想倾向和旨趣甚为复杂,但概而观之,除却后期墨家之外,甚至包括早期墨家在内,大都以“人”的问题为中心,探讨的是人生的价值、意义,本质上皆属于一种人文形态的哲学或文化。而后期墨家在中国文化史上第一次确切地把自然界视为独立的认知对象,至少探讨了几个方面的问题。首先是事物存在的形式。其次是物体的构成元素,提出了“端”的概念。再次是自然事物的因果关系。最后是自然科学方面的知识,如力学、几何学、光学等。

第二,重视分析方法的逻辑思想。整体性的直观、类方法是先秦诸子把握对象世界的基本方式。这种思维方式的基本特征有二:一是强调“类”的原则,二是重视“整体”的原则。这种“类”的原则在严格意义上不完全同于西方古希腊哲学或现代逻辑学所理解的类,与这种思维方法相对立,在后期墨家中发展起来的是一种分析性的逻辑方法。依照学术界的共识,后期墨家的逻辑学虽然尚不及西方亚里士多德的逻辑学那样系统,但也几乎接触到了形式逻辑学中的所有的基本问题,并且在思想的深度和真理性方面也不比西方人有丝毫逊色。

附录 1:《山东墨子学会组成人员名单》

山东墨子学会组成人员名单

顾问:匡亚明　张岱年　蔡尚思　张政烺　王先进　张季平　王学仲
颜道岸　漆　侠　田昌五　石　峻　汤一介　刘守朴　梁自洁
刘敦愿

名誉会长:杨向奎　任继愈　苗枫林　孟繁成

理事:(以姓氏笔画为序)

丁冠之　丁原明　万树瀛　王廷洽　王守常　王延臣　王牧天
王绍曾　王维庭　王裕安　水渭松　孔祥林　孔繁银　史学通
刘合光　刘春生　吕宜坤　朱宏达　朱光甫　朱传棨　朱锡光
乔幼梅　任守柏　孙中原　孙以楷　李广星　李书有　李永先
李殿仁　李肇翔　李德征　张大同　张守军　张念书　张季平
张国梁　张知寒　张　昭　张德锁　陈之安　陈慕兰　郑宝琦

林兆义　杨广慧　杨俊光　欧阳茂森　周立升　周光成　竺焕浩
孟昭泰　祝　明　姜宝昌　赵曰贵　高忠汉　郭良志　郭墨兰
秦彦士　秦根才　徐治邦　崔本庭　崔玉铎　董治安　董家胜
景维恩　傅　超　鲁开杰　谭风雷　潘　群　颜景安　颜道朗

常务理事：陈之安　林兆义　乔幼梅　郭良志　张　昭　朱锡光　祝　明
张知寒　王裕安　颜道朗　傅　超　颜景安　刘合光　万树瀛
李广星　董家胜　张德锁

会长：陈之安

第一副会长：林兆义

副会长：乔幼梅　郭良志　张　昭　朱锡光　祝　明　张知寒　王裕安

秘书长：张知寒（兼）

副秘书长：刘合光（兼）　李广星（兼）　董家胜（兼）　张德锁（兼）

附录 2:《山东墨子学会章程》

山东墨子学会章程

第一条：本会定名为山东墨子学会，会址设在滕州市。

第二条：本会是由研究墨子及墨家学说的专家学者和热心关怀并支持墨子学术事业的人士，自愿组成的民间学术团体。

第三条：宗旨

本会以马克思主义为指导，以实事求是的科学态度研究墨子学说。贯彻“百花齐放，百家争鸣”的方针，不断提高研究水平，为振兴中华，弘扬中华民族优秀文化做出贡献。

本会愿团结一切研究墨子及墨家学说的人士和团体，开展各种学术活动。欢迎台湾、港、澳及海外同道的支持和合作。

第四条：任务

1.搜集、整理有关图书和文献资料，及时了解和收存国内外有关学术情报和研究成果。

2.组织学术讨论会、报告会等学术活动，加强国内外学术交流。

3.编辑出版研究成果，提供学术咨询服务。

第五条:会员

1.凡赞成本会章程自愿加入本会者,由本人提出申请,所在单位同意,经本会会员的介绍,常务理事会议批准,即为本会的会员。

2.权利:有选举权与被选举权;对本会工作有批评、建议和监督权;参加本会所举办的各种活动,享受本会在研究和出版方面提供的各种方便,有退会自由。

3.义务:积极参加会务活动,承担和完成本会委托的任务,向本会推荐会员,交纳会费(每年2元,每年一月份交讫)。

第六条:机构

1.本会最高权力机关为全体会员代表大会。

2.本会设名誉会长、顾问。

3.大会闭幕后,实行会长负责制,设会长、第一副会长和副会长若干人,秘书长和副秘书长若干人。

4.会长、副会长由理事会选举产生,任期三年。正副秘书长由会长提名,理事会通过后聘任。

5.由正副会长、正副秘书长组成常务理事会议,主持日常工作。

6.本会下设秘书组、事务组、资料组、编辑出版组等常设办事机构。

第七条:经费

1.本会会员的会费和自愿捐纳。

2.学术咨询服务的收入。

3.有关部门的资助。

第八条:附则

1.本章程自会员大会通过之日起施行。

2.本章程的解释权,均属常务理事会。

一九九一年十二月

附录3:《墨子研究论丛》(一)论文目录

蔡尚思:《墨子的历史地位与当代价值》

张岱年:《论墨子的救世精神与“摹物论言”之学》

杨向奎:《谈墨经的研究》

颜道岸:《谈墨子在科学上的杰出贡献》

王维庭:《墨论两则》

张季平:《孔墨是并肩的圣人》
孙中原:《论墨者的合理思想》
周立升:《墨家思想与中国传统文化》
李书有:《墨家学说的历史命运》
杨俊光:《谈关于墨学的理论体系问题》
朱传棨:《墨子哲学唯物主义思想刍议》
吕有祥:《墨家的若干辩证思想》
姜宝昌:《墨经逻辑理论与实践总说》
水渭松:《论墨子的"天志"、"明鬼"说》
高晨阳:《后期墨家:一个独特文化形态的学派》
丁原明:《论墨儒相通——兼论墨学的衰落》
颜炳罡:《儒墨哲学之比较——兼论中国文化未形成近代民主科学之故》
路德彬　赵　杰:《论墨家伦理观的真髓及其价值——从儒墨比较谈起》
陈朝晖:《孔墨教育思想之比较》
谭风雷:《墨子"尚同"思想中的民主意识》
倪志云:《"三表"与墨子的政治论》
曾振宇:《墨子"法治"思想探微》
王光荣:《略论墨子的法律思想》
李笑梅:《墨子"非乐"辩》
张　涛:《略论墨子"节葬"思想对汉代社会的影响》
郑杰文:《墨家与早期道教》
秦彦士:《墨家与道教》
解　成:《颜学渊源——墨子》
张知寒:《再谈墨子里籍应在今之滕州》
孙以楷:《墨子年里考辨》
李永先:《墨子实非鲁阳人考》
张振衡　徐治邦:《墨子怎么又成了鲁阳人呢》
李广星:《墨子与滕州》
郑宝琦　王廷洽:《〈墨子〉新探》
汪少华:《〈墨子间诂〉书名正义》
张知寒:《略述我国学术界对墨子的研究》

1992 年

7 月，杨俊光《墨子新论》由江苏教育出版社出版发行。

墨子学说，古代与儒家并称显学，后世日渐衰微。墨学研究虽自清代中叶开始复苏，但许多问题至今众说纷纭、莫衷一是。该书在充分考察前人研究情况的基础上，运用马克思主义的观点和方法，对墨子的生平、著作与哲学、政治、伦理、经济、逻辑、教育等思想，以及墨学的理论体系、阶级属性、历史地位等作出了详细的论述，对于历史上的“别墨”问题亦有所论列，还附有《墨学流派兴衰考略》《清—民国墨子论著简明目录》《战国汉唐诸子论墨资料》等重要资料。

10 月，大型纪念雕塑《墨子》像在首届墨学国际研讨会开幕前夕落成。

大型纪念雕塑《墨子》像动议于 1990 年 12 月 29 日滕州市墨子研究中心成立大会上，山东大学历史系著名教授刘敦愿先生首倡，后经滕州市委研究决定，委托刘敦愿、张知寒等著名专家拟订方案，全国著名雕塑家王昭善先生负责创作。在 1991 年 6 月的全国首届墨子学术研讨会上，与会领导、专家对《墨子》像小样给予充分肯定，同时提出修改建议。会后，王昭善先生把《墨子》像作为“绝笔”之作，以对历史负责的精神，全身心地投入到修改之中，后不幸因病去世，未竟之业由世界黑陶雕塑家、济南军区仇志海将军继承。历时一年，经滕州市委、市政府领导和山大的领导专家审定，终于 1992 年 10 月首届墨学国际研讨会开幕前夕落成，全国人大常委会副委员长费孝通先生、山东省人大常委会副主任苗枫林同志于研讨会开幕式后为《墨子》像揭幕。自《墨子》像落成之后，世界各地、各界人士来滕瞻仰、观赏者络绎不绝，并给予高度评价。今《墨子》像犹在，但倡议及创作的专家却先后去世，为纪念他们的不朽业绩，特转载《滕州宣传》1991年第4期刘敦愿、王昭善先生的遗作——《大型纪念性雕塑〈墨子〉像的构思概述》。

大型纪念性雕塑《墨子》像的构思概述

刘敦愿　王昭善

墨子不仅是我国春秋战国时期诸子百家中著名的墨家学派创始人，而且是我国古代历史上著名的一位自觉站在劳动人民立场、代表广大人民利益的伟大思想家和政治家。他的学术思想既丰富又具有特色，虽然其中也具有一定的历史局限性，但对繁荣我国文化，促进中华文明，作出了杰出的贡献。尤其他学术思想核心（兼爱）所包含的真诚爱民思想和突出的"身体力行""以身行道"的精神，更是在我国历史上闪耀着不可磨灭的光辉。它作为一种优良品质，已溶化成为我中华民族的光荣传统；影响之深远、意义之重大，超越了时空，迈出了国界。它不仅是我国历代仁人志士效法的榜样，也是我国人民推动历史前进的宝贵精神财富。尤其在我国人民向着已经明确的目标沿着既定的道路奋勇前进的时候，弘扬墨子真诚爱民的思想和"以身行道"的精神，更有其特别重大的意义。因此，弘扬墨子真诚爱民思想和"以身行道"精神，则是我们选定《墨子》塑像的最佳主题思想。抓住了这个主题思想，就能使墨子精神活了起来，就能使"墨子"形象具有了鲜明的个性特征，就能使《墨子》像具有时代精神的风采；既达到纪念古人，继承精神，发扬民族光荣传统的目的；又体现和反映具有悠久历史文明传统的滕州人民，誓为建设社会主义和实现伟大理想目标而奋斗拼搏的精神风貌。

"墨子兼爱，摩顶放踵，利天下为之。"（《孟子·尽心》）据史册记载，墨子一生为"兴天下之利，除天下之害"，反对侵略，制止战争，救百姓于涂炭，以自苦为极，穿着草鞋奔波于列国之间，赴火蹈刃，死不旋踵。围绕上述主题思想，在形象塑造上，《墨子》像正是以墨子"止楚攻宋"这个最典型最广为人知的背景情节为依据；从人们赞颂墨子"坐不暖席""突不得黔"的那种急火如焚、风尘仆仆的典型精神风貌中，抓住其典型的瞬间动势——翻山越岭征途中，墨子身背行装，着手杖（手杖除了助步外，在生活上和艺术上，古今中外都有作为社会、政治、学术上的具有权威象征的表现），提腿迈步攀登的瞬间神态为原型。经精心提炼和典型概括,以富于传神的雕塑语言,通过刻画那匆匆而又坚定的步伐;那高高拎起衣衫、曲臂紧握的左臂左手和着力拄杖的右臂右手;那直腰挺胸、体力充沛的结实身段;那苍劲的脖颈上微微昂起的头颅;那智慧深邃、远眺前方的炯炯双眼;那坚挺而略微往后飘逸的须发以及那迎风飞飒舞动的裙带衣衫等;同时结合采用希腊雕塑传统的"湿衣褶"表现手法,以明快流畅、变化有韵的整体线条;构成一个既饱含伟大思想家、政治家的精神气质,又更突出鲜明地表现出墨子作为齐鲁大地劳动人民特有的高大魁梧、筋肉强健的体魄所产生的坚韧不拔的气势风貌;以体现主题思想的激昂情愫为基调,具有鲜明人体肌肉隐显变化的力量型风格特色的鲜明印象。给人们的第一印象,就为墨子那走得满身汗湿也不停步的风尘仆仆的伟大气势所震慑、所吸引,为人物形象饱含的"急民所急,忧民所忧"的崇高品质所深深感动。通过无形的感情共鸣,潜移默化,起到教育人们、激励人们和振奋人们精神的效果。

大型纪念性雕塑《墨子》像,拟设立在火车站广场。此处地势开阔,有充足的空间条件进行美化建设;既可创造一个更好的纪念性观赏环境,又为洁美的滕州市容增添一分秀色。雕像设在此处,可供滕州市人民和前来滕州旅游观光的人们尽情瞻仰观赏,目睹墨子的形象,使其得知:"啊! 原来滕州还是伟大思想家、政治家墨子的故乡。"同时,从高大的纪念性雕塑《墨子》的风采和美观的衬托环境中,见识和领略到具有悠久历史文化传统的墨子故乡——滕州人民今日更加文明、更加焕发的精神面貌;使腾飞中的古城滕州,在津浦线上闪出新的光辉。

10 月 6 日至 10 日,由山东大学、滕州市人民政府联合举办的首届墨学国际研讨会在墨子故里——滕州市隆重召开。

10 月 6 日至 10 日,由山东大学、滕州市人民政府联合举办的首届墨学国际研讨会在中央、山东省、枣庄市各级领导的重视关怀和国内外专家学者、新闻工作者的大力支持下,在墨子故里——滕州市隆重召开。

应邀参加这次盛会的领导有全国人大常委会副委员长费孝通,中宣部常务副部长徐惟成,全国政协常委杨斯德、贾亦斌,中共山东省委常委、宣传部部长董凤基,山东省人大常委会副主任苗枫林,以及国家有关部委和山东省、枣庄市的各级党政领导。

参加盛会的有原复旦大学副校长、教授蔡尚思，中国社科院研究员杨向奎，北京图书馆馆长任继愈，解放军装甲兵工程学院教授颜道岸，天津大学教授王学仲，山东大学教授张季平、张知寒，台湾师范大学教授王讚源，韩国成均馆大学教授李云九，瑞士洛桑大学教授梅伟德，南斯拉夫贝尔格莱德哲学研究所教授拉多萨夫，美国圣芭芭拉城市学院教授克雷斯坦恩·福特等专家、学者，以及新华社等机构的新闻工作者共200余人。

全国人大常委会副委员长楚图南，国务委员、国家科委主任宋健，国务院古籍整理规划小组组长、南京大学原校长、著名教授匡亚明，北京大学著名教授张岱年，美国爱丁堡大学心理学教授李绍崑等十余位领导和专家向大会发来贺信贺电。中顾委常委张爱萍，全国人大常委会副委员长彭冲、楚图南，国务委员、国家科委主任宋健，全国政协副主席、中国社科院院长胡绳，中国人民解放军总后勤部副政委周克玉，海军副司令员李景、全国政协常委杨斯德、贾亦斌，著名学者蔡尚思、张岱年、臧克家等42人为会议题词祝贺。国务委员、国家科委主任宋健为大会题词："唯物师祖，科圣墨翟。"首届墨学国际研讨会与滕州市举办的首届科技经贸洽谈会、墨子科技艺术节一起举行了热烈隆重的开幕式。开幕式由滕州市委副书记、市长张昭主持，枣庄市委常委、滕州市委书记林兆义致开幕词。之后，滕州地方文艺队伍表演了精彩的具有地方特色的节目，外宾纷纷走下观礼台与表演队一起联欢，表达了中外人民和平友好的热烈感情，把开幕式推向高潮。表演结束后，全国人大常委会副委员长费孝通、山东省人大常委会副主任苗枫林为《墨子》像揭幕，全场数万人热烈鼓掌祝贺。

会议期间，主办方还组织参观考察了墨子故里、纪念馆和墨子书院，滕文公台，孔府、孔庙、孔林等，观赏了金秋灯展，观看了柳琴戏《墨子救宋》。通过以上考察、观光等活动，中外学者一致认为墨子故里就在滕州，滕州的城市建设、文化建设、工农业生产等给中外学者留下了美好而深刻的印象。

这次会议收获很大，共收到专著7部、论文97篇，与去年的墨子学术研讨会相比，论文的内容面广、质量高，其中以论墨子的当代价值的较多。从参加会议的专家学者来看，高级职称占70%以上，老中青各占三分之一，外宾占六分之一，世界著名学者占十分之一。

会议期间，滕州市领导还举办了部分中外著名专家学者座谈会。林兆义书记主持了会议。蔡尚思、杨向奎、任继愈、陈鼓应、乔幼梅、丁冠之、孙中原、钱逊、于希贤、王讚源、李云九、郑仁在、梅伟德、拉多萨夫等十几位专家学者对这次会议的成功举办给予了高度评价,并就今后如何深入研究墨子,弘扬民族文化,加强“两个文明”建设,促进滕州的经济发展、城市建设等提出很多中肯而宝贵的建议。87岁高龄的著名学者蔡尚思先生深有感触地说:“我参加了不知有多少次国际国内的学术会议,从未有像今天在滕州开会这样高兴。墨子被冷落了2000多年,滕州领导远见卓识,弘扬墨子,真了不起,令人敬佩。我是赞成墨子的,这次墨学会议是2000年来第一次盛会,也是一次扬眉吐气的会。有幸参加这样的会,我很高兴,非常感谢滕州的领导和人民。”著名学者杨向奎先生说:“今后深入研究墨子,弘扬民族文化,要从三个方面做工作,一是培养墨学研究人才,二是建立墨子研究基地,三是搜集整理编辑墨子研究的书籍。”著名学者任继愈先生从加强基础教育、培养合格人才方面提出了建议。台湾学者王讚源先生从改善服务态度、开展微笑服务,加强交通道路建设,改善环境卫生条件,开发旅游资源方面提出很多建议,同时还表示要为墨子研究中心捐书捐款,大力支持墨学研究。很多国外学者建议建成国际性的墨子研究中心,以吸引更多的国外学者到墨子故里滕州来考察学习、研究和观光,吸引更多的客商来滕投资办厂。

这次会议与滕州市墨子科技艺术节、科技经贸洽谈会同时举行。科技经贸洽谈会总成交项目122个,其中签订项目合同76个、意向书46个,签订中外合资项目合同6个、意向书2个,利用外资总额576万美元,达到了学术研究与经贸洽谈双丰收的目的。

会议闭幕式后,滕州市的党政领导林兆义、张昭、郭良志、朱锡光、董兴河等与山东大学副校长乔幼梅、《文史哲》主编丁冠之和教授张知寒等举行会议,根据有关领导的指示和中外学者的建议,初步议定今后的工作任务:

一、编辑出版《墨子研究论丛》。

二、今后每年举办一次科技经贸洽谈会、墨子科技艺术节,两年举办一次国际墨学研讨会。

三、积极开展墨子基金会的活动。

四、筹建国际墨子研究中心。

五、编辑出版《墨子大全》。

这次会议是滕州历史上第一次举办国际性学术会议,也是历史上第一次举办“两会一节”形式的大型文化经济活动,是滕州市政治和经济生活中的一件大喜事，是认真贯彻邓小平同志南方谈话精神，进一步深化改革，扩大对外开放的实际步骤和重要举措，对向国内外展示市情市貌，宣传滕州，迈出滕州市以墨学研究为基础，"文化搭台、经贸唱戏"战略步伐的第一步，都具有十分重要的意义。

10 月 6 日，大会经过民主协商，通过了《中国墨子学会章程》，成立了中国墨子学会，与会的专家学者一致推举费孝通副委员长为中国墨子学会首席名誉会长。

大会通过民主协商成立了中国墨子学会，通过了《中国墨子学会章程》，一致推举费孝通副委员长为中国墨子学会首席名誉会长。山东大学党委书记陈之安任中国墨子学会会长，中共滕州市委书记林兆义任第一副会长。

10 月 6 日下午，会议举行了隆重的聘请仪式。与会专家、学者一致推举费孝通副委员长为中国墨子学会首席名誉会长。中国墨子学会会长、山东大学党委书记陈之安向费老呈递了聘书，费老愉快地接受聘书，并发表了重要讲话。费老高度评价了首届墨学国际研讨会的意义及影响，充分肯定了滕州市举办这次大型活动的作用，希望今后在发扬墨学精华和民族传统文化，以及发展经济等"两个文明"建设方面继续努力，争取取得更大的成绩。

10 月 8 日至 9 日，参加研讨会的专家学者进行了研讨。

会议采取大会发言、评论与分组发言讨论相结合的方式进行。专家学者发言踊跃，讨论热烈。国内外学者心情舒畅，各抒己见，切磋论辩，充分体现了百家争鸣的学术传统，将墨学研究推向一个新的阶段。首届墨学国际研讨会共收到专著 7 部、论文 97 篇。与会的专家、学者们主要就以下四个方面的问题进行了研讨交流。

第一，关于墨学的自然科学价值问题。不少学者就墨学在力学、几何学、光学等方面的成就进行讨论，高度评价了墨学在自然科学领域所取得的巨大成就，充分肯定了它在中国以及世界科技发展史上作出的杰出贡献。杨向奎先生说："墨学的科技成就可以顶得上整个古希腊。应该首先把墨子作为一个科学家来研究。"

第二,关于墨学的思想体系及某些具体范畴。学者们就墨家的社会政治思想、哲学思想、科技思想、经济思想、教育思想以及墨家的义利观、人才观、社会历史观、人生价值观等进行了深入讨论。张岱年先生认为墨家实行兼爱之道是尽力追求国家、百姓的大利,兼爱学说闪耀着古代人道主义的光辉。水渭松先生认为墨家的互利学说中最为可贵的是"爱利百姓"说。不少学者认为墨家的"尚同"以顺从民意和"尚贤"为前提,具有民主精神,但有的学者却认为理论的系统性与实践的可行性应区别对待,墨家的"尚同"在实行中会导致独裁和专制。韩国学者李云九、郑仁在先生认为,墨家的"非攻"学说是一种以防御战争制止攻伐战争的积极反战理论。

第三,关于墨学研究的方法论问题。学者们认为,不论研究墨家学派还是其他诸子学派,都要抱着实事求是的科学态度,放在具体的历史背景中,从思想文化发展的角度作动态研究,以避免主观与偏颇。蔡尚思先生说:"对先秦诸子应持公允的研究态度,不要抬高某一家,冷落另一家。同时,应注意诸子间的比较研究。"任继愈先生说:"对于任何一个思想家都需要放在历史的长河中进行考察,看其在社会历史发展中究竟起到了什么样的作用,产生了什么样的影响,以作出客观公允的、实事求是的评价。"丁冠之先生说:"不论研究墨子还是其他学派,都要抱着科学的态度,避免简单化的褒贬方式。要注意比较研究,注意各家的区别和相通相融,考察各学派在历史发展中的融合和互补,不搞人为的区别和对立。"

第四,关于墨学研究的当代价值问题。很多学者认为,研究墨学,除了学术、历史方面的意义之外,更要对现代生活有所指导,发挥其现代价值。墨家所提倡的兼爱非攻、强本节用、尚贤重人、兴利除害等学说,都具有较大的当代价值。墨家"摩顶放踵以利天下"的为民服务精神,赴火蹈刃、死不旋踵的自我牺牲精神,力行实践、积极进取的求实奋进精神等,都值得今人效法。台湾学者王讃源先生认为,墨家"兼相爱、交相利"的思想学说,可为调解当代商品经济发展中厂家和用户的矛盾、企业内部管理者和被管理者之间的矛盾提供理论指导。陈鼓应先生提出"墨家伦理动力说",认为墨家的思想精神有利于推动当代社会经济的发展,墨家的兼爱、互利和重实行、倡节俭等论说都值得今人借鉴。但有的学者认为墨家的某些论说具有理想化的成分,墨家的无私、自苦精神虽然十分可嘉,但实际推行起来有相当大的难度。另外,张知寒先生从文化学的角度论证了墨子里籍问题,在"墨子为鲁国人说"的基础上,进一步考定墨子为小邾国人。还有某些学者就墨学与夏文化的关系、墨学骤衰的主客观原因、墨学逻辑的方法和成就、墨家鬼神观念对道教教义的影响、《墨子》的版本和流传等问题进行了论说。

专家、学者们一致认为,这次研讨会与上届墨子学术研讨会相比,在讨论的深度和广度上都有所拓展。除了墨学的思想内容和墨子的里籍等问题外,还讨论了墨家的科技成就和墨学的当代价值等问题,对于墨家的思想体系和具体学说进行了深入探讨,它必将对国内外墨学研究的深入开展起到积极的推动作用。

10 月 9 日下午 4 时,首届墨学国际研讨会举行闭幕式。

中国墨子学会第一副会长、枣庄市委常委、滕州市委书记林兆义主持闭幕式并宣布成立墨子基金会。中国墨子学会副会长兼秘书长、山东大学教授张知寒向会议汇报了墨子学会一年的工作情况:编辑出版了《墨子研究论丛》第一辑,配合滕州市完成《墨子》像、碑等建设任务;筹备了首届墨学国际研讨会。中国墨子学会名誉会长、北京图书馆馆长任继愈先生作了会议总结。他说:"这次研讨会,学者们以科学态度和求实精神,对墨学进行了认真讨论。与会学者认为,这次墨学国际研讨会,确实是千百年来从未有过的墨学研究的盛举。今后,我们将继续依靠滕州市的领导和人民,依靠山东大学和国内外学者的共同努力,把墨学研究不断推向前进。"中国墨子学会副会长,滕州市委副书记、市长张昭致闭幕词。

附录 1:《中国墨子学会领导成员名单》

中国墨子学会领导成员名单

一、首席名誉会长:费孝通

二、名誉会长:杨向奎　任继愈　赵志浩　董凤基　苗枫林　孙淑义　秦尧基　孟繁成　李忠林

三、顾问:匡亚明　蔡尚思　张岱年　杨斯德　贾亦斌　商景才　聂　力　尹衍梁　张政烺　王先进　张季平　王学仲　颜道岸　田昌五　刘守朴　梁自洁　刘敦愿　李志超

李绍崑　陈鼓应　于占德　漆　侠　王讚源　李云九
毕长朴　郑仁在

四、会长、副会长、秘书长、副秘书长：

会长：陈之安

第一副会长：林兆义

副会长：乔幼梅　郭良志　张　昭　朱锡光　董兴河　祝　明　张知寒
王裕安

秘书长：张知寒(兼)

副秘书长：孙志敏　刘合光(兼)　李广星(兼)　董家胜(兼)　张德锁(兼)

五、常务理事：陈之安　林兆义　乔幼梅　郭良志　张　昭　朱锡光
董兴河　董治安　祝　明　张知寒　丁冠之　周立升
王裕安　杨培德　颜道朗　傅　超　颜景安　孙志敏
刘合光　万树瀛　李广星　董家胜　张德锁　孙海波
陈朝晖

六、理事：(以姓氏笔画为序)

丁冠之　丁原明　万树瀛　王廷洽　王守常　王延臣　王牧天
王维庭　王裕安　王裕巽　水渭松　孔祥林　孔繁银　刘合光
刘春生　邢志第　吕宜坤　朱宏达　朱光甫　朱传棨　朱锡光
乔幼梅　任守柏　孙中原　孙以楷　孙志敏　孙海波　李　申
李广星　李书有　李永先　李忠林　李殿仁　李肇翔　张　宇
张大同　张念书　张国梁　张知寒　张　昭　张德锁　范叔存
陈之安　陈孟麟　陈朝晖　陈慕兰　郑宝琦　林兆义　杨广慧
杨子彬　杨俊光　杨培德　欧阳茂森　罗其湘　周立升　周光成
孟昭泰　胡新晶　祝　明　姜宝昌　赵日贵　高忠汉　郭良志
郭墨兰　秦彦士　秦根才　钱　逊　黄世瑞　崔本庭　崔玉铎
韩嘉玲　董兴河　董治安　董家胜　景维恩　程石泉　傅　超
鲁开杰　谭风雷　潘　群　颜景安　颜道朗

1992年

附录2:《中国墨子学会章程》

中国墨子学会章程

第一条:本会定名为中国墨子学会,会址设在滕州市。

第二条:本会是由研究墨子及墨家学说的专家学者和热心关怀并支持墨子学术事业的人士,自愿组成的民间学术团体。

第三条:宗旨

本会以马克思主义为指导,以实事求是的科学态度研究墨子学说。贯彻"百花齐放,百家争鸣"的方针,不断提高研究水平,为振兴中华,弘扬中华民族优秀文化做出贡献。

本会愿团结一切研究墨子及墨家学说的人士和团体,开展各种学术活动。欢迎台湾、港、澳及海外同道的支持和合作。

第四条:任务

1.搜集、整理有关图书和文献资料,及时了解和收存国内外有关学术情报和研究成果。

2.组织学术讨论会、报告会等学术活动,加强国内外学术交流。

3.编辑出版研究成果,提供学术咨询服务。

第五条:会员

1.凡赞成本会章程自愿加入本会者,由本人提出申请,所在单位同意,经本会会员的介绍,常务理事会议批准,即为本会的会员。

2.权利:有选举权与被选举权;对本会工作有批评、建议和监督权;参加本会所举办的各种活动,享受本会在研究和出版方面提供的各种方便,有退会自由。

3.义务:积极参加会务活动,承担和完成本会委托的任务,向本会推荐会员,缴纳会费(每年2元,每年一月份交讫)。

第六条:机构

1.本会最高权力机关为全体会员代表大会。

2.本会设名誉会长、顾问。

3.大会闭幕后,实行会长负责制,设会长、第一副会长和副会长若干人、秘书长和副秘书长若干人。

4.会长、副会长由理事会选举产生,任期三年。正副秘书长由会长提名,理事会通过后聘任。

5.由正副会长、正副秘书长组成常务理事会议,主持日常工作。

6.本会下设秘书组、事务组、资料组、编辑出版组等常设办事机构。

第七条:经费

1.本会会员的会费和自愿捐纳。

2.学术咨询服务的收入。

3.有关部门的资助。

第八条:附则

1.本章程自会员大会通过之日起施行。

2.本章程的解释权,均属常务理事会。

一九九二年十月

1993 年

5 月，滕州市委、市政府隆重地举行墨子国际研究中心奠基仪式。

5 月 31 日，滕州市委、市政府举行隆重的墨子国际研究中心奠基仪式，美国爱丁堡大学心理学教授李绍崑率美国学术代表团参加了这一盛典。中共滕州市委书记林兆义在奠基仪式上说："我们兴建墨子国际研究中心的主要目的是：一，为国外墨学专家和爱好者提供研究墨子的基地。中国有句古语：'皮之不存，毛将焉附。'没有研究基地和资料就很难进行深入持久的研究。由于历史的原因，有关墨子研究的图书资料散见于世界各地，给墨学研究者带来很大的不便。墨子国际研究中心的兴建就是为国内外墨学研究者创建稳固的根据地，我们将尽最大的力量搜集国内外关于墨子研究的图书报刊资料，办成墨学研究的资料中心，为墨学研究者提供良好的服务。二，对青少年进行中华民族传统文化教育。墨子的思想博大精深，主要有兴利除害、兼爱互利、尚贤尚同、强本节用、非攻善守、有教无类、科学技术、三表法则、非命尚力、自苦为义等十个方面，是对青少年进行热爱科技、热爱家乡、热爱祖国教育的重要场所。三，成为宣传墨子和滕州对外开放的重要窗口。四，为后人留下珍贵的文化财富，成为永远纪念科圣墨子的馆所。"

8 月，邢兆良《墨子评传》由南京大学出版社出版发行。

该书系统地考察、分析、论述了墨子的生平活动、学术思想和历史影响，并且从时代的经济政治结构、科学技术水平、思想文化环境诸方面，探讨、论证了墨子思想体系产生、发展及其衰亡的主要原因；对墨子思想体系的整个结构，对墨子学研究中的一些聚讼未决的问题，作者在博采众议的同时，依据墨子本意和时代背景的实证材料，较为客观地作出了自己的分析和论证，使墨子的科学思想、社会政治思想、认识论和逻辑学得以构成一个有机结合的、具有内在逻辑结构的思想形态。

9 月，杨向奎《墨经数理研究》由山东大学出版社出版发行。

《墨经数理研究》是杨向奎教授研究墨子和《墨经》的专著，其由十二个部分组成：(一)序言；(二)墨子的思想与墨者集团；(三)关于研究《墨经》的讲话；(四)论《墨经》的研究；(五)墨子在数理学上的贡献；(六)墨家的时空理论及其在自然科学方面的成就；(七)《墨经》有关数学物理条文校注；(八)《墨经》中的弹性力学条文疏解；(九)论恒量、变量——兼论墨家的恒、变观；(十)略评太炎先生对墨家科学的非议；(十一)名墨訾应论——惠施“万物之意”及相关诸问题；(十二)编后记。

9 月，孙中原《墨学通论》由辽宁教育出版社出版发行。

该书具有以下显著特点：

第一，写出了墨学体系的博大精深。墨子称贤良之士应是“厚乎德行、辩乎言谈、博乎道术者”，《庄子》说墨子“好学而博”。由现存《墨子》五十三篇看，墨子与墨者知识面的确很广。

第二，写出了墨学的特点和优秀传统。墨学有许多特点。如宣扬兼爱，主张“爱无差等”。宣传非攻，又讲求守御之术，为反对攻战而采取实际的对策。因为讲求守御之术，进而制造守御之器。因为制造守御之器，于是研究几何、物理之学，对自然科学作出了巨大贡献。

第三，写出了墨学的渊源流变与影响意义。墨学从儒学中脱胎而出，又与儒学对立，相反相成。墨学在战国时期有重要发展和广泛流传，到秦汉之际衰微，历代虽对《墨子》一书传抄不绝，但至清代始有人进行研究。五四新文化运动之后，诸子之学受到重视，墨学在历史上的地位重新确定下来。

12 月，姜宝昌《墨经训释》由齐鲁书社出版发行。

作者在《墨经训释》一书中，主要做了三项工作：其一为校勘。校勘时，当然以孙诒让《墨子间诂》为底本，因为自《墨子间诂》出，《墨经》才可通读。《墨子间诂》在校勘方面虽卓有贡献，但也有不少未善未精之处。为力求其真，在《墨子间诂》的基础上再作些校勘，参考的书籍见所列"参考书目"。其二为注释。凡墨家常用术语和重要字词，均按文字学、训诂学有关条例，详为训释，以便发掘意蕴，阐明墨旨。以上两项工作体现在行文中则为"校注"，且以浅近古代汉语表述之。其三为讲解。在通晓字词的前提下，对经文和经说文的含义加以说解和阐释。体现在行文中则为"纂义"。

依据前贤的研究成果，该书将《墨经》定为 179 条，包括《经上》和《经说上》97 条、《经下》和《经说下》82 条。其中，关于逻辑的有 2 条，关于认识论的有 4 条，关于数学的有 16 条，关于物理学的有 9 条，关于力学的有 6 条，关于光学的有 8 条，关于经济学的有 2 条，其余 132 条都是关于社会政治和伦理学的。从条数上看起来，属于自然科学的仅占四分之一，但这在思想政治纷争的战国时代，已经是难能可贵的了。更不必说其中有不少方面都是世界上最早论及的科技发明与创造。应当说，在这方面，我们的整理和研究还十分薄弱，今后的科研投入应该对此作必要的倾斜。

12 月，张知寒主编的《墨子研究论丛》(二)由山东大学出版社出版发行。

该书是从首届墨学国际研讨会所收到的 97 篇论文中选编而成的，是墨学史上第一部集中外著名的墨学大师以及著名的思想史专家最新研究成果的论文集。书中所收的论文对墨子的经济、政治、军事、教育、科学、宗教、哲学(包括逻辑学)等思想，都作了较深的探讨，提出了许多独特的见解。相关论文均充分地反映了当前墨学研究的动态、趋势以及它的现实意义和学术界所关心的问题，主要体现在以下几个方面。

关于墨学的自然科学价值

颜道岸:《再论墨家学派在科学上的杰出贡献》

文章指出，世界著名科学家李约瑟博士孜孜不倦地撰写巨著《中国科学技术史》，用他的话说，他是在不断地开发着光彩夺目的中国古代科技的"金矿"。我国古代墨家学派的科技成就正是这样一座闪闪发光的"金矿"。

墨子及其后学扎根于实践，擅长于做科学实验，善于“察类明故”“巧传则求其故”，由于这种光照千古的求实精神，所以在数学、力学原理、光学定律、声学理论、机械、土木等科学技术领域做出千古不磨的成就，形成我国古代科学技术的总汇，其方面之广、质量之高可称举世无两。

关于墨学研究，已在山东滕州市召开了国内和国际墨学研究会议，成果显著。这是2000多年来的盛举。对墨学的科学著作，还有大量的考证、分析和辨明是非的工作要做，甚至要用几代人的力量。另外，对研究墨学科学的稿本，应尽快搜求付印，便于研究交流。同时，应筹集资金，成立墨子研究机构，培养人才，提高墨学研究水平，以专责成，而期久远，使得墨学科学的伟大贡献伴随着祖国的建设，昌盛发达，永放光芒。

〔美〕李绍崑：《墨子论时间与空间》

作者认为，墨经的《经》和《经说》共有四章，它们是中国古籍中最为难读的部分。原因之一是其内容非常深奥，原因之二是有很多我们不熟悉的术语。几位杰出的学者如毕沅、孙诒让、谭戒甫等进行了艰苦卓绝的研究，但很多情况仍未阐明。作者在文中探讨并分析了时间、时间结构、空间、空间结构、物体与空间的关系、空间的虚实、宇宙的有穷与无穷七个方面的内容。

作者认为，有别于西方科学家和哲学家，墨子研究科学、分析时空甚至建立科学哲学的目的既不是“获得更多的足够的数据解决自然科学中的困难”，也不是“维护我们对自然的基本的解释”，而是论证“无穷不害兼”和重建一个崭新的世界，在那里你会发现“兼爱和互助”。

姜宝昌：《墨经几何光学新释》

作者认为，在先秦典籍中，与近代科学精神相悬契的当数《墨经》。《墨经》中记录了大量的古代自然科学知识，其中，论列几何光学8条，涉及物影生成、小孔成像(影)、光线反射、平面镜成像、凹面镜成像、凸面镜成像等许多方面，可以说几乎包容了近代几何光学的各个领域。作者参考前人成果，胪列个人心得，斟酌损益，定夺依违，作《墨经》几何光学新释。

杨俊光：《墨经选诂》

该文是对历来异说纷纭的三条《墨经》文字的校勘和诂解。文中详细考察了前人成说，驳正了各种误解，补充、疏通、证成了正确的见解，也提出了个人的看法：(1)第一条的“若”字，义为“如此”“这样”，指代“臣萌通约”；(2)第二条是对“见”的具体分析，对“体”和“尽”——无轻重贬褒之意，更与“兼爱”无涉；(3)第三条的三个“非”字都是名词——错误。作者证明了其意义分别是：(1)君是臣民的总的约束，就是因“臣萌通约”而得名的；(2)见有体见、尽见两种，即部分的见是体见，全面的见是尽见；(3)正确就是没有错误，如圣人看似有非而实则无非。

关于墨子的思想体系及某些具体范畴的研究

水渭松：《简论墨子“爱利百姓”的主张与实践》

文章指出，在我国思想史上，是墨子首先提出“爱利百姓”的主张。在墨子之前，尚无其人。这说明这一主张的提出具有突破性的重要价值。墨子提出这一主张，完全是基于拯救民生的善良愿望，更为不易的是，他不仅提出了这一主张，而且毕生为实现其主张而艰苦奋斗。

作者认为，墨子提出“爱利百姓”主张的重要思想价值有三：一是把“百姓”推为“爱利”的对象，史无前例，它体现了意识上的觉醒；二是主张“爱”“利”结合，把“爱”落实到“利”上；三是墨子为实现这一主张而奋斗，作出了无私的奉献。

〔韩〕李云九：《墨子的战争哲学批判》

文章指出，和平主张的真正意义并不是抛弃战争，而是展开防止侵略的一种积极斗争。以此认识为基础，我们可以分析且比较一下只求各自利益的春秋战国时各阶层的诸子们的政治意识到底如何展开，特以墨子十大主张政治口号之中的“非攻论”为主，从而展开批判他的战争哲学。

墨家哲学中的“义”跟民众的“利”有直接的关系，侵夺民众利益的任何形态的战争都是不义的。墨子原则上是反对战争的，但他并不主张抛弃战争，倒强调了对抗侵略的防御战争。事实上他投身开发守城武器为抑止战争的一种军事战略。但是，在墨子“非攻论”中，所谓的“犯而不校”是根本不可能存在的。管仲主张兵强才能拥有抑制战争的能力，同样是没有抛弃战争的意思的，是“以战去战”之论。在方法论上，孙武认为“不战而胜”为最上策，孙膑“必攻不守”以先制攻击为特征。

现实中则以强者的伦理为先,在“利害”相冲突的现状下,相互“理解”只是一种幻想罢了。不管是以哪种名分来侵害民众的“利”都是不义。

陈孟麟:《〈墨辩〉在哲学社会科学领域对墨子思想的突破》

《墨辩》指《墨子》一书中《经上》《经下》《经说上》《经说下》《大取》《小取》六篇,包含丰富的科学内容,其中哲学社会科学部分对墨子有三方面的突破:认识论方面,《墨辩》抛弃墨子天志鬼神,明确提出唯物主义反映论的新观点;逻辑学方面,将墨子逻辑思想看作一门专门学问,把它升华为逻辑学;政治理论方面,《墨辩》含通约思想的新见解。

作者认为,《墨辩》含通约思想,其主要依据是“君,臣萌通约也”一条以及围绕它的其他《经》《说》文等,并从考证资料和分析含义两部分加以论述。同时,作者认为《墨辩》对“尚同”的否定,意味着对专制主义信仰的动摇,加上等级观念在实质上的被抛弃,相关内容构成了《墨辩》通约论的思想基础。《墨辩》通约思想和古希腊伯里克利推行的雅典民主制度一样,都不失为历史上的一盏明灯,至今仍具有迷人的魅力。这也说明民主思想传统并非西方所特有、中国所特无。

关于墨子研究及其方法论

王讚源:《墨子方法论》

文章指出,哲学方法论可分为普通方法论和特殊方法论两种。特殊方法论常见于开创性或独创性的哲学思想体系之中,而且特殊方法论与创造性的思想内容往往结为一体,难以划分。这种情形在西方哲学之中,屡见不鲜,像黑格尔(G.W.F.Hegel,1770—1831)的“辩证法”(dialectical method)是他那绝对观念论体系的特殊方法论;胡塞尔(E.Husserl,1859—1938)的“现象学”(Phenomenology)是他那“第一哲学”的特殊方法论;现代英国语言分析学派主张的“日常语言分析”就是特殊的哲学方法论。这些特殊方法论也是其各自哲学体系的实质骨架,若拆除骨架,整个哲学体系也就为之瓦解。就中国哲学来说,“三言”(卮言、重言、寓言)是庄子哲学的特殊方法论。《庄子·天下》说:“以天下为沉浊,不可与庄语,以卮言为曼衍,以重言为真,以寓言为广。”庄子用卮言、重言、寓言来表达自己哲学的方式,“三言”背后都有庄子本人的影子在。不懂“三言”的言外之意便无法深入庄学的堂室。“三言”正是庄子哲学的特殊方法论。不了解“三言”，便无法透悟庄子思想的奥义。而墨子的“三表”更是典型的独特的哲学方法论，“十论”部分几乎无篇无之。“三表”是“十论”的论证方法，也是“十论”思想的实质架构；方法与思想合成一体，无法分割。

至于普通的哲学方法论则不然，它是超出任何特定的哲学立场，不夹带任何实质的思想内容，纯为客观、中性的方法论。它不但是哲学而且是社会科学、自然科学都普遍在应用的思想方法。像逻辑（Logic）和近几十年发展成的语义学（Semantics）就是这种普通的哲学方法论。

先秦诸子之中，墨子是最讲究方法的，他探讨哲学也探讨科学，因此《墨子》一书有哲学方法论，也有科学方法论。在科学方法论方面，明白讨论的有归纳法；不明讲却实际应用的，有观察和试验法。《墨经》中有关数学和光学、力学的知识共有 40 多条，都是使用这些方法获得的成果。哲学方法论方面，墨子讨论过普通方法论和特殊方法论，也有在他的理论中使用而未曾讨论的，《兼爱》中应用的“两而进之法”就是例子。普通方法论有：所得而后成律（因果律、充足理由律）、同异原则（必异律、同一律、不矛盾、排中律）、辩学（逻辑学）、名实原理（语意学、语言哲学）。至于类行原理、法仪、“三表”法，则是墨子的特殊方法论。

张知寒：《略论“郳娄文化”与儒墨》

文章指出，古代的郳娄族对中华民族古代文化的发展作出了卓越而光辉的贡献。当代著名的学者王献唐先生在《炎黄氏族文化考》《山东古国考》《春秋郳分三国考》等书中已作了论述和评价，无须再作补充。文章只谈“郳娄文化”与儒、墨的有关问题。

王献唐先生说，所谓“郳娄文化”，实即炎族文化，因为黄族称处于东方的炎族为东夷，所以也叫“东夷文化”。东夷炎族的文化，为什么又叫“郳娄文化”呢？主要是因为炎族的语言音调如郳娄，所以黄族人即呼炎族为郳娄。东夷所在，《说文》：夷，“东方之人也”。山东各地即古夷地，郳在滕县，莒在莒州，若牟若介若嵎夷，俱属东境；规之中原方位，皆东夷也。也就是说，“凡东方人悉呼为夷”。

在东夷之中，人口最集中而文化水平也最高的应以“三郳”为代表。“三郳”从郳娄国分立而来，即郳、小郳、倪和滥。“郳，在今邹县中部、南部，济宁东境，滕县北境，东、西、北三面界鲁。”小郳，在今滕州东北至东南一带，“今滕州治即为郳地，东北之滁水，东南之昌虑，皆郳地也”。“滥，在滕之东南六十里陶山北，周十余里。”

以三郳为代表的“郳娄文化”,自唐、虞、三代以来,就一直领先于某些文化。孔子把郳娄人作为先进的君子看待,郳娄地区在科学技术方面也领先于其他地区。古人衣食住行各方面的器物用品,大多为东夷炎族所首创。三郳地区还是古代制造舟车的重要基地,说明这里的科学技术已处于当时世界的领先地位。

孔子、墨子都是商宋的苗裔,他们的远祖也是东方的夷人,儒墨两家都是“郳娄文化”培溉出来的奇葩。

朱宏达:《孙诒让与墨学研究》

文章指出,《墨子间诂》是孙诒让三部力作之一,最充分地体现了他的学术成就和维新思想。其书写定于1892—1893年,重加增订刊刻于1910年。而这段覃思墨学的时间,也正是他修订另一部力作《周礼正义》的时期。他一方面将“用心笃厚,勇于振世救弊”作为注释《墨子》的根本出发点,另一方面又以《周礼正义》的典章制度和所涉及的文史知识来印证墨子,增强《墨子间诂》的学术权威性。沉埋2000余年的《墨子》有了重见天日的机会,而孙诒让在墨学研究上的功绩,亦犹如前人所说的,似经学上郑玄之注“三礼”那样,伟绩丰功,彪炳千古矣。

梁启超概括说,《墨子间诂》释古训,正错简,识胆绝伦,辨伪眼光远出诸家之上。其《附录》及《后语》考订流别,精密闳通,尤为向来读子书者所未见。自此书出,然后《墨子》人人可读,现代墨学复活,全由此书寻之。古今注《墨子》者固莫能过此书,而仲容一生著述亦以此书为第一也。

《墨子间诂》中的“间诂”二字,孙诒让在《自序》中首先作了解释:“间者,发其疑牾;诂者,正其训释。”黄绍箕说:“所谓间者,即指音声之伪误,先后之差舛,篆隶之殊失而言。弥缝其间,犹云弥缝其阙也。”顾名思义,《墨子间诂》的成就还是以校勘和文字训诂为基础的。

《墨子》一书在古籍中号称难治。长期以来,“传诵既少,注释亦稀,乐台旧本,久绝流传,阙文错简,无可校正,古言古字更不可晓,而墨学尘薶终古矣”。所以,孙诒让注释《墨子》先从校勘入手,校诂结合,以毕沅《墨子校注》为底本,参校明吴宽写本、顾千里校道藏本、日本宝历间仿刻明茅坤残本等多种版本,吸取清乾嘉以来众家校雠成果,择善而从。其不但理顺了本来难以卒读的上下文句之间的大量讹误,且对上下片段中的错简也加以刊正调整,使墨子文章怡然通顺可诵。

实际上,孙诒让还特别注意汉字古今之变迁,讲究字形结构,务得其真。所以《墨子间诂》全书校正形讹之字达 640 余处，其中有证有据，独家发明首创之“校正文字”即有 60 余处。

附录：《墨子研究论丛》（二）论文目录

张岱年：《墨子兼爱的实践意蕴》
蔡尚思：《儒墨斗争史与儒法合作史》
王讚源：《墨子的方法论》
陈鼓应：《墨子与〈老子〉思想上的联系——〈老子〉早出说新证》
陈大络：《墨子兼爱与行义》
陈孟麟：《〈墨辩〉在哲学社会科学领域对墨子思想的突破》
王讚源：《墨子的现代价值》
刘惠文：《试论墨子的民本哲学》
水渭松：《简论墨子“爱利百姓”的主张与实践》
刑志第：《“国家百姓人民之利”是墨子思想的核心》
陈朝晖：《孔墨尚贤人才观之比较》
孙竞昊：《墨子社会政治思想阐释与评议》
〔韩〕李云九：《墨子的战争哲学批判》
〔韩〕郑仁在：《墨子的和平思想》
林永光：《论墨翟的社会政治经济思想》
范　军：《墨家理财思想探究》
林仙庭：《论墨子的贵俭思想》
范淑存：《墨子的丧葬经济观与现代殡葬改革》
张　涛：《墨子婚姻家庭思想述略》
马士生：《略论墨子的经济发展观》
吴晋生：《试论墨子的正义观》
高　驰：《墨子人道主义思想浅探》
茂森振　吉维先：《墨子的伦理思想及其现代意义》
陈兴周：《墨子在教育史上的崇高地位》
解　成　潘志锋：《墨学与中国封建社会不立国教的传统》
谭风雷：《论墨子精神》

朱锡光:《墨子之人格略论》
郭默兰:《试论墨学骤衰的原因》
郑宝琦　王裕巽:《析墨学中衰之原因》
王廷洽:《世界级的科学巨擘——墨翟》
颜道岸:《再论墨家学派在科学上的杰出贡献》
〔美〕李绍崑:《墨子论时间与空间》
姜宝昌:《墨经几何光学新释》
王裕安　牛家骥:《墨子与数学》
黄新生:《〈墨〉"故"新诂》
杨俊光:《〈墨经〉选诂》
王维庭:《评近现代大名家在校注〈墨辩〉中之失误》
郑杰文:《墨家鬼神观的渊源学说及影响》
〔南斯拉夫〕拉多萨夫:《论墨子哲学的"天意"》
赵乃光:《〈墨子·天志〉浅涉》
仝晰纲:《墨子的"天志""明鬼"与"非命"》
郑晓江:《论墨家的死亡观》
张季平:《墨学的流传》
黄世瑞:《墨学流派浅论》
秦彦士:《〈墨子〉版本与中国文化氛围》
张知寒:《略论"邾娄文化"与儒墨》
李永先:《墨子学说的产生背景》
张希宇:《墨子为鲁国人说补正》
韩义缘:《墨子故里之我见》
靳桂云:《墨子思想产生的物质文化基础——墨子故里先秦考古学文化概述》
邱宗敏:《与郭沫若先生论墨子的"兼爱"与"非攻"思想——墨子故里先秦考古学文化概述》
朱宏达:《孙诒让和墨学研究》
吴忠匡:《记墨学老师栾调甫教授》
栾　登　栾汝珠:《栾调甫与墨子》
孙中原:《否极泰来,绝学再兴——论四百年来的墨学研究》

1994 年

7 月,墨子国际研究中心、墨子纪念馆建成。

墨子国际研究中心位于滕州城荆河西畔的科圣园西,前有龙泉塔,后为王学仲艺术馆,西临塔寺路,南面府前东路,环境优美,交通方便。中心占地面积10200 平方米,其中建筑面积 3000 平方米,主要建筑有墨子生平事迹大型壁画展厅、墨子科技成果和墨子军事研究展厅、墨子研究成果展厅、国际学术研讨会议室、墨子书库、山东大学·滕州市墨子研究中心办公室、中国墨子学会与山东墨子基金会接待室、碑廊碑林、墨子塑像、目夷亭等,是现代化与民族形式相结合的园林建筑,也是进行学术研讨、图书资料收藏和参观游览等综合性多功能的活动中心。墨子国际研究中心是滕州市的重点文化建设工程,总投资 500 万元,1993 年 5 月奠基,1994 年 7 月落成。它既是滕州的重要文化景观,又是国际文化交流的基地和对外开放的一个窗口。

6 月,秦彦士《墨子新论》由电子科技大学出版社出版发行。

作者以墨子思想为核心,以墨家学派的演变为线索,以中国文化的整体特征为背景,通过对墨子核心思想主张的性质、后期墨家在逻辑学和科学方面的贡献等重大问题的深入分析和考辨,力图全面揭示墨子思想的基本性格以及墨家学派的沿革过程,以便重建思想史上的墨家形象。

8 月,大型壁画《墨子圣迹图》完成。

大型壁画《墨子圣迹图》展示了墨子光辉的一生,壁画高 2.5 米,长 85 米,呈带状环绕展厅四壁,总面积200多平方米。壁画由62幅画面组成。整体内容分为四部分。这62幅画面中,每幅画面又是一个生动的故事,幅幅相接,内容又相互关联,浑然一体,气势磅礴。远远望去就像是气韵生动的历史长卷,近观则是栩栩如生的社会生活照。在巨幅画面上,塑造了267个人物形象,神韵各异,形态鲜明。尤其是展现墨子的59个肖像,注重了异时、异地、异情的形态刻画:从青少年的勤奋睿智、好学深思,到中老年的纯朴刚毅、执着追求,都刻画入微。

为渲染气氛,烘托人物形象,壁画以浓墨重彩塑造景点多处。那流畅的线条、浓艳的色块,使画面上的车马、房舍形象逼真,山水生神;农舍、府第、城池,井然有序;河流、树木、舟桥,隐露有致;街市、店铺、摊贩,安排得体。远处,层峦叠嶂,回溪深远;近景,花团锦簇,竹木葱茏。春夏秋冬为一图,阴晴雨雪为一景。整幅画卷紧凑而自然,疏密错落,配以通俗精练的文字,可谓图文并茂,雅俗共赏。无论从技艺上还是内容上,都堪称艺术精品。

大型壁画《墨子圣迹图》由张长地、张积成、张吉鹏绘画完成。

8月19日上午,中共中央政治局委员、山东省委书记姜春云在济南会见了出席第二届墨学国际研讨会的中外专家学者代表,同他们进行了亲切交谈。以下是会见时姜春云同志的讲话。

各位先生,各位同志:

首先,我代表山东省委、省政府对会议的召开表示热烈祝贺!对出席会议的专家学者表示热烈欢迎!墨子是中国古代伟大的思想家、科学家、军事家、教育家,是“平民圣人”。墨家学说的许多思想观点,反映了朴素的唯物辩证法,代表了劳动人民的利益和愿望,虽有历史局限性,但确有时代的进步性和人民性。墨学在自然科学和逻辑学方面的成就尤为突出。毛泽东同志曾说,墨子是中国的赫拉克利特——古代辩证唯物论大家。学术界也有“墨学在科学史上的贡献,等于古希腊”的评价。齐鲁人民为产生了这样一位伟大的思想家感到光荣和自豪。

墨子是山东人,但其思想影响已远远超出了省界、国界,成为中华民族和全人类的精神财富。今天,来自海内外的各位专家学者济济一堂,共同研讨、发掘墨学的思想宝藏,弘扬墨学精华,开展国际文化学术交流,对于促进国际经济技术的合作,促进人类社会进步事业的发展有着积极的意义和作用。

中华民族有几千年文明史,创造了辉煌灿烂的文化,是我们取之不尽、用之不竭的宝贵精神财富。邓小平同志指出:“要懂得些中国历史,这是中国发展的一个精神动力。”江泽民同志也多次强调:“要用科学的态度对待我们民族的传统文化和外来文化。”我们应当遵循“古为今用”“洋为中用”的方针,积极开展对包括墨学在内的中国古代思想文化的研究,去其糟粕,取其精华,很好地继承这一珍贵的文化遗产,同时认真汲取和借鉴世界各国的文明成果,把民族传统文化、外来文化的精华,与我们党领导人民在长期革命和建设中形成的优良传统和革命精神有机结合起来,并在新的实践基础上不断创新,建设和发展有中国特色的社会主义文化,不断把社会主义现代化建设推向前进。

8 月 19 日至 21 日,中国墨子学会、山东大学和滕州市人民政府在山东大学联合举办第二届墨学国际研讨会。

8 月 19 日至 21 日,由中国墨子学会、山东大学和滕州市人民政府联合举办的第二届墨学国际研讨会于在山东大学召开。杨向奎、任继愈、颜道岸、褚斌杰等来自中国、美国、日本、韩国的 121 位专家学者参加会议。这次研讨会不仅得到海内外众多学者的关注和支持,还得到中央和山东省党政领导的关怀、指导和鼓励。中共中央政治局委员、山东省委书记姜春云同志不仅为大会题词“弘扬墨学,振兴中华”,还在百忙之中会见了部分专家、学者。山东省委副书记韩喜凯同志到会代表省委、省政府向大会的召开表示祝贺。

全国人民代表大会副委员长、中国墨子学会首席名誉会长费孝通,中国墨子学会顾问蔡尚思、张岱年,著名墨学研究专家杨宽发来贺信贺电。中国墨子学会会长、山东大学党委书记陈之安,山东大学校长潘承洞,中共枣庄市委常委、滕州市委书记、中国墨子学会第一副会长彭湃发表讲话。

韩喜凯在讲话中指出,山东重视对历史文化的挖掘和研究,最重要的是以弘扬中华民族的传统文化,发展文化事业,来建设精神文明,特别是社会主义精神文明。经过对历史文化的发掘研究,我们还有一个重要的思想,就是与对外开放的总政策相接,很多地方出现了文化搭台、经贸唱戏,这也是山东对外开放的一条重要政策、一个重要经验。

陈之安在致辞中指出,我们在山东墨子研究会的基础上成立了中国墨子学会,第一次组建了全国性的墨学学术团体,结束了墨学研究近 2000 年分散、冷落的局面，为进一步推动墨学研究打下了坚实的基础。

开幕式由张昭市长主持，中共滕州市委书记彭湃在讲话中说:“滕州各项社会事业的发展和墨学研究，离不开各级领导、各界人士和山东大学的大力支持。滕州与山大已建立了亲密友好的合作关系，今后将继续巩固加强我们之间的友谊与协作。在这里，真诚地邀请各位领导、各位专家学者和新闻界的朋友们，今后在方便的时候，到墨子故里滕州市检查指导、观光旅游。好客的滕州人民将会热情地欢迎各位光临。”

第二届墨学国际研讨会是继前两届墨学会议后的又一次盛会。与会专家学者各抒己见，畅所欲言，在墨学研究方面有了突破性进展:

第一，拓宽了研究领域，不仅从哲学、自然科学、逻辑学、历史学、军事学等方面，还从文学和心理学领域对墨子及其学说进行了探讨。

第二，采用新的方法研究墨学。运用比较方法论，对墨学思想与西方的学说进行比较研究，在许多问题上提出了精辟的见解，反映了我们的墨学研究正在向着深层次发展。

第三，墨学研究的当代价值和未来价值引起了众多学者的关注和兴趣。

第二届墨学国际研讨会吸引了一批有志于研究墨学的青年学者，提交了一批质量较高的论文，并提出了富有创造性的见解，预示着墨学研究的新秀正在崛起，墨学事业后继有人，前景辉煌。这次会议在推动墨学进一步走向世界和墨学研究应用的国际化方面作出了新的贡献，对深入开展的墨学研究和促进对外学术交流，发挥了重要作用。

8 月 19 日，中国墨子学会召开会长会议，调整充实领导班子成员。山东大学党委书记陈之安任会长，中共枣庄市委常委、滕州市委书记彭湃任中国墨子学会第一副会长。

8 月 19 日至 20 日，参加第二届墨学国际研讨会的专家学者进行了交流研讨。大会共收到《墨经数理研究》等学术专著 6 部，学术论文 96 篇。主要就《墨经》对自然科学与逻辑的贡献、墨学理论对解决当今人类面临的和平与发展两大课题的作用、墨子学说与当代经济发展的关系等进行了广泛的讨论和交流。

第一，墨学研究的当代及未来价值。与会学者认为墨子是中国伟大的思想家、科学家、社会活动家和平民教育家。墨家学派虽然作为一个独立的学术流派，自汉代以后湮灭不彰了，但是墨家思想作为优秀传统文化的一部分，2000余年来，一直对中华民族产生着积极的影响。墨子的许多思想在今天仍具有极其重要的时代价值，并且在人类未来所面临的和平与发展问题上具有重要的借鉴意义。

第二，对于墨子思想体系的具体探讨。学者们就墨家的哲学思想、经济思想、社会政治思想、科技思想、伦理思想以及墨家的人才观、义利观、人生哲学等进行了深入的探讨。有的学者对墨子的人生思想作了分析，认为墨家的人生哲学是相当丰富且深刻的，是以“强”“力”劳动的生存观、“利天下为之”的价值观和尚俭抑奢的生活观为建构，并较之儒、道诸家颇具自己的特色。

有的学者对墨子的义利思想进行了探析，认为墨子贵义尚利，不仅在义、利之间画上了等号，而且把“利”看成“义”的出发点和落脚点，将“利”摆在了更重要的位置。“利”成了墨家一切道德行为的目的，“义”只是实现求利目的的手段和途径。

有的学者从教育史的角度对墨子与古代私学的关系作了探讨。认为墨子的社会化私学在我国古代教育史上也应占有重要地位，它开创了我国社会化私学中技艺、技能教学的办学形式，是我国古代手工业乃至某些实用性较强的科技业中师徒相授、在实践中教学形式的先导。墨子私学方式的教育形式对我国古代手工业和科技发展有很大作用。

在军事学上，学者们认为墨子是历史上第一位古代人道主义军事家，他的军事学是完全以“兼爱天下”的平民道德为指向而创立的。墨子的军事学有一个最大特色，即只求保卫自己，绝不侵犯别人。所有的战略、战术，完全是为“非攻”和“守御”而制定的。墨子本人堪称一位军事防御的战术家。其战术战法有些虽在现代战争中已不适用了，但他观察处理细致具体，部署兵力周密严谨，判断情况准确透彻，特别是管理部队严格的作风纪律是很值得我们学习的。

第三，墨家与先秦诸子之关系。有的学者用系统论及结构主义的方法将儒、墨、道、法放在一个共时的框架中加以研究，以确定其相互依存、相互补充、相互对立、相互转化的关系。

有的学者认为老子与墨子的学说同出于夏代尤其是夏禹的思想。老子之思想曾予墨子以极大的影响。老子之“天道”与墨子之“天志”，老子之“静观论”

与墨子之“经验论”,老子之“反战”与墨子之“非攻”,老子之“修道”与墨子之“修身”均有着内在联系。在许多时候,墨子是老子学说的身体力行者。战国后期至汉初,道家反过来采墨学之善,发展为融汇百家的黄老道家。汉武独尊儒术以后,道家受两汉神学气氛熏染,走上宗教神学的发展道路。道家走向道教的演化过程中,也继续吸收墨子学说,而《墨子》也赖道教得以保存流传。道墨关系如此密切,其渊源则在于老子对墨子的影响。

10 月,《山东省墨子故里森林公园总体规划》由山东省林业勘察设计院完成。

山东省墨子故里森林公园位于滕州市东部,东依沂蒙山区,南与薛城区接壤,西南靠滕薛路。森林公园由墨子故里景区、柴胡店景区和莲青山景区三个独立的区域组成,森林公园地理坐标为:东经 117°13′55″—117°19′51″,北纬 34°52′11″—35°18′21″。规划总面积 3041.6 公顷。

附录:《中国墨子学会领导成员名单》

中国墨子学会领导成员名单

首席名誉会长:费孝通

名誉会长:杨向奎　任继愈　赵志浩　韩喜凯　董凤基　苗枫林　孙淑义　秦尧基　孟繁成　李忠林

顾问:匡亚明　蔡尚思　张岱年　杨斯德　贾亦斌　商景才　聂　力　尹行梁　张政烺　张尚德　王先进　张季平　王学仲　王玉中　林兆义　颜道岸　田昌五　刘守朴　梁自洁　刘敦愿　李志超　李绍崑　陈鼓应　于占德　漆　侠　王　源　李云九　毕长朴　郑仁在

会长:陈之安

第一副会长:彭　湃

副会长:乔幼梅　郭良志　张　昭　程广泉　朱锡光

秘书长:张知寒(兼)

副秘书长:孙志敏　刘合光(兼)　李广星(兼)　董家胜(兼)　郑杰文

常务理事：陈之安　彭　湃　林兆义　乔幼梅　郭良志　张　昭
程广泉　朱锡光　董兴河　董治安　祝　明　张知寒
丁冠之　周立升　王裕安　姜宝昌　杨　培　颜道朗
傅　超　孙志敏　刘合光　李广星　郑杰文　董家胜
陈朝晖

理事：（以姓氏笔画为序）

丁冠之　丁原明　王廷洽　王守常　丁冠之　王延臣　王牧天
王绍曾　王维庭　王裕安　水渭松　孔祥林　孔繁银　史学通
刘合光　刘春生　吕宜坤　朱宏达　朱光甫　朱传棨　朱锡光
乔幼梅　任守柏　孙中原　孙以楷　李广星　李书有　李永先
李殿仁　李　翔　李德征　张大同　张守军　张念书　张季平
张国梁　张知寒　张　昭　张德锁　陈之安　陈慕兰　郑宝琦
林兆义　杨广慧　杨俊光　欧阳茂森　周立升　周光成　竺焕浩
孟昭泰　祝　明　姜宝昌　赵曰贵　高忠汉　郭良志　郭　兰
秦彦士　秦根才　徐治邦　崔本庭　崔玉铎　董治安　董家胜
景维恩　傅　超　鲁开杰　谭风雷　潘　群　颜景安　颜道朗

1995 年

4 月,中国人民银行山东分行同意设立山东墨子基金会。

中国人民银行山东省分行

关于同意设立山东墨子基金会的批复

山东省教育委员会:

你委鲁教办字〔1994〕12 号文收悉。经研究同意设立山东墨子基金会,并原则同意其章程。该基金会应严格按照国务院颁布的《基金会管理办法》开展业务活动,并接受我行的监督管理。

请持此文到省民政厅办理社团登记注册手续,然后方可开展业务活动。

一九九五年四月二日

8 月,山东墨子基金会取得山东省民政厅颁发的山东省社会团体法人登记。

山东省民政厅准予山东墨子基金会注册登记,发证日期为 1995 年 8 月 29 日。

8 月,谭家健《墨子研究》由贵州教育出版社出版发行。

该书共 16 章,分论墨子生平著作和学派、墨家十论及认识论、逻辑学、自然科学、军事技术、文学地位和历代墨学研究,涉及面颇广。其特点有二:一是采取历史比较法，许多章设专节比较墨子与先秦诸子异同；二是资料相当丰富，所附录的论文自 1904 年至 1994 年，包括海峡两岸墨学文章目录 1400 余篇，以及日本有关论文 200 余篇。书中广泛征引古代和现当代学者对墨学的各种评论。

10 月，张知寒主编的《墨子研究论丛》（三）由山东人民出版社出版发行。

该书共收录参加第二届墨学国际研讨会的专家学者墨学研究论文 56 篇，主要集中在以下三个方面。

关于墨学研究的当代价值和现实意义

颜道岸：《三论墨子学派在军事科学和军事工程科学上的杰出贡献》

文章指出，我国革命先行者孙中山先生说："古时最讲爱字的莫过于墨子。"蔡元培先生说："先秦惟子墨子颇治科学。"墨子从"兼爱""非攻"的哲学思想出发，反对大国以强凌弱、以大攻小的侵略战争，主张积极防御的战略方针，来制止大国的侵犯。墨家发明和制作了威力无比的防守武器和科学完善的防守工程，为千古兵学树立典范。

墨家的军事科学和军事工程科学大部分材料详见《墨子・备城门》以下11 篇。这 11 篇文字，由于传抄讹误，后人伪托，需要做一些审核考证工作。1929 年《清华周刊》登载过朱遏先的文章，他认为，《备城门》以下 20 篇（现存 11 篇）皆属汉人伪托。论据是：今存 11 篇中多汉代官名和汉代刑法制度；11 篇剿袭战国末及秦汉诸子内容；11 篇中多言铁器、铁兵，与墨子时代不符。经专家考证，《备城门》下前 7 篇为墨家著作。《迎敌祠》以下 4 篇，改窜过多，有些内容不类墨家言。如《迎敌祠》篇以五行为骨干，与墨子不信日者，及"五行毋常胜"之说不合。后 4 篇多言严刑峻罚，非主张"兼爱"之墨家所宜有。前 7 篇多论守械之名物数度，后 4 篇则否。后 4 篇多言汉代官制律文及金钱的重要性，前 7 篇则无。所以我们论墨家学派在军事科学和军事工程科学上的贡献，主要依据现存的《备城门》《备高临》《备梯》《备水》《备突》《备穴》《备蚁附》7 篇，其余 4 篇，作为参考。

关于墨家的军事思想：全面动员，军队编制，赏罚分明，思想工作。

关于军事工程、攻防武器：连弩之车，掷车，转射机，轒辒车，冲车，铁钩距。

关于墨家的城防工程：（1）积极防御；（2）12 种攻守战法；（3）关于城防设施：

①城头的警报措施，②濠池设防，③活动吊桥，④城门防守，⑤渠苔罗矢，⑥罂听装置。

朱传棨：《墨子思想与当代中国社会经济政治发展论要》

文章指出，近几年，国内学术界就“中国传统文化与经济社会发展”问题作了富有成效的研讨，发表了不少有新意的论述。但是，对传统文化的研讨，多限于对儒家文化传统及其意义的研讨。有的学者甚至提出，为使儒家文化更能适应市场经济发展的要求，需对儒家文化中的功利主义等思想作重新评估。作者认为，儒家文化在构成中国传统文化中虽然占有突出的历史地位和具有重要影响，但忽视研究曾与儒家并称显学的墨家文化，以及它对儒家文化的影响，不能不说这是传统文化研究中的一大欠缺。事实上，不论从历史上或是从现实上说，墨家学说比儒家学说更能适应当代社会经济政治发展的要求。这不仅仅因为墨子是我国历史上卓越的思想家、“平民圣人”和著名社会改革家，还在于他提出的一系列进步的社会政治理论和社会革新的政治主张。

作者通过对尚贤尚同(进步的社会政治理论和政治革新的主张)，兼相爱、交相利(进步的社会政治学和社会伦理学)，天为法则相爱相利(法与道德相辅相需的法治思想)，非攻非乐、节用节葬(和平安定和廉洁从政的政治主张)等几个方面的论述，认为纵观墨子学说，从当时的历史政治形势出发，为了平民百姓的切身利益和社会经济的进步和发展，提出的一套系统的政治理论思想和政治革新的主张，不仅在历史上具有不可磨灭的进步性，而且对当今的社会经济发展和进步具有极为重要的意义。为此，在“中国传统文化与现代化”问题研讨中，应该加强对墨家文化传统的研究，深刻发掘其合理思想，予以积极汲取和大力弘扬。

邢志第：《论墨子的廉政思想》

文章认为，墨子的《节用》《节葬》《非乐》中所包含的绝不是一般平民百姓的勤俭节约思想，而是关于官吏勤政廉洁的政治主张，其矛头指向的是统治者，是王公大人，它的确如三把利剑直接插进了为政不廉的王公大人们的心脏。这在我国古代先秦思想家中是特有的，不管老子，还是孔孟，都没有如此集中而系统地提出过这种为政清廉的主张，即使当时积极参与社会改革的法家们，也没有做到。这是其一。

其二，所谓廉政，就是要官吏同平民百姓同甘共苦，不搞特殊。

其三，更难能可贵的是，他在研究考察王公大人们为政不廉的问题时，始终以利国利民为根本出发点和最终归宿，而不是为了维护统治者的利益和地位。墨子明确指出："仁者之为天下度也，辟无以异乎孝子之为亲度也。"

其四，墨子廉政思想可以说已成为一个思想体系。他不仅明确提出了廉政建设的原则和方法，而且涉及官吏们奢侈无度的物质享受、精神享受和丧葬等各个领域中的不廉问题，尤其还注重了反对王公大人利用职权在生产领域大搞为政不廉的行为。这是我们今天研究廉政建设的思想宝库，我们应像墨子那样，将廉政建设作为学术问题加以深入的探讨研究。

其五，墨子的廉政思想在我国历史上产生过巨大影响，而且至今还有重大的现实意义。廉政建设从古至今都是政治建设的一个重大问题，而且官员们廉政与否涉及人民切身利益和国家兴衰，因而引起了历代开明的政治家和思想家们的关注。

我们重新研究墨子的廉政思想，探索我国当前为政清廉的实践与理论，建立社会主义的廉政学说，是极为必要的。

关于《墨经》及自然科学研究

杨向奎：《再论墨经中的时间与空间》

文章指出，时间与空间似乎永远是中外科学家与哲学家关心讨论的问题。近代伟大的物理学家牛顿以为，绝对的真实的数理的时间其本身为等量的流速而与外物无关。而绝对之空间其本身无关于外在事物。牛顿的空间，一切可能的体，像一个无尽量的空盒子，或者说像一个无尽量的巨桶，将实物一一摆进去；时间则为继续不停地等量流，虽然没有存在的外物，它也在那里流。在这种绝对时空理论的体系中，即使失去一切客观物体，此绝对体仍然存在。此后不久，哲学家康德在时间与空间理论方面提出了二元论的观点，他认为由经验的体会则有时间、空间之经验的实在性；就理性方面考察而言，又证明时间、空间之观念性。它们是理性的产物，因为它们是人们的直观形式，是一切现象或经验对象的基本条件。这又是一种实在性，这种实在性不是绝对的而是经验的，它们只在经验里有效。在经验里有效的时间、空间，也就是在现象界里有效的时间、空间，这是相对的时间、空间。时间、空间又有绝对的理想性，其理想性为先验的，是普遍有效的，这是绝对的时间、空间。可以说先验的理想性是指时间、空间的“体”,而经验的实在性是指时间、空间的“用”。

在牛顿、康德之前,我国著名的哲学家王夫之也曾经有关于时空的议论,王夫之的理论接近宇宙的真实状态。其实在2000多年前,我们的墨家在《墨经》中已经有对于时间、空间比较完善的理论。墨家的时空理论,是将时间与空间结合起来,没有空间的运转,不会有时间的概念,我们称之为“时空之并协原理”。这种并协原理,接近于后来的相对论。相对论指出,某一种空间有某一种时间,不存在脱离其参考系的时间。因之这需要一种变换,在不变的原则下达到变换的目的,于是有绝对光速的理论,运用到洛伦兹变换上,遂使时空并协起来,而有狭义相对论。

黄世瑞:《〈墨经〉管窥》

文章认为,《墨经》是我国先秦时期墨家的经典,其文辞简短而深奥,其体例古朴而独特,其内容可谓“闪其中而肆其外”,蕴藏有丰富的与现代科学精神相悬契的自然科学、社会科学和思维科学方面的知识,是祖先留给我们的一份珍贵的遗产,也是世界上现存的稀世宝典。由于前辈学者和时贤长期不懈的努力,才使这“绝对的金矿”(借用李约瑟称中国科学遗产语)的开采价值为世人所公认。但又由于其文字佶屈聱牙,特别艰涩,堪称我国数一数二难读之古籍,因而令人望而却步,致使这一“绝对的金矿”尚处在云遮雾绕的深山之中,亟待我们花大气力,深入挖掘,以期古为今用,进一步弘扬中华文化,使我中华民族为人类作出更大的贡献。

谭世宝:《从〈小取〉看“爱人”“白马非马”等命题的逻辑》

文章认为,《小取》现虽见载于《墨经》(或《墨辩》)中,但作者很同意一种看法——《小取》本不在《墨经》之内,而且是反墨者的。故此文虽仍于今通行之《墨经》引用《小取》,而实际是以之为一篇佚名之作。作者不但赞同“《小取》是在名家学说基础上所作的总结”“《小取》还提出了一个具有中国特点的古典逻辑学体系大纲”等意见,而且认为其中隐藏着解决一系列具有中国特点的古典逻辑学问题的秘诀,有待我们发掘利用。例如,孔子提出的“仁者爱人”说,在以往数十年间常被一些人斥为“超阶级的口号”而大加批判。其理由是“爱人”是指爱一切人,而在阶级社会中是不可能有超越阶级之爱的,孔子身处阶级社会而主张超阶级的“爱人”,无疑是欺人之谈。批判者还可进而举出若干孔子不爱某个或某些人之例，以证实孔子就是言行不一的大骗子。作者认为，诸如此类的批判在逻辑上是完全错误的。其致误之根本原因，就是不懂汉语的语言逻辑，不知道从古至今汉语中的“爱人”在正确的逻辑意义上都不是指爱一切人。要厘清此类逻辑问题，作者认为最佳途径就是从《小取》中找理据方法。

关于墨家与先秦诸子的关系

水渭松：《〈吕氏春秋〉墨学观刍议》

文章指出，战国末年，当吕不韦招致宾客编写《吕氏春秋》的时候，墨家虽然仍是一种不容忽视的社会势力（《当染》云：“弟子弥丰，充满天下。”），然而事业无成却已成定势（《论大》云：“孔墨欲行大道于世而不成。”）。《吕氏春秋》的作者对于墨家的兴衰与其事业的成败诚然是给予了极大的关注。因此，《吕氏春秋》不失为研究墨家的重要著作。那么，《吕氏春秋》的作者对于影响甚巨而又颇遭非议的墨家学术思想，又是怎样看待的呢？此文即对此作一探讨。作者认为，这无论对于研究墨家，还是研究《吕氏春秋》，都是有益的。

对于这个问题，学术界有着不同的看法，归纳一下，大致有这样三种：一是“宗墨”说，即认为《吕氏春秋》是唯墨学是尊。这种观点见于清代卢文弨的《抱经堂文集》。他认为，《吕氏春秋》一书大约宗墨氏之学而缘饰以儒术。日本汉学家渡边卓先生在其《古代中国思想之研究》中亦同意此说，并进而认为这反映了墨家的人在当时秦国的思想界居于多数。二是“批墨”说。这种观点见于郭沫若先生的《十批判书·吕不韦与秦王政的批判》。他认为《吕氏春秋》对于墨家则“出于批判”，又说它“反对着墨家的非乐非攻”。三是仅在某些观点与材料上可资采辑。此说见于蒋伯潜先生《诸子通考》所录蒋建侯《吕氏春秋考》，其云：“此书于孔子、曾子、庄子、墨子之言，伊尹、列子之书，无不采辑，不主一家，故内容庞杂。”班固《汉书·艺文志》云：“杂家者流，兼儒墨，合名法。”（班氏将《吕氏春秋》列于“杂家”）《四库提要》云：“大抵以儒为主而参以道家墨家。”上述三种说法是否正确呢？作者认为不仅“宗墨”说与“批墨”说基本上不符合《吕氏春秋》的实际情况，就连“可资采辑”说也失之片面。实际上，《吕氏春秋》对于墨家学术思想是站在高一层次上加以审视，然后定其取舍，故能扬其所长而明其所失，是采取比较客观公正的态度的。作者通过对《吕氏春秋》所侧重论及的墨子学术思想中的兼爱、非攻、非乐、节葬四论逐一辨析，认为《吕氏春秋》第一次比较客观公正地看待墨子学术思想，从而确认了它的价值。

颜炳罡:《对立、互补、创新——从儒墨学术差异看墨学在中国文化重建中的独特作用》

文章指出,中国文化的发展经历了分合变异的过程。春秋时期,夏商周三代因革损益所形成的文化系统随着"周文疲弊"而无可奈何地分裂了。对周文系统的反省过程也就是中国文化的重建过程,孔子、墨子、老子、管子等思想家起而反省周文并由之创立了儒墨道法等学术流派。儒墨道法等学术流派的出现,一方面表示"道术将为天下裂"的趋势已不可避免;另一方面表示周文失落后中国文化重建的成功。汉武帝采纳董仲舒的建议"罢黜百家,独尊儒术"意味着中国文化由分走向合。这次整合是以儒家为主体,兼综墨道法等学说创立统一的中华文化的过程。

儒墨互补就是将中国文化的健全基因开发出来,以优化中国文化的内在结构,消弭中西文化的张力,缩减中西文化的隔阂,以回应西方文化的挑战。

作者赞同当代新儒家提出的返本开新之说,认为任何现代文化如果没有"本",就全是空中楼阁,所以只有在"本"上开出的新才是健全的新、有生命力的新。不过当代新儒家仍然是儒家,他们所要返回的"本"仍然是儒家之本。作者所说的返"本",既要返回儒家,也要返回墨家;既不等于返回儒家,也不等于返回墨家,而是返回到儒墨与现代文明相呼应的真精神上去。只有返回到这里,才能发现中国文化健全的基因,才能回应西学,开出中国文化的新形态。

郭墨兰:《孔墨义利观比较论》

文章认为,义利之辩是先秦诸子"百家争鸣"的一个重要方面,那场争辩是春秋战国时代社会大变革的产物,是各阶级、阶层对社会变革所取态度和认识的反映。如孔、墨同样产生于鲁国的文化环境中,时代也差不多,但其义利观表现出尖锐的对立,在争鸣中互不相让。主要原因就是其代表的阶级利益不同,对义利关系认识和采取的态度也不一样。传统的观点认为,儒家代表统治阶级利益,重义而轻利,有纯道德论倾向;墨子代表下层劳动大众,贵义而尚利,表现出鲜明的功利主义特点。对义利关系的认识和所持态度,不仅关系着经济发展即物质文明建设,也关系着人们的社会道德也就是精神文明建设,关系着对"两个文明"建设关系的处理态度等重大问题。因此,探讨义利之间的辩证关系,采取正确的态度,是新时期社会主义现代化建设提出的重大课题。此文即就孔墨义利观进行了一些比较分析,对义利关系的处理提供了一些历史的借鉴。

12月,蒋振远《墨子箴言九十条》入选山东省滕州市墨子中学校本教材。

该书是作者教书育人和墨学研究相结合取得的成果。编著该书的目的,主要是让学生更好地理解墨子思想,便于学生学习《墨子》,解决阅读《墨子》原文的困难。该书所选的内容分"品德修养""人生价值""友爱他人""重教求知""勤奋节俭""治国从政"六个方面。选取的箴言贴近生活、言简意赅、包含哲理,闪烁着人类智慧的光芒,富有启迪人生的教育意义,可以作为激励学生加强修养、积极进取、刻苦学习的座右铭。

附录:《墨子研究论丛》(三)论文目录

蔡尚思:《今后值得弘扬墨学》
彭　湃:《弘扬墨子学说,建设精神文明》
李殿仁:《墨学略说》
张尚德:《墨子哲学的中心——爱》
〔日〕吉永慎二郎:《兼爱概念的形成与发展》
赵吉惠:《论墨学的现代价值》
陈朝晖:《论墨家精神及其现代价值》
解　成:《墨子兼爱思想对当代人类的意义》
丁原明:《论墨家的人生哲学》
薛保纶:《墨子"三表法"的立法精神》
杨向奎:《再论〈墨经〉中的时间与空间》
李志超:《释〈墨经〉"宇久"诸条》
李春泰:《论墨子与亚里斯多德自然哲学的差别及其意义》
秦彦士:《略论〈墨经〉与中国自然科学》
李志超:《〈墨经〉的直线、视线、光线和反射概念》
〔韩〕李云九:《墨家的技术特点和科学意识》
陈孟麟:《关于〈墨辩〉"端"的概念》

杨俊光:《〈墨经〉校诂(之三)》
黄世瑞:《〈墨经〉管窥》
孙中原:《同异交得,两而勿偏:〈墨经〉辩证逻辑思想》
谭世宝:《从〈小取〉看“爱人”“白马非马”等命题的逻辑》
〔美〕李绍崑:《墨子的生命观》
〔美〕张宝蕊:《墨子的妇女观》
张志怡:《墨家的心理思想》
颜道岸:《三论墨子学派在军事科学和军事工程科学上的杰出贡献》
张知寒:《略论墨子积极防御的军事学》
高晨阳:《墨学的功利主义本质及其文化价值》
刘惠文:《试论墨子义利观及其影响》
郭墨兰:《孔墨义利观比较论》
朱传棨:《墨子思想与当代中国社会经济政治发展论要》
王讚源:《贵义、兼爱与企业最高目标》
范淑存:《墨家的消费经济思想及其借鉴价值》
邢志第:《论墨子的廉政思想》
倪志云:《墨子的知识劳动价值观——从邓小平同志关于科学技术是生产力等论断看墨子的光辉思想》
朱锡光:《略论墨子思想与当代企业管理》
王讚源:《管理者的风范》
陈　炎:《墨家与儒、道之间的网络联系》
颜炳罡:《对立、互补、创新——从儒墨学术差异看墨学在中国文化重建中的独特作用》
〔韩〕朴文炫文　张希宇译:《墨子与丁若镛思想的相通性》
〔美〕罗拔·德基文　〔美〕李绍崑译:《墨子兼爱与多玛斯·默灯:一些联想》
张建设　孙以楷:《老墨通义论》
张廷荣:《庄子论墨子的特质》
水渭松:《〈吕氏春秋〉墨学观刍议》
〔韩〕齐世春文　张希宇校译:《墨子与主体思想的对话——墨子与主体思想的命运观比较》
王东升:《墨侠渊源流变考》
谭风雷:《墨子的学术争鸣思想》

张　涛:《略论〈墨子〉的文学价值》

王裕巽　郑宝琦:《墨学中绝主因再探》

王裕安:《墨子的人才观》

郑杰文:《墨子与古代私学》

张知寒:《关于〈墨子〉的二则读书笔记》

张国梁:《墨子世系考》

李永先:《墨子生卒年代考辩》

张斌峰:《近代〈墨辩〉"复兴"的历史过程》

李广星:《墨子研究与滕州》

刘惠文:《第二届墨学国际研讨会侧记》

1996 年

8 月，张知寒《墨子里籍考论》由山东人民出版社出版发行。

该书从不同的侧面进行探讨，所得的结论是：墨子的里籍应在今山东省滕州市境内。此说曾通函请教张岱年、任继愈、杨向奎等前辈，对此，他们深表赞同。作者所考定的"墨子的里籍应在今之滕州"是基于"墨子为鲁国人说"之上的。如"墨子为鲁国人说"被否定，所得的结论，也将失去重要依据。为了让学术界知作者所提和结论为可信，特对墨子里籍应在今之滕州再作进一步的补充说明。

9 月 18 日，中国墨子学会暨山东墨子基金会工作会议通过《山东墨子基金会负责人名单》《山东墨子基金会章程》《1996—2000 年中国墨子学会工作计划》，朱锡光当选为山东墨子基金会会长。

附录 1:《山东墨子基金会负责人名单》

山东墨子基金会负责人名单

名誉顾问：杨斯德　中国国际文化交流中心理事长
贾亦斌　民革中央副主席
张岱年　北京大学教授
杨向奎　中国社科院研究员
任继愈　北京图书馆馆长
颜道岸　解放军装甲兵工程学院教授
李殿仁　解放军电子技术学院政委

陈鼓应　北京大学教授

李绍崑　美国爱丁堡大学教授

尹衍梁　台湾知名人士

张尚德　台湾达摩禅创办人、教授

王讚源　台湾师范大学教授

顾问:王玉玺　山东省政府副省长

王玉中　中共山东省委副秘书长

曾繁仁　山东大学党委书记、教授

林兆义　山东省社会科学联合会书记

彭　湃　中共滕州市委书记、中国墨子学会第一副会长

会长:朱锡光　中国墨子学会副会长

常务副会长:张知寒　中国墨子学会副会长兼秘书长、山东大学教授

副会长:陈之安　中国墨子学会会长、山东大学教授

郭良志　中国墨子学会副会长

乔幼梅　中国墨子学会副会长、山东大学教授

常务理事:(略)

秘书长:李广星　滕州市政府办公室副主任、墨子研究中心主任、副编审

副秘书长:郑杰文　山东大学副教授

理事:(略)

附录 2:《山东墨子基金会章程》

山东墨子基金会章程

一、总则

第一条　本会全称"山东墨子基金会",是由国内外著名学者、社会名流倡导,社会各界捐资成立的民间资助学术研究的团体。

第二条　本会以弘扬墨子学说精华,促进"两个文明"建设和世界和平为宗旨。通过向社会各界筹集资金、组织和团结国内外的墨学研究者开展国内外学术交流、举办促进墨学发展的各项活动、奖励和资助对墨学研究有贡献的杰出人才等手段,促进墨学研究。

第三条　本会任务:

1.用各种形式宣传本会宗旨,制定资金筹集、管理、使用制度和办法,向社会各界筹集资金,管理和使用好基金。

2.设立各类专门基金和学术资金,制定奖励办法和表彰措施,对促进墨学发展作出贡献的杰出人才予以奖励;对给予本会财力物力支持者,按贡献大小予以不同形式的表彰奖励。

3.制定活动计划,开展墨学研究。

第四条　活动地域立足山东省,面向海内外。

第五条　主管单位和挂靠单位

本会主管单位:山东省教育委员会。

挂靠单位:山东大学·滕州市墨子研究中心。

二、组织机构及职权

第六条　本会设理事会领导机构。理事会的职责是:

1.选举常务理事。

2.推选会长、副会长和秘书长、副秘书长。

3.审查并批准常务理事会工作计划和工作报告。

理事由国内外文化学术界知名人士及其他赞成本会宗旨、热心文化和经济事业的人士担任。理事须积极参加基金会的活动,完成基金会交给或委托的工作。理事会每两年召开一次,必要时可临时召开。

第七条　常务理事会由常务理事若干人组成。其职责是:

1.组织领导本会各项活动,拟定活动计划和方案,决定对捐赠的接受与使用。

2.决定本会理事和工作人员的任免。

3.执行本会章程和工作计划。

4.检查、督促和总结本会工作。

第八条　本会聘请国内外德高望重的著名学者及其他社会知名人士为名誉顾问和顾问。顾问和名誉顾问对本会工作予以指导,接受咨询。

第九条　本会设会长一人,副会长若干人,会长和常务副会长负责召集理事会和常务理事会会议,主持常务理事会的日常工作;设秘书长一人,副秘书长若干人。

第十条　本会视工作需要设立专业委员会及工作部门,专门委员会的负责人须由基金会常务理事担任,工作人员可根据需要聘任。

三、会员资格及权利义务

第十一条　凡承认本会章程，热心于墨学事业者，经本人申请，正式会员二名介绍，常务理事会批准，均可成为本会会员或联络会员。

第十二条　会员和联络会员有参加本会组织及资助的学术会议的权利，有参加本会资助的科研项目的权利，对本会工作有提出建议和倡议的权利，有选举和被选举为理事、常务理事、会长、副会长、秘书长、副秘书长等职务的权利。

第十三条　会员和联络会员有宣传本会章程和宗旨、发展会员和联络会员、联络吸收资金、促进墨学研究等义务。

四、基金筹集办法及对捐助者表彰方式

第十四条　基金筹集的途径与范围：

1.本会及下属各专业委员会通过广泛宣传和个别商谈联系等方式，在取得理解、赞同、自愿的前提下，鼓励国内、国际社会各界、各社会团体、工商企业及个人，向本会提供捐助。

2.本会也可通过与社会各界企事业单位、文化学术团体联合组织各类有益的社会文化活动和有偿服务活动来筹集资金。

第十五条　提供捐助的方式：

无偿向本会提供基金或捐助物资。

第十六条　对捐助者的表彰方式：

1.凡给予本会捐助支持的单位、团体和个人，本会均颁发荣誉证书，载入本会史册。

2.对捐助数额较大者，本会将分别授予名誉会长、顾问和名誉顾问等荣誉称号。

3.通过新闻媒介予以公开鸣谢。

4.捐助单位、团体或个人，如在出席学术会议、出版学术著作、参加书画展览及其他文化学术活动和社会公益活动方面需要本会予以配合和支持者，本会将尽力提供帮助。

5.在条件允许的情况下，本会将邀请和组织捐助者参加国内、国际文化考察、进修、观摩、交流等文化学术活动。

6.对捐助者提供力所能及的咨询服务。

7.捐赠者可以免费享受本会编辑、出版的各类信息资料。

8.对提供专项捐助者，在本会举办该项活动时给予署名。

9.对贡献巨大的捐助者，本会将为其树碑立传。

10.对本会募集基金作出贡献者,参照上述办法予以表彰。

五、基金使用原则、范围和办法

第十七条　基金使用原则:

对符合本会宗旨,从事研究、开发和弘扬墨学精华并取得优异成果者,本会将考虑予以奖励或资助。

各专业委员会筹集的基金,归基金会统一使用。

以个人或团体的名义在本会设立的专项基金,按事先达成的协议使用。

第十八条　基金使用范围:

1.设立奖励基金,对促进墨学研究作出突出贡献者予以奖励。

2.资助国内外有一定影响的墨学研究项目。

六、管理制度

第十九条　本会实行民主决策,科学管理,依法治会。严格报批手续,重大事情须报主管部门批准后实施。

第二十条　本会设人民币账号和外汇账号,各项基金实行统一管理,资金使用必须符合本会规定,并严格审批手续。

第二十一条　基金会办公、活动、资助等正常开支,原则上不动用本金,在特殊情况下,非动用本金不可时,须经常务理事会议研究,经会长批准,方可动用,但累计不能超过本金的20%。

第二十二条　账目公开:账务负责人定期向会长和常务理事会报告收支情况,必要时向社会公布账目,以接受社会监督和主管部门检查。

第二十三条　本会按规定向人民银行和民政部门报告财务收支和活动情况,接受人民银行和民政部门的监督。

第二十四条　本会每两年一次向会员报告资金收支情况,以接受会员监督。

七、章程修改及本会终止程序

第二十五条　本会章程修改程序:

章程修改由常务理事会在会长领导下修改,交理事会表决,由大会通过方可生效。

第二十六条　本会终止程序:

本会终止由理事会以三分之二票通过,交会员讨论,报请山东省民政厅社团处批准后方可终止活动。

八、附录

第二十七条　本会会址：

1.驻山东大学办事处：济南市山大南路27号 山大新校 经管楼311室——墨子研究中心

邮政编码：250100　电话：(0531)8903861 转 2995

人民币账号：4504602816　开户银行：工商行济南市历城区办事处

2.驻滕州办事处：山东省滕州市府前中路15号——山东大学·滕州市墨子研究中心办公室

邮政编码：277552　电话：(0632)5513583 5515017

人民币账号：946001　开户银行：中国银行滕州市支行

第二十八条　本会境外联络：

1.台湾联络人：台湾达摩禅苑创办人　张尚德教授

2.美国联络人：美国宾州爱丁堡大学　李绍崑教授

附录3:《1996—2000年中国墨子学会工作计划》

1996—2000年中国墨子学会工作计划

1990年，山东大学和滕州市成立了墨子研究中心。在中共山东大学党委和滕州市委的直接领导下，几年来墨学研究工作获得了一定的成绩。中央和山东省的许多领导同志给予了热情鼓励和有力支持。老一辈学者专家鼎力相助，直接指导。墨学研究空前活跃，国内外墨学研讨会相继召开，墨学专著和研究成果逐年增多，墨学研究队伍不断壮大，墨子思想的宣传在国内外引起较好的反响，墨学研究虽已发展到了一个新的阶段，但也存在一些问题，尤其是与儒学研究相比差距较大。为了更好地弘扬中华民族传统文化，进一步挖掘墨学精华，服务于建设有中国特色的社会主义，促进祖国统一、世界和平和国际文化学术交流，使墨学研究继续向前发展，并为长期墨学研究创造条件，奠定基础。根据中共中央关于加强精神文明建设的指示精神，遵照中共中央政治局委员、书记处书记、国务院副总理、原山东省委书记姜春云同志“弘扬墨学，振兴中华”的指示和费孝通副委员长等老一辈著名专家学者的建议，结合实际情况特制定“中国墨子学会1996—2000年工作规划”。目的在于把墨学研究推向新的水平，迈向二十一世纪，让墨学精华在建设具有中国特色的社会主义的伟大事业中发挥其应有的积极作用,展现其历史的光彩。

一、墨学研究规划

为了集中有限的人力、物力对墨学研究集中攻关,重点突破,更好地推动墨学研究工作有计划、有步骤地向前发展,特制定墨学研究规划。根据有关专家领导的建议,近期墨学研究主要侧重十大专题:

(一)墨学的当代价值;

(二)墨学与当代政治;

(三)墨学与当代经济;

(四)墨学与世界和平;

(五)墨学与中国新文化建设;

(六)墨学与新伦理道德;

(七)墨学与科技发展;

(八)墨学与当代军事;

(九)墨学与思维方式发展;

(十)墨学与当代教育。

这十大研究专题,特分别由国内各高等院校和研究单位的墨学研究者承担任务,形成研究专著。

二、宣传出版规划

今后五年内,要努力搞好宣传出版工作。

(一)组织编写《墨学与当今世界丛书》,力争1997年陆续出版;

(二)编辑出版《墨学大全》,搜集、整理现存的古、近代墨学论著,并附现当代墨学论著索引,争取2000年完成,为深入开展墨学研究提供系统的资料;

(三)继续编辑出版《墨子研究论丛》;

(四)创办《墨学研究专刊》(暂定名);

(五)创作有关墨子的小说和电视剧本,争取把墨子搬上荧屏;

(六)充分利用国家和省、市报纸、杂志、电台、电视台,进行墨学宣传;

(七)进一步建设、完善墨子研究中心、墨子纪念馆、墨子中学,使其成为墨学研究和对青少年进行爱国主义教育的基地,成为对外开放的窗口。

三、培养人才规划

建立一支高水平墨学研究队伍,是墨学研究顺利进行的保证。根据当前专业墨学研究人员青黄不接的现状,培养墨学专业研究人员成为当务之急。老一辈学者专家早于 1992 年就明确指出，要加快对墨学研究人才的培养，并多次建议，山大、人大、北大、南大等大学和科研单位要把培养墨学研究人才列入计划，抓紧实施。为此，计划今后五年内培养 5 名墨学博士生，10 名墨学硕士生，以构成墨学研究的中坚。山东大学自 1996 年开始招收墨学硕士生，自 1998 年起招收墨学博士生，并积极创造条件，筹建墨学研究所。同时，建议国内有条件的高等院校、研究机构和墨学专家招收墨学硕士生、博士生。

四、会议规划

召开大型墨学研讨会，是宣扬墨家思想、检验阶段性墨学研究成果、团结海内外墨学研究者的必要措施，是我会的主要任务之一。因此，计划于 1997 年 8 月召开"第三届墨学国际研讨会"（业已上报国家教委批准）。2000 年召开"第四届墨学国际研讨会"。每年召开一次学会工作会议，总结工作，确定下年工作计划。同时，学会视情况选派人员参加国内外的有关学术会议，进行文化交流，促进墨学研究的发展。

五、搜集资料规划

资料是研究工作不可缺少的，没有资料就无法开展研究。为把滕州办成名副其实的国际墨学研究中心，需要在搜集资料上下功夫、多投资、早动手、逐年积累，争取尽早建成墨学资料库。计划五年内搜集墨学研究有关的图书资料 10 万册，同时搜集音像档案资料及有关的实物、文物。搜集资料主要采取以下措施：一是向国内外有关墨学研究的专家发出倡议，希望能向国际墨学研究中心捐献图书资料。我们为其建立专橱，并颁发纪念证书等。二是购买有关墨学研究的图书报刊。

六、筹集资金规划

要完成宣传墨学、编辑出版著作论文、组织召开学术会议、搜集墨学研究资料等一系列任务，就要有一定数量的资金作保证。今后要多渠道筹集资金，除依靠各级政府支持外，主要是调动社会各方面的积极性，办好山东墨子基金会。争取关心中华民族文化、热心墨学事业的厂矿企事业单位和国内外社会各界人士的资助。要向海外爱国华侨和台港澳爱国人士宣传，争取他们的支持，五年内争取筹集 300 万元人民币墨学研究基金。

1997 年

8月20日，由中国墨子学会、山东大学、滕州市人民政府、山东省社科联、山东墨子基金会联合主办的第三届墨学国际研讨会在济南召开。

8月20日，由中国墨子学会、山东大学、滕州市人民政府、山东省社科联、山东墨子基金会联合主办的第三届墨学国际研讨会在济南召开，规模之大、规格之高是空前的。

应邀出席这次会议的有中共中央委员、中国人民解放军总参谋部副总参谋长、上将、中国墨子学会顾问李景，全国政协常委、中外文化联络中心副理事长、中国墨子学会顾问杨斯德，中共中央政治局委员、山东省委书记、中国墨子学会名誉会长吴官正，解放军参谋学院政委、少将、中国墨子学会顾问李殿仁，山东省人民政府副省长、中国墨子学会顾问王玉玺，中共山东省委副秘书长、省委政研室主任、中国墨子学会顾问王玉中，国家教委社科司司长奚广庆，山东大学校长、博士生导师潘承洞，中共山东大学党委书记、博士生导师、中国墨子学会会长曾繁仁，山东省人大常委会委员、山东大学教授、原中国墨子学会会长陈之安，中共枣庄市委书记、中国墨子学会名誉会长郭振山，中共枣庄市委副书记、中国墨子学会名誉会长孟繁成，中共枣庄市委常委、滕州市委书记、中国墨子学会第一副会长彭湃，中共枣庄市委常委、秘书长田玉茂，枣庄市人大常委会副主任、中国墨子学会副会长郭良志，中共山东大学党委副书记、教授、中国墨子学会副会长冯宜明，山东大学副校长、教授、中国墨子学会副会长张乐岭，山东大学副校长、博士生导师、中国墨子学会副会长齐涛，枣庄师专校长、研究员、中国墨子学会副会长王裕安，中共枣庄市委宣传部副部长、中国墨子学会常务理事颜道朗，中共滕州市委副书记、滕州市人民政府市长、中国墨子学会副会长张志明，滕州市人大常委会主任、中国墨子学会副会长张昭，滕州市政协主席、中国墨子学会副会长程广泉，中共滕州市委常委、办公室主任孙云飞，滕州市人民政府副市长、中国墨子学会常务理事陈芳秀，滕州市政协原主席、中国墨子学会副会长、山东墨子基金会会长朱锡光等。

参加盛会的专家学者有北京图书馆馆长、中国墨子学会名誉会长任继愈，中国社科院研究员、博士生导师、中国墨子学会名誉会长杨向奎，解放军装甲兵工程学院教授、博士生导师、中国墨子学会名誉顾问颜道岸，山东大学教授、博士生导师、中国墨子学会名誉顾问张知寒、乔幼梅，山东大学对外教育学院院长、教授、中国墨子学会副会长姜宝昌，中国人民大学教授、博士生导师孙中原，武汉大学教授、博士生导师朱传棨，高雄师范大学教授、《中国国学》总编、中国墨子学会顾问史墨卿，台湾达摩书院院长、山东大学客座教授、中国墨子学会顾问张尚德，美国爱丁堡大学教授、中国墨子学会顾问李绍崑，韩国成均馆大学教授李云九，瑞士洛桑大学教授梅伟德等海内外专家学者以及有关新闻单位的工作者 130 余人参加会议。

中共中央政治局委员、山东省委书记吴官正同志出席会议并发表重要讲话。这是吴官正书记到任后首次参加的学术性会议。吴官正书记与参会专家学者合影，并同墨学专家、山东大学历史系教授张知寒亲切交谈，体现了对墨学研究和人才的支持和重视。吴官正书记在讲话中从历史的高度充分肯定了山东悠久灿烂的历史文化、优秀的传统文化，尤其是儒、墨文化对人类的影响与贡献。吴官正书记对中国墨子学会副会长兼秘书长张知寒教授身患癌症仍忘我地为弘扬墨学和社会主义精神文明建设无私奉献的精神与行动给予了高度评价；肯定了墨子研究中心近几年在弘扬墨学方面所做的工作和取得的成绩，以及对社会主义精神建设起到的巨大推动作用，对墨学研究工作指出了今后努力的方向；要求把墨学研究与当前的社会主义精神文明建设联系起来，充分让墨学古为今用，更好地为现实服务，这是当前墨学研究的首要任务。

研讨会开幕式由山东大学副校长、博士生导师、中国墨子学会副会长齐涛和中共枣庄市委常委、滕州市委书记、中国墨子学会第一副会长彭湃主持。与会领导及专家学者对八年来的墨学研究给予了充分的肯定和高度的评价，对今后的墨学研究提出了殷切的希望和更高的要求，也为如何搞好墨学研究提出了很好的建议。

会议召开期间，组织进行了学术考察。60 多位国内外专家学者参观考察了曲阜市孔庙、孔府和滕州市国际墨子研究中心及汉画像石馆、博物馆、车站广场墨子像。专家学者对滕州市委、市政府重视和支持墨学研究的做法表示钦佩,对滕州市墨子研究中心的建设及其成果给予高度评价和充分肯定。史墨卿教授对记者说:“我这是第一次来到滕州,实在没想到滕州市这样大、这样繁荣,更没想到墨子研究中心建设得这么气派,内容这样丰富。我相信墨子故里滕州市会真正成为国际墨学研究的中心。”

第三届墨学国际研讨会在各级领导、各界朋友和与会专家学者的重视支持共同努力下,经过 4 天的紧张工作,取得了丰硕的成果,这是一次继往开来的墨学盛会,与会人员不会忘记这次会议结下的友谊和硕果,历史学家不会忘记这次会议取得的成就与收获。他们依依惜别,互道珍重,期待着下届墨学盛会上再见。

8 月 21 日,参加第三届墨学国际研讨会的专家学者进行了热烈的交流研讨,会议收到论文 64 篇、专著 8 部。与会专家学者围绕“墨学与现代世界”“墨学研究的现实意义”“墨家的哲学与现代哲学”等重要问题展开深入的研讨,在广度及深度方面都有新的进展。

会议研讨内容主要集中在以下几个方面。

第一,新时期墨学研究的概况、方法及当代价值。

与会专家学者们回顾与总结了近年来墨学研究的概况,指出墨学研究无论是在研究内容还是研究方法上都有很大的发展与创新,并取得了许多优秀的研究成果。学者们认为当代墨学研究要在总体上突破文字校勘、校注、白话今译和分类述学等传统方法,应该以新的视角、新的思路、新的方法深入研究墨学的义理,使墨学得到真正具有现代性与建设性的理解与继承。针对墨学研究的当代价值,学者们认为今后的墨学研究一定要立足于面向 21 世纪的中国文化重建和中国经济现代化的双重需要,与当代世界和平与发展衔接。与会者认为,我们能从墨家的许多合理思想中,找到有助于现代化建设与世界和平的契合点,如墨家的兼爱学说与现代人文精神的重建,墨家的伦理观与现代社会公德、公共生活伦理的重建,功利观、尚力观与生产力的发展,节用、节葬观与反腐倡廉,非攻的和平思想与当代世界和平,科学思想与科技现代化,墨辩与中国传统思维方式的现代化,等等。学者们认为,只有在当代社会生活中来阐释墨家的智慧，才能体现墨学的当代价值，才能使墨学研究具有更强的生命力。

第二，墨子的军事思想是坚持积极的防御战争。

与会学者认为，墨子主张"非攻"并不是反对一切战争，而是反对侵略战争，肯定自卫的防御战争。侵略他国是不义之战，受他国侵略时的自卫防御是正义的、必须的。而且，这种防御是积极的。预测敌人可能采用的进攻方法，预先采取相应的防御措施以积极杀伤敌人为上策。这些都说明墨子的军事思想是积极的、有备无患的，而不是消极的、被动的。这对我们今天在和平年代居安思危、重视国防建设很有启迪。学者们认为，墨子制造了云梯、连弩车等先进的军事武器，把当时最高水平的科学技术应用在军事上，是对军事科技发展的重大贡献。

第三，先秦诸子对墨学的继承以及墨学在齐鲁文化中的地位。

与会学者认为，自汉以后墨学灭绝这种说法是不正确的。先秦诸子对墨学非自觉地继承，使墨子思想，经汉武帝"罢黜百家"后，不仅没有消灭，反而渐渐地沉淀到诸子的思想深处。学者们认为，先秦诸子与墨子在思想实质及观点主张上不是一味地批判与排斥，而是有很多的相通性和共融性。与会学者一致肯定墨学在齐鲁文化中的地位。认为墨学是齐鲁文化的一个重要组成部分，它在齐鲁文化中的地位，仅次于儒家，但在某些领域如科技、军事等方面又是儒家及其他学说望尘莫及的。

第三届墨学国际研讨会历时 3 天，取得了圆满成功。同前两届大会相比较，取得了以下几方面的进步。

第一，墨学研究的时代性更为强烈。

大多数学者都将墨学研究与世界和中国的现实紧密相连，从中提炼出墨家思想的当代价值。

第二，墨学研究的领域进一步扩大。

大会收到了关于墨子的美学思想、墨子的语录研究、墨子的语言简论等学术论文，说明墨学的研究领域得到了进一步的拓展。

第三，研究墨学的青年学者进一步增加。

他们以更开放的思想、更新的视角与方法，为墨学研究注入了新的活力。在老一辈墨学专家的培养和支持下，墨学研究将更上一层楼。

8月22日,与会专家学者选举产生了中国墨子学会第二届领导成员,山东大学党委书记曾繁仁当选中国墨子学会会长。

8月22日上午11时,选举中国墨子学会第二届领导成员。大会由中国墨子学会名誉会长陈之安教授和中国墨子学会副会长兼秘书长张知寒教授主持。与会学者鼓掌通过了中国墨子学会理事、常务理事、会长、副会长、秘书长、副秘书长候选人。山东大学党委书记曾繁仁当选为中国墨子学会会长。

12月,由滕州市墨子研究中心办公室主编的《墨学研究》正式创刊出版,成为墨学研究史上的第一个专刊,并刊发创刊词《弘扬墨学 振兴中华》。

弘扬墨学　振兴中华

一九九七年是中国历史上不平凡的一年:中国人民洗雪百年耻辱,迎来香港回归祖国;中国共产党第十五次代表大会胜利召开,制定了跨世纪的宏伟蓝图。

一九九七年也是墨学史上不平凡的一年:第三届墨学国际研讨会在山东济南胜利召开,中共中央政治局委员、国务院副总理姜春云同志发来贺信,明确指出,"研究墨学对于发掘中国古代思想文化,更好地为两个文明建设服务,具有重要的意义。墨子学会成立以来,做了大量工作,研究出了很多有价值的成果,功不可没"。中共中央政治局委员、山东省委书记吴官正同志亲自到会祝贺,并作重要讲话:"墨子有很多光辉的思想,这次墨学国际研讨会对我们山东的精神文明建设也会起到重要的作用。"这是一次规格高、规模大、成果丰富的墨学国际研讨大会,另外一件值得记述的事是:《墨学研究》正式创刊出版。

《墨学研究》的动议可追溯到一九九二年十月在墨子故里滕州市举办的首届墨学国际研讨会。会议期间,许多国内外专家学者建议墨子研究中心创办一个期刊,名字可叫《墨子学刊》或《墨学研究》,作为宣传介绍墨子的阵地,作为研究墨学的论坛,作为交流墨学研究信息的窗口。后因诸多原因,此事没能办成。今年岁末,在各级领导的关心重视和各位专家的大力支持下,《墨学研究》终于问世了。

本刊的宗旨是:高举邓小平理论的伟大旗帜,团结国内外广大墨学同仁,为

“弘扬墨学、振兴中华”而努力奋斗，为加强国际文化交流、促进祖国统一世界和平而作出贡献。本刊将竭诚为各级领导、各位专家学者和广大墨学爱好者以及各界有关人士服务，努力办成既通俗易懂又有一定理论深度的墨学研究专刊。本刊目前设有贺信贺电、领导讲话、会议报道、专家论坛、名人专访、海外墨研七个栏目，今后将根据内容的需要进行调整完善。

《墨学研究》是墨学史上第一个专刊，也是我国精神文明建设园地的一棵小草。它的诞生，是各级领导、各位专家、各界人士关心培育的结果；它的成长壮大，是需要各级领导、各位专家、各界人士的大力扶持。在此，我们表示衷心的感谢！同时希望这棵小草在阳光照耀下茁壮成长，为神州大地增添绿叶。

8月，张知寒主编的“墨学与当今世界丛书”由中国书店出版发行。

“墨学与当今世界丛书”包括《墨学与思维方式的发展》《墨学与新文化建设》《墨学与新伦理道德》《墨学与当代政治》《墨学与当代教育》《墨学与现代科技》《墨学的当代价值》《墨学与世界和平》《墨学与当代军事》《墨学与当代经济》10册，约200万字。该丛书在过去研究成果的基础上，经广泛搜集史料，多方考察、论证，对墨子的里籍、生平事迹等给予充分肯定后，对其政治、教育、经济、民主与法制思想方面，提出许多新的观点，研究出许多新的成果，使墨子光辉的思想理论再一次得到升华。尤其是在科学方面，该丛书向人们展示了这位古代“科圣”在自然学和逻辑学方面高于先秦诸子又鲜为人知的杰出成就。近年来，通论体墨学著作居多，内容包罗重复，述论间杂。“墨学与当今世界丛书”一反常例，分册分类，每册各围绕一个中心主题进行论述，选新旧资料对照，兼收并举，注重与当代结合，立新意，出新说，以达“进一步宣传墨学，弘扬中华优秀传统文化”之目的。

“墨学与当今世界丛书”由费孝通、蔡尚思教授首倡，是中国墨子学会1996—2000年工作规划项目之一。山东省委常委、宣传部部长董凤基任编委主任，著名墨学专家杨向奎教授为该书作序，山东大学张知寒教授任主编，山东大学郑杰文同志和滕州市墨子研究中心办公室主任李广星同志任副主编，约20余名专家、学者参加了编写。其动用人员之多、规模之大是墨学史上前无仅有的。该书对历代论著提及较少的墨子的文学地位、教育理论、军事防御、自然科学观点等方面，作了大量的充实，推陈出新，使其更深刻、更全面、更系统。论证材料翔实充足,撰著上务求细致周详,集学术性、思想性、知识性、教育性、现实性于一体,是国内墨学著作中集大成者。

该书以马克思主义为指导,突出了为“两个文明”建设服务的宗旨,文字简明、通俗易懂,是宣传墨学、教育青少年的绝好教材。它的出版、发行,使墨子的“兼爱、和平”“强本节用”“助人为乐”等光辉精神更会放出灿烂的光彩,使墨家“见义勇为、先人后己、爱科学、无私奉献”的优良传统给今人、给社会以启迪、以教育、以影响。所以,该书一出版就受到各级领导的高度重视和社会各界的广泛关注。该书被国家教委列入人文社会科学研究“九五”专项任务研究项目。

12 月,焦世瑜《历史 · 墨子 · 张知寒》由山东文艺出版社出版发行。

该书记述了山东大学历史系教授张知寒坎坷、悲壮的经历以及他从一个历史学家的高度对传统文化和许多现实问题所作的深层思考,颂扬了他那侠骨柔肠、刚直不阿的高尚品格,。他在身患肠癌、肺癌、肝癌的情况下,全身心地投入到弘扬墨学的事业之中,其功赫赫,其德昭昭。他是当代中国知识分子的普通一员,又是其中典型的代表,读后发人深省,催人奋进。

12 月,孙中原《墨者的智慧:墨子说粹》由生活 · 读书 · 新知三联书店出版发行。

墨子及其后学在当时被称为“墨者”,后来叫作“墨家”,其代表作品是《墨子》一书。《墨子》是墨家学者在科学、哲学、逻辑、政治、道德、军事等各方面长期凝聚的智慧结晶。该书选取《墨子》一书中的精粹内容,给予必要的评述论说,以便于当今读者了解墨者在各方面的深邃智慧,共同继承、发扬先人所创造的这份珍贵文化遗产。

1997年

附录:《中国墨子学会第二届理事会成员名单》

中国墨子学会第二届理事会成员名单

会长:曾繁仁

第一副会长:彭　湃

副会长:张知寒(常务)　张乐岭　郭良志　冯宜明　张志明　齐　涛
王裕安　郭齐勇　姜宝昌　张　昭　程广泉　董兴河
朱锡光(常务)

秘书长:张知寒(兼)

副秘书长:李广星　郑杰文　王学典

常务理事:(略)

理事:(略)

1998 年

2 月，蒋振远《墨子寓言故事选》由山东文化音像出版社出版发行。

该书为山东省滕州市墨子中学校本教材。为了让青少年学生更好地理解和掌握墨子的思想，树立正确的世界观、人生观、道德观、价值观，解决青少年阅读《墨子》原文的困难，作者结合教学实际编著了这本《墨子寓言故事选》。所选的寓言故事都贴近生活，包含哲理，闪耀着墨子智慧的光芒，富有启迪人生的教育意义。该书共选寓言故事 198 则，内容分为品德修养、重教行义、勤奋节俭、和谐爱人、治国从政、创新务实六个部分。每部分的寓言故事又有若干则组成，寓言故事以题目的音序排列。每则寓言故事按照“原文—注释—译文—提示”体例编著。寓言故事一般以故事的事件或与事件有联系的人名、史实为题。原文，从孙诒让的《墨子间诂》中选出；注释，主要是解释词语、疏通文义；译文，以直译为主，按照“信、达、雅”的要求，尽量不失掉原文思想风格；提示，按原文内容作简要的介绍，对故事的寓意有的以议论的方式，有的以赞誉的口吻，有的以感想的角度写出，为青少年学生的阅读提供帮助。该书是第一部从寓言的角度对墨子进行研究的著作。“该书应有开辟之功，填补了我国墨学研究的空白。”（骆承烈语）

6 月，孙中原《墨学与现代文化》由中国广播电视出版社出版发行。

该书体现了中国传统文化的精华，集中反映了人生哲理与智慧的结晶，对于提高人们的精神文明和思想文化素质有重要意义。该书以通俗易懂的语言，深入浅出地向读者介绍先秦诸子学说，使深奥难懂的学术著作成为广大群众能够读通弄懂的人文素质教材，这无疑是对传统文化的一种贡献。

7 月 16 日，张知寒先生辞世。

张知寒，原名张振衡，山东滕州人。1928 年 10 月 28 日，张知寒出生于山东省滕州市城北顾家庙村。1950 年秋加入中国共产党；1954 年，张知寒凭优异成绩考入山东大学历史系；1955 年，张知寒回到家乡进行考古调查，发现了滕县岗上村史前文化遗址，成为“发现大汶口文化的第一人”。1958 年，被打成“右派”；1978 年秋，张知寒长达 20 年的沉冤得以昭雪。1979 年春，张知寒再次回到山东大学。

1988 年底张知寒退休，立下了弘扬墨学的大愿，下决心首先揭开墨子里籍这个千古之谜。张知寒经过考证，先后发表了五篇论文，确认墨子应为鲁国所属的小邾国（今山东滕州市）人，并得到了我国学术界大部分专家的普遍认同。这为山东大学和滕州市合作推进墨学研究事业提供了重要契机。在山东大学和滕州市的坚决支持下，为了成立墨子学会和筹备墨子学术研讨会，他以“摩顶放踵”“突不暇黔”的墨子为榜样，跑遍大江南北，遍请海内外专家学者，迎来了首届墨子学术研讨会的召开和中国墨子学会的成立。

但是正当墨学研究事业凯歌猛进的时候，张知寒却先后患肠癌、肺癌、肝癌。在此后六年里，2000 多个日日夜夜，张知寒以惊人的毅力，忍受着巨大的病痛与癌魔抗争，在病榻上夜以继日地为墨学操劳。到 1998 年 7 月上旬，在生命垂危之际，他还在口述给中央领导的书信，提出继续推进墨学研究的各种建议。

1998 年 7 月 16 日，张知寒先生辞世。作为中国著名墨学研究专家，张知寒教授以忘我的精神致力于墨学复兴。匡亚明先生在首届墨子学术研讨会上高度称赞张知寒教授是“活着的墨子”；蔡尚思先生称赞张知寒“富有墨子精神”；时任山东省委书记的吴官正在接见与会代表时说，“我被张知寒同志的精神感动”；中国著名的传统文化研究专家任继愈、杨向奎等也赞誉他为“当代墨家传人”。

在张知寒先生的呼吁、组织和推动下，从 20 世纪 90 年代初开始，墨学研究渐趋高潮，被学术界称为墨学研究的第二次复兴，他也成为墨学复兴当之无愧的领军人物。

12 月,任继愈《墨子与墨家》由商务印书馆出版发行。

任继愈先生作为一个哲学、宗教和科学兼治,儒教、佛教和道教兼通的全方位地研究传统文化的学者,对历史上每一位思想家都是熟悉的,然而最为先生所关注,甚至倾注了满腔感情的思想家,第一是老子,第二就是墨子。对于墨子,先生于 1956 年曾出版《墨子》一书。《墨子与墨家》由以下部分组成:墨学产生的时代条件;墨翟与《墨子》一书;止楚攻宋的故事;非攻和兼爱;非乐、非命、节用、节葬;尚贤、尚同;天志、明鬼;三表法;后期墨家和《墨经》;墨学的历史地位。另外,先生又请胞弟、著名经济学家任继亮先生撰写了《墨经中的自然科学》作为附录。先生对墨子和墨家的研究,也可以说是贯彻终生。

12 月,张知寒主编的《墨子研究论丛》(四)由齐鲁书社出版发行。

该书收录了参加第三届墨学国际研讨会的专家学者论文 47 篇,主要围绕以下几个方面。

关于墨学研究的当代价值和现实意义

任继愈:《墨学研究大有可为》

作者说,从墨子学会开始成立,到现在的第三次国际学术会议,其都参加了,亲自感受到发展很快,所以很高兴,很兴奋。第一,看到许多青年朋友都跟上来了,后继有人,这是一个很可喜的现象。第二,过去从事这项研究的人很少,现在开始多了起来,不容易。第三,墨子研究方面,墨子是中国人,但是墨子的学说和墨子的思想决不受国界的限制,它是属于世界的。第四,总的来说,作者感觉到墨子研究十多年来,有成绩。过去孙诒让的时候研究墨子,好多问题也看不懂,都遗留下来了。后来,人们能看懂了,这是建立在前人基础上又向前推进了一步。第五,作者感觉到应该高兴的是墨子学会,从过去的一无所有,上无片瓦、下无插针之地,到现在有了固定的研究基地、研究机构和从事研究的人,有了立脚的地方。革命成功是因为有了井冈山这个革命根据地,墨子研究有滕州市墨子研究中心这个根据地和山东大学为大后方,很有发展前途。从以上几点,都说明墨学研究大有可为,后继有人,前途无量。

作者指出，快要跨入 21 世纪，我们要考虑 21 世纪以后的墨学研究向哪个方向努力。搞好墨学研究，人力光局限于山东是远远不够的，还可以在全国打下基础。所以要利用这个机会，拿出一部分钱来，作为指导大学博士生毕业论文的基金。全国各个大学的博士生，愿意做墨子这个题目的，可以给他资助，如果他的论文完成后达到一定水平，可以给他出版。这是把墨学研究的种子撒向全国，在全国组织研究墨子。

黄世瑞：《世纪之交墨学研究的意义》

文章说，墨家学说是中国古代优秀文化遗产的一个重要组成部分。在儒学独尊的封建社会，墨学隐而不彰。20 世纪初，以儒学为核心的封建文化，受到新文化运动的猛烈冲击，在一片“打倒孔家店”的口号声中，人们逐步重视了非儒学派，特别是墨家学派的研究。20 世纪 90 年代，山东大学和滕州市发起并连续召开了全国和国际墨学研讨会，把 20 世纪的墨学研究推向新的高潮。转瞬 20 世纪即将过去，新世纪即将来临，站在世纪之交的关头，纵观天下大势，可以看到，时代呼唤着墨学，进一步弘扬墨学是时代的需要。也就是说，我们在世纪之交研究墨学，是有非常重大的现实意义的。

作者从时代需要进一步弘扬墨子“兼爱”“非攻”的精神，继承墨家重视科技教育的宝贵思想，加强国防、注重战备，交相利思想的现实意义，“有力者疾以助人，有财者勉以分人，有道者劝以教人”的精神当前仍需发扬五个方面进一步论述了墨家学派及墨学研究的现实意义。

朱光甫：《墨子的义利观及其当代意义》

墨子的义利观，不同于儒家孔子的“君子喻于义，小人喻于利”(《论语・里仁》)的重义轻利论，也不同于道家杨朱的“取为我，拔一毛而利天下，不为也”(《孟子・尽心上》)的弃义利己论。墨子的义利观，是“义，利也”(《墨子・经上》)的义利并重的统一观。一方面从道德层次的先进性上，大力提倡属于大同理想的高尚道德，号召人们向夏、商、周三代完善无瑕的先进人物“兼君”学习，学习他们那种“必先万民之身，后为其身”“求兴天下之利，除天下之害”“不惮以身为牺牲”(均见《墨子・兼爱下》)的无私品格，并且墨子本人及其门徒也身体力行，“摩顶放踵，利天下为之”(《孟子・尽心上》)，“日夜不休，以自苦为极”(《庄子・天下》)。另一方面，又兼顾道德层次的广泛性，实事求是地认真提倡属于古典的集体主义道德原则,肯定了人们个人的物质利益的合理性,这在伦理学史上也是对道德理论的一大贡献。

关于墨家哲学与当代哲学

朱传棨:《墨家哲学基本特征与当代哲学发展》

作者认为,对墨家学术思想的研究既要坚持历史主义的原则,又要从意识形态自身发展的相对独立性上作科学分析,特别是要站在中国数千年传统思想文化发展的大历史观中进行历史和逻辑的科学分析,从整体上揭示其哲学思想对中国数千年传统文化的渗透和影响,是当今墨学研究的重要方法论原则之一。依据这样一种视角和方法,把墨家思想特别是墨家哲学思想放在整个中国传统文化和整个中国哲学数千年的发展历程中分析,就不难看出墨家思想是处于形灭实兴的发展过程中,其核心的、主要的理论观点和社会政治主张,都渗透到中国传统文化主流中,并显示了不衰的活力。墨家哲学思想、社会政治观、价值观以及重才使能等思想主张尽管存在某些弱点,但其积极意义却随着历史的演进日益显示。作者还认为,邓小平建设有中国特色社会主义理论作为中国社会主义现代化的理论,既是中国的社会主义理论与实践的总结,又是对中国传统文化和西方文明批判继承的结晶。它绝没有离开人类文明与中华文明几千年发展的大道,相反,它集中了人类文明的普遍性原则,同时吸取了中华文明的精华。中华文明的精华中包含着墨子的许多合理思想。

杨武金:《墨家哲学与当代哲学》

文章说,墨家是指由墨子及其弟子和再传弟子所创立、形成的重要学派,其基本理论体现在《墨子》一书中。墨家哲学不独指也不主要是指墨子本人的思想,而是指整个墨家学派的成熟思想或其哲学精华。虽然墨家哲学形成于2000多年前的中国先秦时代,但其创造性思维的深度和理论成果却具有重要的现代价值,在当代哲学的研究中仍然闪烁着耀眼的光辉。此文仅围绕自然哲学、知识论和辩证法三个方面作一探讨。

第一,自然哲学。

墨家有非常丰富的自然哲学思想,提出了“物”(物质)、“久”(时间)、“宇”(空间)等范畴,并认为物质是运动的,物质运动又必然表现为时间和空间。时间和空间既是有限的,又是无限的,是有限和无限的辩证统一。墨家自然哲学是当代哲学自然观的最初形态。

第二,知识论。

知识论是墨家哲学的重心。针对孔子的先验论,墨子提出“三表”作为检验认识是非真假的标准。

后期墨家继承了墨子认识论中重视经验与效果的优良传统,克服了墨子过于偏重经验的弊端,建立了一个感性与理性并重的杰出的认识论系统。

第三,辩证法。

恩格斯说,古希腊的哲学家都是天生的辩证论者。这一论断对墨家也是十分合适的。

总之,以《墨经》为代表的墨家哲学,可以说是现代哲学的萌芽和雏形。领会墨家哲学中的精华,能使我们更深刻地理解和运用现代哲学。

郭齐勇:《墨家道德哲学探讨》

文章认为,墨子是平民阶级的代表。他与孔子同样尊崇尧舜,而取舍不同。孔、墨的弟子在当年充满天下,皆以仁义之术教导百姓。与儒家不同,墨家“背周道而用夏政”,批判周代礼乐制度奢侈靡财的负面,掘发原始夏文化中的博爱、互利、民主、平等、节俭为公的精神,创造了与当时农民、手工业者等劳动民众生活相协调的“兼相爱,交相利”“志功合观”“‘贵义’与‘兴利’统一”的价值系统。面对“三代圣王既没,天下失义”(《墨子·节葬下》)的大背景,老子、孔子、墨子追溯着不同的思想资源,创造了不同的思想范型,以应对当时的社会和思想危机。就思想的回溯而言,老子回溯得最远,是结绳记事、小国寡民的伏羲、神农的时代。墨子回溯得次远,是古朴勤力、生不歌死无服的夏禹之世。孔子回溯得最近,即人文发皇、礼乐鼎盛的文王、周公之“周文”时代。他们心中的榜样、诉诸的权威各不相同。这种资源借取,来自他们对人文、对文明的态度:老子取一种批判文明或超越人文的态度,孔子取一种张大文明或弘扬人文的态度。墨子介乎二者之间,取一种扬弃文明与人文的态度,即从平民阶级的利益出发,对文明或人文作出选择,既拥抱又批评,既肯定又否定,既保留又克服。这也决定了墨子对原始宗教采取保留的态度。

作者认为,墨子思想以“公利”(国家、百姓、人民之利)为枢纽,以“兼爱”和“天志”为基本向度。要了解墨子的道德哲学思想,一定要把握这个枢纽——“公利”。在他看来,“公利”即“义”,是他的价值标准、价值尺度。这一价值导向充分体现于“兼相爱,交相利”的学说中,而“兼爱”等兴利除弊的主张,又以“天志”为背景、源泉、根据或保证。故“兼爱”和“天志”是墨子思想的两大主要内容。

关于墨家政治、科技、经济、教育思想方面的研究

蔡尚思:《墨子十大主旨的主次问题》

作者认为,墨子的中心思想是大平等主义,以兼爱与非命为中心。因为此二者的目的都在于打破亲疏、贵贱、贫富、强弱、智愚等大不平等。兼爱不仅打破各种不平等,而且是损己利人的利他主义与利天下主义。非命是根本否定了现实一切都是由先天决定的所谓命运,指出这全是统治者、剥削者、得势者和一切野心家欺骗人民、毒害人民的罪恶勾当,墨子破天荒地站在大平等的立场出来揭破。节用、节葬、非命三者都是墨子用来反对统治者、剥削者享受、浪费的。非攻是墨子用来反对和抵抗侵略的。尚贤、尚同二者是墨子反对宗法世袭,主张天下为公,上自天子、下到里长的层层选贤。天志、明鬼二者是假托天鬼提倡兼爱,恐吓统治者、剥削者、侵略者,要使他们不要为非作恶的。综上以观,墨子的十大宗旨是以“兼爱”“非命”与“尚贤”为主要,以其他为从属的,一切都在于以大平等反对世间一切的不平等。

作者指出,研究墨子最重要的是抓住两个互相关联的问题:一个是阶级立场问题,另一个是中心思想问题。

杨向奎:《〈墨经〉的杰出贡献》

作者认为,墨子的科学研究在当时来说,超过古希腊。的确是这样,有好多的在当时来说是新观念,现在看起来,还非常的新鲜。最使人感到奇怪的,是在时间和空间的领域里,不论是讲科学的,还是讲哲学的,总是要讲的。讲宇宙观,宇,就是空间;宙,就是时间。所以哲学讲人生观、宇宙观。宇宙观,就是空间、时间。时间、空间本身的问题就很多。从20世纪初以来,相对论出来以后,才逐渐地将空间和时间的性质搞清楚。这就很奇怪,2000多年以前,在《墨经》里边,已经把空间和时间联系到一起了,这是非常杰出的。这就是说在2000多年以前,就已经有了这种空间和时间相对关系的概念。

作者指出,不仅仅在理论科学方面,在力学、应用科学等方面,《墨经》也取得很大的成绩。比如,在弹性力学方面,到现在外国科学家还在研究这个问题。大

概是说,线、丝、头发等,如果构造均匀,那么负重后就不会断。如果断裂的话,就是那个地方的构造不均匀。其中,最强的是蜘蛛丝。外国人在研究蜘蛛丝,以便利用它,仿造它。《墨经》在 2000 多年前,就有了这方面的成就,在世界上是领先的。在应用科学方面,李约瑟的《中国科学技术史》讲到中国这方面是领先的。

杨宏伟:《谈墨子的经济思想对社会稳定与发展的意义》

文章指出,散存于《墨子》中的劳动生产观、财富分配观、消费观等经济思想,为历代墨学研究者所称道,但其经济思想对社会的稳定与发展的作用和意义,前人却言之甚少。作者认为,墨学之所以复兴,研究墨学的人之所以越来越多,是因为墨子的思想,尤其是其经济思想顺应了历史潮流,对今天社会政治、经济的稳定与发展,有可供借鉴的作用。

墨子的经济思想力图以劳动生产为本,大力发展生产力,促进经济繁荣,实现社会的稳定与发展;合理地利用和分配社会物质财富,达到人与人之间的平等互利,维护社会的稳定与发展;适度地消费社会物质财富,以保证社会的稳定与发展。这种把社会经济作为社会稳定与发展基石的思想,无论是过去、现在或将来,都具有理性与进步性。遗憾的是,墨子的这种思想在封建社会只能是下层小生产者的幻想。统治阶级不可能与百姓交相利,他们认为墨子的崇俭是"俭而难遵",因此墨学受到统治阶级的摒弃。这是先秦以后墨学中衰的重要原因。但墨学的这种思想对我们今天以经济建设为中心,发展社会生产力,反对以权谋私、贪污腐败和奢侈浪费,却有着深远的意义。

张希宇、张炳林:《简论墨子的教育思想和教育成就》

文章指出,公正地说,墨子与孔子一样,也是我国古代伟大的教育家,其教育思想独成体系,其教育成果载于史册,对后世影响巨大。此文即对墨子的教育思想和教育成就进行简要论述。

(一)关于教育的作用和教育的目的

墨子的教育事业与他的救世活动和"兼相爱,交相利"的社会政治理想的推行是紧密联系在一起的。为了救世的成功,墨子极其重视教育,除了奔走各国,阐说其治国思想以外,就是辛勤不懈地从事教育工作。墨子对教育的重要作用是有深刻认识的:一是他首先创立了"人性素丝论",二是他提出了"教育救世论"。

(二)关于教育的内容

墨子的教育内容服务于其教育目的,因而他从当时的社会实际、生产发展的需要出发,对儒家的教学内容采取择其善者而从之、对不善者则弃之的态度。从整体上看,他所设置的课程内容与儒家有很大不同,当然也还有相同的一方面。

首先,墨子也很重视道德观念的教育。他将"兼爱"与"正义"作为最高的道德理想,并看作是"上说下教"的教育内容的根本。

其次,墨子十分重视自然科学知识的研究和传授。墨子在自然科学方面的教学内容主要涉及数学、几何学、物理学、光学等,其内容之丰富,在古代教育史上叹为观止。现存《墨子》一书中的《经》上、下,《经说》上、下,《大取》《小取》6篇著作,可以视为墨子进行自然科学知识教育的主要教材。墨子关于自然科学知识的教育,在中国古代,没有一个教育家能与之媲美。

(三)关于教育方法

孔子与墨子在教育方法上既有相同的一面,也有不同的一面。就相同一面看,他们都主张因材施教,即在充分了解学生德行、才智、个性的基础上,从学生的实际出发,进行教学。墨子特别要求弟子"能谈辩者谈辩,能说书者说书,能从事者从事"(《墨子·耕柱》)。

总之,墨子的教育思想是自成体系的,不论从教学目的、教学原则、教学科目还是从教育方法、教学心理来分析都是完整的。墨子无愧于我国历史上伟大教育家的称号。

关于儒家学派对墨学的传承及墨学在齐鲁文化中的地位

郑杰文:《孟子对墨学的非自觉继承》

文章指出,孟子无限推崇孔子,曾借有若之口谓"自有生民以来,未有孔子也"(《孟子·公孙丑上》),并叹"杨、墨之道不息,孔子之道不著",决心承孔子之学,做"圣人之徒"而"距杨墨"(《孟子·滕文公下》)。所以他不遗余力地攻击墨家学说,甚至谩骂墨家主"兼爱"为"无父也""禽兽也"(《孟子·滕文公下》)。但是,这并没有妨碍他在建构自己的学说时对孔门儒学的修正和对墨学的吸取。

孟子对孔门儒学的修正和对墨学的吸取主要表现在认识、解决问题的方法和思想观点两个方面。

孔子强调道德教化以安天下,而孟子则强调富民安民以取天下,其认识社会问题、解决社会问题之立足点的转移，系受墨学影响所致。据《淮南子·要略》言，墨子原“学儒者之业，受孔子之术”，但他觉得孔门儒学之孝悌教化学说“烦扰”而难用于当世，故另立新说，倡兼爱交利，欲以“兼相爱，交相利”之法治乱世；“兼爱”是为了“交利”，天下人只有把相互间的利益放在心上，才会和平共处而不争夺。

孟子正是从墨家这种以“利”为人际关系调节杠杆、为社会稳定之第一要义的论说中得到启发，才认识到经济利益是诸侯争夺的关键所在，是统治者与被统治者间尖锐矛盾的关键所在，所以才修改了孔子学说中重精神轻物质、重教化轻利益的倾向，转而把“利民”作为“争民”“得民”进而行仁政、王天下的第一要义，告诫统治者欲“王天下”必先“保民”，欲“保民”必为民“制恒产”，让他们有生存的经济保障，让他们能获得起码的物质利益，从而使社会趋于安定，为社会的进一步繁荣奠定必不可少的经济基础。

汪高鑫：《论董仲舒对墨子政治思想的吸取》

众所周知，先秦儒、墨两家，虽说是同源同种，而其学术思想是存在着明显差异甚至是针锋相对的。《墨子》一书中的《非儒》《耕柱》《贵义》《公孟》《鲁问》等篇，具体记述了儒、墨两家在此基本问题上的分歧和论战，而儒家重要传人孟子，面对当时“天下之言不归杨，则归墨”的局面，以捍卫儒家学说为己任，“距杨墨，放淫辞”，对墨子学说极尽攻击之能事。然而，素有“汉代孔子”之称的董仲舒，在鼓吹新儒学时，却对墨子思想尤其墨子政治思想作了重要吸取，这是过去学术界所不曾注意和系统论述的。该文从“天志”论和政体观两个方面对此加以论述。

第一，“天志”论是墨子政治思想一个非常重要的内涵。墨子认为上天是有意志的，它不仅主宰着宇宙万物，而且还主宰着人类社会，主宰着君主的统治。

董仲舒作为儒家重要传人，他的“天志”论在先秦儒家那里却找不到渊源，而同先秦墨家创始人墨子的“天志”论几乎如出一辙。他们都承认天有意志，都认为“天志”就是泛爱民众。安乐民众，他们的天道观其实就是人道观，他们的“天志”论其实就是“民志”论。

第二，在政体观上，墨子是一个集权主义论者。他把“尚同”当作“政之本”和“治之要”，而“尚同”就是“上同于一”，即要思想一统于天子，政权一统于天子。

汉儒董仲舒鼓吹的正体观，虽然打出的是儒家的旗号，而实际内容则更接近墨家。首先，同墨子一样，董仲舒强调政治大一统，建立专制集权统治。

因此,我们认为董仲舒“天志”论和政体观的一些实质内涵并没有失去儒家的传统本色,但他鼓吹天有意志,天人相类,人副天数,提出了一整套灾异遣告说和符命祥瑞说;他极力神化王权,鼓吹“天子受命于天”“万民一统乎天子”的专制集权统治;他强调统一意志,统一思想,如此等等,在先秦儒家那里寻不到源头,而恰恰和先秦思想巨子墨子一致。因此,作者认为在董仲舒思想体系尤其政治思想中,无疑是对墨子思想尤其政治思想作了重要吸取和发挥。我们甚至可以说,秦汉以后表面上已经中绝了的墨家学说,在一定程度上已经寄生在董仲舒所创立的新儒学中了。

附录:《墨子研究论丛》(四)论文目录

蔡尚思:《墨子十大宗旨的主次问题》
任继愈:《墨学研究大有可为》
杨向奎:《〈墨经〉的杰出贡献》
颜道岸:《〈墨经〉力学规律初探》
张知寒:《略论墨子学说对后世的影响》
黄世瑞:《世纪之交墨学研究的意义》
郭墨兰:《墨学在齐鲁文化中的地位》
朱传棨:《墨家哲学基本特征与当代哲学发展》
杨武金:《墨家哲学与当代哲学》
郭齐勇:《墨家道德哲学探讨》
曾繁仁:《评墨子“非乐论”美学思想》
王裕安:《俭节则昌　淫佚则亡——墨家治国的重要思想》
张志怡:《墨子的管理心理思想及其实践》
秦彦士:《“别墨”新论——兼评墨家的政治观》
邢志第:《论墨子的尚贤思想——兼论墨子尚贤与孔子举贤的同和异》
孙以楷　夏当英:《墨子务实观析议》
徐　华:《墨子义辨》
朱光甫:《墨子的义利观及其当代意义》
黑　琨:《略谈墨家“以义为则”的伦理观念及其当代价值》
谭风雷:《墨子的正大之风》

范淑存:《墨子的人学思想及其现代意义》

张宝蕊:《墨子——超个人学的伦理与实践家》

宋立卿　邢树森:《墨子经济伦理思想初探》

王讚源:《兼爱经济学》

〔韩〕李云九:《墨子经济思想的现代意识》

杨宏伟:《论墨子的经济思想对社会稳定与发展的意义》

史墨卿:《儒墨教育原则论》

张希宇　张炳林:《简论墨子的教育思想和教育成就》

娄立志:《墨子教育哲学思想初探》

陈兴周:《略论墨家的素质教育》

孙中原:《墨家人文与科学精神概说》

〔韩〕朴文铉:《墨家的科学思想》

〔韩〕李善瑛:《论墨家科学思想中的合理因素》

李继耐:《论墨子军事思想以及他对古代军事、科技的贡献》

〔日〕水野明:《墨子的非战思想——否定侵略战争,肯定防御战争》

〔韩〕黄晟圭:《〈墨子〉军事思想及其现代意义》

陈克守:《墨家的逻辑反驳》

杨俊光:《〈墨经〉"誉""诽"二条校诂》

郑杰文:《孟子对墨学的非自觉继承》

汪高鑫:《论董仲舒对墨子政治思想的吸取》

谭家健:《墨家语录研究》

〔美〕李绍崑:《略论〈墨子〉的英文译本》

〔韩〕尹武学:《墨家的古今之辩》

黄历鸿　吴晋生:《郭沫若研究〈墨子〉的十三点失误》

张斌峰:《"兼爱"学说的新透视》

陈耀文:《明清之际早期启蒙思潮的兴起与墨子学说的复活》

吕逸昆　赵曰北:《墨学复兴的历史必然》

焦世瑜:《中国需要墨学、墨学需要宣传》

1999 年

7 月,张知寒《读墨余论》由山东友谊出版社出版发行。

该书是张知寒教授最后20年中较有代表性的论文文集。可以分为三个部分:历史部分的重点是对儒、墨思想的研讨,对司马光的考论和有关中国史学史的论述;文化部分的重点是关于正确对待中国传统文化和吸收外来文化的探讨,关于医儒关系的考论亦别具特色;教育部分主要是指导自学历史文选课程的文章和进行爱国主义教育的文章、讲演。阅读这本文集,我们可以强烈地感受到作者赤诚的爱国之心和闪耀着智慧之光的敏锐思维。人们可以不赞同他的某个学术观点,却不能不钦佩他那种探索创新的精神。毫无疑问,该书将会带给读者许多有益的启示。

7 月,王玉玺《墨子名言》由山东文艺出版社出版发行。

《墨子名言》是书法艺术与墨学研究相结合的重要成果,也是利用书法宣传墨学的第一部精品。它的出版发行是第四届墨学国际研讨会最重要的成果之一,社会影响及重大意义都超过书本身。中共中央政治局委员、山东省委书记、中国墨子学会名誉会长吴官正同志为《墨子名言》作序,对墨子及其思想给予了高度评价,对山东大学与滕州联合进行墨学研究给予了充分肯定,对今后的墨学研究提出了更高的要求与希望。

研究墨学　古为今用

墨子是我国古代伟大的思想家、教育家、科学家、军事家和社会活动家,也是一位学贯文理、注重实践、百科全书式的平民圣人。毛泽东主席曾高度评价"墨子是一个劳动者,他不做官,但他是比孔子高明的圣人","是古代辩证唯物论大家”;江泽民总书记1991年5月在莫斯科访问讲话时也曾引用墨子“强不执弱、富不侮贫”的名言,来阐明我党我国的立场观点,在国内外引起了很好的反响。墨学是中华民族优秀传统文化的重要组成部分,研究墨学,古为今用,对于加强社会主义精神文明建设,促进祖国统一,维护世界和平,具有重要的现实意义和深远的历史意义。

先秦时期,儒、墨并称“显学”;汉至清初,儒彰墨隐;鸦片战争之后,墨学得以复兴;新中国成立后,特别是改革开放以来,墨学研究有了新的进展:建立了中国墨子学会和墨子研究中心,举办了多次国内、国际墨学研讨会,出版了一系列墨学研究论著,得到了国内外专家学者的支持,引起了国内外各界人士的关注。

《墨子》内容博大精深,文字古奥,群众不易通读,新编《墨子名言》,浓缩《墨子》精华,精警隽永,言简意赅,通俗易懂,方便读者,给人以智慧和力量,对于墨学普及宣传,可以收到事半功倍的效果。此书由王玉玺同志用隶、楷两体精心书写,是当代书法艺术与墨学研究相结合的重要成果,很有阅读欣赏价值。

今年8月,第四届墨学国际研讨会在墨子故里滕州市召开,《墨子名言》的出版发行,将为会议和墨学研究献上一份厚礼。可喜可贺,是为序。

吴官正

1999年5月12日

(注:题目为编者所加)

8月18日至20日,第四届墨学国际研讨会暨《墨子名言》出版发行座谈会在滕州召开。

为了庆祝新中国成立50周年,迎接澳门回归祖国,促进世界和平与文化交流,报教育部批准,第四届墨学国际研讨会暨《墨子名言》出版发行座谈会于8月18日至20日在滕州召开,由中国墨子学会、山东大学、滕州市人民政府、山东省社会科学界联合会、山东墨子基金会联合举办。此次研讨会的主要目的有:推动墨学研究向纵深发展,加强国际文化交流,促进祖国统一和世界和平。通过这次会议,弘扬墨子学说,促进滕州市的精神文明建设、城市建设和文化建设,进一步加强与中央、省、市各级领导和全国各大院校科研部门的联系,加强与世界各国的友好往来。通过这次会议,展示滕州悠久的历史文化,宣传滕州改革开放以来的新成就,把滕州推向全国、推向世界,为滕州建成“大市、名市、强市”作出应有的贡献。

参加会议的山东省、枣庄市、滕州市领导,中国大陆、香港、台湾和韩、日、美等国家和地区的学者与新闻工作者共120多人。中共中央政治局委员、山东省委书记、中国墨子学会名誉会长吴官正同志为《墨子名言》作序,对墨子及其思想给予了高度评价,对山大与滕州联合进行墨学研究给予了充分肯定,对今后的墨学研究提出了更高的要求与希望。大会共收到墨学研究专著9部、专刊3期、论文56篇,会议围绕“回顾、反思墨学复兴的百年历程,总结、探索其中的成就与教训,展望、预测墨学在21世纪的前景与走向,挖掘、阐释墨学理论与主张对当今中国与世界的意义”等问题进行了交流与研讨。

这次墨学研讨会规模不大,但规格较高,与会者大多是中外知名墨学专家、学者,在墨学研究上有较高的造诣。其中最令我们钦佩的是年过八旬的任继愈教授,不顾高温酷暑,在百忙中挤时间欣然莅会,作了精彩的报告,他提出在21世纪的墨学研究中,要扩大研究课题,要扩大墨学的影响,要扩大墨学研究队伍等要求;还为大会提供了他的新著《墨子与墨家》、论文《墨子“非攻”读后》。

这次研讨会既为20世纪的墨学史抹下一笔重彩,又为21世纪的墨学研究拉开了序幕。这是一次承上启下、跨接两个世纪,意义深远的墨学研究的学术盛会。

8月19日,参加第四届墨学国际研讨会的与会专家进行研讨交流,共提交专著9部、论文56篇。

墨学研究成果主要体现在以下几个方面。

第一,墨学研究的百年回顾。

墨学在现代“复活”,重新成为“显学”,是20世纪中国思想史上一个意义至为重大的事件。回顾一个世纪以来墨学“复活”的历史行程,挖掘其中所积淀的丰厚文化珍藏,对于墨学的跨世纪发展十分必要。在沉寂了2000多年之后重新成为20世纪中国思想史上的“显学”之一,这种现象本身说明了墨子的理论与主张一定“有当而不可易者也”,也说明了20世纪中国社会一定产生了对这些理论的巨大需要。因此,回顾墨学复兴的历史轨迹,除了有学术史自身的价值外,更重要的是对墨学继续存在的合理性所作出的历史说明。

第二，关于墨家哲学与当代哲学的问题。

与会者进行了广泛讨论，认为墨家哲学虽然形成于2000多年前的先秦时代，但创造性思维的深度和理论成果却具有重要的价值，在当代哲学的研究中仍然闪着耀眼的光辉。大家还就墨家的哲学思想、政治思想、逻辑思想、自然科学思想以及墨家学说兴起、“中绝”、复兴的内在原因等问题进行了深入而热烈的讨论，提出了许多独到的见解。

第三，关于墨学研究的当代价值。

多数人认为，对墨学的研究范畴缺乏新的开拓，对墨学的现代价值发掘不够，重新审视墨家学说就会发现它具有更多的现代价值，对于净化人们的心灵和社会人文环境，对于调节和解决发展市场经济带来的社会问题、道德问题乃至对于净化全人类的生物环境，发展与维护世界和平等，都具有重要的现实意义。在墨学与现代价值方面，国外学者用比较研究的方法，把墨子与荀子、佛陀、基督等进行比较，分析异同，阐述义理，很有新意。

这次墨学国际研讨会，大家还从墨子的逻辑、伦理、军事、人权等方面进行研讨，大都具有一定的新意，且与现实结合密切。

2000 年

1 月 8 日，中共中央政治局委员、山东省委书记、中国墨子学会名誉会长吴官正视察墨子国际研究中心和墨子纪念馆。

千禧岁首元月 8 日下午，中共中央政治局委员、山东省委书记吴官正，省委常委、秘书长王修智，在枣庄市委书记张传林，枣庄市委副书记、市长马金忠，枣庄市委常委、滕州市委书记高惠民，枣庄市委常委、秘书长邓滕生，滕州市委副书记、市长魏振岱，滕州市委常委、秘书长张永刚等山东省、枣庄市、滕州市有关领导陪同下，兴致勃勃地视察了墨子研究中心（墨子纪念馆），山东大学·滕州市墨子研究中心办公室主任李广星向吴官正书记汇报了墨子研究中心的基本情况，介绍了中心的展览内容。

吴官正书记详细视察了墨子研究中心碑廊、图书楼、墨堂、圣迹堂、义利堂、汇文堂的碑刻、展览、壁画、书法，询问了墨子研究中心的有关情况，并作了重要的指示。

吴官正书记对张知寒教授给予了高度评价。在张知寒教授为墨子题写的“平民圣人，中华典范”碑刻前，在墨子研究成果和墨子故里展厅，他四次谈到张知寒教授，满怀深情地说：“张知寒教授曾被错划为‘右派’，受了很多委屈，但他仍然爱党爱国。张教授了不起，是难得的人才，知识渊博，品质高尚，对墨子研究贡献很大，他的精神事迹很感人，值得大家学习。他是好人，不能忘记他。元旦之前，我给张教授的夫人写了贺卡，祝愿她健康，表示继续关注墨子研究。”

吴官正书记对墨子研究中心给予了充分的肯定，对今后的工作提出了明确的要求。他在视察墨堂的展览之后说：“这个展厅的内容很丰富，很能说明问题。有的外国人说我们不重视文化，他们说的不对，让他们来看看，我们对传统文化历来都很重视。墨学是中国传统文化的重要组成部分，这些年研究的成果很丰富,在国际上有一定影响,但还不够大,今后要加大宣传。”他在圣迹堂观看大型壁画时说:“你们都过来看看,听听讲解。墨子圣迹图内容丰富,通俗易懂,你们要把它拍下来,印成画册,参观的人可以带回去;中小学生、青少年都应看看,受点教育。”吴官正书记对汇文堂的领导、专家、名人为墨子研究的题词,给予了很高的评价,他说:“这些题词写得很好,是对墨子的高度评价,也是对墨子研究的肯定支持,很有价值。”吴官正书记对墨子研究中心的建设与发展以及工作人员的工作、生活等非常关心,详细询问了办公及事业经费等情况,要求尽快把房顶的破瓦修复好,进一步提高展览的档次,完善中心的功能,发挥中心的作用,真正成为对外宣传的窗口。

吴官正书记对枣庄市、滕州市十年来与山东大学联合进行墨子研究给予了充分肯定,对十年来联合国内外专家学者共同弘扬墨学所取得的一系列成果表示满意,对今后的墨学研究工作寄予厚望。吴官正书记在义利堂与随行的省委及省直有关部门的领导和枣庄市、滕州市主要领导合影留念。

吴官正书记对墨子研究非常关心重视,来山东工作不久就到山东大学看望张知寒教授;1997 年 8 月参加第三届墨学国际研讨会,接见专家学者并发表重要讲话;1999 年 5 月为《墨子名言》写序,高度评价墨子和墨子研究。今天,吴书记在百忙中视察墨子研究中心,这是对墨子研究工作的充分肯定,也是对墨子研究的关心重视,更是对大家的鼓励与支持。

(注:相关文字为时任滕州市墨子研究中心办公室主任李广星记录整理)

4 月,施炎平《墨子一日一语》由浙江文艺出版社出版发行。

该书以墨家文化为整体概念,将墨子、后期墨家及其对中国文化其他学派的思想渗透和影响,视为统一的发展系列。该书力图按照墨家思想的体系结构和逻辑发展,分类条贯墨子的格言,围绕其概念、范畴、命题、原理及思想主张,认真负责地作出考察、分析、评析、感悟和诠释,以期推进墨家思想资源和精神价值的重新理解和现代转化。

9 月,水渭松《墨子直解》由浙江文艺出版社出版发行。

该书收集了墨子的言论著述,采用直解方式,即贯通诸家说解,益以新知新见,径用今语注出,不事征引;正文大字,注释小字,夹注于正文当句(字、词)之下,便于人们深刻理解墨子的思想。墨子的思想以政治思想为核心,有尚贤、尚同、兼爱、非攻、节用、节葬、天志、明鬼、非乐、非命等多种,可以说是中华民族美德的一个缩影。

12 月,王玉玺主编的《墨子兵书》由国防大学出版社出版发行,迟浩田作序。

《墨子兵书》序

中国兵书历史悠久,卷帙浩繁,内容丰富,影响深远。自春秋战国开始,兵家兴起,自成一体,游说诸侯,著书立说,兵书大量涌现,到现在大约有两千种以上,仅存留到今天的就有四五百种之多。在这座伟大的文化宝库中,《墨子》是一颗灿烂的明珠。

墨子不仅是伟大的思想家、教育家、科学家和社会活动家,而且是一位伟大的军事家。毛泽东主席曾高度评价"墨子是一个劳动者,他不做官,但他是比孔子高明的圣人","是古代辩证唯物论大家"。《墨子》一书内容博大精深,其中约三分之一反映了墨子的战争观、军事防御思想以及他在防御工程和防御武器等方面的杰出贡献。它与主要研究军事进攻规律的《孙子兵法》,恰好成为古代军事史上的"双子星座",二者相辅相成,互为补充,是同样重要的军事经典。

在中国几千年的历史中,爱和平,重防御,求统一,促进民族团结,共御外侮,始终是中国国防观念的主题。中国的国防政策渊源于这种优良的历史文化传统。江泽民总书记一九九一年五月十五日在莫斯科访问时发表重要讲话,引用墨子"强不执弱,富不侮贫"的名言,阐述我党我国处理国际关系的原则立场,在世界各地引起了很好的反响。墨学是我国优秀传统文化的重要组成部分,研究墨子的军事思想,古为今用,有利于提高全民的国防意识,加强国防现代化建设;对于反对霸权主义、强权政治,反对侵略战争,促进祖国统一与世界和平,具有重要的现实意义和深远的历史意义。

弘扬墨子的军事思想,当前应做好普及工作。《墨子》一书十万余言,文字古奥难读，除专家学者外，一般官兵和群众难于通读弄懂。为此，王玉玺同志和墨子故里滕州市墨子研究中心的同志，根据有关专家的意见，将现存《墨子》五十三篇，精选《墨子》中《七患》《非攻》《天志》《鲁问》《公输》和《备城门》以下十一篇关于军事方面的主要篇章，共二万余字，编成《墨子兵书》。新编《墨子兵书》由王玉玺同志精心用隶、楷两体书写，每段原文后附上译述，大大方便了广大读者，是一部有价值的军事科普读物。

我与王玉玺同志结识多年，深知他在省级领导岗位上工作繁忙，但仍坚持挤时间临池习书和研究墨学，并兼任中国墨子学会名誉会长、中国书法家协会理事、山东省书法家协会名誉主席，为弘扬墨学和发展书法事业做出了无私的奉献。他最近书写的《墨子兵书》是继《王玉玺书法选》《王玉玺书七体千字文》《墨子名言》之后的又一部书法艺术与墨子研究的力作，具有较高的阅读欣赏价值。《墨子兵书》的出版发行，将为二〇〇一年在北京召开的第五届墨学国际研讨会献上一份厚礼。喜读新作，可喜可贺。是为序。

迟浩田

二〇〇〇年四月二十六日

2001 年

2 月，徐希燕《墨学研究》由商务印书馆出版发行。

作者从横跨哲学、政治学、经济学、自然科学、军事科学、逻辑学、管理学等学科的宽广视野里，展现了墨子思想的精华要旨，呈示出墨学智慧的灿烂火花，并赋予了墨学全新的生命活力。论著准确地把握了史料，体现了严谨的科学精神，运用了哲学思辨方法。比如，对墨子管理思想的阐述，体现了东方管理文化“以人为本、以德为先、人为为人”的本质特征。

7 月 16 日至 18 日，第五届墨学国际研讨会暨王玉玺书古今名人评墨子书法艺术展在北京召开。

以“发掘、继承和弘扬墨子军事思想，推进 21 世纪世界和平与发展”为主旨的第五届墨学国际研讨会于 2001 年 7 月 16 日至 18 日在北京召开。来自全国各地和日本、韩国、美国等地的 60 多名专家、学者、教授，坚持尚学、真诚、探索、求实和百花齐放、百家争鸣的方针，围绕发展和继承墨子军事思想以及弘扬墨学与物质和精神文明的建设、墨家逻辑与西方逻辑的比较等诸多方面，展开了热烈的讨论，使会议成了自 1991 年中国墨子学会成立以来又一次具有里程碑意义的学术集会。

第五届墨学国际研讨会由中国墨子学会、国防大学、山东大学、滕州市人民政府主办，山东证券公司、华夏银行山东分行协办。会议开幕式在北京人民大会堂重庆厅举行，中央军委原委员、全国政协副主席赵南起，全国人大常委会原副委员长、中国墨子学会首席名誉会长费孝通，中共中央组织部原部长、中央党建领导小组副组长张全景，中国国家图书馆馆长、第五届墨学国际研讨会组委会主任任继愈，中国人民解放军原副总参谋长、全国政协常委李景，兰州军区原司令员、军事科学院原院长、中共中央委员刘精松，山东大学党委书记、中国墨子学会会长朱正昌，国防大学副校长、第五届墨学国际研讨会组委会副主任高金钿等出席开幕式。会议号召本学会会员与所有国内外墨学爱好者、研究者一道，继续挖掘、传播和发扬墨子学说的思想精义，包括哲学、政治学、经济学、文化学、军事学、逻辑学、建筑学、科学学等思想，全力促进新世纪人类社会的和平与发展。

在大会开幕式暨第一次全体大会上，国防大学副校长高金钿中将，中共山东省委常委、山东大学党委书记、中国墨子学会会长朱正昌，中共枣庄市委书记张传林，中国国家图书馆馆长、中国墨子学会名誉会长任继愈分别作了重要的致辞和讲话，全国政协常务委员、政协外事委员会副主任、中国人民解放军原副总参谋长李景上将作了学术价值很高的主题报告。各位领导和专家的讲话，思想深刻，内容丰富，对于更好地弘扬墨学思想文化，具有很重要的指导意义。

大会开幕式暨第一次全体大会之后，与会人员参观了王玉玺书古今名人评墨子书法艺术展，对书展给予了很高的评价。

大会闭幕式由中国墨子学会副会长兼秘书长王裕安主持，中共滕州市委副书记、滕州市市长、中国墨子学会副会长刘宗启致辞，山东大学东校区党工委书记和管委会主任、中国墨子学会常务副会长冯宜明作关于中国墨子学会领导人员变动情况通报。7 月 18 日，会议组织专家学者分别到中国国家图书馆和山东省滕州市墨子故里参观考察，专家学者给予了很高的评价。会议建议以研究墨子学说的科学精神为中心议题准备 3 年以后即于 2004 年召开的第六届墨学国际研讨会，在解决了墨子里籍问题的基础上能够通过进一步考证解决墨子生卒时间的问题。会议决定以此届会议所发表或提交的讲话、学术报告或交流论文为基础继续正式出版《墨子研究论丛》（六）并组织出版《墨子大全》（多卷本）。会议表示将考虑由会员单位申请在国内外的任何城市举办以后的各届墨学国际研讨会，积极推进墨子学说研究工作的现代化和国际化。

7 月 16 日至 17 日，参加第五届国际墨学研讨会的专家学者进行了交流研讨。

16 日和 17 日两天，研讨会分两个大组并以两个小时一场的主持形式，由 60 余位专家、学者、教授作专题学术报告并进行研讨。此届会议的中心议题主要围绕“墨子及墨家学派的军事学说”方面,讨论的重点包括以下几个方面。

第一,宏观的主题和微观的问题。从宏观方面看,有的学者认为,墨子军事学说是建立在“兼爱”的人类社会中的“非攻”主张,具有重要的时代意义和深远的历史影响,今天要特别注意弘扬墨子及墨家学派的军事学说,促进世界的和平、稳定与发展,使全球人类能够和平共荣。从微观方面来看,学者们有的侧重于探寻《墨子·非攻》的理论基础或思想内涵,有的注重探讨墨子的军事防御学说或战略防御观点,还有的重在研究墨子的武器装备观念或军事后勤思想等。

第二,墨家与诸子百家的军事思想比较方面。此方面的研究是此届会议中心议题的直接延伸。有的学者指出,以商鞅为代表肇始的法家军事思想,与当时齐派兵家如孙武、吴起为昭承,既探寻“大国交战”的攻坚战基本理论,也涉猎“大国之战”的防御战具体战略战术,而墨家的军事思想偏重于“小国防御战”的基础理论和具体实践,且较为明细和较好操作,适与承彰兵家之法家军事思想对立而又能互补,在我国军事思想史上能够交相辉映。有的学者还推而及之,将墨家“非攻”的防御军事学理念与先秦时期的“偃兵”“义兵”观念进行比较研究。还有学者具体到生存于几乎同时却有前后之分的墨子与孟子的军事思想作出比较探索,也还有个别学者追溯墨子军事思想的渊源,通过摘引老子、文子、墨子文句的逐行段对照比较研究,认为推老子为鼻祖的道家军事思想通过文字的传播或交流而影响到了墨子。

第三,墨子及墨家学派的战略与战术方面。该方面的研究是此届会议中心议题的具象化。墨子及墨家学派的军事理论,与先秦诸子的其他家所不同的是墨家的理论不仅不是抽象的、灰色的,而且是具象的、具体的、经验的。有的学者分论了墨家军事学中战略和战术的概念表述、基本内涵、主要作用及重大意义。有的学者考证了墨子及墨家学派所留传下来的文字记载的城防武器。还有学者历史地与逻辑地分析了墨家所论“穴战”的防御战术方式。

第四,墨子及墨家学说的思想体系方面。这一方面的探究是对此届会议中心议题的必然拓展。有的学者从墨子军事思想理论的建立追寻其思想体系的结构方式,认为墨子军事思想的核心框架是以“非攻”与“救守”这对矛盾的对称展开来建构的,而考察墨子整个的思想学说体系,却又无不是从对称的矛盾关系出发来加以构筑的,这无论是在表示十项主张的“十论”中还是在“墨经”和“墨辩”里,都清楚地显示出其结构思想体系的轮毂。还有学者对墨子学说的体系框架与核心要点进行辨析,评析了迄今为止的包括“天鬼”中心说、“兼爱”中心说、“义利”中心说、“非攻”中心说、“节俭”中心说在内的得失、正误、补益启迪。也还有学者的研究旨在说明墨家及其学派之学说的思想体系证明了先秦诸子百家在激烈的“交锋”“争鸣”中已经开始了从“一中心”向“多中心”的转化、从排他向容他的思维定式的转变。

7 月,王裕安主编的《墨子研究论丛》(五),由齐鲁书社出版发行。

该书共收录参加第四届墨学国际研讨会的专家学者论文 47 篇,主要集中在以下几个方面。

关于墨学复兴的百年回顾与 21 世纪的展望

曾繁仁:《千年“绝学”的伟大“复兴”——墨学研究的百年回顾与前瞻》

文章指出,墨学的“现代复活”,重新成为“显学”,是 20 世纪中国思想史上一个意义至为重大的事件。回顾一个世纪墨学“复活”的历史行程,挖掘其中所积淀的丰厚文化珍藏,对于墨学的跨世纪发展十分必要。墨学在湮灭了 2000 多年之后重新成为 20 世纪中国思想史上的“显学”之一,这种现象本身说明了墨子的理论与主张一定“有当而不可易者也”,也说明了 20 世纪中国社会一定产生了对这些理论与主张的巨大需要。因此,回顾墨学复活的历史过程,除了有学术史自身的价值外,更重要的是对墨学继续存有的合法性所作出的历史说明。这就是墨学对现代中国的意义。21 世纪初叶的墨学向何处去?如何向纵深挺进?这也是思想史界,特别是广大墨学研究者和爱好者十分关心的问题。

墨子从中古时代的几近失传到 20 世纪的复活,再至 90 年代墨学研究的高潮迭起,其间经历了四个阶段。(1)乾嘉至晚清:《墨子》文本的重新发现与整理。(2)民初至五四时期:《墨子》价值的重新发现与诠释。(3)20 世纪 30 年代至 60 年代:墨学研究的全面展开与成就。(4)20 世纪 80 年代至 90 年代:墨学研究的重新启动与深化。曾文认为,在新世纪到来之际,回顾百年墨学研究的历程,应该给墨子与墨学以一个更全面、更准确的定位:“墨子是世界历史上第一个最集中反映下层民众利益的伟大平民思想家;墨子是世界历史上第一个站在弱小国家立场上提出反战非攻理论的伟大军事家;墨子也是世界历史上第一个东亚的伟大科学家。”这三个“第一”,既决定了墨学的历史价值,也决定了它的当代和未来价值。与会学者对曾文反应热烈,并对其中的观点进行了广泛讨论。

朱传棨:《论墨家学说兴起、“中绝”、复起的内在原因及其研究》

文章指出,墨家的哲学唯物主义思想和进步的社会历史观,以及注重科学和农业发展的言理,在当时既有利于社稷民生,也有利于封建社会制度的稳定和发展,当时很受庶民的欢迎,产生了广泛的社会影响,在战国初期墨家学说大有席卷天下之势。孟子曾说:“天下之言,不归杨则归墨。”战国末期,墨学虽遭孔儒后裔孟子的猛烈批判,但墨学与儒学仍能“并称显学”。秦汉之后,墨学不甚闻于世。由于遭受占绝对统治地位的儒学的攻击批判,在诸多学派中,墨学无一席之地而被废,中经千余年之久。唐代儒学大家韩愈虽提出“孔墨之道本相通,两家必相用”的惊世新论,但宋元以来,墨学仍未见称于学人之述。清代乾嘉年间,考据之学勃兴,虽有少数学人研究墨学,但墨学被贬斥的地位并未改变。直至清末光绪年间的孙诒让、俞樾等学者发表了“墨子则达于人之理,熟于事物之情”“用心笃厚,勇于振世救敝”的阔论,墨学才被逐渐复兴起来。到了近代中国,西方科学文化东渐,特别是20世纪初孙中山先生发起的民主主义革命,效法西方资产阶级民主革命,倡导“自由、平等、博爱”之政治主张,为墨学的复兴营造了可行的客观氛围。近几十年来,随着经济现代化的发展,墨学在欧美、东南亚及日、韩诸国受到学界的关注和研究,且研究成果甚丰,在国内来说,近十年可以说是墨学复兴的新时期。但是,对墨家学说发展的这种坎坷历程及其原因,学界不仅没有取得大体一致的共识,而且对其研究也是不足的。

郑杰文:《近百年墨学研究鸟瞰》

文章指出,对墨学流传与研究的回顾和总结,先有清人陈梦雷等《墨子汇考》、孙诒让《墨子间诂》附《墨子后案》辑录历代书目和序跋评论,后有近人陈柱《墨学十论》中《历代墨学述评》、日本内野熊一郎《墨子》中《墨子思想批判之史的考察》等,以及李梦楚《墨学传布考》、史墨卿《墨学之研究及其要籍》、孙中原《否极泰来,绝学再兴——论四百年来的墨学研究》等十数文作专门论述。又方授楚《墨学源流》、杨俊光《墨子新论》、孙中原《墨学通论》、秦彦士《墨子新论》、谭家健《墨子研究》等著述中有专章或专节涉及。严子端《西洋人眼中之墨子》、李绍崑《墨学在日本》《墨学在欧美》等文考述了墨学在海外的流传与研究。

专门讨论 20 世纪墨学研究的论述有栾调甫《二十年来之墨学》、李绍崑《三十年来之墨学》等文，蔡尚思《儒墨斗争史与儒法斗争史》、张知寒《略述我国学术界对墨子研究的概况》、张斌峰《近代〈墨辩〉“复兴”的历史过程》等文，以及上述方著、杨著、孙著、秦著、谭著中都有所涉及。这为我们的近百年墨学研究总结奠定了一定的基础。

现以调查到的 20 世纪墨学研究与整理著作 256 种、墨学论文 1605 篇为基础资料，将它们分期、归类，并结合各时期的政治、经济、战争、文化思潮等因素，将 20 世纪的墨学研究分为四个时期。

(1)延续更新期(1900—1918 年)，墨学研究内容相对狭隘，阐扬墨学之热情有余而研究方法欠成熟。(2)全面展开期(1919—1948 年)，这一时期墨学研究者因不明古代学术与近代学术的形态差异而导致“以西学融中学”的研究倾向，应该注意批判。(3)两岸分流期(1949—1976 年)，大陆由于“文革”等影响，墨学研究几成空白，台湾墨学研究则无此波折。(4)合手共进期(1977 年至今)。调查得知此期国内有墨学研究、整理著作 53 种(其中大陆 38 种、台湾 15 种)，有论文 741 篇(其中大陆 572 篇、台湾 169 篇)。查得此期国外有墨学著作 7 种，有论文 25 篇。这一时期在墨学研究方法上并无多大进展，故墨学研究尚无重大突破，甚至没有取得类似乾嘉考据和 20 世纪 20 年代墨辩讨论之成就。

改革开放政策带来了宽松的学术环境，大陆墨学研究领域涌现出一大批有分量的专著，并掀起墨学研究热潮。在地方政府支持下，山东大学和滕州市连续召开了四次大型的墨学研讨会，为海内外同仁提供了交流机会；并发起成立了中国墨子学会；又主持编写了“墨学与当今世界丛书”和四辑《墨子研究论丛》等墨学著述。

谭家健：《近二十年中国内地之墨学研究》

文章指出，20 世纪 50 年代到 70 年代，墨学研究较为沉寂，乏善可陈。30 年间，关于墨子的新书不到 10 本，而且均属一般知识介绍。除有关《墨经》的几本之外，学术性皆不太强。《墨子》校注只有 1 种。报刊上的单篇文章也不多。这一时期对墨子的评价主要反映在几本哲学史著作中，如侯外庐《中国思想通史》第 1 卷(1958 年)、冯友兰《中国哲学史新编》(1962 年)、任继愈主编《中国哲学史》(1964 年)等。

从 20 世纪 80 年代初开始，墨学研究逐渐恢复正常，90 年代进入高潮。20 年间出版著作70余种,发表文章480余篇。依时间顺序看,首先受注意的是《墨经》研究,其次是《墨子》的今译,最后是墨学综论性研究和介绍。所讨论的问题逐渐由浅而深,不断拓展。从学术活动看,80年代主要是个人分散进行;90年代相继召开了多次学术讨论会,成立了中国墨子学会,联络了一批墨学爱好者。总之,近20年比前30年研究成果丰富得多,讨论气氛热烈得多,但也存在美中不足,还比不上其他先秦诸子的研究。

关于墨家逻辑研究

孙中原:《墨家逻辑研究的回顾与展望》

文章指出,墨家逻辑是指《墨经》(《墨子·经上》至《墨子·小取》)6篇中所包含的逻辑体系,它由墨家从战国时期的科学认识与百家争鸣中总结出来,又以其工具性而作用于当时的科学认识与百家争鸣,是中国古代逻辑的高峰和典型。但是从秦汉到清代的2000多年中,它随着墨家与墨学的衰微而被埋没。近百年来,随着中外文化交流的日益深入,墨家逻辑这一中国传统文化的瑰宝重又引起中国学术界的关注与研究,成为中国哲学与文化领域研究的一个热点。在位于世纪之交的今天,回顾近百年墨家逻辑研究的历史,展望未来的研究是很有必要的。此文着重讨论了近代著名学者梁启超、胡适和沈有鼎关于墨家逻辑研究的成果与方法,并就未来的研究提出若干设想。

杨武金:《论百年来墨家逻辑研究的方法》

文章认为,墨家逻辑是由中国先秦时代的墨家学派在总结当时百家争鸣和科学认识的思维形式、思维规律和思维方法的基础上创立起来的一种系统逻辑学说。它是中国古代逻辑的光辉代表,是中国传统文化的优秀典型。但是,由于中国社会文化发展的特殊性,从秦汉到清代的2000多年中,墨家逻辑随着墨家和墨学的衰微而被埋没,原典几乎无人阅读。近百年来,随着中外文化交流的深入开展,由于中国社会文化发展的需要,墨家逻辑这一中国传统文化的瑰宝,才又得到中国学术界的关注和重视,成为中国学术文化研究领域的一个热点,并且开始走向世界。墨家逻辑之所以能在短时间内产生如此巨大的影响,这与学者们所运用的科学研究方法不无关系。认真总结近百年来墨家逻辑研究的方法,对于推动21世纪墨家逻辑研究的新开展,具有重要意义。

在墨家逻辑研究中,历史分析是十分必要的。科学的比较研究和文字考辨都必须建立在历史分析的基础之上。在比较研究中之所以会出现比附，在文字考辨中之所以会出现望文生义的现象，一个重要原因就是没有完全认清墨家逻辑的个性和特点，没有对墨家逻辑作出全面的历史分析。近百年来的墨家逻辑研究者虽然也运用了历史分析方法，但是总的来说运用得还不够全面、深入、具体，这是今后需要进一步开拓的重要方面。不过，强调历史分析，并不是要否定比较研究和文字考辨。恰恰相反，未来的墨家逻辑研究更需要深化理解和正确运用这些方法，尤其是要注重将它们紧密结合起来开展研究。

曾昭式：《梁启超墨家逻辑思想试析》

文章指出，梁启超关于墨学研究的成果颇丰，著成《子墨子学说》《墨经校释》《墨子学案》等著作。在这些著作里，有大量笔墨研究墨家的逻辑学思想，例如在《子墨子学说》里专设《墨子之论理学》这一附录；在《墨子学案》里也有些章、节、目讨论墨家的逻辑思想，研究了墨家的概念、命题、推理、逻辑规则等理论，并对墨家逻辑与西方逻辑进行比较。

梁启超鲜明地提出，墨家著作蕴含了西方式的逻辑学思想，既有西方亚里士多德所建立的以三段论为核心的演绎逻辑理论体系，也有培根、穆勒的归纳逻辑思想。他曾说："故论理学格致学之应用最要焉。此《经上》《经下》《经说》《大取》《小取》诸篇所由立也"；"诸子中持论理学最坚而用之最密者，莫如墨子"；"墨子全书，殆无一处不用论理学之法则，至专言其法则之所以成立者，则惟《经说上》《经说下》《大取》《小取》《非命》诸篇为特详"；"而吾东方之倍根（培根——引者注）已生于二千年以前"；"《墨经》殆最古名学书之一也"。

关于墨子的政治、科技、经济、伦理思想

李贤中：《墨子思想的基本结构与扩展》

文章认为，墨子思想的基本结构如下：

(1)天下乱象为何？

(2)天下何以会乱？

(3)如何治天下之乱？

(4)如何实际改善社会大众的生活？

这种问答形态的基本结构，可以呈现墨子思路的发展方向。原典中的内容皆可以逐步吸纳入此一系统中，并且每一问题的解答会随着研究者所处情境的

不同,而发展出不同的看法,进而提出不同的问题。这意味着某一思想基本结构的确立将有助于该思想在各层面的扩展。

关于墨子思想的扩展,一方面要把握其思想的精神、原则而运用于解决不同领域的问题;另一方面则须加以批判,指出其中不尽合理的部分而予以修正。如何才能比较全面性、系统性地扩展墨子思想,则是此文尝试发展的另一种形式。

姜宝昌:《墨家的时空观和运动论》

文章说,如果从仰韶文化算起,中国已经有 6000 年的文明史。古代国人所创造的璀璨的科技文化成果,对全人类文明的发展作出了巨大的贡献。在浩如烟海的先秦典籍中,间或记录某些科学原理和技术成就。不过,它们往往深藏于论述社会政治和伦理思想的经、史、子诸类书籍之中,而且多以理性分析或实验叙述的面目出现,缺少严格意义上的逻辑推证(如数量关系等),从而使科技成果披上人文化的外衣。这一点可能与古代中国人重理性而轻实证的思维模式有关,而与西方人(如古代希腊)的哲学思想无不来源于科学实证大不相同。《墨经》(《墨子》一书中的《经上》《经下》《经说上》《经说下》四篇)记录了我们的先人从具体的生产或实验过程中抽绎出来的某些概念和规律,按照后世的科学分野,涉及数学、物理学等方面的若干重大理论性问题。不过,这要通过一番爬梳剔抉和条分缕析的工夫,才能把它们的科学意义发掘出来。

文章对《墨经》所记时空观和运动论这两方面的内容,进行了爬梳剔抉和阐发分析。

丁原明:《论墨家的经济伦理思想》

文章指出,经济伦理作为对人的经济活动、经济行为等经济问题的道德思考与评价,它并非仅存于市场经济条件下的一种文化现象。事实上,它在自然经济的时代,就存在并发挥作用了。倘若从理性成熟的程度上加以分辨,古代经济伦理与现代经济伦理的差别,仅在于前者未取得规范化形态,是粗浅的、自发的,后者则取得了规范化形态,是精致的、自觉的罢了。但在以往的研究中,人们阐述古代经济伦理多以儒家举证,而对墨家的经济伦理思想则忽视了。其实,墨家作为一个充满理性精神的学派,它的经济伦理思想是很有特色的,并始终贯穿着经济人与道德人、经济价值与道德价值的统一。

作者分别从对劳动的双重思考、对节俭的双重思考、对物质利益关系的双重思考三个方面论述了墨家的经济伦理思想。

9 月,陈克守《科技之父——墨子》由山东教育出版社出版发行。

《科技之父——墨子》以文学传记的形式,将墨子的人生经历和杰出贡献介绍给广大读者并给人以启发。该书在弘扬祖国的传统文化,增强民族凝聚力,推进祖国的现代化建设中起到了积极的作用。

附录 1:《中国墨子学会 2001—2005 年墨学研究五年的工作规划》

中国墨子学会 2001—2005 年墨学研究五年的工作规划

根据第五届墨学国际研讨会有关领导和专家的意见,按照滕州市委、市政府“打墨子牌,圆名市梦”的战略决策,我们拟定今后五年工作规划如下:

一、墨学研究规划

近五年的墨学研究,主要有以下专题:

(一)编辑出版《墨子大全》。

(二)编辑出版《墨子词典》。

(三)编辑出版《古今名人评墨子》。

(四)编辑出版《墨子本传》。

(五)创作电视剧本《平民圣人墨子》(暂定名)。

(六)编辑出版《墨子圣迹图志》。

(七)办好《墨学研究》,争取全国刊号。

(八)编辑出版《墨子研究论丛》。

(九)加强国内外学术交流,筹办第六届墨学国际研讨会暨《墨子大全》首发式。

(十)完善墨子研究中心的基本建设,搜集整理墨学研究的书刊和音像等方面的资料。

二、宣传工作规划

今后五年内,要努力做好宣传工作。

(一)充分利用中央、省、市报纸、杂志、电台、电视台等新闻媒体进行宣传。

(二)充分利用墨子纪念馆向社会宣传。

(三)争取在《光明日报》《大众日报》开辟专栏,定期进行宣传。

(四)建立墨子网站,扩大宣传。

三、旅游工作规划

根据山东省《加强旅游业发展的意见》和滕州市委、市政府关于"打响墨子这张名牌,开发科技文化旅游"的决策,拟出开发墨子旅游资源、兴建"战国科圣城"的方案。其目的主要有以下几点:

(一)弘扬墨学,创建名市,提高滕州的知名度。

(二)建成"五个基地",即中央电视台外景拍摄基地、大型电视连续剧《平民圣人墨子》(暂定名)的拍摄基地、春秋战国题材的影视拍摄基地、传统文化教育基地和科技教育基地,进行爱国爱乡、和平与发展方面的教育,加强国内外文化经济的合作与交流。

(三)以"战国科圣城"为龙头,大力发展旅游业,带动交通、旅馆、餐饮、商业的发展,促进地方经济的发展。

四、培养人才规划

建立一支高水平的墨学研究队伍,是墨学研究的当务之急。

(一)建议国防大学、山东大学、人民大学、南开大学等高校把培养墨研人才列入计划,抓紧实施。

(二)积极创造条件,与国内外有关大学或科研单位,联合创办"科圣研究院"。

(三)设立硕士生和博士生墨子研究优秀论文奖,鼓励他们研究墨子。

(四)调整、充实墨子研究中心工作人员,加快人才培养,以适应新形势的需要。

五、筹集资金规划

今后要多渠道筹集资金,除依靠各级政府支持外,主要是争取社会各界人士和企事业单位的资助。近五年内争取筹集到 300 万元人民币,把山东墨子基金会升格为中国墨子基金会。

附录 2:《中国墨子学会第三届领导成员名单》

中国墨子学会第三届领导成员名单

会长:朱正昌

第一副会长:牛启忠

副会长:王裕安(常务)　张乐岭　郭良志　冯宜明　刘宗启　齐　涛
郭齐勇　姜宝昌　张　昭　程广泉　董兴河　朱锡光

秘书长:王裕安(兼)

副秘书长:李广星　郑杰文　王学典

常务理事:(略)

附录3:《墨子研究论丛》(五)论文目录

任继愈:《墨子"非攻"读后》

崔清田:《墨子学说的体系与核心》

李贤中:《墨子思想的基本结构与扩展》

高晨阳:《传统文化的结构与墨学的价值定位》

张希宇　张幼林:《论墨子的政治学说》

程宇宏:《墨学与魏晋南北朝道教》

贾贵荣:《泰山封禅说与墨子》

吴明贤　秦彦士:《墨家人权观》

史墨卿:《科圣的爱情观》

王裕安:《对墨子"非攻"之管见》

张斌峰:《墨家的素质教育思想》

陈兴周:《墨子的治国方略琐谈》

〔韩〕朴文铉:《墨家伦理与如今韩国社会》

〔韩〕郑在权:《对墨、荀乐论的价值论分析》

周立升:《墨家价值观平议》

冯宜明　曾振宇:《关于墨学中"气"的阐述》

孙天胜:《墨子人格论》

〔美〕安德逊:《心之醒悟:墨子—佛—耶稣》

〔美〕李　梅:《孔墨同行在西方》

丁原明:《论墨家的经济伦理思想》

王讚源:《墨子思想与现代市场经济》

孙君恒:《墨子的经济伦理》

王祥林:《墨子的薄葬思想》

〔日〕冈本光生:《论战国末期和汉代初期的墨家思想及其他学派对墨家的看法》

孙中原:《墨家逻辑研究的回顾与展望》

陈克守:《墨家的“名”论》

杨俊光:《〈墨经〉“辩,争攸也。辩胜,当也”校诂》

郭　桥:《试析墨子谈辩中“譬”论式》

刘晓华:《论〈墨经〉之“辩”》

曾昭式:《梁启超墨家逻辑思想试析》

杨武金:《论百年来墨家逻辑研究的方法》

孙以楷:《墨子生平考述》

姜宝昌:《墨家的时空观和运动论》

曾繁仁:《千年“绝学”的伟大“复兴”——墨学研究的百年回顾与前瞻》

林兆义:《墨学研究的跨世纪思考》

秦彦士:《汉代墨学显隐》

谭家健:《近二十年中国内地之墨学研究》

郑杰文:《近百年墨学研究鸟瞰》

解启扬:《二十世纪墨学研究述要》

朱传棨:《论墨家学说兴起、“中绝”、复起的内在原因及其研究》

〔美〕李绍崑:《墨学的现代化与世界化》

黄世瑞:《新世纪墨学研究刍言》

〔日〕原孝治:《〈墨子〉榷疑》

〔日〕谷中信一:《墨家思想的普遍性和特殊性——墨学为何如此急剧地由盛而衰》

王　煜:《评介英国汉学家格瑞汉〈后期墨家的逻辑、伦理学和科学〉》

张志怡:《孙诒让、梁启超在考证上的一个谬误》

李广星:《张知寒与墨子研究》

附录4:2001年墨学研究硕士学位论文目录

罗一涛:《墨家的科学思想研究》,湖南大学硕士学位论文,2001年。

夏金华:《墨家管理心理思想研究》,苏州大学硕士学位论文,2001年。

2002 年

2 月,《王玉玺八体书古今名人评墨子》由齐鲁书社出版发行,全国政协副主席宋健为此书作序《艺术为墨学增辉》。

艺术为墨学增辉

20 世纪初,辛亥革命时期的革命家们称颂墨子(墨翟,约前 468—前 376)为“世界第一平等博爱主义大家”,与黄帝、华盛顿、卢梭并列为四大伟人(《民报》,第一号,1905)。

2300 多年以来,中国历代都有政治家、思想家高度赞扬墨子的学说。“墨子兼爱,摩顶放踵利天下为之”(战国·孟子);“墨子备世之急,枯槁不舍也,才士也夫”(战国·庄子);“世之显学,儒、墨也”(战国·韩非子);“墨子之所长,虽百家弗能废也”(西汉·司马谈);“兼爱尚同,疏者为戚”(三国·曹操);“墨子标心于万古之上,而送怀于千载之下,金石靡矣!”(晋·刘勰);“孔墨互用,不相用不足为孔墨”(唐·韩愈);“墨子言谆复深切,务陈古以剀今”(清·孙诒让),云云。

到了近代,人们更高地评价墨子在哲学、政治、伦理和自然科学方面的成就。誉墨子为“平民圣人”(毛泽东)。墨子的兼爱与耶稣的博爱相同(孙中山)。墨子之道德,非孔、老所敢窥视(章太炎)。墨学精神深入人心至今不坠,固以形成吾民族特性之一者,盖有之矣!假使中国今日有墨子,则中国可救(梁启超)!墨子的理论与马列主义近似(蔡和森)。孔子之徒为儒,墨子之徒为侠,唯侠老实,所以墨者末流,至于“死”为终极目的(鲁迅)。墨子的思想给中国民族留下了唯物主义、社会主义和民主主义体系(吕振羽)。兼相爱,交相利是各尽所能,皆得所需,与今所谓社会主义、共产主义岂不相同?曰:理想相近,制度不同(张澜)。在科学哲学领域,最伟大的大师桂冠应归于墨子(美国·李绍崑)。

现代人在《墨子》中看到,民主政治、和平外交、人道伦理、公民道德和丰富的辩证唯物论哲学情愫跃然字里行间。墨子立论“非命”,摒弃“生死有命,富贵在天”的宿命论,赋予“天”“鬼”以“天下明法”“赏贤罚暴”的新务。人言《天志》《明鬼》篇为唯心论,余以为非全然也,实为托古改意,曲抒历史唯物主义之作。“兼相爱”曰仁,“交相利”曰义,爱人先于爱己,被定为政治道德和社会伦理的基本准则(《兼爱》)。立论“非攻”,批判“强凌弱、富侮贫、诈欺愚”的强权政治(《非攻》)。选官应“尚贤”,“官无常贵,民无终贱”,包括“天子”在内的各级官员都应以德、才、能为凭选任,“虽在农与工肆之人,有能则举之”(《尚贤》)。政治应保证庶民“饥者得食,寒者得衣,劳者得息”(《非命》),社会生活须“节用”“节葬”(《节用》《节葬》)。人人都要劳动,各尽所能而得生,不劳者不得生(《非乐上》)。劳动要讲效益(《节用中》)。天下各国应相爱互利,“一同天下之义”(《尚同》)《经上、下》和《经说上、下》中提出了哲学认识论中获取和检验真理的三条标准,“三表”:前鉴历史经验(“上本之于古者圣王之事”),察民间实情(“下原察百姓耳目之实”),符合国、民之利(“发以为刑政,观其中国家人民之利”)。规定了类同近代哲学中的范畴、规范、是非、属性、分类和因果律、演绎法、归纳法等哲学命题(《经上、下》)。扼言之,战国时代声影浩大又极得人民支持的墨学,对人文、民主诸主题的思想和论述,与2000年后欧洲文艺复兴时代的最杰出的思想家、哲学家和法学家的著作轩轾相埒,毫不逊色。

20世纪初现代科学技术大规模传入中国以后,人们再读2300多年前的《墨经》,才惊奇地发现其中包含了丰富的关于力学、光学、几何学、工程技术知识和现代物理学、数学的基本要素。《经上》和《经说上》篇中有关于力、反力、合力、运动、时间和空间这些物理学基本概念和定义,还有关于物质结构形态、运动形式的详细分类。关于杠杆、滑轮、斜面的力学阐述与现代物理学教科书几乎完全一致。《经上》篇中关于几何学中的点、线、面、方、圆、垂直、相切等基本要素的定义和几何逻辑推理体系,《经下》和《大取》篇中关于有穷、无穷的数学概念,都与现代数学相合。《墨子》中现存53篇著作中有11篇中讲到工程技术。最使科学界震惊的是《墨子》中关于光学知识的研究记录。《经下》和《经说下》篇中有8处讲到光学,准确阐述了光的直线传播和反射,影子的生成,透镜的正、虚像生成原理等;物理学家们原以为世界最早记录了光学知识的是古希腊的欧几里得。“事实上,《墨经》中关于光传播直线性的记录早于和超过欧几里得,在世界科学史上应有崇高的地位。”(钱临照)故近代人感叹,墨学中断使中国科学不得发达(蔡元培),如果墨学不绝，中国科学史必有更加辉煌的成就（张岱年）。

古希腊著名思想家、哲学家们的著作对人类文明和科学的进步产生过重要影响。墨子与赫拉克利特（Herakleitos，540—476 BC）、德谟克利特（Demokritos，460—370 BC）、欧几里得（Eucleides O. Megara，330—275 BC）、亚里士多德（Aristoleles，384—322 BC）、苏格拉底（Socrates，469—399 BC）和柏拉图（Plato，427—374 BC）等是同时代人，同代相比，始显伯仲。从现代科学看来，墨子在政治学、伦理学、科学哲学和自然科学诸方面的成就超过古希腊，与苏格拉底、柏拉图的神创论唯心主义体系形成鲜明的对照。墨学思想渊源于中华民族历史文明的累积，基于东方文明的邃积，是独自创立的。概念抽象、事物描述、逻辑演绎都与古希腊迥然不同。两者至少是瑶瑜媲美，互相共辉。中国科学院英籍院士、自居“十宿道人”的李约瑟（Joseph Needham，1900—1995）评曰：“墨子早于公元前四世纪即宣扬兼爱学说，人们对之皆致以崇高敬意。”英国历史学家汤因比（Arnold Joseph Toynbee，1889—1975）认为，“墨子关于舍去己利，树立爱他的兼爱学说，是反对侵略战争的理论先导。这些理论是极为现代化的。‘兼爱’过去只指中国，现在应作为世界性（理论）去理解”。

自汉武帝“罢黜百家、独尊儒学”（前134）以后，墨学渐弱，遂转入民间成为信仰，但2000多年声远而不绝，即使天下无人，子墨子言尤在（《大取》）。清末孙诒让校编《墨子间诂》，俾2000年前古著，厘然复其旧观，群贤火一般热情考究墨经，写下很多文字，墨声终于重振，爰后人得知，中国现代民主制度虽直传自欧洲，然首倡者是墨子。墨经连天下之理，叙万物之情，究世事之变，冀人间一闻，是中华民族最优秀的历史科学遗产。

山东省人大常委会副主任、原山东省副省长，当代中国著名书法家王玉玺同志，与墨子同梓滕州，多年研究墨子著作，建树卓越，当选中国墨子学会名誉会长。他酷爱书法，政务繁忙之中，抽暇临习，数十年不辍。楷、行、隶、篆、草、魏各书皆甚好，笔锋潇洒，韵致纯美，端庄郁勃。他书写的《七体千字文》和《墨子兵书》选载入2001年大世界基尼斯之最，前者获2001年度基尼斯最佳奖。山东大学滕州市墨子研究中心主任李广星同志精选战国以降历代贤达对墨子及其著作的评论，凡106则，由王玉玺同志用楷、行、大篆、小篆、隶、魏、章草、今草八种书法挥笔成册，铭曰《王玉玺八体书古今名人评墨子》。初稿在人民大会堂展出后，泛受赞美，观者吁求付梓出版。玉玺同志命我写几句话以为序。我遵命以《艺术为墨学增辉》为题，扼要写出对墨子这位倡唯物主义师祖、谋天下之先驱的崇敬,以及对王玉玺同志书法的赞美。

宋健

二〇〇二年二月五日

5月,杨俊光《墨经研究》由南京大学出版社出版发行。

该书是对原始《墨经》即《墨子》书中《经上》《经说上》两篇的校勘、诂释和研究。"总论"一篇,主要是进一步论证了近年已少有人注意和认同的《经上》《经说上》墨子自著说,分析了《墨经》理论体系,指明其所说的"辩"是包括逻辑学在内的认识论,并就认识论与逻辑学关系的角度作出了评价。分论九十七节,是对《经》《说》原文的逐条研究。全书以恢复《经》《说》的原貌、原意为目标,尽力充分考察前人校勘、训释、研究的成果(直接引述各家墨学研究论著243种),从历史上直到当代的研究状况和存在问题出发,在学界已达到成就的基础上更前进一步,并根据对名家学派的长期研究,祛除了一些墨名混同以及其他的误解,展示了墨名之间的真实关系。

8月,陈克守《平民显学》由吉林人民出版社出版发行。

该书融知识性与教育性于一体,富有启发性,书中简要地介绍了墨子的身世以及他的十大政治理论,即兼爱、非攻、尚贤、尚同、天志、明鬼、非乐、非命、节用、节葬;还介绍了墨家研究的自然科学知识以及科技发明成果,如桔槔机、车梯、云梯的制造,圆的知识、小孔成像的知识等。在介绍的同时,作者作出了精辟的分析评论,并明确指出其现代意义与价值。通过该书,人们不仅可以深入地了解墨学的精华,也可以清晰地认识墨子那高大的光辉形象。

附录:2002年墨学研究硕士、博士学位论文目录

艾红娟:《墨家的语言学思想》,曲阜师范大学硕士学位论文,2002年。

钱永生:《论墨子思想结构的生成》,首都师范大学博士学位论文,2002年。

2003 年

7 月，滕州市墨子研究中心办公室升格为副县级单位。

关于墨子研究中心办公室升格的批复

滕州市委、市政府：

你市《关于墨子研究中心办公室升格为副县级事业单位的请示》(滕委〔2003〕96 号)收悉。根据 2003 年市委第 8 次常委会议决议，同意将滕州市墨子研究中心办公室规格由正科级升格为副县级，原机构性质、职能及编制维持不变。

特此批复。

枣庄市机构编制委员会

二〇〇三年七月

9 月，张仁明《墨子辞典》由贵州人民出版社出版发行。

《墨子辞典》是一部专书辞典，供阅读和研究《墨子》及研究先秦词汇、语法参考使用。共收入《墨子》一书中所用字 2000 余个，复音字、固定词组及凝固结构 1200 余个。该辞典吸收了编写专书辞典较优的编写体例，吸取了迄今为止对墨子的研究成果。全书约 50 万字。《墨子辞典》从《墨子》一书的实际语料出发，对于语词在具体语境中的用法进行细致的分析，对同样的意义和用法进行准确的统计。

附录:2003 年墨学研究硕士学位论文目录

林华昌:《墨家平等法律观研究》,华东政法学院硕士学位论文,2003 年。

王其杰:《墨子道德教育思想及现代意义》,山东师范大学硕士学位论文,2003 年。

吴　琳:《墨家科学思想及其兴衰命运探析》,武汉理工大学硕士学位论文,2003 年。

唐　瑛:《墨子形容词研究》,西南师范大学硕士学位论文,2003 年。

李积萍:《近二十年国内墨辩逻辑研究初探》,河南大学硕士学位论文,2003 年。

陈转青:《试论沈有鼎对〈墨经〉逻辑思想的研究》,河南大学硕士学位论文,2003 年。

李惟建:《墨子“久”“宇”研究》,华南师范大学硕士学位论文,2003 年。

燕学敏:《试论〈墨经〉数学的逻辑基础》,内蒙古师范大学硕士学位论文,2003 年。

2004年

5月，王裕安、孙卓彩《墨子读本》由青岛出版社出版发行。

弘扬民族文化，振奋民族精神，提高学生综合素质，造就高素质人才，是高等教育的重要任务，是高校教学的重要课题。作为肩负人文教育与科技教育双重使命的高等教育阵地，学习和研究具有当时和当代双重进步价值的墨学，更是题中应有之义。

枣庄学院地处墨子的故乡，学习墨子精神，传扬墨家学说，义不容辞，当为特色。鉴此，枣庄学院编写了《墨子读本》，以供学生选修、教师讲授之用。

该书集数名专家学者的辛苦与智慧，既有对墨子其人、其书、流派、价值的概述，也有涵盖墨子政治、经济、军事、教育、科技、逻辑等思想的文章选注，给学者们搭建了一个见仁见智、议论风发的平台。相信，这是一本高等学校开展优秀民族文化教育、提高学生人文综合素质的适合而崭新的好教材。

9月，杨武金《墨经逻辑研究》由中国社会科学出版社出版发行。

该书从现代逻辑的角度，运用科学正确的比较研究方法，深入考察和审视了墨经逻辑产生的社会历史条件、墨经逻辑的本质和科学性，进而认为墨经逻辑与西方逻辑、印度因明之间既有一致的方面也有不同的方面。墨经逻辑在对象理论的层次上主要表现为论证逻辑，而在元理论的层次上则表现为运用元语言来表述的逻辑规律。

10月，王裕安《墨子科技真言》由北京图书馆出版社出版发行。

该书编选的宇宙观、认识论、逻辑学、数学、物理学、心理学、军工学等8个部分,大多出自墨子的《墨经》。他是我国古代伟大的思想家、教育家、科学家和社会活动家,也是伟大的政治家和军事家。毛泽东曾评价说:"墨子是一个劳动者,他不做官,但他是比孔子高明的圣人。"

10 月,王裕安、李广星主编《墨子研究论丛》(六)由北京图书馆出版社出版发行。

该书收录参加第五届墨学国际研讨会的专家学者论文 54 篇,主要内容集中体现在以下几个方面。

关于墨家学派的军事学说及其现代价值

李景:《弘扬墨家军事学说,促进世界和平与发展》

文章指出,墨家是先秦时期一个重要学派,它的创始人墨子是中国古代伟大的思想家、教育家、科学家、军事家和社会活动家。墨学的思想成就主要保存在《墨子》一书中,其内容涉及社会科学与自然科学的许多领域,是中华优秀传统文化的重要组成部分。因此,加强墨学研究,古为今用,对加强物质文明和精神文明建设,促进世界和平与发展,都有着重要的现实意义。

《墨子》还是一部重要的军事典籍,其中的军事专论已被学者辑成《墨子兵书》。《墨子》以"兼爱""非攻"为基础的积极防御思想,核心就是主张强不执弱,富不侮贫,维护和平,反对侵略。这个理念早已融入中华民族的优秀军事文化传统。当然,生活在不同时代的人们,都会根据自己的需求,去审视以往的历史人物及其精神产品,以寻求其中的现实价值。就墨子的军事思想而言,具有重要借鉴价值的内容很多,特别值得指出的主要有以下几点:第一,发扬"兼相爱,交相利"精神,建立平等的国与国关系。第二,加强"筹备防患"的安全观念,维护国家的主权和统一。第三,坚持以"有义征不义",敢于同霸权主义作斗争。第四,继承崇科技、善制作的务实传统,实施科技强军战略。

周克玉:《浅论墨子"非攻"思想的内涵》

文章说,墨子是先秦时代的伟大智者。他及其后学在政治、军事、科学、哲学、逻辑、伦理等方面均有卓越建树,其代表作品《墨子》一书,更是我国古代思想史上的奇丽瑰宝。墨子直面时代而思想精深,言辞简略而论理缜密,不仅成为当时与儒家并驾齐驱的“世之显学”而“言盈天下”，而且虽经汉武帝罢黜百家、独尊儒家的文化专制及后来封建统治者的百般禁杀，墨家学说依然如地火不熄，引燃着一代一代思想家的智慧之火，其强大的理论魅力和真理价值至今仍然征服着中国乃至世界的思想者。

“非攻”是墨学的重要范畴，是墨子军事思想的集中体现，同时也包含着丰富的政治、哲学、科学、文化、伦理思想。发掘“非攻”思想的丰富内涵，把握其精义，对继承我国优秀传统文化，正确总结历史经验，做好当前的政治、军事、外交工作，特别是做好军事斗争准备有着重要意义。

此文从不同侧面阐述对“非攻”思想的理解，并进一步分析其历史和现实意义，分为“非攻(兼爱)——和平主义、人道主义的理论先导”“非攻——对战争性质的理性分析和历史选择”“守御——弱小国家的生存之道和军事战略”“非攻——充满辩学智慧的军事理论”“‘非攻’思想的历史局限”等部分。

朱传棨:《墨学军事思想及其意义》

作者认为，墨学军事思想是其社会经济政治思想的重要组成部分，它的意义如同整个墨家学说一样，不仅在当时具有“显学”特征的历史意义，而且还具有现代化的具体意义。墨家的“兼相爱、交相利”是其军事思想的理论基础。“非攻、守御”是其军事思想的核心内容，其军事战略、军事技术和训练原则，特别是它的积极防御的坚定主张，均具有时代意义。

第一，墨家军事思想的理论基础及其历史意义。墨家军事思想是其社会经济政治思想的重要组成部分，它的思想理论基础是“兼相爱、交相利”。有学者说，墨家反对攻伐掠夺的“非攻”观念，实际上是墨家所理解的平民道德的引申与扩大，并明确指出“兼相爱、交相利”是从当时庶民的朴素道德观念中概括出来的。墨家主张的“非攻、守御”的战争论，对促进当时社会经济的发展、政治制度的改善是有积极的历史意义的。

第二，墨家军事思想的基本内容及其主要特征。建立在“兼相爱、交相利”思想基础上的墨家军事思想，其核心内容是“非攻、守御”。围绕这一核心内容，其又提出了破“七患”、立“三备”的主张。墨家的这种军事战略与战术思想的基本特征就是积极防御的根本宗旨。墨子所列“七患”的针对性十分明确，就是揭露批判统治者荒淫无度，大量搜刮与耗费民财，以满足其奢靡生活的需要，是造成国家危亡的主要祸源。就“七患”具体内容，可分为外交和内政两个方面。墨家主张对内要强化国内守城及防御技术的研制与实施,对外必须加强和平外交,墨家学派为此而积极实践和游说。

关于墨子军事思想的具体范畴研究

姜宝昌:《穴战纵横谈》

作者主要围绕三个方面的问题发表自己的意见。第一,穴战与突战。首先"穴"与"突"字义相同,难免出现穴战、突战含义上的某些纠缠。其次,《备穴》中的一段文字与《备突》残留部分内容大致相同,无形中增加了人们的迷离之惑。第二,《备穴》的防御技术分析。通过对防备和抵御两个方面的分析,作者认为,墨家所论备穴,从战术方面来说,是积极的防御作战,即不仅有防备(等待)阶段,而且有抵御(行动)阶段。抵御阶段既有拒守,以确保城池、土地和财物,又适时转入反攻,进入敌穴作战,有效地消灭敌人的有生力量,彻底挫败敌人的穴攻。可以毫不夸饰地说,墨家所论备穴,为中国古代战争史提供了一种积极防御作战的可贵资料。第三,穴战作为一种极为有效的防御作战方式,在后世得到了较为广泛的应用。

秦彦士:《〈墨子〉城防武器考》

文章指出,中国古代的军事学著作向来是以研究进攻者居多,《孙子》《吴子》《尉缭子》等大多如此,而墨子由于主张非攻,故其研究军事相应地便是以防守为主。不仅如此,在先秦时代,由于主动进攻者往往为国势强盛的大国,而处于防守地位的常常是一些人少地狭的小国。在这种形势之下,要想抵御强敌的凶猛进攻,其难度之大可想而知。然而,墨家却能以其道义和全民动员的力量,凭着他们的高科技防御武器,在中国军事史上创造出以弱胜强的奇迹,这种不可思议的奇观甚至引发了后人对墨子的神话。其实,坚不可摧的"墨守"并不神秘,考察《墨子·备城门》诸篇我们即可发现墨家守城术强大威力的秘密所在。

墨家的防御系统是一个无所不包的巨大军事体系。它以全民动员作为最深厚的力量,以纵深立体防守构成固若金汤的堡垒,以高科技器械作为抗敌的强大力量,以全方位的后勤保障为前线提供可靠的支持,以"旗帜""号令"作为协调作战的指挥通信手段,以严明的军纪与赏罚分明的措施作为执行命令的保证,凡此种种不仅构成墨家坚不可摧的强大守御堡垒,而且充分显示出古代先民尤其是下层民众的极大的创造性。

李蔚、唐武文:《墨子军事后勤思想初探》

文章认为,墨子不仅是一位伟大的思想家,而且还是一位别具特色的军事思想家。他重防御抓经常的军事后勤思想与孙子重进攻抓突然的军事思想相得益彰,互为补充,共同对兵学的发展作出了重要的贡献。在今存《墨子》53篇中,有16篇集中反映了墨子的军事思想以及他在防御工程和防御方面的杰出贡献。在战争方面,孙子强调“兵者,国之大事”,墨子则强调“备者,国之重也”。在作战方面,孙子要求“出其不意,攻其不备”,墨子则告诫对战争不可以掉以轻心,平时就要“有备”“常备”,临战更要“备齐”“备固”等。他深刻的防御思想和战备思想,包含丰富的后勤思想,主要体现在以下几个方面。

第一,战争的物资来源——民心归农,从事农业生产。第二,后勤战备建设。其一,大力发展武器装备。其二,建立充足的物资储备。第三,注重城防保障。第四,救治伤亡,善葬死者,以此稳固军心,提高战斗力。这种“以兵为本,爱兵如子,为兵服务”的后勤工作,正是墨子用兵思想、后勤思想核心所在。

关于墨子军事学说与先秦诸子军事学说的比较研究

徐希燕:《孙子与墨子军事思想比较研究》

作者认为,先秦时期的著名军事家孙子和墨子年代接近,《孙子》约成书于前496—前453年,墨子则生于前480年,卒于前389年。他们的军事思想既有相同之处,又各有不同的侧重,对孙子与墨子军事思想进行比较研究,具有较高的理论价值和现实意义,但这方面的论文所见不多。

通过以孙子、墨子军事思想为两个不同的参照系,进行两者全方位的比较研究,这样一方面可以完整地把握中国古典军事思想,另一方面可以从哲学层面对两者进行反思、创新与超越,进而丰富与发展中国古典军事思想的宝贵遗产,为我国当代的国防现代化事业服务。作者对孙、墨二家的军事思想进行详尽的比较研究与阐发,主要有以下八个方面:第一,孙子的军事战略是进攻性的,墨子的军事战略是防御性的。第二,孙子主张避实击虚,墨子主张以一当十。第三,孙子的主张是以强击弱,墨子的方针是“以弱胜强”;孙子在战略上处于优势,墨子在战术上处于优势。第四,孙、墨二家都提倡慎战与速决战。第五,孙、墨二家军事辩证法思想比较。孙子、墨子军事辩证法思想都比较丰富,但孙子更为透彻一些。第六,孙、墨二家之武器装备比较。与孙子所提及的武器相比,墨家守御的武器装备更为先进,科技含量更高,更富有杀伤力。墨家所制造的连弩车遥遥领先于西方达1400年之久,这更是孙子所望尘莫及的。第七,孙、墨二家军事认识论比较。墨子的认识论思想非常全面深刻,比起孙子的认识论思想要丰富得多,但是在军事认识论思想方面,墨子稍不及孙子。第八,孙、墨二家都强调政令统一、赏罚分明。

总之,孙、墨二家的军事思想各具特色、攻守互补、各有所长,这些构成了中国军事思想独特、完整的体系与形态。发掘整理与比较研究孙、墨二家的军事思想,对于加强国防建设、捍卫中华民族的和平与安全具有重大的意义。

曾振宇:《墨家与法家军事思想比较》

文章指出,墨子与商鞅不仅是思想家,同时也是军事理论家。《汉书·艺文志》将军事家分为兵权谋家、兵形势家、兵阴阳家和兵技术家四类。各类兵家都曾在广阔的军事领域里纵横驰骋、著书立说、称雄一时。其中,兵权谋家是兼论战略与战术各方面问题的,被认为是兵家中最高明者,因而列于首位。在兵权谋家中,有《孙子》13篇、《李子》10篇、《吴起》48篇、《公子鞅》27篇。班固将商鞅与孙武、吴起等著名军事理论家并列,足见商鞅的军事思想在中国古代军事理论发展史上的地位绝非一般。《商君书》中,有《立本》《战法》《赏刑》《画策》《兵守》等篇专门阐述军事理论,在今本《商君书》24篇中,所占比例可谓不菲。值得注意的是,班固无论在兵权谋家、兵形势家、兵阴阳家,抑或兵技术家中,都未曾提及墨家,这是一个值得探讨的学术问题。法家商鞅的军事思想与墨家学派的军事思想风貌迥异,昭承齐派兵学的商鞅思想,既探讨了大国攻坚战理论,也涉及了防御战战略技术,这与偏重于小国防御战的墨家军事学适成一对立互补的两翼,交相辉映。

文章通过对战事与法制的辩证墨学、防御战理论、攻坚战理论三个方面的分析,得出结论:墨家与法家的军事思想各有特色,各呈风骚。墨家细致入微设计了小国防御战的各种战略战术,军事决策中的"望气"已经成为现代学者研究古代军事巫术的标准样式。墨家在军事工程学方面的成就,是古代其他军事派别所无法企及的。法家商鞅的军事思想既探讨了攻坚战理论,也涉及防御战理论。正因为如此,我们可以说法家商鞅军事思想是对《孙子兵法》军事哲学的继承与发展。孙武、墨子和商鞅三家军事思想,互为倚重,相反相成,共同呈现了先秦军事理论的全景。

刘培林:《墨、孟军事思想之比较》

墨子、孟子同处战国时代,一个是在战国初期,一个是在战国中期。他们同居古郰国故地,同受邾娄文化的影响,其活动范围又同在南至楚、宋,北至齐、鲁,西至晋的地域之内,故其思想学说具有一定的可比性,特别是军事思想更有相近之处。墨、孟学术观点不同,但在反对攻伐并兼战争方面却是一致的。

第一,墨子非攻,认为攻伐并兼是不仁不义,对交战双方都不利,实天下之巨害。孟子反对不义之战,称强战者是民贼,是率土地而食人肉,罪不容于死,虽也称其不仁不义,但不言利。

第二,汤伐桀,武王伐纣,墨子认为不是"攻",而是"诛",孟子认为不是"臣弑君",而是"诛一夫"。

第三,墨子主张大不攻小,强不劫弱,众不暴寡,诈不谋愚。大国之不义,则同忧之,大国之攻小国也,则同救之。孟子尊王残霸,以"民悦否"作为衡量战争是否正义的标准,追求"定于一",王天下。

总之,墨子、孟子的军事思想之所以有相通之处,是因为他们的思想主张都以仁、义为宗旨,对人的普遍关爱是他们的共同追求。不同之处,一是因为他们所处的社会背景不同,由战国初期至战国中期,社会已发生了急剧的变化;二是墨子、孟子的基本出发点尽管都是爱人,但墨子是"兼相爱、交相利",孟子则是"老吾老以及人之老,幼吾幼以及人之幼"。墨子思想中的天、鬼、人多主体意识与孟子思想中的以人为本的一主体意识,也造成了他们军事思想上的差异。

关于墨子逻辑学研究

杨武金:《论〈墨经〉逻辑的比较研究法》

文章指出,逻辑比较研究大致说来是对逻辑史上或现代逻辑研究中所出现的各个逻辑分支或所提出的逻辑问题进行对比分析、比较说明,从而寻求某种新的答案,或者深化对某些逻辑问题或哲学问题的理解和把握,为逻辑学的研究和发展提供某种启示和借鉴。梁启超曾说:"《墨子》全书,殆无一处不用论理学之法则,至专言法则之所以成立者,则惟《经说上》《经说下》《大取》《小取》《非命》诸篇为特详,今引而释之,与泰西治此学者相印证焉。"征引解释《墨经》中有关逻辑的文字,而与西方逻辑学说相发明、相印证,这就是墨经逻辑的比较研究方法。

在墨经逻辑的比较研究中,可以提出以下两个需要注意的方面:第一,墨经逻辑比较研究方法不是单一的方法,它应该是比较研究与具体分析、科学想象、实事求是、文字考辨等多种方法的有机结合。第二,要想在墨经逻辑的比较研究中取得成绩,必须具备两个基础:一是西方的科学和逻辑知识,包括现代逻辑知识。二是必须熟悉中国古代文化,包括校勘训诂等方面的知识。这两个基础越扎实的学者,在墨经逻辑的比较研究中越容易取得成果。

曾昭式:《先秦逻辑与西方逻辑学——20 世纪 90 年代中国逻辑史界的讨论》

文章指出,先秦时期有没有逻辑,如果有逻辑,它是一种什么样的逻辑,这是一个长期争论的问题。自从梁启超开始研究墨家伦理学(逻辑学)以来,中国学术界就开始了关于中国古代是否有西方逻辑学的争论。例如,梁启超、虞愚等学者认为中国先秦时期有西方那样的逻辑学,当时还有一些学者认为中国先秦时期没有西方亚里士多德那样的逻辑学。新中国成立后,关于中国逻辑史的研究对象,中国逻辑史界一直存在分歧。自 1980 年中国逻辑史研究会在广州成立以来,开始了有组织的学术讨论和集体研究,使中国古代逻辑思想史的研究以前所未有的成果面世,出现大量的论文、著作和教材。此前,也有一些有影响的论文发表和著作出版,如沈有鼎于 1954—1955 年在《光明日报》上发表关于墨经逻辑学的系列论文(1980 年《墨经逻辑学》出版),1956 年詹剑峰出版了《墨家的形式逻辑》等。"文化大革命"结束后,中国逻辑思想史的研究成果卓著,例如,仅就著作或教材而言,1979 年出版了汪奠基的《中国逻辑思想史》、周文英的《中国逻辑思想史稿》、陈孟麟的《墨辩逻辑学》,1982 年出版了周云之、刘培育、周文英、沈有鼎的《中国历史上的逻辑家》,1983 年出版了温公颐的《先秦逻辑史》,1984 年出版了周云之、刘培育的《先秦逻辑史》,1987 年出版了孙中原的《中国逻辑史》(先秦卷),1988 年出版了杨芾荪的《中国逻辑思想史教程》、李匡武的《中国逻辑史》、温公颐的《中国逻辑史教程》,1989 年出版了李匡武的《中国逻辑史》(五卷本),1993 年出版了孙中原的《墨学通论》,1996 年出版了周云之的《名辩学论》,1997 年出版了崔清田的《名学与辩学》《显学重光——近现代的先秦墨家研究》等。从这些著作和大量的论文看,20 世纪 80 年代至 90 年代,尤其是 90 年代,中国逻辑史界关于中国逻辑史的研究对象问题,主要有三种观点,即中国逻辑史是名学和辩学史,是中国形式逻辑的思想发展史,是中国古代符号学史。

11 月,王玉玺《王玉玺书墨经》由西泠印社出版发行,任继愈作序。

《王玉玺书墨经》序

墨子及其学派,为先秦时期的显学。墨子学派与其他学派相比,突出的特点是墨子及其门徒除了讲理论,还注意动手操作的技艺传授。今天传下来的《墨经》,应当是当时墨子学派的教学大纲。技艺学习,不仅靠口头记诵,还要靠动手制作,必要时借助图解、实地演示来进行教学。

当年墨学得到广泛流传,固然靠了墨子的思想指导,也应当归功于墨子学派言传身教的好传统。汉以后,墨学衰落,停滞了一千多年,只剩下文字记载留供后人研究,当时实际操作的传授方式中断以后,给后来的研究者带来了极大的困难。《墨经》的部分内容较为难懂,有些难点是古籍研究中共同遇到的,如传抄错误、字句脱落、竹简位置颠倒,都会造成研究的障碍。还有一种困难是《墨经》研究独有的困难——古代书简本来就只有几个字,当年传授靠老师当面指点。今天我们只有靠文献记载,也要借助于现代科学知识的推理和诠释,过去看起来难以理解的,终于读通了。还有一些问题,有待进一步研究。

《王玉玺书墨经》是《墨经》研究的新的尝试。该书用隶、楷两体书写,按照现代的知识分类,把《墨经》分为十二类,每类又分若干条,每条附注释、译文,把书法艺术与《墨经》研究相结合,很有阅读欣赏价值。该书的出版发行,恰值第六届墨学国际研讨会在北京召开,这也是王玉玺先生献给大会的一份厚礼。可喜可贺!

我与王玉玺先生相识多年,交往至深。近十几年来,他把书法艺术创作与墨学研究结合起来,用书法艺术弘扬墨学,在书法界和墨学界都是一大创新。他先后书写了《墨子名言》《墨子兵书》《王玉玺八体书古今名人评墨子》,受到党和国家领导人及各界人士的高度评价。二〇〇二年十月,他又把《王玉玺八体书古今名人评墨子》等全部书法作品无偿捐赠给山东大学滕州市墨子研究中心,充分体现了王玉玺先生高尚的品格和无私奉献的精神。作为一名省级党政领导干部,在退休之后,身体欠佳的状况下,仍然忘我地为弘扬墨学、振兴中华而“上说下教”,挥毫泼墨,作出了巨大的贡献,取得了一系列重大成果。他这种

“摩顶放踵,利天下为之”的墨子精神,令人感佩,为学术界树立了榜样。是为序。

任继愈

二〇〇四年八月八日

12月26日至29日,第六届墨学国际研讨会暨《墨子大全》首发式在北京人民大会堂举行。

12月26日至29日,庄严隆重的北京人民大会堂彩球高悬,嘉宾如云,热闹非凡,第六届墨学国际研讨会暨《墨子大全》首发式在这里举行。

第六届墨学国际研讨会是中国墨子学会与中国工程院、山东大学、枣庄学院以及滕州市委、市政府联合举办的。全国人大常委会副委员长、民革中央主席何鲁丽,全国政协副主席郝建秀,全国政协原副主席、中国墨子学会名誉会长宋健,中国人民解放军总后勤部政委、中国墨子学会名誉会长张文台,中国人民解放军总参谋部原副总参谋长、中国墨子学会名誉会长李景,中央对台办原主任、中国墨子学会顾问杨斯德,解放军总装备部政治部副主任侯贺华,著名航天专家孙锦云,山东省人大常委会副主任曹学成,山东大学党委副书记赵明顺,枣庄市委书记马金忠,枣庄市委副书记、市长刘玉祥出席了开幕式,马金忠致辞。

全国政协副主席、中国墨子学会名誉会长马万祺,全国人大常委会原副委员长姜春云,中央军委原副主席迟浩田,中国人民解放军总政治部主任、中国墨子学会顾问李继耐为此次大会发来贺电、贺信。马金忠在开幕式上发表了热情洋溢的致辞,高度评价了墨子在思想尤其是科技领域为人类作出的突出贡献,同时对墨学的建立和墨子研讨会的召开给予了积极的评价。他说,枣庄市委、市政府一直非常重视墨学研究工作,大力支持滕州市和山东大学合作,有力推动了墨学文化的发展。今后,市委、市政府将一如既往地关心支持墨学研究,使墨学文化更好地走出市界、省界、国界,进一步发扬光大,在加快经济社会全面、协调、可持续发展中发挥更大作用。

第六届墨学国际研讨会的主旨是:弘扬墨子科技思想,促进人类共同发展。中国国家图书馆馆长、中国墨子学会名誉会长任继愈,中央文史研究馆馆员、著名书法家杨萱庭,著名书法家欧阳中石,著名书法家王学仲,枣庄学院副院长胡小林，上海黄河影视公司董事长、总经理、独立制片人刘大印，北京图书馆出版社社长、总编辑郭又陵，韩国东义大学朴文铉教授，日本大东文化大学原孝治教授等 150 多名国内外墨学专家、学者和 110 余位社会各界人士出席研讨会。

12 月 27 日至 28 日参加第六届墨学国际研讨会的专家学者围绕“墨子的科技思想”“科技与现代经济建设”等学术问题展开交流、研讨，共提交论文 96 篇、专著 9 本。

研讨会论文、专著主要涉及以下几个方面。

（一）关于墨学研究的概况、方法和当代价值

会议回顾和总结了近年来墨学研究的概况，指出墨学研究无论是在研究内容还是研究方法上都有很大的发展和创新，并取得了许多优秀的研究成果。有的学者对近代以来《墨辩》的整理与研究进行了评说，指出 20 世纪前《墨辩》研究的主要成就在清代。1912—1948 年的《墨辩》整理与研究是墨学研究热门。此时期的《墨辩》研究，除少数几篇论文外，其成果多包含在《墨辩》整理中。1949—1999 年国内的《墨辩》整理和研究，成果颇丰。就《墨经》研究来讲，谭戒甫的《墨经分类译注》是积数十年研究的厚重之作；姜宝昌的《墨经训释》总结了前贤成果，亦不乏新见新说。

有的学者还从论文统计探讨墨学研究的新趋势，指出在 1994—2004 年十年间，国内报刊发表墨学论文 860 篇，其中墨学逻辑研究仍是热点，有 94 篇；出版的墨学著作 66 种，其中论析性著作 41 种、注释性著作 20 种、会议论文集 5 种。总的趋势是，大多数学者关注墨学的当代价值。

有的学者还论证了建立新墨家学派的必要性，认为离开墨家的中华文化是不完整的文化。中华文化的复兴不应当只是儒学、道家学说的复兴，而应当是诸子之学的复兴，包括新墨家、新法家、新名家的复兴。21 世纪应当是新的“百家争鸣”的时代。

专家学者们认为，当代墨学研究应当立足于 21 世纪中国文化建设和中国现代化建设的需要，与当代世界和平与发展接轨。今后的墨学研究应该拓展研究的空间，结合社会生活来阐释墨家的智慧，要突破文字校勘、校注、白话译文等传统的研究方法，以新视角、新思路、新方法深入研究墨学的义理。只有这样，才能体现墨学研究的当代价值。

（二）关于墨子的科技思想

在人类发展史上，存在着两大相对独立的科学和文明。一个是源于古希腊的西方科学和文明，一个是源于古代中国的东方科学和文明。东、西方科学和文明不是对立的，而是互补的。中国学者应该重视对中国传统文化中的科学思想和科学方法的研究，挖掘和阐释其中精华的东西，以服务于当代科学、经济、社会的发展和中华民族的伟大复兴。

有的学者指出，近现代对墨家学说研究的丰硕成果中，大多偏重于研究墨家的哲学、逻辑学、社会政治思想、经济思想以及经济管理和宗教学方面的思想观点，而对墨家的科学技术方面的成就研究甚少。其实，墨家是中国古代的一个伟大的科学家群体，也是一个工匠（工程师）群体。他们在自然科学与某些社会科学方面取得了杰出的理论成果，更在古代若干领域里的技术层面上获得了令人瞩目的发明与创造。墨家的理论成果是对技术实践经验的总结和概括。这是中国科学思想史上的优秀传统，是需要后人很好地继承和弘扬的。从当前社会现实的发展看，研究和弘扬墨家的科技思想，具有重要的理论意义和实际意义。

有的专家认为，墨家的科技思想包含着丰富的内容，其主要特征有：一是墨家的科技思想是服务于其学说的主要宗旨和基本内容的，特别是与其哲学认识论、社会政治经济主张，以及其主张“非攻”的积极战争观，均具有深刻的渊源关系。二是墨家的科技思想的产生和发展是由墨家集团的工匠性质决定的。这个集团的生存及日常活动，不仅离不开他们对技艺的应用和认识，而且还驱使他们不断地改进技艺，使技艺升华为科学。三是对《墨经》中有关力学、数学、物理学、时空论、运动观等方面的研究，必须结合《墨子》中的《鲁问》《公输》，特别是《备城门》以下十一篇的内容研究，才能阐释得透彻。

有的学者分析了墨家科技思想产生的背景和衰落的原因，认为其衰落的主要原因有三点：一是墨家思想不能为封建统治阶级所用，且“俭而难遵”，并遭到士大夫阶层的围攻而衰微；二是长期的大儒主义，“贵道贱器”，鄙视生产科学；三是墨家科技超越现实发展，缺乏社会基础，极为脆弱。还有专家学者对儒、道、墨的科技思想进行了比较研究，认为中国古代科技思想发端于先秦时期已经成型的儒、道、墨三家的思想体系之中。墨家的科学技术思想既克服了儒家轻视科学技术价值的弊病，又扫除了道家将普遍知识的道与较为具体的科学技术知识割裂之盲目，值得我们发扬光大。

(三)关于《墨经》的科学精神和逻辑思想

《墨经》的科学精神具有很高的现代价值。《墨经》关注自然、重视知识、崇尚理性的科学精神,使墨家与儒、道、法诸家分道扬镳,如《墨经》中提出的"摹略万物之然"的实证原则、"所若而然"的方法论思想和"巧传则求其故"的理论意识,与古希腊自然哲学家异曲同工。《墨经》作为中国古代微型的百科全书,以浓缩形式表现了与古希腊自然哲学家相似的哲理。《墨经》的科学精神是科学知识的灵魂和建构标准,是科学知识客观性、科学方法有效性和科学思想合理性的支柱。有的专家学者指出,《墨经》的科学精神是中国传统文化中有重要现代价值的亮点,需进一步创造性诠释、发挥和展开,以实现古今中外不同思想体系的会通交融。

有的学者认为,墨家在中国思想史上最早创立了一个比较完整的名辩学体系。名辩学的核心是逻辑学。墨家的科学研究十分注意运用名辩学的基本原则和方法。墨家名辩学提出了许多重要的逻辑理论和逻辑规律。墨家名辩学总结出的最重要的推理类型是"推类","推类"同时也是墨家最重要的科学方法。

有的学者还提出要从逻辑思维、应用逻辑和逻辑理论三个层次来研究墨家逻辑。其中,逻辑思维层次主要研究中国人是怎样进行具体的推理论证的,应用逻辑层次主要研究论证逻辑、非形式逻辑或批评性思维,逻辑理论层次主要是从形式逻辑的高度来研究墨家逻辑。

有的学者认为,《墨经》的逻辑思想博大精深,其中有关悖论的论述,包含破斥古代辩者悖论的原则和方法。《墨经》本着"辩胜当也"的原则,对古代辩者的悖论进行了论述和破斥,同时也吸收了古代辩者学说中一些合理的思想。《墨经》破斥悖论的主要方法有二:一是把悖论理解为荒谬、悖理、自相矛盾或逻辑矛盾,从思维形式上指出其谬误,从思维内容中找出错误的成分;二是把辩证的论题归之于从不同角度来理解,用逻辑方法来破解古代辩者的悖论,或者从其思维内容中找出错误的成分,或者从古代辩者的悖论中吸收合理的思想。《墨经》在破斥古代辩者的悖论方面,既坚持逻辑学的基本原则,又提出了许多例证说明。这充分说明,我国古代学者在悖论研究方面并不逊色于西方学者。

此外,还有专家学者从符号学、诠释学、谬误学等方面探讨了《墨经》的科学精神和逻辑思想。

12 月,《墨子大全》首发式在北京举行,中国墨子学会副会长兼秘书长、滕州市墨子研究中心办公室主任李广星撰文记述《墨子大全》的成书经过。

《墨子大全》编后记

经过六年艰苦紧张的工作,《墨子大全》终于付印,将于中华人民共和国成立 55 周年出版发行,向国庆献礼。成书在即,思前想后,感慨万千,概述其中的要点。

其一,倡议与决策。

早在十年前,山东大学历史系教授、墨学大师张知寒先生就有编辑出版一套大型墨子研究丛书的想法。1997 年 8 月,第三届墨学国际研讨会在济南泉城宾馆结束之后,我陪张知寒老师在山东大学校园散步,他又说起此事:“广星,我们要编辑墨子研究的大型丛书,名字可叫《墨子大全》,要超过台湾出版的《墨子集成》。”我说:“这是好事,是个大工程,但是困难很多,没有出版印刷经费、缺少有关的版本等等,您老先治好病,然后再考虑此事。”他抬头凝视星空,语重心长地说:“我的身体不行了,此事寄希望于你了。”那几年,张老师先后患肠、肺、肝癌已与病魔战斗了五年,斗志虽然顽强,但是身体虚弱。一年后他带着许多遗愿离开了人间。

1999 年 8 月,第四届墨学国际研讨会在滕州召开。会议结束之后,我向山东省人民政府原副省长、山东省人民代表大会常委会副主任、中国墨子学会名誉会长王玉玺先生汇报墨子研究工作十年规划,其中有编辑出版《墨子大全》。他说:“张知寒教授是这次墨学复兴的奠基人,功不可没。他生前倡议编辑《墨子大全》的意见很好,很有意义,值得干。这个项目很大,你先拿个方案,搞个预算,咱再商量。”之后,我向枣庄学院原校长、中国墨子学会副会长兼秘书长王裕安先生汇报此事,讨论了有关问题,决定抓住机遇、克服困难、办好此事。

2000 年 4 月 6 日,我到王玉玺副主任家中,向他汇报了《墨子大全》编辑方案。一,全书的规模:计划收集从战国至今 300 多种墨子研究论著,编辑成 100 册,印刷 1000 套,大三十二开本,精装。二,全书的资金:需要出版社管理费、印刷费、稿酬、版费、编务费等等,预算 300 万元人民币。三,出版的方式:面向山东和全国影响大的出版社书面招标,好中选优;我们与出版社合作出版,全书出版后交给中国墨子学会、滕州市墨子研究中心。四，编辑出版的时间：从2000年开始，到2004年完成，在第六届墨学国际研讨会上举行首发式。五，编委会的组成：原则是精干务实，避免走编辑某名人大全所走的弯路，请费孝通、宋健、任继愈等中央领导和专家为顾问、主编，您决策，我落实，赞助单位主要领导人担任编委会副主任，国内外有关专家为编委委员。王主任同意这个方案，他说："我看这个方案切实可行。出版经费我来帮助解决，我与天同证券有限责任公司（时为山东证券公司，后改名，以下称'天同证券公司'）董事长段虎同志讲了此事，他表示同意支持。你写个报告，我转交给他们公司研究之后决定。"

2000年5月9日，王玉玺副主任在珍珠泉宾馆邀请天同证券公司董事长段虎及有关领导，商谈《墨子大全》的出版之事。他讲了出版《墨子大全》的意义，希望天同证券公司独家赞助。我送段虎董事长两套墨子研究资料，谈了编辑出版此书的目的、作用、价值，以及所需经费、合作方式等有关问题。段虎董事长表示："王主任是德高望重的老领导，他抓的都是大事、好事，都是对社会、对党和人民有益的事。墨子是'科圣'，故里在山东滕州，弘扬墨学意义重大、义不容辞，有利于山东两个文明建设，也有利于我公司的发展与提高，我们研究决定大力支持，资助出版《墨子大全》。"王主任对他们表示赞扬与感谢。会后，段董事长安排我与天同证券公司研究中心主任孙德杰博士（现为天同证券公司首席经济学家）联系。从此，我与孙德杰博士经常通电话，经过三个多月的协商，终于达成协议，2000年8月30日，段虎董事长和我在联合出版《墨子大全》的合作协议上签字。协议的签订，使《墨子大全》的编辑工作进入快车道。

2000年10月29日，《墨子大全》编委会在北京国家图书馆召开，国家图书馆馆长、中国墨子学会名誉会长、著名哲学家、《墨子大全》主编任继愈先生主持会议，部分编委会委员王裕安（枣庄学院原校长、研究员）、朱传棨（武汉大学教授）、孙中原（中国人民大学教授）、姜宝昌（山东大学教授）、秦彦士（四川师范大学教授）、张志清（国家图书馆善本部主任）等出席会议，我汇报了《墨子大全》编辑出版方案，并谈了出版招标的情况。经过认真讨论，会议通过了该方案，确定与北京图书馆出版社合作出版。会后，我向王玉玺副主任汇报了会议情况，并向因事没到会的编委通报，征求他们的意见，都表示赞成。

2001年6月8日，我与北京图书馆出版社签订资助出版合同。在十几家参与竞标的出版社中，为何选定北图出版社？理由如下：一，北图出版社隶属于国家图书馆，是国家级出版古籍文献的专业出版社，下设古籍影印编辑室，符合

《墨子大全》影印出版的要求。二,任继愈先生是国家图书馆馆长,又兼《墨子大全》主编,便于合作。三,北图出版社古籍影印编辑室团结能干、求真务实,编辑出版了许多中央领导出国礼品用书,社会各界人士评价很高,尤其是殷梦霞主任(时任)、贾贵荣主任(现任)、王冠副编审具有丰富的文史编辑经验、强烈的敬业精神、严谨的工作作风、认真的治学态度,而贾贵荣主任又是山东大学王先进教授、张知寒教授的研究生,专治古籍书目版本,热爱墨学事业,她们作为《墨子大全》的责任编辑,应属最佳人选。

其二,目录与编选。

《墨子大全》编辑出版经费、出版社落实之后,编选《墨子大全·目录》(以下简称"目录")便是首要的任务。目录是全书之纲,纲举才能目张,关系到全书的数量与质量。从2000年2月我编选出目录第一稿,到最后定稿,小的修改不计其数,大的修改已是第十八稿。我最初拟定的目录,下限截至2000年,共计347种。这些目录资料主要来源于国家图书馆、北京师范大学图书馆、北京大学图书馆、上海图书馆、南京图书馆、山东图书馆、山东大学图书馆、曲阜师范大学图书馆、滕州市图书馆等馆的目录,此外还参考孙诒让《墨子间诂》、吴毓江《墨子校注》、栾调甫《墨子研究论文集》、张知寒《墨子研究论丛》、谭家健《墨子研究》、严灵峰《墨子集成》与《墨子知见书目》、史墨卿《中国历代墨子论文索引》、李贤中《近五十年台湾墨学研究相关著作》、李绍崑《墨子·伟大的教育家》等有关著作中的书目简介。

目录征求意见稿送给各位编委审阅,他们在目录上增删修改,然后退还给我。2001年11月16日,我把编委的修改意见汇集一册,形成第三稿,寄给各位编委征求意见。第三稿以时间为序编排,其中古代(战国至清末)84种,近代(民国时期)121种,当代(新中国成立至今)153种,共计358种,比初稿增加了11种。寄给各位编委之后,曾与一位学者交谈,他建议按书的内容分类,然后再以时为序,便于查阅。我与贾主任商量之后,决定试试。按照《墨子》版本、译注、综合研究等内容分类,第一类,《墨子》及其校注,共计96种;第二类,《墨子》译释论述,共计221种;第三类,墨子综合研究,共计41种。通过分类发现,有的版本介于两类之间,有的含有几方面的内容,有的难以归类。因此,我与贾主任商量,不再先分大类,仍旧以时为序,一个作者不同时期的墨学研究著作排在一起,形成目录第四稿。

2001年12月,我再次汇集各位委员反馈的目录修改意见,先后改出目录第五稿、第六稿。第六稿目录比第三稿减少26种,共计332种,其中古代59种,近代108种,当代165种。书目减少了同一种书多种不同的版本,如《墨子》,明清以来,不同时期各种版本较多,我们选择其中价值较高的几种。目录初步确定之后,我与编辑部的同志协商,决定分批编辑印刷。

第一批编印古代部分20册,这部分目录第六稿为59种,第七稿改为45种,经过数次修改,第八稿确定为35种。

第二批编印近代部分30册,这部分目录第九稿为108种,第十稿改为83种,经过数次修改,第十一稿确定为9种。

第三批编印当代部分50册,这部分目录第十二稿为165种,第十三稿改为97种,经过第十四、十五、十六、十七稿的不断修改完善,到第十八稿确定为94种。

综合古代、近代、当代部分的目表,共计208种,此外再加上第99册《古代名人评注墨子选集》的25种、第100册《现代名人评论墨子选集》的26种,全书总计为259种。

其三,版本与出版。

目录确定之后,就是搜集书籍,挑选版本,按照时代划分,我把这些版本分为战国至明代版本、清代版本、民国版本、新中国版本。

关于《墨子》的版本,追根求源,最早应是竹简本或帛书。如1956年河南信阳长台关1号战国中期的楚墓上出了两批竹简,据著名学者李学勤先生考证,其中有《墨子》佚篇,再如1972年在山东临沂银雀山汉墓中出土的4000多枚竹简,其中就有《墨子》;据罗福颐《临沂汉简概述》说:“有一枚残简与《墨子·号令》篇相同。其他尚有四十余简文辞与《墨子》谈攻守者相似。”关于帛书《墨子》,尚未发现。

《墨子》竹简的发现,可以推想战国至秦汉时期墨学作为显学的巨大声势及影响。西汉著名的历史文献学家刘向、刘歆父子曾整理过竹简本《墨子》,《汉书·艺文志》著录的《墨子》七十一篇就是刘向、刘歆父子整理过的竹简本,这也是后世历代《墨子》的祖本。

晚于简帛本的《墨子》应是抄写在纸上的版本,这要在中国发明造纸术之后的汉代才能出现。刻本印刷或活字印刷的《墨子》则更晚,这要在唐、宋时期才能出现。上述《墨子》的版本,已经看不到了。据吴毓江先生《墨子旧本经眼录》中记载,卷子本《墨子》尚存数篇,为唐代传本,藏于日本官内省,是现存《墨子》

旧本中最早的版本。正德俞抄《墨子》三卷本,是宋人截取《墨子》前三卷的单行本,与日本宫内省所藏之卷子本多相吻合,具有很多可贵之处。明吴匏菴手抄本《墨子》,是很有名的手抄本。

明之前的《墨子》刻本大都失传,目前我们能见到的最早的版本是明正统十年(公元1445年)道藏刻本《墨子》,系明内府刻道藏万历二十六年(公元1598年)印本,全书装式为梵夹13册,53篇,内有著名学者傅山校,卢文弨校并批注,为区别原文,校、批用红色。此版本原为北京白云观所有,后由国家图书馆收藏。今天,我们要感谢道教的刊刻者们,没有他们的努力,也许《墨子》早已消失。

在明正统十年道藏本《墨子》之后,明代出现了一大批《墨子》刻本,这些版本各具特色,具有较高的学术价值。如国图善本:明嘉靖三十一年(公元1552年)芝城铜活字蓝印刻本,十五卷;明嘉靖三十二年唐尧臣刻本;明嘉靖江藩刻本;明抄本,黄丕烈跋;明朗兆玉评刻本;等等。其中郎兆玉评《墨子》刻本不仅选李贽"手校",而且"汇释先辈名公评定者,参与己意",是明代墨学者的评论精华汇编。这一时期的《墨子》刻本,除十五卷外,还有一卷、三卷、四卷、六卷本。

清代《墨子》的版本较多,前期的版本主要有康熙年间的《墨子之言》、傅山的《墨子大取篇释》,雍正年间陈梦雷等人的《墨子汇考》,乾隆年间汪中的校陆稳刻本《墨子》,毕沅校注《墨子》等,其中毕沅校注刻本影响最大,《墨子大全》选其最早的版本及日本的版本,共2种。

清后期的主要有张惠言撰《墨子经说解》,俞樾撰《墨子评议》《墨子杂志》,孙诒让撰《墨子间诂》等,其中孙诒让的《墨子间诂》是墨子研究集大成之书,自光绪二十一年(公元1895年)聚珍木活字本出版之后很受欢迎,清光绪三十三年修订再版,民国至今又多次再版,为便于比较研究,选择清、民国、新中国等不同时期的四种版本,编入《墨子大全》。这是唯一的收录四种不同版本的书。

《墨子大全》收录明、清的《墨子》版本35种,其中明代15种、清代20种。这些大都是名校本、名刻本,其中善本约占二分之一,主要特点有三:其一,荟萃各种名家批校本。黄丕烈、卢文弨、傅山、许宗彦诸文献大家之手泽展卷可观。其二,囊括明代茅坤、朗兆玉,清代王念孙、毕沅、孙诒让、曹耀湘等墨学大师之研究专著,承载古代墨学研究发展的最高成果。其三,版本珍稀,明刻本、明清抄本及手稿本近20余种,占全编三分之二。总之,这部分是研究墨子,继承墨学文化遗产,光大墨子精神的文献基石。

20世纪初期,中西交汇,古今融合,诞生了一批融会诸子、学贯东西的大家,墨学也完成了历史上继清中叶之后的第二次复兴。40年间，名家辈出，名著迭兴，出版了近百种论著，丰富了墨学研究的宝库。然而连年战争，加上民国时期的印刷技术和纸墨质量的相对低次，故流传下来的墨学书籍不仅稀见而且书品欠佳，有些已经失传，有些成为孤本，有些手稿尚未印刷。《墨子大全》共收录民国版本的《墨子》研究著作79种，包括梁启超、伍非百、吴毓江、张纯一、栾调甫、叶瀚等著名学者编撰的墨学研究专著，其内容主要有关于《墨子》校释、考注、疏证、笺诂、通解、拾补、引得；关于墨子生卒、籍贯、游历、讲学、著述等历史的考察和研究；关于墨经、墨辩乃至整个墨子学科的讨论、探源、阐述、发微等研究性专著。其中叶瀚的墨子著作稿本9种，编为三册，首次出版发行。这些版本，承上启下，具有重要的价值。

新中国建立之后，由于种种原因，《墨子》研究成果不多，在新中国成立后的17年内，总共出版了7种专著。“文化大革命”十年，学术研究被迫中断，墨学也不例外。改革开放的前十年，共出版墨学论著7种。1988年至今，墨学研究得以复兴，研究成果不断涌现，据不完全统计，共编辑出版各类文集、专著100多种，论文1000多篇，其中《墨子名言》《墨子兵书》《王玉玺八体书古今名人评墨子》等版本，为传统的宣纸印刷，缎面函套，精装大十六开本，受到各界好评。此外，中国台湾、香港、澳门等地的墨子研究，也取得了丰硕的成果，出版了几十种墨子研究版本。总之，《墨子大全》共收新中国成立以来《墨子》研究的版本94种，体现其六大特点：一是墨学的当代价值与现实意义，二是《墨经》与逻辑学，三是墨子故里研究，四是墨子军事思想研究，五是用书法艺术弘扬墨子，六是海外墨学研究。三大进步：一是由铅字排版发展到电子排版；二是印刷用纸、技术、质量有了明显提高；三是装帧设计逐渐与国际接轨，具有鲜明的时代特点。

《墨子大全》版本确定之后，进入出版印刷的程序。我与殷梦霞、贾贵荣主任多次研究，从总体规划、装帧设计到影印制版、选纸用料、印刷装订，都是精益求精。一，全书总体规划100册，第1册有序言、凡例、总目录，每册有本册的目录，以时为序，便于查阅；第100册附编后记，概述成书历程与得失；全书总计60000页，每册平均600页，共用纸80多吨，可见工程浩大。二，全书由中国当代著名设计师吕敬人先生负责装帧设计，大三十二开精装本，护封为出土的战国古墓竹简本《墨子》（黑色）与道藏本《墨子》（浅黄色），绘制凤凰图案，书名分别印于封面、封底、书脊，便于竖排或横排及阅读；每册内每种书名页均有凤凰插图，比较醒目；每册重标统一的页码，便于查找。三，全书由编辑室复印或拍照后整理分册,以北京、河北两家印刷厂,采用先进设备影印制版,完整地保存了版本的原貌,有利于学者研究。四,全书采用70克黄胶纸,目前印刷材料中是好中选优。五,全书印刷装订非常认真,发现错误,即予订正,确保质量。全书从2002年开始制版,按照古代、当代的顺序印刷,将于今年9月胜利竣工,如此浩大的工程,在墨学史上尚属首次。

其四,意义与感谢。

墨子是我国古代伟大的思想家、教育家、科学家、逻辑学家、军事家和社会活动家,也是一位学贯文理、注重实践、百科全书式的平民圣人。墨子所创立的墨学是中华民族优秀传统文化的重要组成部分,弘扬墨学,有利于中华民族振兴、祖国统一、世界和平与发展。弘扬墨学,当前应当做好《墨子大全》的编辑出版工作。《墨子》及其研究《墨子》的专著和论文,散存于各国各地图书馆及个人家中,有的早已成为孤本,给墨学研究者造成很大的不便。编辑出版《墨子大全》既是一项重大的文化工程,也是一件功德无量的善事;既搜集、整理、抢救了墨学文化,又能为墨学研究者提供方便,填补了墨学史上的一项空白,具有重大的现实意义和深远的历史意义。

《墨子大全》的编辑出版,得到了各级党政领导、企事业单位领导的大力支持。中央、山东省、国家图书馆、山东大学、天同证券公司、枣庄市、滕州市等各级各部门有关领导,非常关心墨子研究事业,支持《墨子大全》编辑出版。尤其是王玉玺副主任决策编辑出版《墨子大全》,协调解决编辑出版经费,帮助解决困难,作出了不朽的贡献。段虎董事长是当代著名企业家,他独具慧眼,与公司领导班子研究决定,为弘扬传统文化、振兴墨学,捐资赞助出版《墨子大全》,确保了出版经费,作出了巨大的贡献。任继愈馆长不顾高龄,在百忙中主持编务会议、审定凡例目录、批示有关部门给予支持,确保了《墨子大全》的学术价值与出版质量。

《墨子大全》的编辑出版,得到了社会各界有识之士的大力支持。海内外有关专家学者及其亲属、有关的出版社,慷慨转让有关著作的权益,给予了无私的帮助;北图出版社古籍影印编辑室殷梦霞、贾贵荣女士精心设计,认真编辑,严把校对、印刷、装订关,确保了《墨子大全》的进度与质量;国家图书馆善本部主任张志清先生、李小文女士,上海图书馆采编中心副主任黄显功先生、上海图书馆书店业务主管严小琳女士,提供各种优惠的条件,帮助挑选有关的善本、稿本,借阅有关的书籍,给予了无私的支援;各位编委委员做了大量工作,尤其是王裕安、孙中原、谭家健、李贤中等编委，帮助审定书目，借阅资料，联系入选版本的作者及出版社，争取他们的支持等，贡献更为突出。没有他们的支持帮助，《墨子大全》难以成功。

在此，我向所有关心支持帮助《墨子大全》编辑出版的人士表示衷心的感谢！

《墨子大全》虽已出版，但也存在遗憾：《墨子大全》离“全”还有差距。其原因是时间紧、任务重、经验不足、经费紧张，有的善本在国外不好找，有的版本找不到，有的版本作者同意但出版社不同意而不宜用，有的版本属文艺作品没能收入，《墨子》及研究的外语版本没有列入计划。

《墨子大全》的出版发行是天时、地利、人和的结晶，是当代墨子研究的重大成果，将益于当代，惠及千秋。同时，也是对墨学大师张知寒先生最好的纪念。

回顾六年的历程，我的心情非常激动。六年来，我从黄河上下，到大江南北，访名师，寻古本，奔波于全国高校、图书馆之间，竭尽全力搜集各种版本，综合协调各种意见关系，努力争取各界人士支持，千方百计落实出版资金，两千个日日夜夜，我深感责任重大，不敢掉以轻心，精心组织，苦心经营，天人相助，终于成功。其中的酸甜苦辣，只有心知。我希望将来能够补其不足，编辑出版大型丛书《墨藏》！

李广星

二〇〇四年十二月

附录1:《墨子大全》总目

第壹册:《墨子》　周　墨翟著　明道藏刻本　清　傅山校、卢文弨校批

第贰册:《墨子》　明抄本　清　黄丕烈跋

《墨子》　明　嘉靖铜活字本　清　黄丕烈校并跋

第叁册:《墨子》　明　嘉靖三十二年唐尧臣刻本

第肆册:《墨子》　明　嘉靖江藩刻本

第伍册:《墨子类纂》　明　沈津纂

《墨子》　明　茅坤批校

第陆册:《墨子》　明　茅坤批校

《墨子》　明　李贽批选

第柒册:《墨子》 明 茅坤批校、徐鸿宝校
《墨子删定》 明 潜庵子纂
《墨子品节》 明 陈深纂
第捌册:《墨子》 明 冯梦祯辑
《墨子奇赏》 明 陈仁锡撰
第玖册:《墨子》 明 郎兆玉评
《墨子与墨者》 清 马骕撰
第拾册:《墨子》 清 《四库全书》抄本
第拾壹册:《墨子》 清 毕沅注、戴望校并跋、谭仪校
《墨子》 清 毕沅注 日本重刻本
第拾贰册:《墨子》 清 许宗彦校
《墨翟考》 清 吴承烜辑
第拾叁册:《墨经正文解义》 清 邓云昭撰
《墨子经说解》 清 张惠言撰、孙诒让校
《墨子平议》 清 俞樾撰
第拾肆册:《墨子杂志》 清 王念孙撰
《墨子刊误》 清 苏时学撰
《墨子勘注补正》 清 王树枬撰、吴汝纶勘正
第拾伍册:《墨子间诂初本》 清 孙诒让撰
第拾陆册:《墨子间诂定本》 清 孙诒让撰 清宣统二年刻本
第拾柒册:《墨子间诂》 清 孙诒让撰 民国二十九年扫叶山房石印本
第拾捌册:《墨子间诂》 清 孙诒让撰、孙启治点校
第拾玖册:《墨子》 清 王闿运注
《墨子》 清 曹耀湘笺
第贰拾册:《点勘墨子读本》 清 吴汝纶撰
《墨商》 清 王景曦撰
第贰拾壹册:《墨子引书说》 孙国仁撰
《墨子正文解义》 邓云昭撰
《读墨子札记》 陶鸿庆撰
第贰拾贰册:《墨子新释》 民国八年本 尹桐阳撰
《墨子新释》 民国三年本 尹桐阳撰

第贰拾叁册:《墨经诂义初稿》 叶瀚撰

第贰拾肆册:《墨子学术起源考》 叶瀚撰

《墨子大谊考》 叶瀚撰

《墨经诂义》 定稿 叶瀚撰

《墨经诂义》 上编铅印本 叶瀚撰

第贰拾伍册:《墨辨斠注》 定稿 叶瀚撰

《墨辨斠注》 初稿 叶瀚撰

《墨说与墨守》 四种 叶瀚撰

第贰拾陆册:《墨子学案》 梁启超撰

《墨经校释》 梁启超撰

《子墨子学说》 梁启超撰

第贰拾柒册:《墨辩解故》 伍非百撰

《墨辩论文集》 伍非百撰

《墨子大义述》 伍非百撰

第贰拾捌册:《墨子间诂笺》 张纯一撰

《增订墨子间诂笺》 张纯一撰

《墨学分科》 张纯一撰

《墨子与景教》 张纯一撰

第贰拾玖册:《墨子集解》 张纯一撰 民国二十一年排印本

第叁拾册:《墨子集解》 张纯一撰 民国二十五年排印本

第叁拾壹册:《墨子》 钱穆撰

《墨子校书》 于鬯撰

《墨子译注》 吴则虞撰

《墨子的逻辑科学思想分析》 汪奠基撰

第叁拾贰册:《新考正墨经注》 张之锐撰

《儒墨之异同》 王桐龄撰

《墨子哲学》 郎擎霄撰

《墨子菁华》 张之纯撰

第叁拾叁册:《墨经综释》 支伟成撰

《墨子哲学》 王志心撰

第叁拾肆册:《定本墨子间诂校补》 李笠撰

《续墨子间诂》 刘昶撰

第叁拾伍册:《墨子经济思想》 熊梦撰

《墨辩讨论》 栾调甫撰

《墨子选注》 唐敬杲撰

第叁拾陆册:《墨子考证》 许啸天编

《墨学通论》 孙思仿撰

《墨子哲学》 蒋维乔撰

第叁拾柒册:《墨学十论》 陈柱撰

《杨墨哲学》 〔日〕高濑武次郎著、蒋竹庄编译

第叁拾捌册:《墨经易解》 谭戒甫撰

《墨子学辨》 胡怀琛撰

《墨子政治哲学》 陈顾远撰

第叁拾玖册:《墨经通解》 张其锽撰

《墨子哲学》 邓高镜撰

《墨经新释》 邓高镜撰

《墨子集解》 李大防撰

第肆拾册:《墨子研究五篇》 卫聚贤撰

《墨经悬解》 陈无咎撰

《墨辩疏证》 范耕研撰

第肆拾壹册:《墨辩新注》 鲁大东撰

《白话译解墨子》 叶玉麟撰

第肆拾贰册:《墨子集解》 清 毕沅注、王心湛校勘

《墨子辩经讲疏》 顾实撰

第肆拾叁册:《墨子拾补》 刘师培撰

《墨学源流》 方授楚撰

第肆拾肆册:《墨子新证》 于省吾撰

《墨学与抗建》 宗真甫撰

《墨经哲学》 杨宽撰

第肆拾伍册:《墨子校注》 吴毓江撰 民国三十二年排印本

第肆拾陆册:《墨子校注》 吴毓江撰、孙启治点校

第肆拾柒册:《墨家哲学新探》 王新民撰

《墨子》 陆世鸿撰

《墨子》 钱穆撰

《墨子城守各篇简注》 岑仲勉撰

第肆拾捌册:《墨子引得》 哈佛燕京大学引得编纂处编

第肆拾玖册:《墨子与别墨》 胡适著

《墨子新论》 陈伯远著

《墨子》 罗根泽、康光鉴著

《墨子考索》 罗根泽撰

第伍拾册:《墨子读本》 谭正壁撰

《墨翟与耶稣》 吴雷川著

《新校正墨经注上篇》 徐廷荣撰

第伍拾壹册:《墨子政治思想之研究》 孙广德著

《墨子研究论文集》 栾调甫著

《墨学研究》 栾调甫著

第伍拾贰册:《墨子城守各篇简注》 岑仲勉撰

《墨经校诠》 高亨著

《墨子新笺》 高亨著

《墨子学说研究》 谢湘著

第伍拾叁册:《墨子简编》 严灵峰撰

《墨子思想体系与各篇内容分析》 严灵峰撰

《墨子知见书目》 严灵峰撰

《墨子生平及其教育学术之研究》 冯成荣著

第伍拾肆册:《墨子思想体系研究》 冯成荣著

《墨子行教事迹考》 冯成荣著

第伍拾伍册:《墨子兵学及备城门以下十一篇之新注新译》 冯成荣著

《墨子间诂参正》 马宗霍著

《墨子研究》〔美〕李绍崑著

第伍拾陆册:《墨子:伟大的教育家》〔美〕李绍崑著

《墨学十讲》〔美〕李绍崑著

《墨家的形式逻辑》 詹剑峰著

《墨子的哲学与科学》 詹剑峰著

第伍拾柒册:《墨子今注今译》 李渔叔注译

《墨辩新注》 李渔叔注译

第伍拾捌册:《墨学探微》 史墨卿著

《墨学散论》 史墨卿著

第伍拾玖册:《墨辩逻辑学》 陈孟麟著

《墨经的逻辑学》 沈有鼎著

《墨经中的数学和物理学》 方孝博著

第陆拾册:《墨辩发微》 谭戒甫撰

第陆拾壹册:《墨经中的逻辑学说》 朱志凯著

《墨子新论》 杨俊光著

第陆拾贰册:《墨经研究》 杨俊光著

第陆拾叁册:《墨子校释商兑》 王焕镳著

《墨子校释》 王焕镳著

第陆拾肆册:《墨学新探》 王冬珍著

《墨子思想》 王冬珍著

第陆拾伍册:《墨子选译》 谭家健、郑君华译

《墨子导读》 水渭松著

第陆拾陆册:《墨子直解》 水渭松直解

《墨子名言》 鲁在岭主编

第陆拾柒册:《白话墨子》 梅季、林金保校译

第陆拾捌册:《墨子研究论丛》(一) 张知寒主编

第陆拾玖册:《墨子研究论丛》(二) 张知寒主编

第柒拾册:《墨子研究论丛》(三) 张知寒主编

第柒拾壹册:《墨子研究论丛》(四) 张知寒主编

第柒拾贰册:《墨子里籍考论》 张知寒等著

《读墨余论》 张知寒著

第柒拾叁册:《墨经数理研究》 杨向奎著

《墨子白话今译》 吴龙辉译注

第柒拾肆册:《墨经训释》 姜宝昌著

第柒拾伍册:《墨学通论》 孙中原著

《墨子及其后学》 孙中原著

第柒拾陆册:《墨者的智慧》 孙中原著

《墨学与现代文化》 孙中原主编

第柒拾柒册:《墨子评传》 邢兆良著

《墨经新义》 许孔璋著

第柒拾捌册:《墨经校注·今译·研究——墨经逻辑学》 周云之著

《墨家逻辑论》 梁周敏著

第柒拾玖册:《墨子新论:一个独特的文化学派》 秦彦士著

《墨子考论》 秦彦士著

第捌拾册:《墨子研究》 谭家健著

第捌拾壹册:《墨子全译》 周才珠、齐瑞端译注

第捌拾贰册:《墨经分类译注》 谭戒甫撰

《论墨子思想结构的生成》 钱永生著

《中国墨家》 李亚彬著

第捌拾叁册:《墨子一日一语》 施炎平著

《墨子译注》 施明译注

第捌拾肆册:《墨子教育思想与当代教育》 李广星著

《墨子国际研究中心名家题辞》 李广星编

《墨子外传·墨子百问》 史向前、陆建华著

第捌拾伍册:《墨子与墨家》 任继愈著

《墨学重光》 崔清田著

《墨家智谋》 高卫华、郭化夷著

第捌拾陆册:《自苦与追求:墨家的人生智慧》 丁为祥、雷社平著

《墨子间诂训诂研究》 刘文清撰

第捌拾柒册:《近代墨辩复兴之路》 张斌峰著

《墨子与现代管理》 熊礼汇、熊江华编著

第捌拾捌册:《墨子名言》 王裕安、朱锡光主编

《墨子兵书》 王玉玺主编

《王玉玺八体书古今名人评墨子》 王玉玺主编

第捌拾玖册:《墨子研究论丛》(五) 王裕安主编

第玖拾册:《墨子全译》 孙以楷、甄长松译注

第玖拾壹册:《墨子 墨家与墨学研究》 张希宇、张幼林著

《墨学研究:墨子学说的现代诠释》 徐希燕著
第玖拾贰册:《墨子研究论丛》(六) 王裕安、李广星主编
第玖拾叁册:《科技之父——墨子》 陈克守著
《平民显学——墨学与中国文化研究》 陈克守著
第玖拾肆册:《墨子与中国文化》 张永义著
《墨子菁华》 夏景森注析
第玖拾伍册:《二十世纪墨学研究史》 郑杰文著
第玖拾陆册:《墨子译注》 辛志凤、蒋玉斌等译注
第玖拾柒册:《墨子辞典》 张仁明著
第玖拾捌册:《墨学理论与方法》 李贤中著
《台湾墨学研究著作选编》 李贤中编辑
《墨子研究书目提要》 李小文编著
第玖拾玖册:《古代名人评注墨子选集》 李广星编辑
第壹佰册:《现代名人评论墨子选集》 李广星编辑

附录 2:《墨子研究论丛》(六)论文目录

李景:《弘扬墨家军事学说,促进世界和平与发展》
周克玉:《浅论墨子“非攻”思想的内涵》
武桂馥:《墨子的安全理念与中国的新安全观》
于泽民:《〈墨子〉防御思想概论》
于汝波:《试论〈墨子〉中的反强权思想(提纲)》
常巧章:《论墨子的“非攻”思想及其当代意义》
黄朴民:《墨家战争观念的逻辑起点及其历史命运》
尚金锁 丁晓峰 闵永顺:《论〈墨子〉的军事思想及其现实意义》
朱传棨:《墨学军事思想及其意义》
陈相灵:《墨子军事思想的历史地位及对当代战争与和平的指导》
李广星:《墨子的军事思想与当代世界和平》
刘玉明 戚俊杰:《论墨子的战略防御思想》
钱永森:《从墨子军事思想论墨子思想体系的结构方式》
〔美〕李绍崑:《墨子的战略与战术》

孙长祥:《〈墨子〉非攻思想的理论基础》
张幼林:《墨子非攻浅说》
孙君恒:《“兼爱”“非攻”和全球伦理秩序》
李　蔚　唐武文:《墨子军事后勤思想初探》
于巧华:《墨子的武器装备思想浅析》
陈昱澍:《从墨学的创立看军事科研的创新》
黄世瑞:《墨家城守技术及其对后世的影响》
秦彦士:《〈墨子〉城防武器考》
姜宝昌:《穴战纵横谈》
钟少异:《论穴攻、反穴攻与采矿技术的关系——兼释〈墨子·备穴〉之桔槔》
李文庆:《对二十一世纪和平与发展的战略思考——学习孙子兵法和墨子军事思想的一点体会》
徐希燕:《孙子与墨子军事思想比较研究》
曾振宇:《墨家与法家军事思想比较研究》
刘培林:《墨、孟军事思想之比较》
〔韩〕朴文铉:《墨子思想和东学农民战争》
〔日〕谷中信一:《先秦时代的偃兵义兵争论以及墨家非攻论》
〔日〕岗本光一:《关于〈墨子·号令〉篇的“文书主义”》
史墨卿:《墨子和平济世之精神》
王讃源:《兼爱促进人类和平共荣》
王裕安:《关于墨子的德治思想》
崔清田:《墨子学说的体系与核心》
焦世瑜:《墨子精神与当代社会——关于构建传统文化的思考》
孙卓彩:《墨子参政意识透视》
吴进安:《墨子尚贤思想与管理哲学研究》
贾毅平:《墨子“尚贤”理论的现代价值》
陈克守:《墨家的语境观》
艾红娟:《墨家的“指称论”》
杨俊光:《〈墨经〉“行,为也”“信,言合于意也”校诂》
刘文清:《〈墨子·大取〉篇“权”与“与”“伦列”新解》
李贤中:《〈墨辩〉思维方法探析》

时秀娟:《儒墨修辞观之比较》

杨武金:《论〈墨经〉逻辑的比较研究法》

曾昭式:《先秦逻辑与西方逻辑学——20 世纪 90 年代中国逻辑史界的讨论》

李之文:《墨家的"以名举实"》

欧崇敬:《〈墨经〉的科学理性及其创作特质》

孙以楷:《文子与墨子》

解启扬:《梁启超的墨学研究》

耿素丽:《〈墨翟考〉校释》

王长民:《〈墨子〉亡佚篇目亡佚时间新探》

附录 3:2004 年墨学研究硕士学位论文目录

刘奕华:《试论墨子思想的特点》,汕头大学硕士学位论文,2004 年。

沈尚武:《墨家人道观探析》,云南师范大学硕士学位论文,2004 年。

杨　华:《墨子和他的时代——墨子思想研究二例》,陕西师范大学硕士学位论文,2004 年。

张文富:《墨子社会政治思想的再认识及其当代价值》,武汉理工大学硕士学位论文,2004 年。

周雪梅:《试论墨子思想的人民性》,首都师范大学硕士学位论文,2004 年。

2005 年

6 月,李妙根《〈墨子〉选评》由上海古籍出版社出版发行。

该书精选了《墨子》一书中的一些经典文章。共分五篇,《政理篇》主要介绍墨家的中心思想“兼爱”,以及它与儒家划清界限的“非儒”“非命”主张。《治国篇》主要介绍了墨家的政治主张或治国理论。《经济篇》主要介绍墨家关于生产、消费的观念,包括其“节用”“节葬”“非乐”主张。《修身教育篇》介绍墨家的修身之道和教育理论。每篇分若干专题,每一专题有题解,说明该专题的题意、内容,在《墨子》一书中的位置等,还有原文选录,附必要的注释,最后还有作者的讲评,有利于读者的理解。

附录:2005 年墨学研究硕士学位论文目录

杜　威:《〈墨子〉并列式复合词研究》,河北师范大学硕士学位论文,2005 年。
刘立刚:《梁启超墨家逻辑研究初探》,河南大学硕士学位论文,2005 年。
孟三爱:《墨子和亚当·斯密义利思想比较研究》,武汉大学硕士学位论文,2005 年。
皮佳佳:《〈墨子〉动词配价研究》,湖南师范大学硕士学位论文,2005 年。
谢　俊:《墨子哲学本体论初探》,湖南师范大学硕士学位论文,2005 年。
徐蒙格:《墨家教育思想与实践》,四川大学硕士学位论文,2005 年。

2006年

1月，郑杰文《中国墨学通史》（上、下）由人民出版社出版发行。

该书对墨学史进行研究，梳理墨学形成、流传的历史，探究墨学兴衰浮沉的原因，总结历代墨学研究的成果，发掘墨学中的积极进步思想，既是墨学研究深入发展的需要，也是新世纪学术总结的时代要求。长期以来，学界关于墨学史的研究，或局限于墨学形成的某一方面，或局限于墨学流传的某一阶段，或仅对墨学流传史作大致勾勒，一直没有墨学通史著作问世。《中国墨学通史》正是弥补这一缺陷的力作。

2月，王裕安、孙卓彩、郭震旦《墨子大词典》由山东大学出版社出版发行。

《墨子》一书，自汉代之后，几成绝学，流布面窄，校注乏人。据《汉书·艺文志》称，《墨子》原著共71篇，而目前存世者，仅有53篇，由于编简的错乱脱漏，其原文很难卒读。本书对《墨子》一书中的词语加以解释，为研究《墨子》者提供参考。第一，编者“以出世精神，做入世事业”，对《墨子》原著穷原竟委，审问慎思，硬是从丝麻纷乱的疑团之中，诠释出《墨子》的思想内涵，为墨学研究者理出了可资参阅的条目，并给出恰切公允的答案和编成这本目前国内外的第一部墨子词典。第二，该词典承前启后，继往开来，“示前修之辙迹，为后学之津梁”。编者在编著过程中，悉心探赜索隐，爬罗剔抉，尽力于无解处求得有解，为读者架起了一座智慧之桥。本词典62万字，列字头2556个，释词4608个。它在注音、释义、考证和校注等上有诸多独到之处。第三，该词典有较高的学术价值。《墨子大词典》集百卷于一册，汇众说为一编，自成风格和自立一家之言。它同时具有史学、文学、科学多重学术价值，对于推动墨学走向世界有较大意义。

3月，中国鲁班研究网开通。

中国鲁班研究网于2006年3月7日开通。中国鲁班网是研究、宣传鲁班的学术性网站，主要是发挥网上宣传鲁班的作用，为推动墨子、鲁班文化的传承、宣传、普及事业发展作出贡献。

6月，王玉玺《王玉玺书法选——砚墨集》由齐鲁书社出版发行。

王玉玺先生将收藏的442方砚台无偿捐赠给山东大学·滕州市墨子研究中心后，将捐品的砚铭砚诗以书法的形式编辑出版。该书采用仿古式装订技法，深蓝色的封面略带淡淡古典花纹，散发出浓郁的古色古香，给人以古朴、大方、庄重、典雅的视觉享受。

该书是王玉玺先生多年来以坚韧的毅力，用书法艺术来表现中国悠久的砚台史和优秀的砚文化的生动体现。王玉玺先生用大篆、小篆、隶、楷、行、章草、今草、魏碑等体书写、编、译砚铭砚诗。该书选砚铭砚诗59幅、王玉玺先生近作书法90余幅。著名书法家沈鹏先生评价其“绝少矫揉造作，尽显朴茂本色，因而能自结珠胎，洋溢着一种不浮躁的书卷气，认真、扎实的书写态度触手可感”。然而，它的意义绝非仅仅书法艺术成就本身，有学者、专家认为，这是目前我国唯一一部集编、书、译为一体的砚墨集。它是一部独具特色的砚文化专著，与《王玉玺藏砚集》交相辉映，成为我国砚文化史上的“双子星座”，同是中华民族优秀砚文化的瑰宝。

6月25日，王玉玺藏砚在济南珍珠泉原清山东巡抚院署大堂展出，并举行无偿捐赠藏砚仪式。

王玉玺，字宝斋，1939年出生于山东滕州市，曾任山东省副省长、省人大常委会副主任，现任中国墨子学会名誉会长、中国书法家协会理事、山东省书法家协会名誉主席等职。他勤政好书，把书法艺术与墨学研究相结合，使艺术为墨学增辉。先后出版《王玉玺书法选——出国访问作品集》《王玉玺书七体千字文》《墨子名言》《墨子兵书》《王玉玺八体书古今名人评墨子》《王玉玺书墨经》《王玉玺临帖选》《王玉玺书法选——砚墨集》等八部书法作品集,其中《王玉玺书七体千字文》《墨子兵书》《王玉玺八体书古今名人评墨子》获得“大世界基尼斯之最”的殊荣。

王玉玺先生不仅善书法,而且爱收藏,蓄砚近五百方,形成了中国砚台系列,俨然建成“砚台博物馆”。他的藏砚于2006年6月25日在济南珍珠泉原清山东巡抚院署大堂展出。

中共山东省委副书记、省长韩寓群出席仪式,省委副书记高新亭致辞,省人大常委会副主任王道玉主持。出席颁证和捐赠仪式的领导同志有省政协主席孙淑义,省委副书记、省纪委书记赵春兰,省委副书记高新亭,省人大常委会副主任朱正昌、李明先,副省长张昭福、贾万志,省政协副主席谢玉堂、乔延春、齐乃贵,省高级人民法院院长尹忠显,省人民检察院检察长国家森,济南军区联勤部部长张振德,省和济南军区、省军区的老同志苏毅然、赵志浩、宋清渭、李振、陆懋曾、谭福德、高逢五、卢洪、徐建春、郭长才、严庆清、徐学孟、赵林山、王克玉、王渭田、周振兴、郑伟民、孔令仁、王裕曼、李殿魁、刘国福、何法祥,以及中国书协、中国墨子学会、省文联、省书协、省美协、省画院、省老年书画研究会的张彦青、刘宝纯、乍启典、张鹤云、单应桂、张业法和中央、省、济南市新闻单位的同志。

中共山东省委书记、省人大常委会主任张高丽对此次活动给予了热情支持,对展出和捐赠活动给予高度评价和充分肯定。著名学者、书法家欧阳中石,中国音乐文学学会会长乔羽,中国文联副主席李牧,中国美协副主席兼秘书长刘大为参观了展览。

这次展出的藏砚是王玉玺数十年精心收藏的结晶,凝结了他的心血和情感。他把442方藏砚无偿捐赠给山东大学·滕州市墨子研究中心,这一义举充分体现了他无私奉献的精神和对文化建设的重大贡献,体现了他为之感佩的墨子“摩顶放踵,利天下而为之”的人生境界,对弘扬墨学和优秀砚文化,落实科学发展观,具有重大的意义。

8月,滕州市墨砚馆落成启用。

墨砚馆主要展出王玉玺先生无偿捐赠给山东大学·滕州市墨子研究中心

的 442 方藏砚和 140 幅书法作品。

该馆展出的藏砚有四大特点：一是“全”。藏砚纵贯古今，横遍全国，可谓门类齐全，品种繁多，既有先秦的研磨器和汉晋的砖砚、瓦砚、瓷砚、铜砚等，又有唐宋元明清至今的端砚、歙砚、洮砚、澄泥砚、红丝砚等各地名砚；既有石材砚，又有砖、瓷、陶、漆、木、铁、铜、玉、竹、水晶、玛瑙、鎏金、景泰蓝等砚。二是“史”。根据治砚名家石可先生临摹故宫珍藏历代名砚，特邀治砚专家精心仿制秦汉至清末的名砚 120 余方，展现了中国砚台发展史，为砚史研究提供丰富资料。三是“大”。将墨学与砚学研究融为一体，启功先生题名、石可先生和石盾先生设计的“墨子砚”长 4.6 米、宽 2.6 米、高 1.76 米，是世界最大的铜砚，荣获“大世界基尼斯之最”的殊荣。四是“新”。藏砚中，新中国成立以来的较多，既有实用性的普及品，又有观赏性强的艺术品，充分展现了新型砚材、新的雕刻技法、新的砚品种类、新的艺术视野等新时代的创新精神，既有传统继承又有开发创新，使古老的艺术之花焕发出新的光彩。

8 月，墨子砚荣获“大世界基尼斯之最”荣誉。

世界最大的铜砚——墨子砚长 4.6 米、宽 2.6 米、高 1.76 米，由著名书法家启功先生生前亲笔题名，由著名艺术家石可、石盾设计、监制，历时一年多制成。墨子砚被上海基尼斯总部认定为世界最大的铜砚，荣获“大世界基尼斯之最”殊荣。

8 月，王玉玺《王玉玺藏砚集》由齐鲁书社出版发行。

该书收集、整理王玉玺先生多年收藏并无偿捐赠给山东大学·滕州市墨子研究中心的 442 方砚。该书在编辑时注意点线结合，力求既高屋建瓴、大气磅礴，又注重细节，每一幅图片都有生动流畅的文字反映图片的历史典故或产地规格，让读者阅读时，会觉得身临其境。砚作为中国古老文化的物质载体，具有其自己的特点和优势，该书虽仅仅收录了 442 方砚，却通过相关背景故事，组合勾勒出我国几千年来砚文化的历史脉络。

该书既有实用性，也有较高的观赏性。全书充满着强烈的现代艺术风格，既传承古老的中国文化，又开创当代砚文化的新局面，使古老的艺术之花焕发出新的光彩。中央文史馆馆员、著名学者欧阳中石先生为该书题名、题词，中国音乐文学会会长乔羽先生为该书题词，天津市博物馆研究员蔡鸿茹女士为该书作序，著名艺术家石可先生和中国墨子学会、山东省书法家协会、中共滕州市委、滕州市人民政府及有关部门也均提供帮助。此书完整、系统、全面地介绍了我国砚文化，使我国砚文化研究进一步深入。它是一部独具特色的砚文化专著，与《王玉玺书法选——砚墨集》交相辉映，成为我国砚文化史上的“双子星座”，同是中华民族优秀砚文化瑰宝。

10 月，赵富平、赵富琴《走进墨子》由新华出版社出版发行。

阅读该书，首先，感到作者跨越时空与 2000 多年前的墨子进行亲切对话，在解读墨子学说的现代意义方面很有见地；其次，作者对《墨子》部分章节进行注释，译成现代汉语，便于青少年阅读；最后，作者思维活跃，文笔朴实，贴近现实，思想性、知识性、趣味性、可读性强。

12 月，薛柏成《墨家思想新探》(《金景芳师传学者文库》第 3 辑)由黑龙江人民出版社出版发行。

该书以“墨家思想渊源及历史影响”为主题，着重探讨了以下问题，即墨家思想的历史文化渊源问题、墨家思想对中国古代社会思想文化的影响问题、墨家思想的衰微及近代的复兴问题等。

全书由四大部分组成：第一章，墨家思想概论；第二章，墨家思想的渊源；第三章，墨家思想对中国古代社会思想文化的影响；第四章，墨家思想的衰微及在近代的复兴。

12 月，王裕安、李广星主编《墨子研究论丛》(七)由北京图书馆出版社出版发行。

该书收录参加第六届墨学国际研讨会专家学者论文共 75 篇，主要围绕以下几个方面展开。

关于墨子的科技思想及其当代价值

朱传棨:《墨家科技思想的特征及其意义》

文章指出,就中国科学技术思想发展史说,春秋战国百家争鸣之际,应是古代中国科学技术发展的第一个黄金时代。其中科学理论建树和技术实践成就巨大者的杰出代表,就是墨家学派。在当代中国为建设社会主义先进文化、繁荣哲学社会科学、大力弘扬中华优秀传统文化,为加速社会主义现代化建设,实施科学兴国之际,积极研究和继承墨家科技思想,具有十分重大的理论意义和现实意义。完全可以说,在当代中国,研究借鉴墨家学说要比借鉴中国古代其他学派学说,更为贴近社会现实实践发展的要求。当然对墨家学说的研究和继承,要有历史主义的科学态度,既不能脱离当时的社会历史发展的生活环境,过高的评价其意义,也不能像以往研究中那种对墨家科技思想作简单否定的态度。因此,作者指出,研究墨家科技思想及其意义,首先,要从墨家科技思想产生的社会历史环境出发,联系其全部学说的各个方面,阐明社会需求与技术发展之间的互动关系;其次,要紧密联系墨家社会实践活动的特点,说明其科技思想发展的历程和特点;最后,要研究阐明后期墨家之所以在《墨经》中写出许多先进科学原理的原因和特点。

史墨卿:《墨子的十大发明与发现——李约瑟〈中国之科学与文明〉书后》

文章指出,西欧英国李约瑟与北欧瑞典高本汉同为世界声名最著之两大汉学家。高氏在此不论,单就李氏《中国之科学与文明》皇皇巨著而言,其人荣获科学与哲学两项博士学位,长期研发中国学术,是以其素养之高、涉猎之博,固属少见,而其书卷帙浩繁,内容涵盖面广,包容性深,及其动员全球人才之众,集结世界专家之夥,亦无出其右者,至于其撰写该书,费时近四十年之久,更非一般学者所可为力也。因之,笔者乃有重读是书,而为之撰写“书后”之作。

中华民族之建树,远走在其他民族之前,中国也早已具有活跃之科技能力,留下丰硕的领先发明。如医学上之健身法,航行者常平架和航海之自动环动仪,天文学上的望远镜所用之二自动机械钟等,一般人向来认为是近来欧洲之产品,而其实却是公元 2 世纪时中国人之发明。

实在说来,中国有关科技之发明,在公元 1 世纪至 13 世纪(甚至到 18 世纪),不断地输出,到欧洲及其他地区,大抵计之,约有几十种之多,而自欧洲输进的科技，则仅为几种，尤其在数学方面，中国居然领先世界1000余年。

李氏对中国科学技术之成就，探微钩玄，推崇备至，令人感佩。

墨子对中国科学技术之贡献甚大(三十余年前拙著《墨子科学观》，尝从科学理论、科学技术、科学精神三者析论)，虽以其书断简残编，难窥其全，致较缺乏明晰系统之说，但其领域甚广，开创实多：一，今日“原子论”的惊人先驱之说；二，中国思想中“量”的发现；三，天文学中，日月对恒星位置之退行运动；四，数学中“零”的发现与“位值”观念；五，物理学上，波和粒子之宇宙开创论；六，度量衡学上，是Atwood机械的始祖及四轮车和云梯构造之先知；七，动力学上，“弹道”与“风筝”的研制之识；八，光学上万花筒的先进之见与摄影原理；九，声学上，地话器的发明；十，机械工程学上，活塞风箱及弩机之制造等十几种发明与发现。不一而足，令人讶异！

李氏指出，中国由公元第1世纪到第18世纪之间，早已产生丰硕的发明，传达到欧洲及其他地区。并且计算起来，中国传到西方的机械及技术，至少有26种之多，而西方传到中国的，不过4种。

张雪林、杜冠华：《墨子科学思想浅论》

文章认为，墨子是先秦时期著名的思想家、哲学家、政治家、科学家、军事家和逻辑学家。他不仅以主张“兼爱、非攻”的和平思想和军事成就闻名于世，其科学成就也达到了当时的领先水平，对于墨子的科学见解，直到2000年后人们才能够用现代科学给予合理的解释和理解。尽管以墨子为代表的一派显学由于历史的原因没有得到广泛的传播，但仍然对我国古代文化的发展产生了积极的影响，墨子也受到以社会发展和民众利益为己任的学者和有识之士的称颂。特别需要给予重视的是，墨子作为古代科学家，其科学思想对我国科学技术进步所产生的影响更为深远。

研究墨子的科学思想，不仅可以加深对墨学和古代科技的认识，而且对现代科学研究也具有重要的借鉴价值。根据现有文献记载和已有研究结果看，墨子在科学实践和社会活动中已经形成了比较完整的科学思想。这种科学思想的主要内容表现为重视人才、以人为本的本质；实事求是、注重实践的作风；博采众长、兼容广纳的胸怀和规范管理、强化程序的科学操作模式。这些先进的科学思想不仅有助于全面认识墨学，而且对现代科学研究也具有重要指导和借鉴意义。

关于墨家逻辑思想研究

郑杰文:《近代以来〈墨辩〉整理与研究评说》

文章共分为以下三个部分。

第一,清代《墨辩》整理与研究评说。

20 世纪前《墨辩》研究的主要成就在清代。秦汉以降,由于秦皇汉武文化政策的变化,以及其他复杂原因,墨学失去了与儒学并称"显学"的地位,文人传习不盛。自战国至元代,其间 1500 余年,墨学整理之作仅出现 10 种(包括佚书)。明代整理旧典风盛,270 余年间,墨学整理之作出现 26 种。清代 260 余年间,墨学整理之作出现了 52 种。

清代墨学研究的成绩是重大的,它为 20 世纪的墨学研究提供了较为可靠的《墨子》文本,为 20 世纪墨学研究找到了一种可以遵循的研究方法——中西学比较方法。但是清代墨学研究自有它的不足。在整理方面,且不说在具体词句诠释上还存在许多问题,《墨辩》中更多的科技含义和逻辑论说还没被认识、发掘出来;更应注意的是,它那比照西学成就来解说《墨辩》的简单比附式研究方法,给 20 世纪墨学研究制造了某些误区。在研究类别方面,系统的《墨辩》研究专门著述仍为空白。这说明彼时的墨学研究尚处于初级阶段,同时也再一次证明了民国以前整个中国古代典籍研究的通病——重校勘轻义理。这些阙误和不足,有待于现当代墨学研究来匡正和补救。

第二,1912—1948 年《墨辩》整理与研究评说。

1912—1948 年的《墨辩》整理与研究是墨学研究热门。而此一时期的《墨辩》研究,除少数几篇论文外,其成果多包含在《墨辩》整理中。不从事《墨辩》条文的研究,也就无从进行《墨辩》的整理。《墨辩》整理是此一时期《墨辩》研究的主要成果。

从整理方法上讲,清、民国学者多采用详注加义疏、解说的方式进行《墨辩》整理,如梁启超的《墨经校释》、胡适的《墨子小取篇新诂》、谭戒甫的《墨经易解》、顾实的《墨辩讲疏》、杨宽的《墨经哲学》。

就解说方式看,清代及此一时期的《墨经》解说,有一个振荡式的发展过程。

无论是毕沅等的"以中解中",抑或胡、梁等的"以西解中",还是顾、杨的"以中解中",都基于一种共同的文化形态,即挖掘传统学术的应有价值,提高传统文化的学术品位,加重《墨辩》论说的知识含量,以增强它的现有价值,提高它的历史地位。也正是基于这种共同的文化形态,才在“以西解中”的《墨辩》注释时期,出现了张白牧等人的“西学中源说”;又在向“以中解中”回归的初期,出现了徐廷荣的以社会伦理妄说《墨经》科技条文。

第三,1949—1999 年的《墨辩》整理与研究评说。

1949—1999 年大陆的墨学整理和研究,除《墨辩》部分外,其他不论是综合研究,还是分类研究,不管是《墨子》整理,还是墨学史考辨,都成果甚少。

杨武金:《论从三个层次研究墨家逻辑》

文章指出,中国古代逻辑是世界三大逻辑源流之一,墨家逻辑则是中国古代逻辑的典型。墨家在先秦诸子百家中最擅长逻辑思维和理论思维,具有逻辑思维的自觉性和主动性,并且从理论上总结出大量逻辑应用方法和逻辑原理。作者认为值得从逻辑应用、应用逻辑和逻辑理论三个层次来研究墨家逻辑。

第一,逻辑应用层次。这个层次研究墨家学者是怎样来进行具体的推理论证的,研究中国人在思维层次上与西方人相比究竟有哪些一致性和特色。这种研究不但有助于我们更准确地把握墨家逻辑的真实思想脉络,而且可以为我们进行思维训练提供典型案例和素材。

第二,应用逻辑层次。这个层次也可以称为批判性思维、非形式逻辑或论证逻辑。“批判性”这个词的英文是“critical”,它有两个希腊词根:一是“kriticos”,其意指“判断”;二是“kriterion”,其意指标准。合在一起的意思是:基于标准的、有识别能力的判断力。

批判性思维和形式逻辑之间类似对象理论和元理论的关系。形式逻辑是对批判性思维或非形式逻辑的更高一级抽象,形式逻辑理论是关于应用逻辑的逻辑。墨家学派有关于形式逻辑理论的讨论,更多的是关于非形式逻辑即批判性思维的理论和方法的阐述和总结。

第三,逻辑理论层次。这个层次是要从形式逻辑的高度来研究墨家逻辑,即不仅要从论证方式,而且要从推理形式来考察墨家逻辑。作者认为,这种研究属于对墨家逻辑所作的元理论研究。从元语言层次考虑,墨家主要提出了许多重要逻辑理论和逻辑规律。这个层次研究还包括从逻辑语法、语义和语用来开展比较研究,从逻辑哲学观点研究墨家逻辑等。

宋赛花:《墨家的论证逻辑》

文章指出,由墨子开创的墨家学派在战国时期是与儒家并称的"显学",后期墨家尤以崇尚自然科学技术和逻辑的精神著称,他们取各家之长,弃各家之短,集中国古代逻辑学之大成,著成《墨经》。因而《墨经》成为中国古代逻辑学的典范之作,被誉为"世界最古之名学书之一"(梁启超语)。《墨经》中有许多关于论证的精辟理论,恰与今天的论证逻辑理论有异曲同工之妙,揭示出其中的论证逻辑精髓,对于深入全面地研究、阐扬中国古代逻辑有重要意义。《墨经》对论证的探讨,涉及了论证的功用和目的、论证所应遵守的基本逻辑规律、论证的具体论式、对"悖论"的反驳、论证评估等方面。《墨经》中的论证逻辑思想主要包含在关于"辩"和"说"的条文中,其中的"辩"和"说"都包含了推理论证的含义。作为现代的逻辑学研究者,应该以新的逻辑眼界,站在现代逻辑的高度,深刻阐释中国古代逻辑中的精彩华章,弘扬中国古代博大精深的文化精神。

关于《墨经》的研究

张忠义:《试谈〈墨经〉中的逻辑模式》

文章指出,《墨经》中多次出现"效""法"等逻辑术语。《墨经·小取》:"效者为之法也,所效者,所以为之法也,故中效则是也,不中效则非也,此效也。""效"相当于立论的标准、推理的法则。《墨经·经上》:"法,所若而然也。"《墨经·经说上》:"意、规、员(圆)三也,俱可以为法。"这个"法"也就是指标准、规则、模式。墨家在同论敌的激烈论辩中,既发展了合乎命题的逻辑性质,又发展了可判定论敌的议论是否"中效"的判定规则。毋庸置疑,从墨辩逻辑所提出的辩的逻辑的根本任务,即"明是非之分,审治乱之纪,明同异之处,察名实之理,处利害,决嫌疑"来讲,判定规则是完成这些任务的标准或模式。周云之先生就曾经把《墨经》中的"法""道""理"视作本质上相同的概念,都是对客观事物本质规律性的反映。"大凡演绎(间接)推理都是由一般而推及特殊的,这个一般就是指事物的客观法则,即'理'。"1985 年 4 月 15 日,沈有鼎先生也讲到"效",他认为"效"不是仿效而是提供的意思,法为标准。凡是符合这个推理标准或模式的逻辑形式,都是有效的形式,即"中效则是",也就合乎形式之"理";反之,都不有效的形式,即"不中效则非也",也就不合乎形式之"理"。总之,"效""法"不管解释成标准还是模式,目的都是用来检验推理论证正确与否的,这就相当于我们常提到的"三段论规则或侔式推论得齐等规则"。

经过分析，作者认为，以往那些认为《墨经》中没有推理模式的观点是过于武断的。《墨经》不但为我们提供了各种与斯多阿学派相同或相近的推理模式，而且一上来就抓住了二元谓词逻辑的侔式推论和等词推理，这不能不说墨家的智力过人，墨家在逻辑模式中确实应该有一席之地。

张仁明:《〈墨经分类译注〉质疑举要》

作者说，《墨经》是《墨子》一书中最难整理研究的一部分。其原因有三:一是内容极为宏富，有人甚至称其为“中国古代的百科全书”。谭戒甫就把《墨经》分为十二类，即名言、自然、数学、力学、光学、认识、辩术、辩学、政法、经济、教学、伦理。二是《墨经》文辞简奥深晦。《墨经》文字极为简约古奥，而且字字精严密切，不可游移。科学逻辑性极强，如果更改一字，或增删一字，则意义全非。三是讹夺舛误最多。《墨经》历时数千年，几近失传，加之古注亡佚，故造成研究上的极大困难，往往同一条文，诸家著作中文字多寡不同、句读不同、解释不同，难得定论。四是《墨经》体例独特。如“引说就经”“旁行”体例等在先秦典籍中就具有非常独特的风格，极为罕见。

谭戒甫先生在诸多学者对《墨经》研究的基础上，编著成《墨经分类译注》一书，使墨经变得能读、易读，且书中有著者创见，对研究《墨经》作出了不可磨灭的贡献。但作者在编写《墨经辞典》过程中，参阅了该书，发现书中也存在一些问题，今仅就谭先生对《墨经》用字现象的处理，提出一些疑问与谭先生商榷。

作者通过对通假字、省文、繁文、异体字、古今字五个方面举例分析，认为《墨经分类译注》的作者对《墨经》的解读，恐怕难免有主观臆测、穿凿附会之嫌。之所以提出这样的疑问，是作者认为，解读《墨经》，问题颇多，研究《墨经》任重而道远。研究者应认真吸取前人的研究成果及经验教训，从校勘开始，实事求是，做踏实过细的工作，让《墨经》的解读更加合情合理，还《墨经》本来面目。

孙中原:《〈墨经〉科学精神的现代价值》

文章认为，《墨经》科学精神是中国传统文化中有重要现代价值的亮点。弘扬《墨经》科学精神，有助于实现科教兴国，提高中华民族科学素质，发展先进文化。《墨经》科学精神是科学知识的灵魂和建构标准，是科学知识客观性、科学方法有效性和科学思想合理性的支柱。《墨经》是古代微型的百科全书，以浓缩形式，表现了与古希腊自然哲学家相似的哲理。其科学精神，需进一步创造性诠释、发挥和展开，以实现古今中外不同思想体系的会通交融。其主要体现在以下三个方面：第一，“摹落万物之然”的实证原则；第二，“所若而然”的方法思想；第三，“巧传则求其故”的理论意识。

关于墨家政治、哲学、军事、教育思想等方面的研究

王廷洽：《论墨家的国家观》

文章指出，先秦文献保存了丰富的国家理论。那些国家理论可以说比较接近于国家形成的时代，是一份丰富而珍贵的思想遗产。我们今天认真地进行研究、讨论和总结这份遗产，对于认识国家的起源和发展具有十分重要的意义。墨家不仅在科学技术、自然史观、社会哲学诸领域都取得了重大的成就，而且也具有丰富而值得称道的国家理论。《墨子》开头的《亲士》《法仪》等七篇，以及《尚贤》《尚同》等十一篇所保存的国家观尤为丰富。这些文献虽然产生于不同的时期，但它们所反映的思想是一致的，我们可以把它们视为一个整体，亦即墨家有关国家理论的共同成就。墨家论述了国家产生的原因，所谓一人一义，百人百义，天下大乱，如禽兽然，所以会选举“贤良圣知辩慧之人”，立以为天子、三公、将军、大夫，才会建立机构以管理天下。墨家看到了国家机器从无到有，具有模糊的社会进化观念；强调天子、三公等君长是“选举”产生的，也是一种早期的社会契约论。墨家认真讨论了法治、刑法产生的准则，不法父母，不法师长，不法天子，而应该“法天”，而“法天”的根本精神就是仁爱。墨家为了实现“法天”的立法准则，还提出了天有意志、鬼神存在的主张，以此来制约君长及其统治者。墨家还阐述了国家的功能，认为国家的君长不是为享受个人的高官厚禄、富贵安逸，而是“为万民兴利除害，富贵贫寡、安危治乱也”。此文除了探讨以上三个部分外，还辨别了“尚同”并非主张同于天子，而是上同于天，故并非专制主义思想。墨家的国家观还具有三个特点：一是带有浓厚的神权意识；二是强调国家的管理者要普遍地仁爱民众，主张天的意志就是仁爱；三是在论的过程中重视明辨（逻辑性）。

姜宝昌：《墨家与公孙龙子惠施及其辩者名辨思想之比较》

文章认为，春秋战国时期，各国以及各派政治力量之间除了频繁征战以外，在政治主张、社会伦理方面也展开了党同伐异的辩争，而且这种辩争呈愈演愈烈之势，终至形成“百家争鸣”的局面。在众多学术门派中，同儒家一样，墨家也

被称为“显学”。除了掌门人墨翟学术地位的卓然特立以及他的弟子、再传弟子人数众多并以其雄厚的学术实力震撼社会视听而外,墨家学术研究领域之宽泛,应是不争的事实。试检《墨子》全书,自可得其梗概。在具体的社会现象方面,大至政治体制,小至生活习俗,可谓兼包无遗。这集中反映在《尚贤》《尚同》《兼爱》《非攻》《节用》《节葬》《天志》《明鬼》《非乐》《非命》等篇中。在抽象的哲学名辨方面,大凡这一时期各家所辩争的问题,诸如名实、同异、坚白、指物、有穷无穷等,墨家几乎都已论及。这集中反映在《经上》《经下》《经说上》《经说下》四篇中。考虑到资料方面的局限,作者仅就墨家与公孙龙、惠施及其辩者在哲学名辨方面某些概念和命题的同或异,作了简要比较。

徐勇:《〈墨子〉“城守十一篇”与〈尉缭子〉“守权篇”的比较研究》

文章指出,现存《墨子》一书中《备城门》《备高临》《备梯》《备水》《备突》《备穴》《备蛾傅》《迎敌祠》《旗帜》《号令》《杂守》十一篇主要是谈守城方法的,被后人通称为“城守十一篇”。

考虑到过去学术界对“城守十一篇”论述较少,此文拟着重对其守城理论进行分析,并且与兵书《尉缭子》中的一些观点作初步的比较研究。从总体上看,《墨子》“城守十一篇”与《尉缭子》由于作成时间、地点、环境的不同,有许多问题阐述侧重点上是存在明显差异的。例如,《墨子》“城守十一篇”用了很大的篇幅,不厌其烦,十分详细地介绍了应对“临、钩、冲、梯、堙、水、穴、突、空洞、蚁傅、轒辒、轩车”等各种攻城作战的技术和手段,这是《尉缭子》及其他兵书中所没有的;但是,《尉缭子·守权第六》中强调的“守必出之,据要塞,但救其后,无绝其粮道,中外相应。此救而示之不诚,则倒敌而待之者也”,即“以攻为守,伺机突围,中外相应,夹击敌军”的思想,则是《墨子》“城守十一篇”中所阙如的。

在明确了上述情况的前提下,作者从几个方面对比两者在守城理论方面相近或相似的观点。

第一,关于战前的坚壁清野。

《尉缭子·守权第六》中明确要求:“乃收窖廪,毁折而入保。”《墨子》“城守十一篇”中则有更为详尽、更为具体的方法:“令民家有三年畜蔬食以备湛旱、岁不为。常令边县豫种畜芫、芸、乌喙、袾叶,外宅沟井可填塞,不可,置此其中。”(《杂守》)还有:“城之外,矢之所逮,坏其墙,无以为客菌。三十里之内,薪蒸、材木皆入内;狗、彘、豚、鸡,食其肉,敛其骸以为醢,腹病者以起。”(《迎敌祠》)

第二，关于动员全民守城。

《尉缭子·守权第六》云："若彼城坚而救诚，则愚夫惷妇，无不蔽城尽资血城者。"而《墨子》"城守十一篇"也记述："诸男子有守于城上者，什六弩、四兵。丁女子、老少，人一矛。"(《号令》)还有："因城中里为八部，部一吏，吏各从四人，以行冲术及里中。里中父老不举守之事及会计者，分里以为四部，部一长，以苛往来；不以时行、行而有他异者，以得其奸。"(同上)

第三，关于积极的防御思想。

《尉缭子·守权第六》提出："凡守者，进不郭圉，退不亭障，以御战，非善者也。"而《墨子》"城守十一篇"中也有："凡守城者，以亟伤敌为上。其延日持久以待救之至，不明于守者也。"《号令》还具体部署说："去城门五步大堑之，高地丈五尺，下地至泉，三尺而止，施栈其中，上为发梁而机巧之，比傅薪土，使可道行，旁有沟垒，毋可逾越，而出佻且北，适人遂入，引机发梁，适人可禽。"(《备城门》)

第四，先秦时代堪称科学的防守方法。

《尉缭子·守权第六》中规定的守城方法是："夫守者，不失险者也。而守者不出，出者不守。守法：城一丈，十人守，工食不与焉。一而当十，十而当百，百而当千万。"而《墨子》"城守十一篇"中有异曲同工的言论："守法：五十步丈夫十人，丁女二十人，老小十人，计之五十步四十人。城上楼卒，率一步一人，二十步二十人。"(《备城门》)

除了以上四个方面之外，《尉缭子》与《墨子》的有关篇章，在关于"义战"、不得已而用武力以及旗、章等用法方面也有不少相同或相似的观点，同样应引起我们足够的注意。

朱汉民：《孔墨智育思想比较论》

文章指出，孔子创立的儒家与墨子创立的墨家是春秋战国时期两大著名学派，均被称为"显学"。孔墨的学术思想有着异常鲜明的学术特色，曾在历史上居于十分重要的地位，并产生了十分重要的影响。孔墨两家也是两大教育团体，其教育思想特征存在很大差异。对两家教育思想作比较研究是一件很有意义的工作。

第一，在培养、衡量人才的标准问题上，孔子、墨子均不是唯智者论，而是坚持从德、智两个方面去衡量人才、培养人才。孔子所要求的理想人才——"君子""成人"等均必须具备仁、智、勇以及各种文化修养。

在孔子那里,德育的地位是很高的,智育只是放在从属的地位。相比较而言,墨子在德智关系中,没有将它们看成是本末、体用关系。相反,在肯定“厚乎德行”的前提下,充分肯定了“辩乎言谈”“博乎道术”的智育方面的地位。在教学方面,他将求真精神、知识理性等放在很重要的地位。

第二,在智育的内容方面,孔墨两家均强调文化知识是政治功利性和社会实用性,将文化知识与经世治国的实用目的联系起来。孔子是中国古代最重要的教育家,他重视教育,同他认为“天下无道”,希望“以道易世”的社会政治目的是联系在一起的。在他的思想中,哪怕是“诗教”这种文艺教育的内容,也是同“迩之事父,远之事君”的社会功利联系在一起。墨子主张“尚贤”,他希望通过教育以培养贤士,其也是基于社会政治的功利目的。他说:“是故国有贤良之士众,则国家之治厚;贤良之士寡,则国家之治薄。故大人之务,将在于众贤而已。”

孔墨两家在智育内容方面均强调其政治功利性和社会实用性,但仍表现出很大的差异。孔子教学,主要是以《诗》《书》《礼》《乐》《易》《春秋》等六经为教材,以礼、乐、射、御、书、数等“六艺”为课程。六经是先代遗留下来的历史文化典籍,“六艺”是“士君子”必须具有的文化修养和社会政治技能。孔子倡导的这些教育内容具有两个特点:其一,它主要是为了满足士大夫等上层贵族的文化知识的需求,孔子对有关农工的下层劳动者的知识技能是比较轻视的;其二,他们主要是人文文化方面的知识技能,自然科技方面的知识则显得薄弱。墨子的教学内容范围较广,他要求学生们能够“博乎道术”就包括农业、手工业等有关的生产劳动和工艺技巧乃至军事方面的技能,和孔子轻视稼圃等农业生产技能不同。他认为:“故圣人作诲,男耕稼树艺,以为民食。”“虽至百工从事者,亦皆有法。”所以,墨子所倡导的教学内容亦主要表现两个特点:其一,他的智育教学充分考虑了“农与工肆之人”对文化知识、生产技能的需求;其二,相对于中国古代重视人文教育的主导教育思想,他的科技教育十分突出。

第三,孔墨均掌握了教育的规律,在教学方法上各具特色,孔子提出“不愤不启,不悱不发”启发式方法,提出“学而不思则罔,思而不学则殆”的学思结合方式,以及因材施教、知行统一等教学方法与原则,均反映了孔子教学思想的成就和特点,同时对完成学习知识、发展智力、培养技能的任务及它们的结合,均有重要价值。而墨子在教学方法上也提出了许多有价值的原则,他提出“士虽有学而行为本”的实践性原则,“夫知者必量其力所能至而从事焉”的量力性原则,“不强人,人莫之知也”的主动性原则,等等。这些教学方法和原则,同样是有现代意义和价值的教学思想，是发展教育、培养人才的重要指导思想。

《墨子研究论丛》(七)还有两组论文特别引人关注。一组是关于墨学研究及发展的，有水渭松的《读汪中〈墨子序〉》、解启扬的《章太炎与墨学》、罗运环的《论谭戒甫先生治墨学之道》、秦彦士和梁华荣的《李约瑟墨子研究的启示与问题》、孙君恒的《墨学在当代西方》、谭家健的《近十二年来墨学论文分类索引》等。第二组是关于墨学研究的创新领域，作者从不同角度对墨学进行了拓展性研究，有杨文的《浅析〈墨经〉名学中的符号学思想》、关兴丽的《墨家"当"的语用学思想》、李仕春的《墨家语言学思想初探》、刘邦凡的《论墨家对谬误学的贡献》、童恒萍的《论解释学对于〈墨经〉研究的启示》等。

附录 1:《墨子研究论丛》(七)论文目录

朱传棨:《墨家科技思想的特征及其意义》

史墨卿:《墨子的十大发明与发现——李约瑟〈中国之科学与文明〉书后》

张雪林　杜冠华:《墨子科学思想浅论》

孙中原:《〈墨经〉科学精神的现代价值》

刘文忠:《墨子——中国古代科技救国的先驱》

徐国宝:《墨子的科学理性与责任伦理》

于汝波:《从中国历史看军事科技与军事理论发展之关系》

李丹阳　李文庆:《传承墨子科技思想搞好武器装备一体化发展的战略思考》

常巧章:《弘扬墨子科技思想探寻科技强军规律》

高润浩:《〈墨子〉军事科技思想及其现代意义》

何其明　潘　禹:《继承墨子科技思想培养新型军事人才》

范丽娟　牛建武:《传承墨子科技思想探讨军队发展策略》

〔韩〕朴文铉:《墨家和丁若镛的科学技术思想》

刘晓华:《周易、老庄、墨家科技思想比较》

苏士甲:《刍议墨子与春秋战国时期的农业科技》

周云之:《墨子是中国古代逻辑的重要开拓者和启蒙家》

姜宝昌:《墨家与公孙龙子惠施及其辩者名辨思想之比较》

董志铁:《墨家论物质运动及其与时空之关系》

〔韩〕黄晟圭:《〈墨经〉中的宇宙思想研究》

张忠义:《试谈〈墨经〉中的逻辑模式》

〔日〕冈本光生:《〈墨子·公孟〉篇中之形式逻辑》

曹泓涛:《墨子的思辨理性与非形式逻辑》

宋赛花:《墨家的论证逻辑》

杨　文:《浅析〈墨经〉名学中的符号学思想》

陈克守:《墨家的"真值条件论"》

〔美〕成中英　翻译郭桥:《后期墨家的名、言观——经验实在论的理论》

关兴丽:《墨家"当"的语用学思想》

李仕春:《墨家语言学思想初探》

艾红娟:《墨子与先秦诸子修辞观之比较》

李之文:《墨家的"验证论"》

钱永生:《对〈墨子·公输〉篇的博弈分析和语用分析》

苏志宏:《徜徉于"所以然"与"所以知"之间——关于"墨辩"逻辑学的价值论思考》

王裕安:《"无久之不止,有久之不止"解》

童恒萍:《论解释学对于〈墨经〉研究的启示》

沈跃春:《论〈墨经〉破斥悖论的原则和方法》

刘邦凡:《论墨家对谬误学的贡献》

刘树勇:《"端"之考辩》

〔韩〕尹武学:《墨家之和平(非攻)逻辑》

张仁明:《〈墨经分类译注〉质疑举要》

郑杰文:《近代以来〈墨辩〉整理与研究评说》

杨武金:《论从三个层次研究墨家逻辑》

姜国柱:《墨子的军事思想》

孙中原:《墨家军事辩证法和积极防御军事思想》

周才珠　胡太华:《论"和平崛起"的墨学渊源》

孙卓彩:《墨子战争观论略》

唐武文　李　蔚　张选岐:《从"非攻"看墨子军事后勤思想》

王花菊　邓　震:《浅论墨子积极防御的战略思想》

徐　勇:《〈墨子〉"城守十一篇"与〈尉缭子〉"守权篇"的比较研究》

王廷洽:《论墨家的国家观》

尚金锁　丁晓峰　闵永顺:《论墨子“尚贤”思想及现实意义》

唐春瑞:《墨子的尚贤论与行政管理》

王讚源:《墨子的认知心态》

张希宇　张幼林:《论墨子“天鬼观”的基本内涵及实质》

王　煜:《墨子以实利镇压虚荣的正负两义》

丁原明:《后期墨家的“真”“善”观》

贾贵荣:《墨子及秦汉节葬思想论纲》

商原李刚:《墨家“节葬”的理性精神》

张晓芒:《墨子的公私观及对其思维方式的影响》

孙茂新:《墨家对商品交换规律的初探》

刘玉明　戚俊杰:《儒墨道德修养观及现代认识》

张西锋:《试论〈墨子〉的人才思想》

曾振宇:《论儒墨之相通》

朱汉民:《孔墨智育思想比较论》

张允熠:《“古代辩证唯物论大家墨子”——这是毛泽东的论断》

〔美〕李绍崑:《墨子论爱与智》

〔俄〕乌里扬诺夫　翻译杨振:《墨子是中国哲学杰出代表之一》

蒋沛昌:《如是我观——对〈墨子〉现代诠释之管见》

水渭松:《读汪中〈墨子序〉》

解启扬:《章太炎与墨学》

罗运环:《论谭戒甫先生治墨学之道》

秦彦士　梁华荣:《李约瑟墨子研究的启示与问题》

孙君恒:《墨学在当代西方》

〔日〕原孝治　翻译曹峰:《〈墨子〉公输篇的形成》

李广星:《〈墨子大全〉的成书经过与内容简介》

谭家健:《近十二年来墨学论文分类索引》

附录2:2006年墨学研究硕士、博士学位论文目录

胡　垚:《论“兼爱”理论的阶段性发展》,四川师范大学硕士学位论文,2006年。

姜文娟:《墨家道德思想在当代道德建设中的现实意义》,郑州大学硕士学位论文,2006年。

李梅娟:《〈墨子〉的文学价值》,兰州大学硕士学位论文,2006年。

李之文:《墨家的语义论》,曲阜师范大学硕士学位论文,2006年。

卢建辉:《墨学之嬗变:显、衰、兴》,苏州大学硕士学位论文,2006年。

聂翔雁:《墨子人才思想研究》,吉林大学硕士学位论文,2006年。

宋海峰:《〈墨子〉引书考论》,东北师范大学硕士学位论文,2006年。

孙　琴:《〈墨子〉军事伦理思想研究》,东南大学硕士学位论文,2006年。

万　钧:《墨子义利观及其现代启迪》,华侨大学硕士学位论文,2006年。

魏明云:《论墨学中绝的组织因素》,河南大学硕士学位论文,2006年。

武振伟:《论战国后期诸子对墨子思想的接受》,山东大学硕士学位论文,2006年。

薛柏成:《墨家思想的渊源及历史影响新探》,吉林大学博士学位论文,2006年。

杨　飞:《墨子“义”论发微》,河北大学硕士学位论文,2006年。

秦彦仕:《〈墨子·备城门〉诸篇综合研究》,四川大学博士学位论文,2006年。

童恒萍:《墨家与中国古代科技思想》,华南师范大学博士学位论文,2006年。

2007 年

6 月，墨子纪念馆升级改造完成。

2007 年 6 月，滕州市委、市政府投资 320 余万元，对墨子纪念馆进行升级改造。改造后的墨子纪念馆设有五大展厅，即序厅、综合厅、科技厅、军事厅、圣迹堂。序厅，以墨子塑像和伟人评墨子为主；综合厅，主要展示墨子的思想与墨学研究成果，以及历届墨学国际研讨会盛况，墨子文化城沙盘放置中间；科技厅，主要展示墨子光学、力学、时空观、声呐原理等，部分可演示；圣迹堂，主要绘有《墨子圣迹图》，因其褪色破损，重新修复，同时增加防护设施；军事厅，重点展示墨子军事思想及防御措施，其亮点是城防、连弩弓演示等。

墨子纪念馆是弘扬优秀民族传统文化、研究墨子思想的高雅学术殿堂，是青少年科技、德育、爱国主义教育基地，是对外开放的文明窗口，是联系中外专家学者的纽带桥梁，被中外专家誉为"墨研基地，古滕圣府"。

根据时代特点和旅游观赏的要求，墨子纪念馆对过时展板全部更新，并增加了实物模型，改善了景观效果，增强了景区与游客的互动性。此外，还完善了游客服务中心、医务室、停车场、导游全景图、景区内部路标牌和标识牌等旅游硬件设施。在加强基础设施建设的同时，努力提高墨子纪念馆的软实力，招聘了高水平、高素质的本科毕业生为讲解员，聘请了英语专业八级的英语讲解员。

8 月，陈克守、桑哲《墨学与当代社会》由中国社会科学出版社出版发行。

《墨学与当代社会》全书共分十五章。第一章，墨学及其当代价值。第二章，兼爱与当代社会伦理道德。第三章，非攻与当代军事。第四章，尚贤与当代人才观。第五章,尚同与当代行政管理。第六章,非命与当代竞争意识。第七章,非乐与当代艺术观。第八章,节用节葬与当代消费观。第九章,尊天明鬼与唯物主义世界观。第十章,墨学与当代教育。第十一章,墨学与当代哲学。第十二章,墨家逻辑及其现实意义。第十三章,墨家科学技术及其现实意义。第十四章,墨学与当代语言文字。第十五章,墨学研究回顾与展望。

9月18日,齐鲁国际摄影周组委会在山东会堂召开新闻发布会,向社会各界通报各项工作开展情况。

2007年9月18日下午,齐鲁国际摄影周组委会在山东会堂召开新闻发布会,向社会各界通报齐鲁国际摄影周各项工作开展情况。齐鲁国际摄影周组委会成员、山东省文化厅副厅长邢玉斗,齐鲁国际摄影周组委会成员、山东省文联副主席张业法,齐鲁国际摄影周组委会成员、山东工艺美术学院院长潘鲁生,齐鲁国际摄影周组委会成员、齐鲁实业家摄影文化促进会执行主席、山东省摄影家协会名誉主席邹本东,齐鲁国际摄影周组委会成员、山东省摄影家协会副主席、山东工艺美术学院美术馆馆长曾毅出席了新闻发布会。中央驻鲁媒体、山东省各主要媒体参加了新闻发布会。省委宣传部新闻处处长王世农主持新闻发布会,潘鲁生通报了齐鲁国际摄影周的基本情况。

经山东省人民政府批准,齐鲁国际摄影周将于2007年9月23日至9月28日在小孔成像的发源地山东滕州举行。滕州市委、市政府利用齐鲁国际摄影周的有利契机,组织召开了第一届墨子小孔成像国际摄影学术研讨会。选取滕州作为齐鲁国际摄影周暨墨子小孔成像国际摄影学术研讨会的活动地点,聚焦世界摄影术小孔成像的最早发源地,有着深远的历史意义,同时,对于推介山东、宣传山东,打造山东文化品牌具有十分重要的现实意义。

9月24日至26日,第一届墨子小孔成像国际摄影学术研讨会在滕州召开。

2007年9月24日至26日,第一届墨子小孔成像国际摄影学术研讨会在滕州举行。来自美国、英国、法国、德国、意大利、比利时、爱尔兰、日本、韩国等20多个国家和全国各地的100多位摄影大师齐聚滕州,感受墨子故里博大精深的文化底蕴，探讨墨子文化的奥秘，拜谒墨子诞生地，体验淳朴民风，同时进行了一系列采风活动。共征集到世界各地摄影组织和国内外著名摄影家 800 余人选送的作品，共有 24 个不同类别的展览，共展出作品 1762 幅。

选送参展的重要国际组织有国际摄影艺术联合会、欧洲国际摄影联盟、意大利摄影联合会、美国职业摄影家协会、联合国摄影协会、比利时摄影联盟、英国图片社、法国摄影联盟和日本写真作家协会、韩国写真作家协会等 20 个国际摄影组织。

应邀前来参加齐鲁摄影周活动的著名国际摄影大师有美国联系图片社总裁罗伯特·普雷基、国际摄影艺术联合会成员和《国际摄影艺术杂志》主编卡尔埃克弗伊乐、意大利著名国际策展人维琴佐·桑弗、意大利摄影艺术联合会展览委员会主席蒙奇·西尔瓦诺、意大利著名摄影大师克洛德·安德烈尼、法国摄影大师塞尔日·阿西耶、英国图片社总裁基保罗、比利时著名摄影家克里斯蒂昂·德韦尔、美国职业摄影家协会主席杰克·瑞兹尼克、美国职业摄影家首席执行官戴维·特拉斯特、日本著名广告摄影师马场道浩和中村成一、日本著名摄影家望月久、旅美著名摄影家李振盛等。此届研讨会改写了摄影术是由西方国家传入中国的历史，墨子被公认为“摄影光学理论和实践的开创者，是探索光影成像第一人”，设立了“墨子国际摄影大师奖”，确立了滕州是“小孔成像最早发源地”的地位。

中国东方国际摄影艺术促进会主席、美国职业摄影师协会中国首席代表曾毅先生特别指出，此次墨子小孔成像国际摄影学术研讨会是全国举办规模最大、参与国际大师最多、层次最高的一次。此次研讨会能在滕州举行，让更多的摄影家们了解滕州文化、滕州风情，从更深层次挖掘了墨子文化内涵，通过相机“小孔”让墨子文化走向了世界，让世界了解了山东、了解了滕州。

墨子有一句名言：“兼相爱，交相利。”第一届墨子小孔成像国际摄影学术研讨会的举办，成功架起了一座中外摄影界相互联系、相互交流的桥梁，也架起了展示墨子故里滕州深厚文化底蕴、经济社会发展成就、百万人民创业风采的桥梁。此次活动是滕州市历史上规模最大、层次最高、对外影响最广泛的一次国际性盛会，通过此次研讨会，滕州、墨子的名字在国际舞台响亮起来。

此次研讨会，确立了墨子是“世界摄影光学之父”、滕州是世界摄影术最早发源地的地位，改写了西方人发明摄影术的历史。

12 月,孙卓彩《墨学概要》由齐鲁书社出版发行。

《墨学概要》详细介绍了墨子的生平、学说、事迹、弟子等内容。全书共分十三个部分:一,墨子里籍。二,墨子生卒。三,墨子学说。四,《墨子》其书。五,墨子事迹。六,墨子人格。七,墨子弟子。八,墨子后学。九,墨学史要。十,墨儒短长。十一,墨为儒用。十二,墨微探因。十三,墨学散论。

12 月,戚文、李广星《墨子十讲》由上海人民出版社出版发行。

墨子和他开创的墨子学派在战国时代是风行一时的著名学派。韩非子说,墨家与儒家在当时并称为“世之显学”,“儒之所至,孔丘也;墨之所至,墨翟也”。墨子——这位比孔夫子还要伟大的圣人,其生平,包括他的生卒年代以至姓名、故里却没有一个确切的记载。该书作者整理了墨子的生平和著作思想,揭示了墨学研究的现代价值。

第一讲,墨子的生平和著作。第二讲,墨子的哲学思想。第三讲,墨子对兼爱、非攻理想的追求。第四讲,墨子民主思想与集权主张的矛盾。第五讲,墨子的经济思想。第六讲,墨子的教育思想及其现代价值。第七讲,墨子和墨家学派与古代科技。第八讲,墨学的文化特色和当代文化价值。第九讲,墨子和墨家学派对逻辑学的贡献。第十讲,墨子与墨学研究的现代价值。

附录:2007 年墨学研究硕士学位论文目录

董慧博:《〈汉志·诸子略〉儒、道、墨三家小序探因》,河北师范大学硕士学位论文,2007 年。

高其文:《墨子政治伦理思想研究》,重庆师范大学硕士学位论文,2007 年。

衡　军:《〈墨子〉教育思想浅析》,吉林大学硕士学位论文,2007 年。

鞠明霞:《墨子的兼爱思想及对构建我国和谐社会的意义》,山东师范大学硕士学位论文,2007 年。

李光辉:《墨子和谐社会思想研究》,首都师范大学硕士学位论文,2007 年。

李　燕:《墨子义利思想研究及其现代价值》,杭州师范大学硕士学位论文,2007 年。

2007年

刘和平:《论墨子的“兼爱”与“天志”思想》,湘潭大学硕士学位论文,2007年。

麦凤庄:《从启蒙向革命转变的墨学背景》,西南大学硕士学位论文,2007年。

任艳丽:《〈墨子〉复音词研究》,兰州大学硕士学位论文,2007年。

王双梅:《论墨子的治国思想及其现实价值》,郑州大学硕士学位论文,2007年。

王西亚:《墨子政治哲学探析》,云南师范大学硕士学位论文,2007年。

许剑飞:《〈墨子闲诂〉失误考辨》,湘潭大学硕士学位论文,2007年。

薛金东:《〈墨子〉人才思想探论》,苏州大学硕士学位论文,2007年。

杨　飞:《温公颐墨家逻辑研究初探》,河南大学硕士学位论文,2007年。

杨　娟:《〈墨辩〉中凸显的中国逻辑思想》,山西大学硕士学位论文,2007年。

易小芬:《墨子教育思想的纵横比较与当代反思》,华中师范大学硕士学位论文,2007年。

张　蕴:《墨家推类学说与亚里士多德三段论的比较研究》,西南大学硕士学位论文,2007年。

赵忠海:《试论墨子“非乐”的宗教文艺观》,华东师范大学硕士学位论文,2007年。

2008 年

3 月，秦彦士《〈墨子·备城门〉综合研究》由人民出版社出版发行。

该书以《墨子·备城门》诸篇为重点，结合墨家学派的演变，对墨家军事学的独特内容作了新的考察。该书的突出特点是利用出土文献以及国内外研究的成果，对墨家攻守诸器械、城守方法、城防体系进行了深入细致的研究。同时，通过墨家与先秦兵家的比较，并结合后世战争中墨家城守器具、战法的运用，以及后世兵书对《墨子》的继承，论述了墨家军事学的特殊价值及其历史影响，同时还结合当代人类社会面临的诸多矛盾和冲突进一步探讨了墨家和平主义的现代价值。此外，该书对孙诒让、岑仲勉等人的著作也有所纠正与补充。

4 月，孙卓彩、刘书玉《墨子词汇研究》由中国社会科学出版社出版发行。

研究墨学，必须研究《墨子》。研究《墨子》，必须研究《墨子》词汇。《墨子》一书，涉及政治、经济、伦理、教育、逻辑、军事以及物理、数学等自然科学的许多知识领域，语言材料十分丰富。因此，深入研究《墨子》专书的词汇现象，对于解读《墨子》，认识墨学，对于全面了解和掌握先秦汉语的断代词汇概貌，具有典型的价值和积极的作用；对于研究古、今汉语词汇发展变化的现象和规律也有较大的意义。

4 月，曹胜强、孙卓彩主编的《墨子研究》由中国社会科学出版社出版。

该书收录了枣庄学院墨学国际研讨会暨墨子研究院成立揭牌大会领导讲话及参会专家学者有关墨学研究论文。同时,文集中有记录墨家传人张知寒教授的专文及枣庄学院墨学研究工作纪念的专文。

4 月,中国墨子网开通。

中国墨子网于 2008 年 4 月开通,是国内研究、宣传墨学的专业网站。网站设立了中心概况、墨子研究、鲁班研究、砚台文化、学者风采、故里风情、文化产业等栏目。

滕州市墨子研究中心办公室高度重视中国墨子网的建设,安排专业人员对网站内容进行维护和更新,科学设计网站版面;同时,运用先进的信息技术和网络科学技术,依托中国墨子学会、山东墨子基金会、山东大学·滕州市墨子研究中心等研究机构,不断整合各方面的信息资源,不断扩大网站在海内外的知名度,树立网站的权威性;充分利用网络平台覆盖广泛、快捷高效、影响巨大、最具潜力等优势,及时、有效、全面地宣传墨学研究的最新动态及墨学研究的成果。

5 月,山东大学·滕州市墨子研究中心编《科圣墨子》由齐鲁书社出版发行。

墨子名翟,春秋战国之际小邾国(今滕州境内)人,是我国历史上伟大的思想家、科学家、教育家、军事家和社会活动家。

该书用六十二幅画作及精练的语言,记叙了墨子一生的光辉历程,对墨子的十大主张及科学及军事思想进行了展示,并配以墨语百句,画作栩栩如生,文字简明扼要,警句令人深思,是一本深受大众喜爱的普及读物。

5 月,滕州市委、市政府发布新时期“滕州精神”。

新时期“滕州精神”:兼爱包容,诚实守信,开放创新,敢为人先。

5 月 16 日至 18 日,中国(滕州)首届国际墨子文化节暨第七届国

际墨子鲁班学术研讨会在滕州隆重召开。

中国(滕州)首届国际墨子文化节暨第七届国际墨子鲁班学术研讨会于2008年5月16日至18日在滕州隆重举行。此次研讨会继承不守旧,创新不丢根,改变模式和思路,赋予学术研讨会新的时代内涵,着力打造墨子鲁班文化品牌,真正使滕州的墨子鲁班成为世界的墨子鲁班,使学术墨子鲁班成为大众墨子鲁班,使古代的墨子鲁班成为为现代服务的墨子鲁班。

首届国际墨子文化节高起点策划,高标准开展筹备工作。在时间紧、任务重、要求高的情况下,坚持以十七大精神为指导,以科学发展观统揽全局,按照“政府主导、社会参与、创新机制、市场运作”的模式,围绕“文化搭台、加强交流、扩大影响、促进发展”这一方针,坚持“隆重热烈、节俭务实、安全和谐”的原则,突出“挖掘历史文化资源、打造班墨品牌、提升核心竞争力、扩大对外影响”这一主题,集中全力,科学谋划了首届国际墨子文化节新闻发布会和启动仪式、首届国际墨子文化节暨第七届墨子鲁班学术研讨会开幕式、第七届国际墨子鲁班学术研讨会、“鲁班杯”全省职工技能大赛、第十届全国“华夏弈友杯”围棋联谊赛、“聚焦墨子鲁班故里——记者眼中的滕州”全国摄影大赛、首届国际墨子文化节经济贸易洽谈会及墨子文化节系列文化活动等八项主题活动。

为确保研讨会顺利召开,墨子研究中心通过严格审批程序,取得了山东省政府同意举办的批复件。派人多次赴北京、济南、山东大学,向有关领导、专家学者汇报节会筹备情况。认真审查提交论文质量,严把论文研究的方向。墨子研究中心克服汶川特大地震的影响,全力与参会学者沟通联络,确保了参会学者的按时出席。此届研讨会共邀请来自美国、英国、韩国、日本等国及我国各地的专家学者150多人参加。全国人大常委会副委员长周铁农先生,中央军委委员、总政治部主任、上将、中国墨子学会顾问李继耐同志,中国人民解放军总参谋部原副总长、上将、中国墨子学会名誉会长李景同志,中央对台办原主任、中国墨子学会顾问杨斯德同志,山东省副省长、中国墨子学会名誉会长贾万志同志等领导对此次会议给予了极大的关注和支持,在百忙中发来贺电贺信。中国科学院院士朱森元先生,清华大学历史系教授、清华大学国际汉学研究所所长、博士生导师、国际欧亚科学院院士、中国墨子学会名誉会长李学勤先生也发来了贺信。

此次研讨会以弘扬墨子鲁班文化,实现文化与经济良性互动,促进经济社会又好又快发展为指导思想，突破单纯墨学研究的模式，将鲁班列为墨学研究一个重点，这是历次研讨会所没有的，应该说这是墨学研究的一个突破。大会还专门安排时间举行了为墨学研究作出重要贡献的匡亚明、张岱年、杨向奎、颜道岸、孙以楷等前辈和具有特殊贡献的张知寒教授、王裕安校长的专场追思会。同时改变以往单纯室内研讨的模式，把学术研讨会和墨子文化节并行召开，通过举办大规模隆重的广场开幕式，增强了群众参与度，提高了群众对墨子的认知程度。

中国(滕州)首届国际墨子文化节暨第七届国际墨子鲁班学术研讨会开幕式在滕州龙泉广场举行，枣庄市委常委、滕州市委书记王忠林同志代表滕州市委、市政府致了热情洋溢的欢迎词。滕州市委副书记李健同志宣读贺信贺电，山东省人大常委会原副主任、山东大学党委书记、中国墨子学会会长朱正昌同志致辞，枣庄市委书记刘玉祥同志宣布中国(滕州)首届国际墨子文化节暨第七届国际墨子鲁班学术研讨会开幕。晚上，山东省原副省长、中国墨子学会名誉会长王玉玺同志等与会领导和专家学者参加了《鲁班的传说》首发式和“聚焦墨子鲁班故里——记者眼中的滕州”摄影大赛颁奖仪式，观看了大型柳琴戏《墨子与鲁班》。

5 月 17 日上午，第七届国际墨子鲁班学术研讨会举行第一次全体会议，由山东大学副校长陈炎主持，枣庄市委常委、滕州市委书记王忠林同志，枣庄学院党委书记、院长张良成同志分别致辞，武汉大学教授、中国墨子学会顾问朱传棨先生，美国爱丁堡大学教授、中国墨子学会顾问李绍崑先生，中国社会科学院研究员、中国墨子学会副会长谭家健先生，山东大学教授、中国墨子学会副会长姜宝昌先生，台湾师范大学国文系教授、中国墨子学会顾问王讚源先生代表与会专家学者发言。各位领导和专家的讲话，思想深刻，内容丰富，对于更好的弘扬墨学先进文化，具有极其重要的指导意义。5 月 17 日下午至 18 日上午，与会人员分组进行了学术讨论。其间，与会全体人员参加了张知寒教授、孙以楷教授、王裕安校长的追思会，5 月 18 日上午召开了中国墨子学会会长办公会议，研究第四届中国墨子学会领导成员调整事宜。5 月 18 日下午，举行了第七届国际墨子鲁班学术研讨会第二次全体会议，山东大学党委原副书记冯宜明同志主持会议。朱传棨先生、李绍崑先生、谭家健先生等分别通报了本组学术讨论情况，梳理主要学术观点。专家学者的精彩报告与精辟的见解，把墨学研究推向新的境界。第二次全体人员会议后举行了大会闭幕式，枣庄学院党委书记、院长张良成同志主持闭幕式,冯宜明同志宣布会长办公会议关于中国墨子学会第四届领导班子成员调整情况。

中国(滕州)第七届国际墨子鲁班学术研讨会经过与会人员的共同努力,取得了圆满的成功,谱写了墨子鲁班研究的新篇章,此次研讨会吸引了各级主流媒体关注的目光,新华社、人民日报、光明日报、中央电视台及山东省、枣庄市、滕州市等60多家新闻媒体对大会作了全方位的报道。报道数量之多,质量之高超过历届墨学研讨会。在通过传统媒体宣传报道的同时,新华网、新浪网、人民网、网易网、百度网、搜狐网、大众网、滕州在线、中国墨子网、中国鲁班研究等门户网站全面系统地报道了大会的盛况,充分地向世界和各国人民展示了滕州墨学研究的大手笔、大理念、新局面、新气象。

5月16日,中国(滕州)首届国际墨子文化节经贸洽谈会举行。

5月16日,中国(滕州)首届国际墨子文化节经济贸易洽谈会在滕州宾馆举行。来自海内外的客商与滕州市各部门、各镇街、各企业的人士广泛接触,协商洽谈,共谋合作,促成了一批合资合作项目的签约。据统计,此次洽谈会共有28个合资合作项目签约,总投资29.84亿元,合同利用外资27.71亿元。

枣庄市委常委、滕州市委书记王忠林发表讲话,滕州市人大常委会主任刘全君,滕州市政协主席刘新生,滕州市委副书记李健,滕州市委常委、常务副市长杨位明,滕州市委常委、副市长刘中波,滕州市委常委、秘书长宗大全,滕州副市长孟宪纲,滕州市政协副主席李怀兴出席洽谈会。

王忠林在讲话中说:“近年来,滕州市坚持把招商引资作为‘天字号’工程和‘一把手’工程来抓,依托资源、区位、产业优势,创新招商方式,优化投资环境,吸引了大批国内外客商前来投资兴业。今年1—4月份,全市共引进各类外来投资项目127个,实际利用市外资金43.8亿元,同比增长8.7%;地方财政收入实现7.05亿元,同比增长31%。”

王忠林表示,在今后的发展中,全市上下将坚定不移地实施大招商、大引资、大开放战略,不断优化投资环境;大力弘扬新时期“滕州精神”,牢固树立“政府创造环境、企业创造财富”等理念,深入开展“经济环境建设年”活动,努力营造尊商重信的人文环境、富有引力的政策环境、务实高效的政务环境、公正规范的法治环境,努力把滕州建设成为成本最低、效率最高、回报最快、信誉最好的投资宝地，真正让外来客商投资放心、发展安心、生活舒心。

李健、刘中波分别介绍了滕州市的投资环境，并重点推介了主导产业及重点工业园区。

市长助理宋子浩、市政府秘书长高广胜以及市直有关部门、各镇街的负责同志和部分驻滕企业、骨干民营企业的负责人参加了洽谈会。

5 月 16 日，鲁班纪念馆举行隆重的奠基仪式

为了进一步弘扬“百工圣祖”鲁班的创新精神，挖掘和传承鲁班文化，鲁班故里山东省滕州市决定建设鲁班纪念馆并于 5 月 16 日举行了纪念馆奠基开工仪式。

鲁班纪念馆占地 15.2 亩，预计总投资 3000 万元人民币，规划建设面积一万平方米，预计 2009 年上半年竣工。纪念馆采用仿古式建筑风格，主体建筑为三层，局部四层，地下一层。为突出鲁班“百工圣祖”的特点，纪念馆主要以土木建筑为主，混凝土框架为辅，构建飞檐画栋、美轮美奂的古建筑风貌，突出精巧典雅的灵性与特色。纪念馆设有圣祖堂、公祭大厅、木工器械馆、石器馆、兵器馆、建筑厅、舟桥厅、青少年科技教育厅、鲁班传人成果厅、鲁班广场等，并规划建设以石磨、磨盘、碌碡、石槽等数千件石器垒成的石磨山和碌碡山，构成鲁班纪念馆一道奇特景观。

5 月 16 日，滕州市隆重举行《鲁班的传说》首发式，王忠林为该书作序。

《鲁班的传说》序

鲁班，姓公输，名班，春秋战国时期鲁国人（今山东滕州人），是我国古代优秀的手工业工匠和杰出的发明家，是与“科圣”墨翟同时代的平民圣人，两千多年来一直被土木工匠视为“祖师”，受到后人的尊崇。

鲁班一生有很多发明创造，给中华民族留下丰厚的文化遗产。他发明了铲、凿、斧、锯等木工器械；创造了门、窗、桌、床等生活用品；他打造的磙、碓、碾、磨，实现了人类粮食加工的第一次革命；他建造的亭、桥、殿、阁，完美了土木建

筑的技巧艺术;他削制的木鸢,是人类航天史上的第一个飞行器;他制作的木人,是世界上的第一个机器人;他砌垒的碌碡大堤,变水害为水利,早于李冰父子的都江堰二百余年,至今犹存。他不仅是木、瓦、石、雕、舟、车、机械业的"百工祖师""行业神",也是劳动人民智慧的化身。历代名家对鲁班都有很高的评价,元顺帝以绰号"鲁班天子"为荣;大画家齐白石以"鲁班之子"自居;一代伟人毛泽东在延安时曾发出"做革命的鲁班石"的口号,激励仁人志士为解放事业献身。

鲁班晚年,受其师弟墨翟兼爱天下的思想影响,老守田园,致力于教子带徒,"刻石九州",记录其人生的轨迹。鲁班的事迹在《墨子》一书中最先记载。他更多的事迹被人们口口相传、辗转述说,成为民间教育子孙的素材。鲁班发明锯的故事编入小学教材,成为教导人们关注生活细节,善于思考钻研,勇于发明创造的典型范例。2007 年,"鲁班在滕州的传说"被确定为国家非物质文化遗产。

创新是一个民族进步的灵魂,是国家兴旺发达的不竭动力。鲁班文化是人类发明创造的文化,鲁班精神是中华民族自主创新的精神。正如国学大师、原国家图书馆馆长任继愈先生所说:"鲁班在人民心目中占有重要的位置。未来的进步,必须大力依靠科学技术的发展,必须坚持动手和动脑的结合。理论和实践不能分离,必须提倡勇于实践、勇于探索、勇于创新。开展鲁班研究对于加快创新型国家的建设步伐,具有重大的现实意义和历史意义。"为研究、传承、保护、开发、弘扬鲁班事迹,推动科学技术的进步与创新,让鲁班文化中"创新做事、造福世人"的精髓得以薪火相传,鲁班研究专家王中先生和王德超、王珂两位中青年画家从民间流传的大量资料中,甄选出 25 篇鲁班的传说撰文绘画,集结为册,编绘成《鲁班的传说》,采取图文并茂的传统连环画形式,雅俗共赏,老少咸宜,是一本很好地传播传统文化的乡土教材,对于丰富滕州历史文化内涵、弘扬中华民族优秀传统文化、促进和谐社会建设,影响深远,意义重大。

规矩长存,绝巧工而溯神圣;道器同贯,由格物以阐治平。值此《鲁班的传说》出版之际,倍感欣慰,特为之序。

王忠林

二〇〇八年三月

5 月 16 日，滕州市首次举办祭墨大典。

5 月 16 日上午，第二届中国(滕州)国际墨子文化节祭墨大典在龙泉文化广场汉画像石馆前举行。1000 余名海内外嘉宾和社会各界人士聚集在这里，神情肃穆，追思先圣。

山东省人大常委会原副主任、中国墨子学会名誉会长王玉玺，公安部咨询委委员、山东省公安厅原厅长孟庆丰，山东省政府副秘书长司安民等出席第二届中国(滕州)国际墨子文化节开幕式的各级领导、专家学者、海内外嘉宾和社会各界人士参加祭墨仪式。枣庄市委常委、滕州市委书记、中国墨子学会第一副会长王忠林恭读祭文。

王忠林在恭读祭文时高度评价了墨子的伟大成就，称墨子“高扬平等博爱之大纛，首倡和谐圆融之愿景”，“究天人以通幽微，格物事而发钥扃”，“习战阵以御敌侮，说楚王而罢攻宋”，不愧为“一代钜子”。祭文赞叹墨子：“泰山无以比其峻极，黄河岂可拟其恢宏。内共华夏儒家道祖以比肩，外与希腊哲学泰斗而抗衡。洵为中国科技父尊，不愧世界文明祖庭。”王忠林最后表示，要“隆经济以乘扶摇，护民生而达康庄”，实现“墨圣殷殷之瞩望”。

在悠扬、古朴的《钟鸣染山》《止楚攻宋》《科技之父》的乐舞声中，各级领导和文艺界、科技界、企业界人士以及海内外嘉宾先后在墨子像前敬献了花篮，并郑重地向这位“科技之父”行鞠躬礼。

市级领导班子成员和各镇街、市直各部门的主要负责人及社会各界代表参加仪式。

祭墨大典是有史以来第一次大型公开祭祀墨子，为今后举办类似活动定出规制，给此届节会增加了新元素，注入了新活力，是弘扬墨学，让墨子走向世界、走向大众的重大举措，是滕州市倾力打造墨子鲁班品牌的重大突破，对于增强滕州市文化软实力、提升核心竞争力，扩大在海内外影响具有极其重要的意义。

5 月 17 日至 18 日，参加第七届国际墨子鲁班学术研讨会的专家学者以“研讨墨子兼爱非攻与和谐社会思想，兼论鲁班自主创新精神”为主题，展开热烈的讨论。

此届研讨会与会人员以“研讨墨子兼爱非攻与和谐社会思想，兼论鲁班自主创新精神”为主题，展开热烈的讨论，取得了丰硕的成果，共收到各类论文 88 篇，其中墨子研究论文 76 篇、鲁班研究论文 12 篇，收到《科圣墨子》《鲁班的传说》《墨子与亚里士多德比较研究》等专著 26 部。

关于鲁班的科技创新及其意义，朱传棨教授认为，“在中国古代科技发展史上，鲁班具有重要的地位。在机械原理的创立和运用方面有特殊的贡献。他制造的‘云梯’和‘木鸢’涉及‘杠杆’‘滑轮’等机械原理，对机械原理的应用，为发展社会生产、减轻生产者的劳动，以及对社会历史的技术及制造与发展产生了积极的影响”。

王凯先生则以冷兵器时代的兵器发明为切入点，阐述了鲁班对军事发展的贡献。他认为，“在战争史上，尤其是在冷兵器时代，城堡的建立与军事目的密切相关，一座坚固的城堡，就是一个城市或国家防御能力的象征，是最重要的军事防线和要塞。鲁班发明的攻城云梯，功能较为完备，是军事上的一项重要发明，在漫长久远的中国古代战争中扮演了重要角色。‘木鸢’和‘木车马’都是机械和自动化原理的大胆运用，非常具有创意性，显示了鲁班非凡的科学创造智慧”。同时，他还认为，在现代战争中，沙盘模拟实验虚拟现实技术，主要是辅助指挥员进行决策和指挥作战。虽然是“盘上谈兵”，却是一种很有参考价值的实战模拟。

杨建兵先生通过系列的典籍，精彩论证了鲁班与墨子比邻而居，同是今山东滕州人。他认为，“按《公输》篇的记载，墨子‘行十日十夜而至于郢’的目的是要楚王放弃侵宋的企图。可是，到楚国之后，墨子却先去见公输班，说明二人早就相识；见面即要求公输班为他去杀人报仇，证明二人相当熟稔而且颇有情谊；通过设问引公输班说出‘吾义固不杀人’，从而成功地说服对方，说明他深知公输班的性格、品质和个人的道德信念。这样，我们可以初步得出结论，公输班与墨子相邻而居，交往和互动频繁，颇有同乡和同行情谊，知道了墨子的里籍，公输班的里籍也就不远了”。同时，他还从《公输》入手讨论鲁班，认为鲁班并不是一个是非不分、首鼠两端的小人，而是一个审慎周密、知错能改的忠厚长者。

关于墨家“和谐”理念的特色和价值，施炎平先生从儒墨比较考察的视角认为，“要十分注意墨家立论于‘总天下之义以尚同于天’命题，寻求心身(人格)和谐，进而展开为人际(群己)和谐、社会(政治)和谐的阐述和设计。墨家的这种建构思路和理念框架，可概括为‘尚义和谐’一说。墨家的‘尚义和谐’理念，因其倡导‘兼爱天下之人’，执着于‘一同天下之义’，代表了先秦墨家已有了平民意识和平等观念的初步觉醒”。

姜宝昌先生的《从〈梦溪笔谈〉所记阳燧看〈墨经〉所论平面镜成像》、李春泰先生的《墨子的“天”性假设与人间和谐》、萧宏恩先生的《兼爱的志愿服务与社会和谐》、李建国先生的《墨子的经世思想及其现代意义》、窦炎国先生的《论墨子的政治哲学》、苏士甲先生的《读〈墨子亲士第一〉及三题〈尚贤〉——墨子资政治国方略》、刘文忠先生的《墨子“非乐论”新评》、郭震旦先生的《道技合一:墨子科技思想论略》、曹峰先生的《出土文献所见与墨家相关资料》等与会专家学者的论文都有独到的见解,值得深思与借鉴,是大会的重要成果。

5 月 18 日,中国墨子学会召开会长会议,充实调整中国墨子学会第四届领导成员,山东大学党委书记朱正昌任中国墨子学会会长,中共枣庄市委常委、滕州市委书记王忠林任第一副会长。

6 月,墨子纪念馆成功获评国家 AAA 级旅游景区。

2008 年 6 月 29 日,滕州市墨子纪念馆顺利通过了山东省旅游景区等级评审委员会的验收,获评国家 AAA 级旅游景区。

墨子纪念馆是世界上唯一一座专门研究墨子文化、收集墨子资料、展示墨子研究成果、宣传墨子思想的场馆。

8 月,中共枣庄市委常委、滕州市委书记王忠林到墨子研究中心调研。

枣庄市委常委、滕州市委书记王忠林 8 月 27 日在墨子研究中心调研时强调各部门要把历史文化遗产的保护与综合利用作为一项战略性工程来抓,大力弘扬和传承墨子文化,当好历史文化的薪火传人,让丰厚的历史文化真正成为滕州的“名片”,进一步促进经济社会全面协调可持续发展,全面提高滕州的核心竞争力。

王忠林和随行的市委常委、宣传部部长刘杰,市委常委、秘书长刘中波在市政府党组成员、墨子研究中心办公室主任任守景的陪同下,考察了修缮一新的墨子纪念馆,参观了馆内陈列,饶有兴致地向工作人员了解了墨子生平、墨子思想和文化,并听取了墨子研究中心办公室工作情况的汇报。

王忠林高度评价了墨子研究中心办公室在发掘滕州历史文化、传承弘扬墨学思想等方面取得的突出成绩,充分肯定了他们在墨子纪念馆升级改造过程中付出的辛劳,并就进一步重视和保护滕州的历史文化遗产、挖掘弘扬墨子文化和墨学思想提出了要求。

王忠林指出,要认清肩负的责任,高度重视墨子文化思想的传承和弘扬。他说,墨子是古代伟大的思想家、科学家、军事家。毛泽东同志曾高度评价"墨子是一个劳动者,他不做官,但他是比孔子高明的圣人"。滕州是墨子故里,墨子是滕州的"名片",墨子的思想博大精深。在对外开放、发展经济、建设先进文化的今天,弘扬墨子文化和墨家思想,有利于提升滕州的对外形象,有利于提高全民素质。传承历史、弘扬历史文化,是各级党委、政府所肩负的一项非常重要的责任。因此,我们必须弘扬、传承、保护好这一"无价之宝",为子孙后代留下这笔宝贵的历史文化财富。王忠林指出,"要不断丰富和充实墨子文化的思想内涵,在墨子研究的深度挖掘和保护上下功夫。墨研办要积极组织专家进行深入研究,多方搜集有关墨子的传说和研究方面的成果,做好非物质文化遗产的挖掘和保护工作,培育地方特色文化,丰富滕州历史文化内涵。要立足于光大墨子的文化和思想,搞好墨子思想文化的弘扬和宣传。一个文化之所以能够得到弘扬,是因为社会需要它,人民群众需要它。弘扬墨子文化,首先要把它变成群众的文化。墨家思想里面有很多做人处事与个人修身养性息息相关的名言警句,可将其编制成通俗易懂的读物进行传播,让普通大众都能接受。要办好墨学研讨会,除邀请专家学者外,还要吸引社会各个层面的关注,增强群众的参与程度"。

9 月 24 日,齐鲁国际摄影周组委会设立的"墨子国际摄影大师奖"在山东工艺美术学院颁发。

9 月 24 日下午,由齐鲁国际摄影周组委会设立的"墨子国际摄影大师奖"在山东工艺美术学院颁发,共有来自美国、法国、英国、意大利、日本、比利时等国家和地区的摄影大师获奖。山东省人大常委会副主任黄可华为获奖者一一颁奖。

"墨子国际摄影大师奖"的设立是为了纪念摄影光学原理"小孔成像"第一

发现人墨子,旨在推进摄影技术发展和摄影艺术创新。奖项评选充分考虑了摄影家的艺术水平和文化代表性,由齐鲁国际摄影周组委会经过认真评选后评出,获奖者均为国际上具有重要影响力的摄影艺术家及摄影艺术评论家。获奖者分别为:国际摄影艺术联合会成员、《国际摄影艺术》杂志主编卡尔·埃克弗伊乐,美国职业摄影家协会主席杰克·瑞滋尼克,英国图片社总裁基恩·保罗,意大利摄影艺术联合会展览委员会主席蒙奇·西尔瓦诺,法国著名摄影家塞尔日·阿西耶,旅美著名摄影家李振盛,日本广告摄影研究会理事马场道浩、中村成一,中国台湾著名摄影家彭大利。

美国职业摄影家协会主席杰克·瑞滋尼克获奖后表示,能够获得这一奖项深感荣幸,能参加齐鲁国际摄影周,与来自全世界的摄影家们分享摄影感受,这是一个难得的机会。山东非常热情好客,齐鲁大地优美的风景带来很多视觉享受。

"小孔成像"带来了相机,也带来了摄影艺术。2300 多年前的墨子,因第一个发现"小孔成像"基本光学原理,被称为"摄影光学理论和实践的开创者,是探索光影成像的第一人"。齐鲁国际摄影周组委会在设立"墨子国际摄影大师奖"的同时,还组织国内外摄影大师齐聚山东,赴墨子故里滕州参观墨子纪念馆,举办"墨子小孔成像国际摄影学术研讨会"。齐鲁国际摄影周组委会通过这样一种特殊的方式,让世人了解山东,了解"小孔成像"的发源地,并确定中国摄影的国际地位,使"小孔成像"的发源地成为摄影文化的圣地,打造山东的文化品牌。

"墨子国际摄影大师奖"今后将作为常设奖项,每两年颁发一次,并将被打造成国际摄影界具有权威性的大奖。

10 月 14 日,第二届墨子小孔成像国际摄影学术研讨会在滕州举行。

10 月 14 日,第二届墨子小孔成像国际摄影学术研讨会在滕州举行。国际摄影艺术联合会董事会成员兼秘书长、国际摄影艺术联合会摄影大师里卡多·布西先生和来自美国、意大利、英国、比利时、德国、法国、克罗地亚、塞尔维亚、阿根廷、土耳其、韩国、埃及、希腊、瑞士、日本、澳大利亚、贝宁等 20 多个国家的摄影家协会主席、国际摄影大师及我国各省、自治区、直辖市摄影家协会主席、秘书长和知名摄影家以及中央、省、市新闻记者约 200 人参加活动。

这次研讨会特邀中国墨子学会副会长、山东大学姜宝昌教授作《小孔成像原理对后世摄影术发展影响》的专题学术报告，中外摄影家围绕挖掘保护小孔成像非物质文化遗产展开研讨，主要目的是打造“世界最早的小孔成像发源地”的品牌，为滕州市申报“国际摄影之都”打下坚实基础。在滕期间，中外摄影家到红荷湿地公园采风创作，到木石镇化石沟村拜谒墨子诞生地，参观墨子纪念馆、墨砚馆、汉画像石馆等，并举行第二届墨子小孔成像国际摄影学术研讨会，共同追溯“摄影光学理论和实践的开拓者”“光学成像原理第一人”墨子，传承和弘扬墨子学说和墨家思想，并围绕挖掘保护“小孔成像”非物质文化遗产展开研讨。

10 月 14 日晚，市委、市政府在盈泰生态家园举行宴会，欢迎前来滕州采风和参加研讨会的中外摄影家。国际摄影艺术联合会秘书长里卡多·布西和夫人，意大利佛罗伦萨摄影家协会主席马特拉西·马赛罗和夫人，德国北威州议员、德国伯尔基金会负责人伯恩哈德·沃恩·格林贝格和夫人，国际摄影艺术联合会《国际摄影艺术》杂志主编卡尔·埃克弗伊乐，美国华盛顿邮报图片总监、世界摄影联盟主席赵维克，中国文化部外联局中心处处长王彦军，城市摄影联盟主席龙绪明，《摄影与摄像》杂志社社长、总编辑温宁，中国东方国际摄影艺术促进协会主席曾毅、副主席任树高，中国墨子学会副会长、山东大学教授姜宝昌也应邀出席。

宴会前，市委书记王忠林代表市委、市政府向里卡多·布西颁发“滕州荣誉市民”证书，并赠送了“金钥匙”、墨子铜像。里卡多·布西向滕州市赠送了《世界摄影杂志集》。里卡多·布西在答谢辞中说：“墨子在摄影方面的成就是无与伦比的……滕州是小孔成像发源地，在这里举行摄影学术研讨会，意义非凡。我荣幸成为滕州荣誉市民，这不仅是我个人的荣誉，更是国际摄联的荣誉，我将非常珍视。滕州是一个美丽的城市，给我们留下了非常美好的印象。感谢给我们提供了这样的机会，让摄影家们聚焦滕州，感受到了滕州的魅力。”

第二届墨子小孔成像国际摄影学术研讨会在滕州举办，对于进一步认定墨子是“摄影光学之父”、滕州是“世界小孔成像最早发源地”具有十分重要的意义，同时也是对滕州打造墨子文化品牌的鞭策和激励。此次国际摄影学术研讨会的举办，成功架起了一座中外摄影界相互联系、相互交流的桥梁，也架起了展示墨子故里滕州深厚文化底蕴、经济社会发展成就、百万人民创业风采的桥梁。

附件 1:《中国墨子学会第四届领导成员名单》

中国墨子学会第四届领导成员名单

名誉会长(23 人,按姓氏笔画排序)

马万祺　王玉玺　任继愈　孙淑义　宋　健　刘玉祥　李　景　李学勤
李建国　吴官正　苗枫林　周克玉　张文台　张高丽　张万青　陈　伟
赵志浩　姜春云　姜异康　贾万志　黄　胜　韩喜凯　董凤基

顾问(22 人,按姓氏笔画排序)

丁冠之　王学仲　王玉中　王讚源　尹衍梁　牛启忠　朱传棨　朱锡光
乔幼梅　李绍崑　李继耐　李殿仁　张尚德　林兆义　周立升　陈之安
杨斯德　贾亦斌　郭良志　董兴河　曾繁仁　蔡尚思

会长、第一副会长、常务副会长

会长:朱正昌

第一副会长:王忠林

常务副会长:陈　炎　王　刚

副会长(14 人,按姓氏笔画排序)

王学典　冯宜明　刘全君　刘新生　齐瑞端　李广星　孙中原　张良成
陈克守　姜宝昌　唐传喜　秦彦士　黄世瑞　谭家健

秘书长、副秘书长

秘书长:任守景

副秘书长:李　红　孙卓彩

常务理事(30 人,按姓氏笔画排序)

王忠林　王　刚　王学典　王　凯　朱正昌　冯宜明　刘全君　刘新生
任守景　齐瑞端　孙中原　孙卓彩　李广星　李　红　邵　磊　张良成
张幼林　张国梁　张宪依　张庆军　陈　炎　陈克守　郑杰文　姜宝昌
秦彦士　黄世瑞　曾振宇　曹　峰　曹胜强　谭家健

附件 2:2008 年墨学研究硕士学位论文目录

郭小娟:《墨子“法”思想及其哲学内涵研究》,上海师范大学硕士学位论文,2008 年。

贾军霞:《墨子、韩非政治思想比较研究》,山西大学硕士学位论文,2008 年。

蒋丽萍:《墨子的“义利”观及其政治思想要旨》,中国政法大学硕士学位论文,2008 年。

孔祥敏:《论〈墨经〉的故、理、类对推论的作用》,燕山大学硕士学位论文,2008 年。

雷思鹏:《墨家逻辑思想研究》,西北师范大学硕士学位论文,2008 年。

李　琦:《〈墨子〉代词研究》,首都师范大学硕士学位论文,2008 年。

刘丽琴:《论墨子的人格精神》,广西师范大学硕士学位论文,2008 年。

刘　鹏:《试论墨子实利主义伦理思想》,山西大学硕士学位论文,2008 年。

莫付欢:《墨子的先在认知图式及其“非乐”论美学思想研究》,广西师范大学硕士学位论文,2008 年。

沈　庆:《儒墨思想合流研究》,陕西师范大学硕士学位论文,2008 年。

石力波:《论墨家的科技伦理思想》,东北大学硕士学位论文,2008 年。

唐育萍:《墨子理想国中法律的角色》,中国政法大学硕士学位论文,2008 年。

王金慧:《墨子“兼相爱,交相利”法律观及其现代价值》,烟台大学硕士学位论文,2008 年。

王小静:《墨经逻辑学之模态词分析》,燕山大学硕士学位论文,2008 年。

王　鑫:《论墨子“兼爱”思想的特点》,河北大学硕士学位论文,2008 年。

武丹丹:《〈墨子〉通假字音义关系研究》,兰州大学硕士学位论文,2008 年。

赵　岩:《〈经下〉逻辑理论考察》,燕山大学硕士学位论文,2008 年。

周伟虎:《墨学命运的哲学思考》,苏州大学硕士学位论文,2008 年。

2009 年

2 月，鲁班纪念馆开工建设。

2009 年 2 月 26 日，集中展现鲁班科技创新精神及历代鲁班传人光辉事迹的滕州市鲁班纪念馆正式开工建设。该工程被列为滕州市委、市政府 2009 年十件实事之一。

鲁班纪念馆选择以“继承与发展”的设计理念，在继承中国传统建筑风格的同时，又将当今建筑技术所取得的成就有机地结合为一体。

鲁班纪念馆设计建筑面积为 8296 平方米，是目前国内建筑体量最大、功能最全的纪念鲁班的专门场馆。馆内计划设置公祭大厅、生平事迹厅、木器厅、石器厅、兵器厅、建筑厅、舟桥厅、航天科技厅、青少年科幻厅、鲁班传人成果厅十个展厅。

鲁班纪念馆建设，对于进一步弘扬、传承、普及鲁班精神，培养广大青少年科技创新意识，具有十分重要的现实意义，同时，也是打造鲁班文化品牌的有效载体，是展示滕州发展新形象、建设新成果的有效平台，还能满足海内外游客到鲁班故里寻根祭祖的愿望。

3 月，周才珠、齐瑞端《墨子全译》（修订版）由贵州人民出版社出版发行。

《墨子》是墨子及其弟子与后学者的著述总汇，该书所译注的今存的五十三篇是墨学的本体与精髓。

对该书的译注，作者采取了如下做法。

第一，正文以中华书局出版的《新编诸子集成》本孙诒让《墨子间诂》为底本,逐篇逐段进行译注,每篇分题解、原文、注释、译文四大部分,对原文的脱、衍、错简之处,一般不予改动,在注释中加以说明,如必须改动者,则用注引出依据。

第二,注释博采众长,以墨学泰斗孙诒让的注释为基础,同时吸收清代学者王念孙父子、俞樾、毕沅、苏时学等人的注解,参考了近代学者谭戒甫的《墨辩发微》、岑仲勉的《墨子城守各篇简注》、张纯一的《墨子集解》、王焕镳的《墨子校释》、台湾学者李渔叔的《墨子今注今译》及伍非百的《中国古名家言》等研究成果,力求全面准确再现墨文精神风貌,凡取某说时一应注明姓名和引出原注。

第三,对难字、多音字,采用拼音字母加同音字的方法注音。

第四,一律使用规范的简化字,特殊地方用繁体或异体字,在注释中均有说明。

该书为中华人民共和国出版规划重点项目,并获得中宣部精神文明建设“五个一工程”奖。

4月,张知寒《齐鲁诸子名家志·墨子志》由山东人民出版社出版发行。

墨子,战国时期著名思想家、科学家,墨家学派创始人。他以“兴天下之利,除天下之害”为己任,其学说与儒家并称“显学”。此外,他在自然科学如数学、力学、几何学、光学以及工艺学等方面,也都有很高的成就,后人称为“科圣”。《齐鲁诸子名家志·墨子志》全面真实地记述墨子的家世与生平,著作及其影响,墨子哲学和人文思想,自然科学知识及其实用工艺成就,墨学流传、研究和影响,遗存纪念物等。

4月,季羡林为滕州市和第二届中国(滕州)国际墨子文化节题字“墨子鲁班,善国双圣”。

季羡林,字希逋,又字齐奘,山东临清人。著名的古文字学家、历史学家、东方学家、思想家、翻译家、佛学家、作家。他博古通今,被称为“学界泰斗”,精通12国语言。曾任中国科学院哲学社会科学部委员、北京大学副校长、中国社科院南亚研究所所长。

为了提升第二届中国(滕州)国际墨子文化节的传播力和影响力,办好这主题活动,4 月 12 日晚,滕州市政府党组成员、墨子研究中心办公室主任任守景,副主任颜玉明,受市领导委托专程赴北京,在中国孔子基金会副秘书长、季羡林研究所副所长王大千同志的陪同下,前往北京 301 医院拜见季老。

任守景转达了滕州市党政领导对季老的亲切问候,代表 165 万滕州人民恭祝季老健康长寿。汇报中,季老频频颔首,当听到滕州市委、市政府高度重视墨学思想的弘扬与传承,在接连举办了七届国际墨子鲁班学术研讨会的基础上,从去年开始每年举办一届国际墨子文化节时,连声说好,称赞滕州历史文化底蕴深厚,滕州市领导有远见卓识。季老感慨地说:"国歌中,中华民族到了最危险的时候,是让我们自强不息。现在欣逢盛世,更应该着眼提高人的素质。滕州是人口大县,更应如此。墨子是科学的代表人物,鲁班是技术的代表人物。纪念他们很有意义。"

听完汇报,季老欣然写下了"鲁班故里在滕州""墨子鲁班,善国双圣"两幅大字。

5 月 7 日,钱文忠教授在滕州剧院作《墨子的当代价值和世界意义》的专题报告,中共枣庄市委常委、滕州市委书记王忠林主持报告会。

为办好第二届国际墨子文化节,滕州市墨子研究中心积极策划借助中央电视台这一权威高端平台普及墨子精神、宣传滕州历史文化。经过艰苦协调交涉,成功邀请钱文忠教授与央视《百家讲坛》栏目组来滕。5 月 7 日,钱文忠教授在滕州剧院作了《墨子的当代价值和世界意义》的专题报告。中共枣庄市委常委、滕州市委书记王忠林主持报告会并作重要讲话。

邀请名家讲墨子鲁班是滕州市委、市政府为打造班墨品牌采取的一项重要举措。钱文忠墨子故里讲墨子,引起了国内各大媒体的广泛关注。新华网、大众日报、山东卫视、大众网、齐鲁晚报、山东商报、旅游世界、济南时报等新闻媒体和网站分别以不同的形式进行了详细报道,在全国范围内掀起了一股热爱墨学、重视墨学、共研墨学的热潮,开创了墨子文化宣传的新局面。

报告会后,市委常委、宣传部部长邵磊陪同钱文忠教授参观墨子纪念馆及有关文化场馆。

5月16日至18日,滕州市举办第二届中国(滕州)国际墨子文化节。

此届文化节以党的十七大精神为指导,以科学发展观统揽节会工作全局以"文化搭台,经贸唱戏"为原则,按照"政府主导,社会参与,市场运作"的模式,突出"走近墨子鲁班,感悟创新之源"这一主题,以"打造班墨历史文化品牌,提升文化软实力,增强城市核心竞争力"为主线,进一步弘扬"兼爱包容、诚实守信、开放创新、敢为人先"的新时期滕州精神,切实提振信心,凝聚合力,努力建设繁荣昌盛、文明富裕、安定和谐的幸福滕州。

为增强滕州历史文化品牌的辐射力和知名度,切实把此届文化节办成高品位、高层次、有特色、有影响的国际性节会,市委、市政府通过发放征求意见函、召开讨论会、网上征集等形式,广泛征求各个层面的意见和建议,精益求精设计主题活动,确定了钱文忠教授在央视《百家讲坛》讲墨子、"祭墨大典"、"墨子鲁班历史文化知识电视大奖赛"、"'走近墨子故里'全国名家书法展暨'三圣名言'书法展"和"墨子能工杯"技能大赛等群众参与度高、有较大影响的主题活动,确保在最大范围内唱响"走进墨子鲁班,感悟创新之源"的节会主题。

5月16日,雨后的龙泉文化广场,彩球高悬,人头攒动,气氛热烈。以"走近墨子鲁班,感悟创新之源"为主题的第二届中国(滕州)国际墨子文化节开幕式在这里隆重举行。来自海内外的嘉宾和社会各界朋友,汇聚古老的滕州,追思墨子、鲁班先贤,共同弘扬优秀历史文化,承兼爱、创新之风,推进和谐社会建设。

中国人民解放军原副总参谋长、中国墨子学会名誉会长李景上将发来"弘扬墨学,科教兴国"贺词;著名国学大师季羡林先生亲笔题写了"墨子鲁班,善国双圣"八个大字。中国孔子基金会、上海人民出版社、山东省人大常委会原主任赵志浩、山东省副省长贾万志、中央电视台《百家讲坛》著名主讲人复旦大学钱文忠教授分别发来贺电、贺信,对第二届中国(滕州)国际墨子文化节的举办表示祝贺。

贾万志在贺信中说,举办中国(滕州)国际墨子文化节,大力传承和弘扬墨学文化,打造墨子文化品牌,对于进一步提高滕州的知名度和影响力、提升文化软实力将产生积极的促进作用。希望滕州市以举办国际墨子文化节为契机,充分挖掘丰厚的历史文化资源,积极秉承并大力弘扬墨子"兼爱、非攻、尚贤、尚同”等先进理念，努力建设经济文化强市。

山东省人大常委会原副主任、中国墨子学会名誉会长王玉玺，公安部咨询委委员、山东省公安厅原厅长孟庆丰，山东省科技厅副厅长王晓斌，山东省科协副主席许素海，枣庄市委常委、滕州市委书记王忠林，枣庄市委常委、市委政法委书记秦元祥，枣庄市副市长赵联冠，枣庄市政协副主席李华中，滕州市人大常委会主任刘全君，滕州市政协主席刘新生等出席开幕式。

上午 9 时许，山东省政府副秘书长司安民宣布：第二届中国（滕州）国际墨子文化节开幕。顿时，龙泉文化广场上锣鼓喧天、礼炮齐鸣，五色的彩带、气球腾空而起。

王忠林代表滕州市委、市政府致辞。他说：“滕州是科圣墨子、工匠祖师鲁班、勇于自荐的毛遂、招贤纳士的孟尝君、造车鼻祖奚仲的故里。这里名士辈出、人文荟萃，创造了丰富多彩、弥足珍贵的文化遗产。近年来，滕州市坚持‘挖掘、开发、研究、普及、传承’并重，加强对墨子、鲁班历史遗迹的开发和保护，利用举办墨子文化节、研讨会、邀请名家专题讲座、编写通俗读物、戏剧演出等形式，大力传承和弘扬墨子、鲁班崇尚科学、勇于创新、强本节用等方面的科学思想，使墨子、鲁班思想精髓广为流传、影响广泛，成为激励后人团结友爱、艰苦奋斗、开拓创新的精神力量，同时也大大提高了滕州的知名度和影响力，有力促进了滕州经济社会又好又快发展。”

王忠林说：“第二届国际墨子文化节集展会赛事、科技交流、经贸洽谈、文体活动、旅游观光于一体，形式多样、内容丰富。相信通过大家的共同努力，一定能够把本届国际墨子文化节办成一次特色鲜明、精彩圆满、影响深远的盛会，成为滕州与各界朋友加深友谊、共谋发展的桥梁和纽带。他衷心希望各位领导、嘉宾一如既往地关心、支持滕州的发展；希望海内外客商以墨子文化节为纽带，进一步加强与滕州的交流合作，携手并进，共同开创更加美好的明天。”

参加第二届中国（滕州）国际墨子文化节各项主题活动的海内外专家学者和嘉宾、中央和省级各媒体的记者应邀出席开幕式。滕州市级领导班子的其他成员以及各部门各镇街的主要负责同志和社会各界代表也出席了开幕式。

5 月 16 日，滕州市第二次举办祭墨大典。

第二届中国（滕州）国际墨子文化节将“祭墨大典”确定为主题活动后，面临时间紧、任务重、资金缺乏等诸多困难。市墨子研究中心办公室立即行动,全国节会办负责同志去济南、曲阜就典礼乐舞选择、舞台布置、仪式程序、氛围营造等工作征求专家意见和建议。到杭州录制乐舞音乐;抓紧时间赶制古装;集合160名乐舞生进行封闭式培训、排练。经过一个多月的不懈努力,确保了第二次祭墨大典的圆满举办,给世人呈现了一场气势恢宏、雅正简洁的盛典。

祭墨大典有以下特点:一是对祭墨大典科学定位。突出科技这一主题,制定了"缅怀科技之父、推动科学发展"主题词,努力叫响"墨子是科技之父"的口号,避免了与其他祭拜活动雷同或照搬照抄,增强了社会各界的关注度。二是高起点设计、高标准筹备。在筹备过程中,我们请山东大学教授姜宝昌先生撰写祭文、国家一级编剧王中先生撰写乐舞颂词,体现出高水平。王忠林书记恭读祭文,体现党政重视。三是借助外力,改进提升。在筹备过程中,我们不断开阔视野,更新观念,采取"造船不如买船,买船不如租船"的理念,巧借外力,扬长避短,为我所用。经过多方咨询、考察、论证,认真挑选专业演出团体演出。这样,既提升了祭墨大典档次,又节省了时间,腾出更多精力办别的事情,同时有效地避免了人、财、物的浪费,达到了多快好省的目的。

国家、省市级媒体对祭墨大典给予了高度关注,人民网、山东人民广播电台、滕州电台、滕州电视台、中国滕州网等对祭墨大典进行现场直播。人民日报、经济日报、光明日报、中新社、大众日报等新闻媒体对开幕式和祭墨大典进行了充分报道,《滕州日报》还策划出版了特刊。据不完全统计,祭墨大典的网上点击量已超过500万次。

己丑年祭墨大典祭文

维时季春,莺飞草长。龙泉塔影,百寻茫茫。荆河清流,千里汤汤。欣逢科圣墨子二千四百又九十祀诞降穀旦,今我墨圣故里后昆,爰及华夏述志士行,奉洁牲之太牢,奠清醴之杜康。黄钟大吕,长袖博裳。临灵域于木石,思圣诞其凤翔。谨告祭曰:

北辛陶纹,征东夷文化之昌明;奚仲车式,纪三代器物之专精。苍天眷亲,先贤孕英。催生圣婴成一代钜子,教化黎民树累世奇功。高扬平等博爱之大纛,首倡和谐圆融之愿景。"兼爱""非攻""尚贤""尚同"。濡渥风习,淬铸道统。究天人以通幽微,格物事而发钥扃。几何初制,珠算定程。小孔成像,飞鸟影动。"力"施物"奋","标"适称"衡"。

科技创新，凿破鸿蒙。正“名实”以论真伪，举“坚白”而资验证。“故”“理”陈“辞”，“三物论”成。泰西中土，逻辑齐荣。习战阵以御敌侮，说楚王而罢攻宋。兵法修列，万国仰宗。长歌睿智光芒之瑰丽，浩叹经典庋藏之饶丰。泰山无以比其峻极，黄河岂可拟其恢宏。内共华夏儒家道祖以比肩，外与希腊哲学泰斗而抗衡。洵为中国科技父尊，不愧世界文明祖庭！

科圣已去，斯文未荒。墨学自西学东渐以复振，科技逢劫后新纪而重光。隆经济以乘扶摇，护民生而达康庄。墨圣燃炬导夫前路，吾侪踵武趁其韶光。诸业恒谋偕进，计功宜放眼量。祚当世以怀老幼，荫后代而泽绵长。斯国人喁之企盼，亦墨圣殷殷之瞩望。

即布虔敬，伏维尚飨。

公元二〇〇九年五月十六日

（撰文　姜宝昌）

5月17日，墨子鲁班历史文化知识电视大奖赛举行，滕州市委常委、宣传部部长邵磊同志在“墨子鲁班历史文化知识电视大奖赛”上致辞。

为办好此次活动，滕州市墨子研究中心邀请多位专家为此次大奖赛出题，历时三个月，筛选出最能代表滕州历史文化、墨子鲁班精神的题目，通过滕州日报、滕州电视台、滕州各大网站等媒体刊发“墨子鲁班历史文化知识电视大奖赛”的参赛须知及竞赛题目，利用近一个月的时间，对参赛队伍进行集中培训与指导。5月17日，6支队伍进行决赛，滕州电视台对决赛进行了转播。

滕州市委常委、宣传部部长邵磊出席颁奖仪式并致辞。

墨子鲁班历史文化知识电视大奖赛的成功举办，是弘扬墨学，让墨子走向世界、走向大众的重大举措，是滕州市倾力打造墨子鲁班品牌的重大突破，充分调动起全市人民参与墨子文化节的积极性，努力营造了人人关注文化节、参与文化节、受益文化节的社会氛围。

5 月,任守景主编《墨子研究论丛》(八)由齐鲁书社出版发行。

该书共收录参加第七届国际墨子鲁班学术研讨会的专家学者论文 69 篇,主要涉及以下几个方面。

关于墨子的兼爱非攻与和谐社会思想

王讚源:《墨子思想是到和谐社会之路》

文章指出,《集韵》:“和,调也。”《礼记·郊特牲》:“阴阳和而万物得。”疏:“和,合也。”《玉篇》:“谐,调也、合也。”和、谐二字同义,因此互相为训。《广雅·释诂》:“和,谐也。”《小尔雅·广言》:“谐,和也。”“和谐”是同义复词,和谐也称作谐和、谐调、调和、和调、和合等。在传统中国,“和谐”是一个重要观念,作者认为,墨子思想中有的内容与和谐社会有关,即兼爱的伦理、理智的心态、和平的环境、公义的政治社会等。

人是在环境中生存和发展的。人生都以追求和获得幸福为始终的目标,但追求和获得幸福离不开环境,没有良好的环境,所谓幸福无从谈起。而和谐社会正是人追求和获得幸福的良好环境。和谐社会需要建设。考察墨子思想,其兼爱伦理创造性转化自爱自利为相爱相利,兼爱的互利性、互助性和对等性,以及“爱人若己”的方法,使人与人和睦相处、共存共荣、良性互动。其理智的心态,能看清事实、分辨是非对错,有讲理的习惯,务实的作为,容易讨论与对话,比较可能取得共识,而共识是合作及和谐的基础。其非攻思想是以实力作后盾的和平主义,可以维护一个和平的环境,只有和平的环境才能建设和谐的社会。其倡议公义的政治社会,讲究权利、机会及分配的公平,使人各得其所,各司其职,如此人心没有怨忿,不会愤世嫉俗。墨子这些思想有其正确性和可能性,只要力行实践,可以建设一个和谐的社会。所以,我们说:墨子思想是到和谐社会之路。

周磊:《和谐社会建设的墨学渊源》

作者认为,构建社会主义和谐社会是党的十六大提出的我国当前和今后一个时期的主要任务,社会和谐既有赖于科学合理的制度安排,更有赖于熔铸于民族血脉的文化传承和普遍而深厚的价值认同。中华文化具有五千年悠久灿烂的文明历史。中华民族有着优秀的“和合”文化传统:儒家的理想就是“天下大同”。《礼记》中“以中国为一人、以天下为一家”，说的就是以超越一国一族的“天下观”，构筑一个和谐有序的“大同社会”。墨家以“爱无差等”为梦想，倡导兼爱非攻、尚同尚贤；道家以“小国寡民”为梦想，主张无欲、无为、无争；法家以“富国强兵”为梦想，倡法治，图实效；佛教以“善地净土”为梦想，强调同体共生、乐善好施。在这些学派的思想中，尤以墨家对“和谐”思想的体现最为全面、系统和深入。在中国的“和合文化”中具有举足轻重的地位，是今天构建社会主义和谐社会的重要文化渊源之一。

作者从兼爱——人与人的和谐、非攻——国与国的和谐、尚贤——选人与用人的和谐、尚同——国家与国民的和谐、强本节用——生产与社会的和谐五个方面作了进一步的阐述。

孙卓彩：《“贵和”与“尚同”：孔墨和谐思想之比较》

文章指出，铭刻在中华文明史册上的先哲先贤，无一不是和谐社会的追求者、倡导者、设计者和践行者。只是因时代的不同而对和谐社会内涵的理解不同，因各自立场、观点的不同致使各自的设计方案和实现路径不同。早在中华文化轴心时代的春秋战国时期，作为儒学和墨学两大“显学”创始人的孔子和墨子，鉴于当时的“礼崩乐坏”和社会战乱，分别打出“贵和”与“尚同”的旗帜，以求收到教化人心、整合社会、促进和谐、实现太平之功效。

综合孔、墨和谐思想，虽然角度、路径不同，但指向一致，可以相互补充，相互为用。正如唐代韩愈所说，“孔子必用墨子，墨子必用孔子，不相用不足为孔墨”。联系目前建设和谐文化、和谐社会、和谐世界的世界性课题，孔子的“贵和”思想固然可贵，墨子的“尚同”思想同样值得珍视。当今中国社会是文化多元、经济形式多样、社会结构多层的中国特色的社会主义社会。实现小康社会的美好愿景，既需要孔子调节差等、安定有序的“贵和”思想，也需要墨子上下一致、兼爱交利的“尚同”思想。若将两者有机地结合起来，使之珠联璧合，对于构建既有中国特色又有现代意义的和谐社会，将会发挥更大的参考作用和借鉴价值。

关于《墨经》的研究

姜宝昌：《从〈梦溪笔谈〉所记阳燧看〈墨经〉所论平面镜成像》

文章分缘起和正论两部分。

第一部分，缘起。

第一,《经下 24》:"鑑住(注,同洼、凹),景(影)一小而易、一大而正,说在中之外内。"

《经说下 24》:"鉴。中(此指焦点)之内:鉴者近中,则所鉴大,景亦大;远中,则所鉴小,景亦小,而必正。起于中缘正而长其直(值)也。中(此指凹面中心)之外:鉴者近中,则所鉴大,景亦大;远中,则所鉴小,景亦小,而必易,合于中[缘易]而长其直也。"

此条经文与经说文,自邓高镜释为凹面镜成像原理及状况,钱临照又释"中"为焦点和球面中心以来,学者悉宗其说,略无异词。至于"起于中缘正而长其直"和"合于中[缘易]而长其直"或有异解,无碍于此条本质内容的诠释。

由沈氏《梦溪笔谈》所记阳燧,更由现代几何光学凹面镜成像实验结果,可以断言此条经文和经说文为凹面镜成像原理及状况之阐释。这成为此文正论——《经下 23》和《经说下 23》为平面镜成像原理及状况之阐释的旁证之一。

第二,《经下 25》:"鑑团,景[一小]天(一大),而必正,说在得。"

《经说下 25》:"鉴。鉴者近,则所鉴大,景亦大;亓远,则所鉴小,景亦小,而必正。景过正,故招。"

如果说上条"鑑注"为鑑之洼者,即凹面镜,那么此条"鑑团"便为鑑之团者。《说文》"团,圜也",又"圜,天体也"。由是,鑑之团者即凸面镜无疑。墨家所论凸面镜成像原理及状况,与现代几何光学凸面镜成像实验结果并无二致。这成为此文正论《经下 23》和《经说下 23》为平面镜成像原理及状况之阐释的旁证之二。

第二部分,正论。

第一,《经下 23》:"临鑑而立,景倒,多而若少,说在寡区。"

《经说下 23》:"临。正鉴,景寡。貌能(态)、白黑、远近、杝正,异于光。鉴景当俱,就去尒(亦)当俱,俱用北。鉴者之臭(臬)于鉴,无所不鉴。景之臭(臬)无数,而必过正。故同处,其体俱然,鉴分。"

此条经文与经说文,自邹伯奇释为"洼镜成像"以来,学者或从或否,从之者如李渔叔、方孝博,否之者如高亨、谭戒甫。作者从高、谭二氏之说,以此条论平面镜之理,但以高氏改字独多为不可取,而谭氏以数字推之,又难免刻意求深之意。

第二,此条为平面镜成像的论证。作者通过对"首说鉴""次说临""就墨家所论几何光学知识系统而言,不应触平面镜成像条目""平面镜成像条目何以被解释为球面镜成像"的论证,得出结论:《经下 23》和《经说下 23》系墨家论平面镜成像原理及状况,其诠释应该是,物体置于平面镜前,必于镜中生成侧转或倒置之虚像。如改换物体位置，或用成某一夹角之二平面镜，皆将生成众多虚像，然其形均同于物体，与仅有一虚像者同。究其原因，在于周界有定之诸面中，平面面积最小。

赵岩、张忠义：《〈经下〉"说在"条目献疑》

文章认为，《经下》作为《墨经》六篇中的一篇，其丰富的内容和独特的论说形式是现代所不可忽视的。然而目前国内对《经下》的研究还只有在涉及《墨经》中的各种推论形式时才被举例提及，却没有对《经下》的 83 条"说在……"作过具体和系统的分析研究。实际上，这 83 条"说在……"不仅有对推理形式的阐述，还有对逻辑规律的论述，如"学之无益也，说在诽者"就反驳了一个违反矛盾律的命题；"谓辩无胜，必不当，说在辩"，则是对违反排中律命题的反驳。所以，对《经下》的内容进行进一步的梳理和归类研究是十分必要的。《墨经》提出了名、辞、说的基本思维形态，也提出了辟、侔、援、推等具体的推论形式。作为《墨经》六篇之一的《经下》则充满着墨经逻辑的这些主要理论，对《经下》的内容从不同角度进行归类和总结，可以让我们对墨家逻辑理论有更加清晰和完整的认识与研究。

目前，只有中国人民大学的孙中原教授在其 2006 年的著作《中国逻辑研究》中的附录中对《墨经》进行的分类译注里面，把《经下》中的 40 条"说在"归到了逻辑学一类。但作者提出，《经下》中还有其他 5 条"说在"阐释的内容包括排中律、模态命题等，应该是逻辑学的内容。因此，作者认为，《经下》中共有 45 条"说在"内容应归在逻辑学一类中。

作者共找到 34 条"说在"，其论说形式是省略了大前提的三段论。并且可以看出，"三物"模式比三段论式多出了"类"这样的例证，是具备了演绎推理的基本性质和形式的一种有效推理的模式。"三物"论式、"三支"论式和亚里士多德三段论式一样，也是前提必然得出结论的演绎推理模式，特别是"三物"和"三支"模式都有同类归纳和异类反例的成分作为对推理的支持。这说明人类思维方法和形式有相似的地方，这种相似性也证明了逻辑的全人类性。

关于墨学研究发展概况及创新领域研究

谭家健：《近三年来墨学研究之新收获》

作者在文中对三年来出版的三十余种墨学著作分类介绍：第一，综合研究类；第二，专题研究类；第三，通俗简介类；第四，注释今译类；第五，报刊文章。

作者对以上五类逐一进行了介绍,并指出多数为评析性质,少数为注释性质。

作者提出一个命题、三点希望。一个命题是:儒墨相用。这是韩愈提出来的:“孔子必用墨子,墨子必用孔子。不相用,不足为孔墨。”他认为儒墨两家在一些问题上原来是相近的,争论和对立是两家不肖。从今天的现实需要来看,儒墨两家的思想精华都是中华传统文化的组成部分,都可以为我所用。不必过分强调其对立性、斗争性,而要注意其共通性、互用性。

作者提出的希望之一是突出重点,积极开展墨学创新性研究。当前墨学研究的一个薄弱环节是对墨家在工程技术方面的贡献研究不够。《备城门》以下十一篇,在古代工程技术史上有很高的价值,半个多世纪以来,除了岑仲勉先生于 1948 年出版《墨子〈城守〉各篇简注》、台湾冯成荣先生于 1997 年出版《墨子兵学及〈备城门〉以下十一篇新注新释》之外,未见专书出版,仅有秦彦士等人发表过若干单篇文章。作者认为,墨子书中不少东西可以超越军事工程技术层面,从自然科学史角度加以充分发掘和深入探讨。

希望之二是加强墨学普及推广工作。要推介合适的学者,利用电视台和各种学术讲座,宣扬墨子在历史上的贡献和现实意义,要学习学者讲《论语》《庄子》的方式方法。可以结合现代生活中发生的社会问题,但不要刻意牵合眼下热点,讲什么股票投资经验之类。要雅俗共赏,不要低俗、庸俗;要发人深省,不追求逗人嬉笑。要实事求是,不要把墨子所没有的东西安到他头上。有条件的文科大学可以争取多开设墨学选修课。

希望之三是积极开展学术讨论和海内外学术交流。学术界有不同意见是正常的,要求大同、存小异,认真贯彻“双百”方针,平等友善地争辩,既要鼓励大胆提出实事求是的批评,也要支持坚持真理的反批评,切忌意气用事。

曾振宇:《墨家“望气”源流考》

文章指出,《汉书·艺文志》在考索诸子源流时,称“墨家者流,盖出于清庙之守”。“清庙”二字始见于《诗经·周颂·清庙》:“于穆清庙,肃雝显相。济济多士,秉文之德。对越在天,骏奔走在庙。不显不承,无射于人斯。”郑玄注云:“清庙者,祭有清明之德者之谓也。”《左传·桓公二年》贾逵注却提出了不同观点:“肃然清静,谓之清庙。”杜预注也认为:“清庙,肃然清静之称。”两相比较,郑玄的观点更有说服力,“清”应指“清明之德者”,而非指“肃然清静”。清庙之守是先秦时代掌管郊庙之礼仪的官守,也是象天法地、沟通人神的巫史卜祝之属。墨子拜师学习过郊庙之礼和“绝地天通”的知识。《吕氏春秋·当染》说：“鲁惠公使宰让请郊庙之礼于天子，桓王使史角往，惠公止之。其后在于鲁，墨子学焉。”墨子曾拜史角为师，其思想中的巫术成分其来有自。从墨家思想特点上看，墨家尚“天志”、谈“明鬼”，也与墨子知识结构有直接关系。《墨子》文本中存在的“望气”思想，或许可以成为证明“墨家者流，盖出于清庙之守”的另一条证据。

曹峰：《出土文献所见与墨家相关资料》

文章指出，在先秦思想中，墨家极为引人注目，这是因为墨家有其独特完整的思想表述，有其自成系统的学术传承，有其丰富完备的资料汇编——《墨子》一书。那么，在日益增多的出土文献中，是否也反映出上述盛况来呢？就目前情况看，有些令人失望，自古至今，尚未发现大批量的墨家资料。例如，出土思想史文献最为密集的马王堆汉墓帛书、郭店楚简、上海博物馆藏楚简中，数量最多的是儒家类文献，其次是道家文献。这种情况与先秦时期儒墨思想风行天下、各领风骚、相互抗争的事实似乎不太吻合。当然，出土文献的问世有其偶然性，不出土不等于不存在，无法否定将来出现大量墨家文献的可能性。同时，在郭店楚简、上海博物馆藏楚简中，也有许多学者指出，其中存在墨家的著作或混杂着与墨家相关的思想。作者梳理介绍出土文献学界的最新研究情况，为学者们今后的研究提供了一些参考资料。在此要说明的是，此文主要以思想史资料为主，不涉及军事方面的内容。银雀山汉墓《守法守令十三篇》、睡虎地秦简、西北地区汉简中，可以用来阐发墨家《城守》各篇的地方甚多，价值极大，但非此文所能涵盖。

薛柏成：《论“精英文化”与“平民文化”有机对接——以儒墨文化互补为例》

文章认为，儒墨文化互补是一个老问题，在今天提出来，是因为在当前“精英文化”与“平民文化”的冲突中有全新的普适性内容。传统文化的主流是儒家文化，有“精英文化”之称，而墨学有“平民文化”之称。秦汉以下，儒学独显，墨学隐而不彰。墨学对传统文化的影响是多层面的，墨家思想展现的平民主义思想涉及理论的内容特别着重于大众化的福利取得与平民式的自我超升，具有现实意义，其在政治、经济、军事、科技、逻辑学、哲学、宗教领域的影响，不可低估。研究中国传统思想文化不能忽视墨家思想。当前我们正在解构传统文化，塑造中华民族新的精神文化，构建和谐社会，墨家的“兼爱”“非攻”“兼相爱，交相利”无疑能够提供思想依据。从当前的社会现实看，要成为一种主流文化，必须为民众所接受才能实行。所以以儒墨文化互补为例，把所谓“精英文化”与“平民文化”有机对接，是优化中国文化的内在结构、消融西方文化，为今天经济的发展提供思想文化借鉴的必要方式之一。

第一，有机对接墨家“兼爱”与儒家“泛爱众”。第二，有机对接墨家“尚贤”与儒家“举贤才”，以及墨家“尚同”与儒家“畏大人”。第三，有机对接墨家“非攻”与儒家“和合思想”。第四，有机对接墨家的“节”与儒家的“俭”。

关于鲁班研究和弘扬自主创新精神

朱传棨：《论“鲁班巧人”之巧及其意义》

文章指出，当前，对鲁班之“工巧”的发掘与探讨具有现实意义，它给我们的主要启迪是：第一，机械设计和机械制造原理的出现和确立，是技术创造和制造实践发展的结晶，没有机械制造实践的活动，就没有机械原理的创立。机械制造实践的活动，源于社会生产和社会发展的需要，要满足人们的生活和精神需要，就必须提高制造技能和生产出美巧好用的器物。第二，社会经济发展和社会政治进步，离不开科学技术的运用和发展，社会发展和需求是科学技术发展的原动力，科学技术的运用和发展又推动着社会的发展和进步，二者之间是良性互动的。第三，鲁班对社会技术发展的影响至今不衰，源于它代表和反映墨家工肆群体的技能及其制造活动的根本目的，首先是为了满足人们的生产生活需要和推动社会的进步与发展。子墨子与公输盘对“云梯”及其效应的研讨，就是为了社会的和谐发展，推动社会生产力的大发展，以达到墨家变革社会政治制度，实现“兼相爱，交相利”的根本宗旨。由于历史发展的复杂原因，墨家的科学技术思想虽然未能得到发展，但其科学技术思想的精华，却以鲁班大名的形式得以弘扬，是值得认真研究的重要课题。

任守景：《鲁班故里在滕州——访国家图书馆名誉馆长、国学大师任继愈先生》

文章详细记叙了《滕州日报》记者在中国墨子学会秘书长李广星先生的引领下，专程赴京拜访国家图书馆名誉馆长、国学大师任继愈先生的经过。任老在谈话中讲：“墨子和鲁班是分不开的。肯定了墨子故里在滕州，鲁班的故里自然也就明确了。墨子的故里，是我们花了很多的精力和时间，经过了多方证明，从文献上、从调查上，甚至从考古上才认定下来的。既然墨子的点(故里)定下来了，鲁班这个点(故里)也就自然而然地定下来了。”

任老说：“在研究墨子里籍的同时，我发现墨子与鲁班不仅是好朋友，而且还是地地道道的老乡。他们都是滕州人，其故里都在滕州市。今之滕州市古为‘三国五邑’之地，春秋战国之际曾为鲁国附庸，除了史书记载墨子与公输般的一些交往之外，从鲁班的身世、生活的时代背景和地理环境，滕州的古地名史志资料和考古文物，鲁班的发明创造与滕州古代的科技成果、民间传说，当地保留的一些遗迹，墨子与鲁班的关系等多方面综合分析论证可以得出结论，滕州为鲁班故里。在前几届墨学国际研讨会上，我曾提出‘鲁班故里在滕州’的观点，得到与会多数学者的支持，并建议滕州市委、市政府在搞好墨子纪念馆的同时，筹建鲁班纪念馆。”

任老说：“鲁班与墨子同辈同时，也基本上同专业。公输般的工程机械技术在当时已很著名，他是一个纯技术型的工程师，善于带徒弟而不善于著书，他对抽象思维国家政治、社会民生不甚关心。而墨子除技术外，还关心抽象理论。这两位伟人在后人的心目中留下了不同的形象，墨子是中国的科学圣人，公输般成为后代工匠共同尊奉的祖师爷。千百年来民间信仰的行业神中，鲁班是木瓦石匠、木雕业、制车业、建筑业共同奉祀的行业神。今天国家建筑业所设的最高奖为‘鲁班奖’。滕州一地有墨子、鲁班两位伟人，足以为地方文化添光彩。”

孙中原：《技术和理论的智慧共同体——班墨综合研究的意义》

文章认为，鲁班、墨子的综合研究有重要历史、理论和现实意义。鲁班是古代手工业技艺和发明创造的典范，表现中国劳动者积极进取、勇于创新的精神品格。墨子是手工业技艺升华为科学理论的启蒙者，表现先哲崇尚科学、以人为本的理想精神。鲁班和墨子是古代手工业技术和理论的智慧共同体。鲁班、墨子的创新和科学精神，是中国传统文化中的闪光点，对中华民族的精神品格有深远持久的影响，是实现科教兴国和民族复兴的历史借鉴与精神动力。

鲁班、墨子是技术和理论的智慧共同体，是发明家和哲学家的结合，催生了《墨经》丰富、深刻的科学知识，是当代经验和理论、技术和哲学相结合的历史借鉴。鲁班积极进取、勇于创新和墨子崇尚科学、以人为本的精神，是实现科教兴国和中华民族伟大复兴的精神动力，值得认真研究继承，发扬光大。诗以咏之：

滕州自古多名人,鲁班墨子故里真。踏遍中华留圣迹,智慧技巧化为神。积极进取勇创新,崇尚科学人为本。人人争当新鲁班,新知传承赖新人。

王中:《鲁班研究答疑》

鲁班即公输般、公输盘、公输子。古代时般、盘通用。他生于公元前507年,卒于公元前444年,鲁班是我国劳动人民智慧的代表,中华民族创新的标志和典范。他集工匠、大匠师、技术家、发明家于一身,被世人尊为先师、祖师、匠师之祖。千百年来,在民间凡从业“金银铜铁锡,石木雕瓦漆”的九行十八作者,均敬称其为“鲁班爷”。

作者从十八个方面对鲁班研究中大家普遍关心的问题一一作了答疑,并指出:班墨二人一个善于动手,一个善于动口;一个崇尚实践,一个注重理论。将班墨二人合并研究,相辅相成,相得益彰,具有重要的历史意义和时代价值,对中华民族自主创新榜样的树立、精神品格的全面提升,有着极其深远的影响。因此,在班墨故里特定形成的“班墨文化”,愈来愈彰显出“以墨子的爱心做人,学鲁班的创新做事”的地域文化主题。“兼爱包容、诚实守信、开放创新、敢为人先”的“滕州精神”,正激励着百万班墨传人,将班墨故里建设成欣欣向荣、和谐文明的新“善国”。

本期论丛还发表了几位国外墨学研究专家的文章,分别是日本学者冈本光生《上博楚简〈鬼神之明〉与〈墨子·公孟〉所见两段对话》、西山尚志《上博楚简〈鬼神之明〉的所属学派问题——以鬼神的“赏善罚暴”论为出发点》、谷中信一的《关于墨家思想的宗教倾向以及墨家学派的宗教结社倾向——墨家的宗教性究竟是其本质还是策略?》和英国学者德龙的《〈墨辩〉中的认知与事实》等论文,颇具新意,耐人深思。

附录1:《墨子研究论丛》(八)论文目录

孙中原:《技术和伦理的智慧共同体——班墨综合研究的意义》

朱传棨:《论“鲁班巧人”之巧及其意义》

周立升:《鲁班生平掠影》

王　中:《鲁班研究答疑》

李广星:《鲁班考论》

任守景:《鲁班故里在滕州——访国家图书馆名誉馆长、国学大师任继愈先生》

任守景:《技术家和哲学家的结盟——中国人民大学教授、博士生导师孙中原先生纵论鲁班与墨子》

常巧章　王援朝:《大力弘扬鲁班精神增强自主创新能力》

王　凯:《冷兵器时代的天才创意——鲁班军事发明探寻》

李权兴:《公输般:长期被误读的历史人物——兼论从一种被误读转向另一种被误读》

王　煜:《从程石泉的和谐观谈墨子与公输般》

杨建兵:《从〈墨子〉公输、鲁问二篇看鲁班》

秦彦士:《墨子鲁班与齐鲁科技文化》

颜锡扬:《鲁班里籍考说》

谭家健:《三年来墨学研究之新收获》

姜宝昌:《从〈梦溪笔谈〉所记阳燧看〈墨经〉所论平面镜成像》

王讚源:《墨子思想是到和谐社会之路》

〔美〕李绍崑:《王裕安与墨子大词典》

黄世瑞　柏玲:《墨学研究的当代与未来价值》

陈克守:《儒家与墨家的正名论比较》

张良成:《墨家的命运与墨学的光辉》

孙卓彩:《"贵和"与"尚同":孔墨和谐思想比较》

张幼林　张希宇:《借鉴墨家思想精华促进我国人与社会的和谐》

曾振宇:《墨家"望气"源流考》

曹　峰:《出土文献所见与墨家相关资料》

高建立:《先秦儒墨学说的异质性特征分析》

童恒萍:《墨学的生态意义和价值》

刘玉明　郭　阳:《从〈墨子〉中感悟墨子追求社会和谐的理想》

王洪鹏　刘树勇　曾宪明:《中国照相技术的发明家——邹伯奇》

钱永生:《论墨学之"学"》

施炎平:《"尚义和谐"理想的追求——析墨家和谐观的特色与价值》

赵　岩　张忠义:《〈经下〉"说在"条目献疑》

解启扬:《兼爱和谐论》

李建国:《墨子的经世思想及其现代意义》
窦炎国:《墨子的功利主义政治哲学》
张西锋:《论墨学衰落的原因》
张文山　苏子文　吴　东:《“和谐社会”语境下墨子的法律观》
孙君恒　黄　极:《墨子伦理学的当代审视》
蒋沛昌:《从潘光旦想到墨子》
黎　鸣　王雨墨:《“善圣”墨子的现代价值》
吴西全:《构建和谐世界,还要以墨家的“兼爱”为伦理基础》
苏士甲:《读〈墨子·亲士第一〉及三题〈尚贤〉——墨子资政治国方略》
周　磊:《和谐社会建设的墨学渊源》
艾衍辉:《墨子法学思想的现代诠释》
何　芳:《墨子“民本”平等思想的现代审思》
薛柏成:《论“精英文化”与“平民文化”有机对接——以儒墨文化互补为例》
孙守超:《墨子“述而且作”的实践教育观及其现实意义》
王　凯　张　磊:《墨子鬼神观探究》
赵富平:《墨学在创建现代和谐企业中的实践》
韩国建:《关于〈墨经〉对“单称命题”的认识》
刘文忠:《墨子“非乐论”新评》
杨晓宏:《从鲁南丧葬习俗看墨家丧葬观的现实意义》
刘书玉:《墨子“兼爱”简论》
梅良勇　江玉萍:《墨子的节用观及其对构建节约型社会的启迪》
许士密　荆忠岭:《墨子思想与和谐社会构建》
王明增:《墨子“非攻”思想的限度》
刘玉莲:《孔门师道和墨门师道之比较》
李贤中:《兼爱与利害》
孙长祥:《墨子兼爱思想的伦理意涵》
〔日〕冈本光生著　曹峰译:《上博楚简〈鬼神之明〉与〈墨子·公孟〉所见两段对话》
〔日〕谷中信一:《关于墨家思想的宗教倾向以及墨家学派的宗教结社倾向——墨家的宗教性究竟是其本质,还是策略?》

〔日〕西山尚志:《上博楚简〈鬼神之明〉的所属学派问题——以鬼神的“赏善罚暴”论为出发点》

〔英〕德龙:《〈墨辩〉中的认知与事实》

萧宏恩:《兼爱的志愿服务与社会和谐》

王俊彦:《张载“西铭”与墨子“兼爱”的同与异》

王　甦:《墨子兼爱思想的现代意义》

龙兴乐:《墨子文化国际化策略研究》

李广星:《深切怀念张知寒先生》

孙卓彩:《秋月扬清辉空谷留足音——悼念王裕安校长》

诸伟奇:《纪念孙以楷先生》

附录 2:2009 年墨学研究硕士、博士学位论文目录

陈勇明:《墨经训诂研究及“学科解经法”》,重庆师范大学硕士学位论文,2009 年。

陈玉婷:《孔墨比较与墨家的兴衰探微》,西藏民族学院硕士学位论文,2009 年。

丁小静:《儒墨语言理论比较研究》,曲阜师范大学硕士学位论文,2009 年。

何　春:《墨家的语言逻辑思想探究》,云南师范大学硕士学位论文,2009 年。

胡　激:《“兼爱”与“仁爱”“博爱”》,苏州大学硕士学位论文,2009 年。

黄　梁:《墨子理想社会研究》,福建师范大学硕士学位论文,2009 年。

黄佑德:《近代墨学复兴思潮研究》,云南师范大学硕士学位论文,2009 年。

焦守强:《魏晋至宋元的墨学与道教》,山东大学硕士学位论文,2009 年。

李昌远:《墨家思想在明代中后期的流传》,山东大学硕士学位论文,2009 年。

李　强:《论墨子的“天人二分”思想》,河南大学硕士学位论文,2009 年。

李　勇:《墨经逻辑中的“名、辞、说”理论研究》,西南大学硕士学位论文,2009 年。

刘世海:《论墨子的科学技术思想》,武汉科技大学硕士学位论文,2009 年。

刘文磊:《〈墨子〉的文学解读》,福建师范大学硕士学位论文,2009 年。

吕凤雨:《〈墨子〉中的上古史料及其分析》,烟台大学硕士学位论文,2009 年。

马吉芳:《郭沫若墨学批判之商榷》,湘潭大学硕士学位论文,2009 年。

钱素萍:《墨子道德人格思想探析》,西南大学硕士学位论文,2009 年。

田　君:《墨子与边沁功利主义思想之比较》,江西师范大学硕士学位论文,2009 年。

王南春子:《墨子人才观及其当代意义》,南京理工大学硕士学位论文,2009 年。

卫晶森:《圣王与君子——〈墨子〉政治理想的形象表达》,吉林大学硕士学位论文,2009 年。

张　力:《浅析"亚里士多德与墨子"自然观的差异性》,西北大学硕士学位论文,2009 年。

张　倩:《论〈墨经〉中的政治、伦理思想与墨子思想的关系》,山东大学硕士学位论文,2009 年。

赵英莲:《墨子非攻思想及对构建和谐世界的意义》,山东师范大学硕士学位论文,2009 年。

王　震:《墨家军事学说及其对中国军事史发展的影响》,山东大学博士学位论文,2009 年。

李雷东:《先秦墨家语言实践及〈墨子〉文学意义考论》,西北大学博士学位论文,2009 年。

2010 年

1 月，钱文忠《班墨传奇》由上海出版社出版发行。

墨子，一位和孔子同样久负盛名的思想家；鲁班，一位家喻户晓的发明家。墨子曾经创立了一整套守城的工具和方法，“墨守成规”正是当时的人们对于墨子守城有术的称赞；鲁班有着许多的发明创造，被誉为土木工匠的祖师爷，“班门弄斧”正是民间百姓对于鲁班高超技能的赞许。墨子与鲁班，他们是老乡，他们是对手，他们更是朋友，《班墨传奇》讲述的就是他们之间的传奇故事。全书共分五讲：第一讲，墨守成规；第二讲，认知墨子；第三讲，墨家门徒；第四讲，冤家朋友；第五讲，班墨精神。

1 月 16 日，中共中央政治局原常委、中纪委原书记、中国墨子学会名誉会长吴官正视察滕州市墨子纪念馆，王忠林陪同视察。

1 月 16 日，中共中央政治局原常委、中纪委原书记、中国墨子学会名誉会长吴官正来滕州市墨子纪念馆视察，山东省副省长李兆前，枣庄市委书记刘玉祥，枣庄市委副书记、市长陈伟，枣庄市委常委、滕州市委书记王忠林，滕州市委常委、秘书长宗大全等陪同视察。

吴官正认真细致地视察了升级改建后的墨子纪念馆，对墨子纪念馆的陈列非常认可。滕州市政府党组成员、墨子研究中心办公室主任任守景向吴官正汇报了墨子研究中心以及墨学研究的基本情况。

吴官正听取了滕州市弘扬墨学文化的情况介绍，对滕州市委、市政府高度重视班墨文化研究及近年来打造班墨文化品牌所取得的成就给予了充分肯定。他要求进一步加大墨学研究载体建设力度，加大学术交流范围，提升宣传水平，创新文化发展模式,努力在更大范围、更高层次上开创班墨研究工作新局面。

4月,张仁明、王兆春、黄朵《墨经辞典》由贵州人民出版社出版发行。

《墨经辞典》,取精用宏,综合创新,采撷百年来《墨经》训诂考证和义理研究成果,树立《墨经》专书辞典的典范,是学术界的盛事、墨学史的里程碑、辞书界的创举,对中国语言、逻辑、哲学、科学和思想史研究,有重要学术价值;对弘扬中华优秀传统文化,振兴中绝两千年的《墨经》研究,传承墨家科学人文精神,有重要历史意义。

5月8日至10日,第三届国际墨子文化节暨第八届国际墨子鲁班学术研讨会在滕州召开。

第三届国际墨子文化节暨第八届国际墨子鲁班学术研讨会于2010年5月8日至10日,在班墨故里——山东省滕州市成功举办。此届文化节暨研讨会是历届中出席人员层次最高、参与范围最广、社会影响最大的盛会,为打造独具文化品位和影响力的国际知名节会品牌打下坚实的基础,为继承与创新、弘扬与普及班墨文化作出了突出贡献。

第三届国际墨子文化节以党的十七大、十七届三中和四中全会精神为指导,以科学发展观统领全局,以整合文化资源、传承历史文化、提升城市层次、助推经济发展为目的,按照“政府主导、社会参与、市场运作、创新机制”的原则,围绕“弘扬优秀传统文化、引领科技创新、促进全面发展”这一中心,着力打造“班墨故里、和谐文化发源地、世界小孔成像发源地”三大品牌,进一步推介班墨文化研究新成果,以节会传承历史人文思想、凝聚城市文化精神、领航新型产业经济。开拓创新,集全市之力科学设计了国际墨子文化节新闻发布会、国际墨子文化节开幕式、庚寅年祭墨大典、首届中国(滕州)科技创新成果交易博览会、第八届国际墨子鲁班学术研讨会、首届中国(滕州)“科圣杯”发明创新大赛、第三届中国(滕州)国际墨子文化节经济贸易洽谈会、第二届中国(滕州)国际杏花村干杂海货调味品博览会、第二届“墨子能工杯”职工技能电视大奖赛、“中华情·情系滕州”第三届中国(滕州)国际墨子文化节大型文艺演出、全国名家书“墨子名言”书法展、“墨子故里·幸福滕州”历史文化生态游、招商引资暨重点项目集中奠基剪彩活动等十三项主题活动。

此届节会共邀请来自美国、英国、日本、韩国及我国各省区市和香港、台湾等地区的专家、领导、学者、客商1000多人参加。中央军委委员、解放军总政治部主任、中国墨子学会顾问李继耐上将，解放军原副总参谋长、中国墨子学会名誉会长李景上将，解放军总后勤部原政委、中国墨子学会名誉会长周克玉上将，成都军区原政委刘书田上将，中央对台办原主任、中国墨子学会顾问杨斯德将军，解放军装备指挥技术学院原副院长、走进崇高研究院院长贺茂之少将，山东省副省长、中国墨子学会名誉会长贾万志等领导同志分别发来贺电、贺信。

全国政协常委、中共中央政策研究室和中共中央文献研究室原主任、国际儒学联合会常务副会长滕文生，山东省委原书记、山东省人大常委会原主任、中国墨子学会名誉会长赵志浩，全国政协常委、山东省人大常委会原主任、中国孔子基金会会长、中国墨子学会名誉会长韩喜凯，全国政协委员、中国革命博物馆原馆长夏燕月，科技部原副部长、中国民营科技促进会会长韩德乾，山东省人大常委会原副主任、山东大学党委书记、中国墨子学会会长朱正昌，山东省人大常委会原副主任、中国墨子学会名誉会长王玉玺，山东省军区原副政委李养珍等领导出席开幕式。

出席开幕式的还有：中共中央党校机关党委副书记李乃杰，中共中央党校文史教研部主任、教授赵伯英，中共中央党校出版社原社长李援朝，科技部机关事务管理局局长边燕生，科技部火炬高技术产业开发中心原副主任、中国民营科技促进会常务会长刘振堂，山东省人口计生委主任盖国强，中国孔子基金会副会长、大众报业集团原总编辑朱宜学，中国孔子基金会副秘书长王大千以及枣庄、滕州两级市的领导刘玉祥、陈伟、邓滕生、李峰、张志明、王忠林、杨家谊、吴承鉴、赵联冠、王亚、刘全君、刘新生等。

李继耐将军在贺信中说，举办国际墨子文化节，对于弘扬中华文化，更好地宣传墨子思想、弘扬鲁班精神，打造历史文化品牌，提升滕州的竞争力和影响力，具有重大而深远的意义。相信这次文化节一定会成为一次高品位、高层次、高水平的文化盛会，成为弘扬传统文化、深化合作交流的重要平台，必将有力推动墨子、鲁班文化研究和传播的不断深入，有力推动滕州经济社会又好又快发展。

朱正昌代表中国墨子学会和山东大学向第三届中国（滕州）国际墨子文化

节开幕表示热烈祝贺。他说:“墨子是一位伟大的思想家、教育家、科学家和社会活动家,是墨家学说的创始人。墨子创立的思想学说,虽然历经2000多年,但仍然闪烁着智慧的光芒。墨学思想博大精深,源远流长,是齐鲁文化的珍贵遗产,是中华优秀传统文化的重要组成部分,也是全人类共同的精神财富。深入发掘、研究、弘扬墨子思想,实现墨学文化的与时俱进,对于贯彻落实科学发展观,传承历史文化,加快构建和谐社会,推进祖国统一,维护世界和平,具有十分重要的现实意义和深远的历史意义。山东大学将和滕州市进一步加强合作,继续深入挖掘、研究墨学思想,宣传传承墨子精神,使之不断发扬光大。相信,经过山东大学,滕州市和全体墨学同仁的共同努力,我们一定能迎来墨学研究的大繁荣、大发展。”

枣庄市委常委、滕州市委书记王忠林在致辞中代表市委、市政府和全市人民向出席此届国际墨子文化节的各位领导、各位嘉宾表示热烈的欢迎,并简要介绍了滕州悠久的历史、灿烂的文化和全市经济社会发展情况。他说:“‘科圣’墨子和‘百工圣祖’鲁班是滕州最具竞争力和影响力的优势文化品牌。滕州市积极挖掘、开发、传承和弘扬班墨文化,先后举办了七届国际墨子鲁班研讨会、两届国际墨子文化节,建设了墨子纪念馆、鲁班纪念馆等历史文化景点,采取多种形式,大力弘扬墨子、鲁班崇尚科学、勇于创新精神,努力打造班墨文化品牌。今天开幕的第三届中国(滕州)国际墨子文化节,集展会赛事、科技交流、经贸洽谈、文体活动、旅游观光于一体,形式多样,内容丰富。本届文化节突出‘传承班墨文化,共享和谐创新’这一主题,让班墨文化走向世界,让世界了解班墨文化。相信通过大家的共同努力,一定能够把本届国际墨子文化节办成一次特色鲜明、精彩圆满、影响深远的盛会,成为滕州与各界朋友加深友谊、共谋发展的桥梁和纽带。”

第三届中国(滕州)国际墨子文化节暨第八届国际墨子鲁班学术研讨会整体规模宏大,主题活动内容丰富,亮点纷呈。主要有以下特点:

第一,规模大,规格高。无论是开幕式的万人参加,还是祭墨大典几千名少先队员同时诵读墨子名言和新时期滕州精神,无论是中华情大型文艺演出的数万人观看,还是干杂海货调味品博览会的全国各地客商的参与,以及经贸洽谈会取得的丰硕成果,等等,都反映出了今年文化节的宏大规模。规格高主要体现在,出席今年文化节开幕式的领导的级别高,仅省部级干部就有8位。两年一届的研讨会今年是第八届,出席会议的人数是120多人,是历次研讨会人数最多的一届。规格高还体现在历届中国墨子学会会长、副会长都出席了会议，参会人员中仅博士生导师就有37位。

第二，场面宏大，亮点纷呈。13项活动主题突出，各有特色，尤其是祭墨大典，数万人观看，气势恢宏，在内容上增加了许多新的元素，给人以震撼力。如少先队员榜书、诵读墨子名言和新时期滕州精神，反映出了“感恩、关爱、传承、未来”的主题。增加了科技界、企业界、劳动模范、“善国爱星”敬花篮等内容，反映了广泛的参与性和互动性。

第三，内容丰富，形式多样。除开幕式、祭墨大典外，“科圣杯”发明创新大赛、全国名家书“墨子名言”书法展、科技创新成果交易博览会、“中华情·情系滕州”大型文艺演出、经贸洽谈会、“墨子能工杯”职工技能电视大奖赛、干杂海货调味品博览会等主题活动，丰富了节会内容，创新了节会方式，提升了节会品位。

第四，研讨会提交的论文多，质量高。此届研讨会共收到论文80多篇，其中进行会议交流的67篇。此届研讨会论文质量高于往届。《墨子研究的当代价值和世界意义》《鲁班信仰与鲁班文化的形成》《如何让班墨文化走向大众》等均在专家学者中引起了强烈反响。

第五，研讨会形式创新，内容深化。形式创新主要体现在开幕式上策划举行了《班墨传奇》动画片启动仪式和山东卫视《新杏坛》栏目“朝圣之旅——走进班墨故里”开机两个揭牌仪式。还体现在此次研讨增加了鲁班研究内容。山东建筑大学的加入，为鲁班研究注入了新的力量，为鲁班研究搭建了一个更高的平台。研究内容深化主要体现在学术研讨上，组织与会专家学者采取了分合、合分的方法，使每位专家畅所欲言，对学术观点表达得淋漓尽致。与会专家学者互相切磋，既有共同点又有学术争论，真正体现了百家争鸣的学术研讨精神。

5月8日，庚寅年祭墨大典举行。

作为第三届中国（滕州）国际墨子文化节主题活动之一的庚寅年祭墨大典，在位于龙泉文化广场的汉画像石馆前隆重举行。来自国内外的嘉宾和社会各界人士，满怀虔诚参加公祭，追念墨子先贤，探索创新之源，寄托无限的感念，在庄重的雅乐伴奏下，应邀前来出席国际墨子文化节开幕式的领导、嘉宾、专家、学者、国际友人、客商，教育界、科技界、企业界代表，劳动模范和师生代表，滕州首届“善国爱星”代表等,依次向墨子像敬献花篮,并郑重地向这位“科技之父”行鞠躬礼。枣庄市委常委、滕州市委书记、中国墨子学会第一副会长王忠林恭读祭文。全体参祭人员庄然肃立,向“科技之父”——墨子像行三鞠躬礼,在祭典现场,身着古裳的舞者,伴着悠扬的古乐,跳起公祭乐舞。数百名少先队员齐声诵读墨子名言,并展示写有“新时期滕州精神”内容的榜书,一阵阵饱含深情的清脆童声,在汉画像石馆前回荡,见证着第三届中国(滕州)国际墨子文化节祭墨大典,展示了当代滕州人弘扬墨子学说、传承创新思想、奋发昂扬向上的精神风貌。

庚寅年祭墨大典祭文

粤时夏月,草木滋沃。凤岗耀日,荆水扬波。善国仰风,黎民怀德。化石连井,目夷宝戈。睹物思人,恭祭睿哲。簠簋承案,醇醴献酢。故里裔孙,庇荫以托。追思春秋,施及战国。翟祖创派,徒众殊夥。誓解倒悬,扬帜腾说。利益生民,兼爱是因。无分亲疏,遑论富贫。攻战非义,靡财丧群。干戈同仇,御守图存。贤才经国,上下同心。人事既明,物理复陈。形学、数学,力论、光论。小孔成像,撮影发轫。故理证辞,逻辑植根。诸家竞鸣,儒墨俱显。秦皇焚书,汉武锢言。墨道式微,浸润民间。标榜侠义,滕薛是瞻。清末民初,西学东渐。董理斯学,格致导源。钩沉发覆,创获斐然。厥功伟哉,宿学时彦。推阐化用,强国扃键。别辟蹊径,张公知寒。倡铸民魂,群起推挽。华夏文化,富蕴多元。墨家义理,涵融其间。沾溉胞族。播扬人寰。启我心智,规我洪范。文修武备,孰可轻撼。社会趋进,文明攸关。中国希腊,驱驰双辕。国运宏开,风动千帆。中华复振,国人翘盼。科技跟进,道统归原。弘扬墨旨,时代呼唤。科圣子姓,遗教履践:“溥爱广容,笃行信言,开放创新,敢为人先。”建猷理政,民本恒念。兴业厚生,遂众所愿。通国辐辏,燮理发展。万众踔厉,共克时艰。春风杨柳,河清海晏。民跻丰足,更享尊严。国臻昌隆,长葆乂安。伏祈尚飨,天人共鉴。

姜宝昌

二〇一〇年五月八日

5 月 7 日，中国墨子学会召开会长会议，研究通过第四届中国墨子学会领导机构。

会议听取了中国墨子学会副会长、秘书长兼滕州市墨子研究中心办公室主任任守景所作的工作汇报，研究并通过了中国墨子学会第四届领导机构，朱正昌任中国墨子学会会长，王忠林任第一副会长。

5 月 9 日至 10 日，第八届国际墨子鲁班研究会与会专家学者开展交流研讨。

在 5 月 9 日至 10 日举行的第八届国际墨子鲁班学术研讨会上，来自国内外的知名专家、学者，坚持尚学、真诚、探索、求实的原则和百花齐放、百家争鸣的学术精神，以精深的见解，紧紧围绕墨子的当代价值、世界意义以及“墨子生平年考”和“鲁班文化探源”等主题进行了深入研讨，把墨子鲁班这一优秀民族文化，与当今和谐社会、创新型社会建设紧密联系在一起，将墨子鲁班研究推向了一个新境界。研讨会共收到有关学术论文 80 余篇，内容涉及政治、军事、建筑、科技等多个领域。与往届相比，此届研讨会在内容、形式和范围上有所拓展，呈现出青年学者多、研讨气氛活跃、主题鲜明等特点。其中，有关墨家人才论、生死论、兴衰论以及鲁班文化、事迹和贡献等成为研讨热点，对深入挖掘墨子鲁班思想，弘扬传承班墨文化起到了积极作用。

8 月，童恒萍《墨学精神研究》由人民出版社出版发行。

该书正文共有六章。作者试图通过梳理墨家学说及其精神的民族性，同时将墨家科技思想与儒家、道家、名家等学派科技思想进行比较性研究，明确指出墨家作为诸子百家中最富有科学精神、最注重科学方法的一家，可弥补儒道等各家的不足。通过墨家科学中绝这一个案对中国传统科技发展的影响，从一个新的角度分析墨家科技对中国传统科学发展的影响以及中国古代科技发展模式长期存在的原因，中国传统文化环境中古代科技天人感应式的哲学思想与经验技术合一的发展模式的基本特征及其赖以长期稳定发展的社会原因。作者还侧重阐述墨家科技思想、墨家对于中国古代科技发展的贡献及墨家重要科技著作《墨经》的注重科学理性与功利主义统一的科技价值观。

10 月,张仁明、卢凤鹏《墨守辞典》由贵州人民出版社出版发行。

墨守,即墨翟之守,坚固防守,也叫善守,即最佳防守。墨守和善守,是墨家积极防御的战略战术和军事思想,有重要的理论、历史和现实意义。《墨守辞典》承上启下,汲取前人训诂考证和义理研究成果,推陈出新,有重要的工具性意义;对弘扬墨家积极防御的战略战术和军事思想,实现中华民族伟大复兴,捍卫国家主权和领土完整,有重要的现实意义。

12 月,任守景主编《墨子研究论丛》(九)由齐鲁书社出版发行。

该书收录了参加第八届国际墨子鲁班学术研讨会的专家学者论文 59 篇,主要研究成果体现在以下几个方面。

关于墨家学说的当代价值及其世界意义

朱传棨:《“仁爱”与“兼爱”:两种不同的和谐文化传统》

文章说,在社会严重失范的先秦时代,墨家对社会现实给予了积极关注与思考,特别对“农与工肆之人”的生存与发展,进行了多方面的分析研究,提出了变革现实社会制度的政治理论和变革方略,拟定了以“兼爱”“非攻”为宗旨的整套社会和谐的思想主张和基本措施。这不仅在历史上具有重大的进步意义,而且对当今中国实施和平发展的战略也具有重要的启迪意义。

作者对“儒家‘仁爱’是‘尚礼’和谐,墨家‘兼爱’是‘尚义’和谐”“构成墨家‘尚义’和谐思想主要方面”“‘尚义’和谐思想优于‘尚礼’和谐思想的几个方面”进行了论述,认为:墨家以“兼爱”为宗旨的“尚义”和谐,具有公平正义思想的价值观;儒家以“仁爱”为宗旨的“尚礼”和谐,不具有公平正义思想的等级价值观。相对而言,墨家的“尚义”和谐思想,较儒家的“尚礼”和谐思想,更适应当代中国实践发展的要求,也更能贴近中国现代化建设的需求。

黄世瑞、柏玲:《墨子研究的当代价值及世界意义》

作者认为,墨学不仅在中国有极高的当代价值,而且对当今世界亦有极强的现实意义。外国的有识之士早就看到了这一点。英国著名的历史学家汤恩比以及日本宗教和文化界著名人士池田大作认为:“墨子关于舍去利己、树立爱他的兼爱学说,是反对侵略战争的理论先导,就是说,正如谴责侵害他人、谋取私利的强盗行径一样,也应该谴责大国侵害小国、大量屠杀以及破坏经济的行为。这种理论是极其现代化的,只是墨子主张的兼爱,过去只是指中国,而现在应作为世界性的理论去理解。”“指出普遍爱的重要性者是墨子”,“墨子的爱比孔子的爱更为现代所需要”。当今世界,确实需要墨子的“视人之国,若视其国;视人之家,若视其家;视人之身,若视其身。是故诸侯相爱,则不野战;家主相爱,则不相篡;人与人相爱,则不相贼;君臣相爱,则惠忠;父子相爱,则慈孝;兄弟相爱,则和调。天下之人皆相爱,强不执弱,众不劫寡,富不侮贫,贵不傲贱,诈不欺愚”。当代世界已没有了两大对立的阵营,墨子“天下人皆相爱”的理想正在实现,爱的呼声、爱的讴歌响彻寰宇,这不正显出墨学的世界意义吗?

陈克守:《墨学,最值得弘扬的民族文化》

文章指出,弘扬民族文化,重建中国本土文化,对于社会主义精神文明建设具有重要意义,这已成为共识,但是,什么是最值得我们弘扬的民族文化呢?

列宁说:“每一种民族文化中,都有两种民族文化。”儒学与墨学就是我们中华民族的两种民族文化,儒学代表的是上层文化,墨学代表的是平民文化。蔡尚思在《中国文化的两大系统》中说,儒在朝,代表官方统治者;墨在野,代表民间被统治者。这是指汉以后的情况。在先秦时期,这两个学派并没有在朝在野之分,它们是当时诸子百家之中最有影响、最有势力的学派,他们分庭抗礼、平分秋色。

墨学与儒学在先秦时期并称为“显学”,应该说,二者都是中华民族的优秀传统文化,但是,在建设社会主义物质文明和精神文明的今天,最值得我们弘扬的民族文化则是墨学。

关于墨子生平年考研究

姜宝昌:《从〈吕氏春秋〉高诱注论到墨子为东鲁人而非西鲁人》

姜宝昌教授通过多年研读《吕氏春秋》及高诱注,发现清代史学家、文学家毕沅对高诱注存在误读的问题,从而采用了正证、反证、旁证等多种论证方法,驳斥了“墨子为西鲁人”的错误论调,进一步分析论证了“墨子里籍在滕州”的正确结论。

作者说二十多年前,山东大学历史系张知寒教授先后发表五篇论文,考证"墨子的里籍应在今山东省滕州境内"。此论已经得到匡亚明、任继愈、杨向奎、张岱年、季羡林诸先生的首肯。任先生题写"墨子故里"碑,杨先生题写"墨子诞生地"碑,可谓学界盛事。张先生论证的基础是墨子为鲁国人,即东鲁人。对此,张先生未着一墨,揣其初衷,无非认为此属确然,不须词费。殊不知,持异论者正以"墨子,鲁国人"之鲁并非东鲁而为西鲁,即以约三百年前毕沅误读、武亿盲从而今刘蔚华阿附之旧说说事。作者颇不以为然,乃复就毕说之缘起,细读《吕氏春秋》及高诱注,终于寻得毕氏误读高诱注之证据,于是取正证、反证、旁证三事缀而成文(其实仅正证一事足可纠毕说之谬)。至于鲁阳有若干墨子及其学派的传说和遗迹,也不难理解。因为墨子数至鲁阳,且与鲁阳文君过从较深,更不必说据著名学者钱穆先生考证,墨子或逝于鲁阳。该文是继张知寒教授《墨子里籍考论》一书后又一"墨子里籍在滕州"的有力证据。

曾振宇:《楚简〈鬼神之明〉与墨家的关系》

文章指出,上博楚简《鬼神之明》出土后,在学界引起了较大反响。引起争论的一个重要原因在于《鬼神之明》是否如简文整理者曹锦炎先生所言属于墨家著作。日本学者浅野裕一认为,将《鬼神之明》看作墨家的著作是没有任何问题的。西山尚志也断定"《鬼神之明》是属于墨家的文献"。但是,也有学者提出与之完全相反的观点,李锐认为,"或不如将之视为'反墨'的文献",丁四新也认为"该篇也只可能属于墨家异端完全背离师说的作品"。对同一篇简文产生观点如此对立的情况,在近几年出土简帛的研究中,比较罕见。

作者从"鬼神"观念考辨和"赏善罚暴"考辨两个方面提出,楚简《鬼神之明》中的"鬼神"含义与《论语》《墨子》基本相同,主要指人鬼类的先祖。但在鬼神是否能"为祸福"上,观点与态度有所不同。孔子对待鬼神所持态度为"存而不论",更多倡扬的是人如何积极入世、治国平天下;《鬼神之明》对鬼神"为祸福"持怀疑态度,既没有完全肯定,也没有完全否定;墨子对"鬼神之能赏贤而罚暴"的信仰坚不可摧、始终如一。虽然《墨子》文本中几次出现关于鬼神是否能"为祸福"的争议,但文章的立论是阐发墨子的核心观点,这与楚简《鬼神之明》主题思想有明显差异。据此推断,楚简《鬼神之明》思想虽与《论语》《墨子》有相通之处,但"鬼神又(有)所明,又(有)所不明"恰恰正是墨家所一再批判的观点。因此,就楚简《鬼神之明》全篇思想基调而论,断定其为墨家文献确有方凿圆枘之嫌。

张希宇、张炳林:《由天下显学到衰微之学——墨学衰微原因再探》

文章指出,关于墨学在汉代急剧衰微的原因,在学术界比较有代表性的观点,是由胡适、钱穆、范文澜、孙中原等先生提出来的七种观点。以胡适、钱穆、陈柱为代表的三家观点,其研究方法是非马克思主义的,虽说不免存有以偏概全、主观臆猜的毛病,但其着眼点都还在墨学不适合当时的现实需要,仍不失为有益的探索。范文澜、郭沫若、蔡尚思、孙中原诸先生的观点,能够从唯物史观出发分析问题,指出墨学由于不再符合汉代地主阶级宗法统治的需要而被逐出官方讲坛,从而导致了墨学的急剧衰落。

但是,墨学作为先秦时期一个包罗万象、内涵深厚而复杂的思想体系,涉及政治、经济、军事、教育、哲学、宗教、逻辑、历史、自然科学等众多问题,到底它所包含的哪些学科、哪些领域的思想观点不符合封建统治者的需要,必须要有具体的比对和分析论证。而且,作为一种学说,墨学的产生、发展、衰落乃至在 20 世纪的复兴,都是其内在规律在发挥根本作用。所以对于墨学自身的调节机制和局限性,也应当重点加以分析和阐述。根据作者的研究,墨学在汉代急剧衰微的基本原因,可以大致从三个方面去分析和思考:第一,墨学在汉代已基本上不能符合封建统治阶级的政治需要;第二,墨学自身存在不可克服的矛盾和弱点;第三,墨学缺乏完善有效的自我调节机制。

关于《墨经》及科学价值

张仁明:《〈墨经〉体例“说在”详解》

文章说,狭义《墨经》指《经上》《经下》《经说上》《经说下》四篇;广义《墨经》(也称“墨辩”)还加上《大取》《小取》两篇。本文所指《墨经》,是狭义的《墨经》。《经说上》是解释《经上》的,《经说下》解释《经下》。《经下》82 条,除 2 条外,每条都有“说在……”字样,用一个字或一句话作为解释或例证,以便理解。《经说下》在解释《经下》时,往往是把“说在……”的含义加以展开。《墨经》在《墨子》一书中与其他各篇相比具有极不相同的文体格式(如旁行文、标牒字等),了解这些体例对解读《墨经》具有相当重要的意义,而“说在”这一固定格式也可看作《墨经》体例之一(《经下》共 850 字,而“说在”格式就占了 316 字)。因此,该文拟就“说在……”这一体例作细致分析,以期对《墨经》解读有所裨益。

作者通过对“说在”形式结构、“说在”后内容、“说在”前后文之关系、《墨子》

书中“说”“在”二字的用法、“说在”的翻译五个方面的论证,认为有论者将“说在”中的“说”看成是多义词的说法值得商榷。周云之先生说:“在《墨经》中对多义词的运用是相当丰富的。例如:‘说’在不同场合就具有推理(以说出故)、解说(经说)、理由(五行无常胜,说在多)、举例(说在病)、办法(说在以名取)、包括(说在逢、循、过、遇)、等于(说在无久与宇)等等不同的语义,代表着许多不同的概念。”梁周敏先生也有相似说法。作者不赞成这样的说法。王力先生在《诗经词典》的序中说:“解释古书要注意语言的社会性。如果某字只在《诗经》这一句有这个意义,在《诗经》别的地方没有这个意义,在春秋时代(乃至战国时代)各书中也没有这个意义,那么这个意义就是不可靠的。个人不能创造语言,创造了说出来人家听不懂,所以要注意语言的社会性。同一时代,同一个词有五个以上的义项是可疑的(通假意义不在此例),有十个以上的义项几乎是不可能的。”作者认为,“说”的“解说、说明”这一义项是典籍中的常用义,《墨经》中也定义为“说,所以明也”。“推理”这一义项是《墨经》独有义项,是由本义引申而来的,与本义的关系也是相当明显的,且《墨经》作者对此作出专门定义:“以说出故”,“方不障,说也”。根据定义,“说”既有动词用法“推理、推论”义,也有名词“理由、原因”义。而“举例”“办法”“包括”“等于”诸义则是句中义、使用义,是上下文赋予的意义,与概括义不能相提并论。但由此也可反证“说在”上下文之间的各种意义联系,因此,作者提出的既考虑“说在”体例的格式化翻译,又考虑“说在”后文字意义多样化的纂义式翻译的观点是有意义的。

姜宝昌:《墨家“3+1”物论式释例》

文章指出,亚里士多德演绎三段论式(大前提、小前提和结论)起于古罗马的宫廷论辩。陈那因明三支论式(宗、因、喻)起于古印度的佛教论辩。同样,墨家三物论式(故、理、类)起于中国春秋战国时期的名实同异论辩。现今,人们公认,亚氏“三段论”和陈氏“三支论”均为形式逻辑模式。可以肯定地讲,当时的墨家在自己的语言文字实践中也在有意识地运用某种逻辑手段,不过,这种逻辑手段或隐或显,难以为国人所认知。清末民初的“西学东渐”促成了中国学人在哲学方面的觉醒。他们回看《墨经》所载,始悟内中伏蕴若干逻辑通则。

经过学人们尤其是章太炎、梁启超等学者的爬梳剔抉,中国古代名学尤其是墨家辩学所涉及的内容和方法,已经大致钩稽清楚,而墨家“3+1”物(即四物)论式这把开启中国古代逻辑的钥匙已经找到,由此,以墨家逻辑为代表的中国古代逻辑逐渐为国际学术界所认可。

作者通过二十四例释例足可证明《墨经》中存在墨家自己的逻辑系统,它以《大取》所称“夫辞以故生、以理长、以类行”之“3+1”物即四物论式为其基本表征。中国墨家逻辑与印度因明逻辑、希腊演绎逻辑各有自己的民族传统和特点,但三者本质上互相贯通,则是无可置辩的事实。从华夏民族传统来看,墨家四物论式有如下几方面的特点:第一,辞与故、理、类诸物多用自然语言表述。第二,推理虽有格式化倾向,但时有例外。第三,故、理、类三物常有省略,其中理省最多,有时故、理并省。第四,故、理、类三物之次序尚未完全固定。有时,出现理在故前或类在理前之论例。第五,两个或更多论式套迭论例屡见不鲜。第六,比较注重类证,类例有时出现两个或更多。第七,理之抽象程度不够高,以致故与理常难区分。总之,就形式逻辑的语言表述和结构安排而言,墨家逻辑处于形式逻辑的初期阶段。其严整程度不及印度因明逻辑,更不及希腊演绎逻辑。

杨岗营:《论〈九章算术〉刘徽注对墨家逻辑的继承与发展》

文章指出,《九章算术》刘徽注继承并发展了墨家逻辑“推类”推理理论,将之广泛应用于“九类”应用数学题的注释和论证中,丰富了中国古代逻辑的理论体系,扩大了中国古代逻辑的应用领域,使得之前主要应用于人文科学领域的“推类”推理,在科学技术领域大放异彩。刘注建构的这种具有“必然地得出”性质的“科技推类”推理范式,既是对墨家逻辑“人文推类”推理的继承,更是对墨家逻辑推理有效性的质的发展。

〔日〕冈本光生:《规矩考——墨家的几何学》

文章指出,从《墨子》的《天志》篇以及《法仪》篇的记述来看,墨家认为工人用规矩作图或是检验正确的圆形和方形。规就是两脚规,规作图的曲线就是正确的圆形。在墨家的几何学中,圆形是没有前提而作的图形,所以规是作图的基本器具之一。

在墨家的几何学中,还有一个基本的器具,就是矩。矩就是“我们常用的直角三角形或丁字尺之类”,当要作图或是检验方形的时候,我们使用矩这种工具。可是,一般来说,相交的两条直线不必直交。两条直线在特定条件之下才直交,所以,两条直线直交的条件应该被证明。换句话说,直角不是没有前提而作图的角度,而是证明直角的条件。用矩来检验“直角”是不是直角,这个问题不是自明性问题。所以,矩不是作图的基本器具之一。可是,墨家以矩的直角为自明性直角并以此作图或是检验别的直角。

欧几里得几何学以用尺与圆规从直线上的某一点向直线外画垂线作图与从直线外的某一点向直线画垂线作图。换句话说,作图直角为一个应该被证明的课题。

欧几里得的几何学就是以两条直线在特定条件之下直交的事实不为“公理”,而为从“公理”被导出的“定理”。墨家的直角概念和欧几里得的直角概念不同。

欧几里得的概念是数学概念,可是墨家的概念,依据《法仪》篇“衡以水,正以悬”的记述,不是数学概念,而是物理学概念。所以,墨家认为,从水平线上某一点向水平线外某一点不能画铅垂线,换句话说,不能画上向铅垂线。

众所周知,欧几里得的《几何原本》在第一卷先下定义和定公理,用尺与圆规根据定义与公理作图等边三角形,以后,画垂线的作图,直线上作正方形的图,最后,证明毕达哥拉斯的定理(勾股定理)和其倒命题,即欧几里得的几何学是“从圆到三角形”的几何学,可是墨家的几何学是“从圆到方形”的几何学。

文章进一步考察了关于规矩的墨家的言说,进而明确了墨家几何学的特色。

关于鲁班文化研究

朱传棨:《再论“巧人之巧”鲁班——兼谈世博会中国馆似有“鲁班巧夺天工的身影”》

文章说,当前倡导和开展对鲁班技艺工巧精神的研究,对于弘扬中华优秀传统文化、推动传统文化与现代化的深入研究,具有十分重要的实际意义,但是,对于鲁班思想精神的认识和研究,既不能固守传统的观点,也不能将前人的结论绝对化,而要转换以新的视角和新的方法进行研究。作者认为,对鲁班的研究不能孤立地进行研究,而要融入整个墨家学说特别是墨家科技思想中去研究,因为,他是墨家学派群体中的重要成员。他的高超技艺和发明创造,既脱离不了当时社会实践的发展,也离不开墨家学派群体的实际活动。因此,既要坚持历史唯物主义的观点,又要运用整体性的系统方法,综合创新是研究传统文化的一个重要方法论原则。

任守景、颜玉明:《让班墨文化成为滕州经济社会发展的助推器——滕州市打造班墨文化品牌的实践与思考》

文章说,滕州文化底蕴丰厚,历史悠久,古为“三国五邑之地,文化昌明之邦”,境内有7300年前的北辛文化遗址,以及商周时期滕国、薛国遗址,还是“科圣”墨子和“工匠祖师”鲁班的故里,造车鼻祖奚仲、礼贤下士的孟尝君、勇于自荐的毛遂、善施仁政的滕文公等许多历史名人涌现,在此留下千古佳话。这些深厚的文化和历史积淀为滕州发展文化事业、打造文化品牌提供了必要的优势和要件。

文化是一个民族的精神之根,也是一个城市的活力和灵魂,文化竞争力是一个城市综合实力的主要组成部分,鲜明的城市文化特色是城市的魅力所在,是构成一个城市竞争力的核心要素。博大精深的文化内涵是代表经济又好又快发展的风向标,经济又好又快发展是博大精深文化内涵的助推器。

基于上述认识,近年来,滕州立足资源优势,牢固树立先进的文化发展理念,利用市场整合文化资源,大力实施文化名牌带动战略,积极发掘历史文化资源,着力打造富有地方特色的墨子鲁班文化品牌,将资源优势转化为品牌优势,把解放和发展文化生产力、提高文化建设水平和质量作为提升城市综合竞争力、拓展全新发展空间的突破口,积极创新、全力推动。一是把文化产业发展战略纳入全市发展整体战略之中。在战略目标上,努力打造“墨子故里、善国故城”,全面建设“文化滕州”。在发展规划上,做到文化事业发展立足高起点,科学决策定“调子”,重大文化项目进城市发展工程的“笼子”,重要文化基础设施建设资金进市财政预算的“盘子”。二是把开发利用历史文化资源和打造特色文化品牌,纳入全市社会发展总体规划之中。在编制“十一五”“十二五”规划过程中,以城市整体规划编修为契机,聘请知名专家科学规划文化产业布局,并相应地制定了文化保护、文化产业用地等配套规划,最大限度地拓展文化事业和产业发展空间。三是把文化事业发展纳入各级党委、政府目标考核体系之中。要求各级党委、政府要像抓经济工作那样抓文化事业,大力实施社会主义核心价值体系建设工程、公共文化惠民工程、文化产业发展工程、墨子鲁班文化研究开发工程、文化体制创新工程等五大文化建设工程,严格考核监督,增强各级党委、政府抓文化建设的自觉性、积极性和责任感。

王崇杰、李静、罗琛阳:《鲁班文化研究宜注意的几个问题》

文章指出,鲁班作为中华民族历史上建造业鼻祖和科技领军人物,几千年来,已成为中华民族家喻户晓的英雄。特别是随着现代建筑业兴旺,建筑技术、经济超常发达的今天,鲁班精神与鲁班文化逐渐成为人们反思与探讨的热门话题。鲁班研究会在班墨故里滕州成立,有着深远的意义。它不仅使班墨研究直接植根于班墨双圣直接成长的沃土,有着汲取不尽的生活、文化土壤,而且对进一步发扬光大班墨精神,造福班墨故里,提高班墨故里的声誉等都有着非常重要的意义。

研究鲁班精神、鲁班文化,我们应该注意如下几个方面的问题:

第一,把鲁班作为一个历史的、公众的、科技人物来研究,让鲁班成为形象丰满的建造业的至圣先师。

第二,对鲁班发明创造或者与鲁班相关的众多工具、器物和技艺进行收集整理、挖掘,力求用现实的物质载体展现鲁班精神和文化。

第三,通过对物质器物的深入剖析、考察,深度揭示鲁班精神与文化内涵。

第四,通过对鲁班现象的历史、文化学分析,确定鲁班精神、文化的社会学意义。

李澍杨:《鲁班年表初拟》

香港学者李澍杨从目前有限的文献资料,例如经书的《礼记》《孟子》等,史书的《世本》《战国策》《汉书》等,子书的《墨子》《吕氏春秋》《淮南子》《抱朴子》《盐铁论》《论衡》等,以及集书的《说文解字》《急就篇》《渚宫旧事》《物原》《格致镜原》等文献资料及鲁班同时代人如鲁哀公、楚惠王、孔子、墨子等的映衬和鲁班巧作如“请机封”、作木鹊、改木车马、制钩拒、造云梯等事迹穿插,初拟一个简略的“鲁班年表”,极大地便于学人对鲁班的行状作粗线条的把握。

《墨子研究论丛》(八)还收录了一部分有关墨家学说创新研究领域的论文,有白焕然的《墨子兼爱思想的罪犯改造价值与意义》,王兆春的《索绪尔符号学说与〈墨经〉“名实”论之比较》,程冠军的《兼爱·向善·和谐——墨子思想对“善国”和中华善文化的影响》,张庆军的《墨子姓名与凤鸟图腾崇拜》,周静、李洪波的《论墨子哲学思想与大学校园精神》等。这些论文角度新颖,论证意足,论点明确,颇具新意。

附录1:《墨子研究论丛》(九)论文目录

朱传棨:《再论“巧人之巧”鲁班——兼谈世博中国馆似有“鲁班巧夺天工的身影”》

孙中原:《鲁班文化的综合研究——从〈四库全书〉看》

任守景　颜玉明:《让班墨文化成为滕州经济社会发展的助推器——滕州市打造班墨文化品牌的实践与思考》

王崇杰　李　静　罗琛阳:《鲁班文化研究宜注意的几个问题》

韩　锋:《鲁班信仰与鲁班文化的形成》

王　中:《世博会的“班墨元素”》

李澍杨:《鲁班年表初拟》

刘　甦　邵志伟:《〈鲁班经〉建筑价值与文化内涵探析》

郑延龄:《创新与和谐——从科技与自然的关系看班墨文化对现当代科技文明的启示》

杨建兵:《关于鲁班与墨子生平的“古币法”研究》

姜　波:《山东鲁班文化遗迹考证与思考》

颜玉明　张西锋:《浅析鲁班文化的流传》

张培忠　刘海霞:《班墨对话的技术社会学思考》

朱传棨:《“仁爱”与“兼爱”:两种不同的和谐文化传统》

姜宝昌:《从〈吕氏春秋〉高诱注论到墨子为东鲁人而非西鲁人》

姜宝昌:《墨家“3＋1”物论式释例》

陈克守:《墨学,最值得弘扬的民族文化》

秦彦士:《现代直销:兼相爱交相利的现代实践——中国经济增长方式转变的思考》

黄世瑞　柏　玲:《墨子研究的当代价值及世界意义》

张幼林　陈明元:《论墨子的教育思想以及对我国职业教育的重要启示》

张庆军:《墨子的姓名与凤鸟图腾崇拜》

李春泰　郭俊辉:《墨子与池田大作民间组织管理思想比较研究》

程冠军:《兼爱·向善·和谐——墨子思想对“善国”和中华善文化的影响》

张希宇　张炳林:《由天下显学到衰微之学——墨学衰微原因再探》

王洪鹏　刘树勇　曾宪明:《“兼士”的品格——墨子教育思想评述》

张　洋　孙君恒:《〈墨子〉孝论》

董志铁:《“兼爱”、“非攻”的理想诉求与新中国的外交路线与实践》

金春峰:《墨和儒的“造史”》

张文山　田志远:《论墨家儒家法律观的异同》

周　静　李洪波:《论墨子哲学思想与大学校园精神》

梅良勇　余　敏:《墨子生死观探微》

赵富平:《墨学与罪犯劳动改造的世界意义》

陈正健　陈明元:《墨子的国际法思想及其在近现代国际法中的体现和意义》

成　龙:《墨子对主体间互爱互利关系的建构》

李永铭:《墨子环境思想与现代社会发展》

李　锐　胡树铎:《墨子思想对中学生思想教育的启迪》

梁　伟:《墨子教育思想对现代素质教育的启示》

唐武文　陈卫平　高　杰:《墨子军事科技思想特点浅析》

钱永生:《墨子人本思想的结构》

解启扬:《墨子生死观刍议——兼与儒道二家比较》

杨岗营:《论〈九章算术〉刘徽注对墨家逻辑的继承与发展》

刘一石:《墨子与礼乐传统》

高建立:《先秦儒墨学说的异质性特征分析》

王　甦:《墨子的忧患意识》

白焕然:《墨子兼爱思想的罪犯改造价值与意义》

杨武金　贺海峰:《墨家“三物逻辑”及其在〈伤寒论〉中的应用》

曾振宇:《楚简〈鬼神之明〉与墨家的关系》

孟祥才:《墨家学派消亡原因再探寻》

高　深　王德龙:《强末与固本——从孔墨宗教信仰差异看孔墨学说的本质区别》

薛柏成:《平民文化与当代社会发展——来自墨家伦理的启示》

达　流:《什么样的社会才是和谐社会——论墨子“兼爱”是创建和谐社会重要的思想来源》

张仁明:《〈墨经〉体例“说在”详解》

王兆春:《索绪尔符号学说与〈墨经〉“名实”论之比较》

刘　娟:《墨家军事思想的特点》

杨建兵:《墨家人性论略》

许国利:《论墨子的“兼爱”与孔子的“仁爱”——兼论当代价值和世界意义》

〔日〕冈本光生:《规矩考——墨家的几何学》

〔日〕西山尚志:《从墨家节葬论的变迁看上博楚简〈郑子家丧〉》

刘玉明　夏艺铭:《〈墨子·非乐〉评议》

附录 2:2010 年墨学研究硕士、博士学位论文目录

安　琳:《基于人文精神对墨子音乐思想的重新认识》,江西师范大学硕士学位论文,2010 年。

卞春霞:《论王念孙〈墨子杂志〉的研究方法及其成就》,扬州大学硕士学位论文,2010 年。

陈　珂:《冯澂的〈墨经〉研究与晚清“西学中源”说》,中国科学技术大学硕士学位论文,2010 年。

陈　黎:《傅山对墨学思想的阐发》,山西大学硕士学位论文,2010 年。

陈艳丽:《先秦防灾救灾经济思想研究》,山西财经大学硕士学位论文,2010 年。

仇竹妮:《论墨经逻辑的特征及其成因》,东北师范大学硕士学位论文,2010 年。

杜国庆:《毕沅与孙诒让〈墨子〉校勘比较研究》,温州大学硕士学位论文,2010 年。

范琳玮:《墨子的教育思想与当代思想政治教育》,河北科技大学硕士学位论文,2010 年。

何官峰:《试论梁启超对近代墨学复兴的贡献》,西南大学硕士学位论文,2010 年。

黎　倩:《以威廉姆斯翻译评估模式为基础的〈墨子〉英译本选段分析》,外交学院硕士学位论文,2010 年。

李　金:《墨家的宗教思想研究》,湘潭大学硕士学位论文,2010 年。

李晓燕:《〈墨子〉复音词研究》,西南大学硕士学位论文,2010 年。

李　云:《学术史上的儒墨关系论说初探》,河南大学硕士学位论文,2010 年。

刘喜英:《西汉前期墨学流传研究》,河北师范大学硕士学位论文,2010 年。

彭利瑞:《〈墨子〉四种句式研究》,西北师范大学硕士学位论文,2010 年。

任广民:《墨子思想及文艺观探析》,辽宁师范大学硕士学位论文,2010 年。

宋静静:《墨辩影响研究》,四川师范大学硕士学位论文,2010 年。

孙存志:《墨子政治伦理思想及其当代价值》,新疆师范大学硕士学位论文,2010年。

王继学:《墨学对晚清民国社会发展的影响》,山东师范大学硕士学位论文,2010年。

王明增:《浅论中古时期墨学的流传和影响》,湖南大学硕士学位论文,2010年。

魏　飞:《荀子"非墨"思想研究》,河北大学硕士学位论文,2010年。

肖劲飞:《平民圣人——〈墨子〉中墨子的人格探析》,华中科技大学硕士学位论文,2010年。

杨建兵:《墨家伦理研究》,武汉大学博士学位论文,2010年。

于志勇:《墨子法律思想研究》,中南民族大学硕士学位论文,2010年。

张富蓉:《〈墨子〉单音节实词同义词研究》,西南大学硕士学位论文,2010年。

周　婷:《〈墨子〉单音节实词反义关系研究》,西南大学硕士学位论文,2010年。

徐　华:《墨学新论:〈墨子〉佚文及墨家学说研究》,安徽大学博士学位论文,2010年。

郑林华:《墨家思想与党员干部队伍建设研究》,南开大学博士学位论文,2010年。

2011年

1月，史党社《〈墨子〉城守诸篇研究》由中华书局出版发行。

《墨子》中城守诸篇从内容上讲属于军事著作，因其中多军事术语，文字古奥，研究向称繁难。《〈墨子〉城守诸篇研究》的作者利用考古资料及先秦、秦汉简牍文字资料，对《墨子》城守诸篇的结构、作者、成书年代、学术价值以及墨学源流等进行了深入探讨。

5月，王讚源主编《墨经正读》由上海科学技术文献出版社出版发行。

《墨经正读》堪称是一部富蕴学术研究成果的、不可多得的力作。该书在总结前贤和时彦已有成果的基础上，研精覃思，谨校慎注。《墨经正读》团队的研究实力强大，专业结构合理，编写团队由王冬珍、王讚源、姜宝昌、孙中原、齐瑞端、杨武金、周才珠几位墨学专家组成。

《墨经正读》编者既"述"又"作"，体现了墨子"古之善者则述之，今之善者则作之，欲善之益多也"的基本理念。"述"主乎因，"作"主乎创，必得在扬弃前人研究成果的前提下，有所发现，有所发明，有所创造，有所前进，才是学术发展之正道。在这方面，《墨经正读》向人们提供了一个优秀的范例。

5月18日，"弘扬班墨文化，建设幸福滕州"系列活动在滕州举行。

为进一步对历史文化资源挖掘开发，滕州市墨子研究中心积极创新研究形式，精心策划了"弘扬班墨文化，建设幸福滕州"系列活动。活动围绕"践行和谐理念、构建幸福家园”的主题,以“打造班墨历史文化品牌,提升文化软实力,增强城市核心竞争力”为主线,通过发放征求意见函、召开讨论会、网上征集等形式,广泛征求各个方面的意见和建议,于 2011 年 5 月 18 日举办鲁班纪念馆开馆仪式、“滕州大讲堂文化名人滕州行”专题讲座、“弘扬班墨文化,建设幸福滕州”座谈会等系列主题活动,充分挖掘滕州文化底蕴,彰显滕州历史文化名城魅力,以活动扩大班墨文化的影响。

5 月 18 日,鲁班纪念馆举行隆重的开馆仪式,正式向社会免费开放。

2011 年 5 月 18 日,筹建近两年的鲁班纪念馆正式对外开放,并举办了隆重的开馆仪式。中国墨子学会会长、山东省人大常委会原副主任、山东大学党委书记朱正昌,国家休闲产业协会主席、国家旅游局原党组成员王军,中国墨子学会名誉会长、山东省人大常委会原副主任王玉玺,枣庄市委常委、滕州市委书记王忠林,枣庄市副市长陈爱莉共同为该馆揭牌。

鲁班纪念馆建设面积为 8296 平方米,建设总投资 8000 余万元。主体建筑设计由深圳市汇雅建筑工程设计公司完成,以“继承与发展”为设计理念,采用了仿古与现代相结合的建筑风格。为突出“百工圣祖”的特点,主要以鲁班发明的卯榫结构为主,混凝土框架为辅。2009 年 2 月 26 日正式开工建设,主体工程年底封顶。为地下一层、地上三层,局部四层。地下一层和一、二层为展览区,三层为办公区,四层为接待、会议、学术报告区。展区设有祭拜厅、航天厅、木器厅、石器馆、鲁班庙会、今日班门等。鲁班纪念馆陈列布展由山东工艺美术学院进行布展方案设计,以“展示与演绎的并列,传说与现实的默契,大爱与大智的汇聚,远古与现代的链接”为宗旨。围绕一条路、一条河、一位巨人、一首颂歌为主线,以鲁班发明实物与现代声、光、多媒体技术和 3D 技术相结合,多种展示手法并用。整体布展由上海景泰建筑装潢有限公司进行施工。按照市委主要领导关于“鲁班纪念馆内部陈列布展要结合鲁班的生平、事迹和传说,要以实物和文献资料作为支撑”的要求,滕州市墨子研究中心在全市乃至全国范围内先后组织开展了两次鲁班纪念馆实物征集工作,取得了丰硕成果。共征集到有价值大小实物 10000 余件,包括清末的油碾,清康熙年间的石井、古代四轮战车等珍贵文物。鲁班纪念馆以文物实物与视听手段结合在一起进行布展,尤其注重观众的视觉感受,采用多种艺术创作手法,着力于形象性、可读性、可触性、互动性的塑造，增强了直观效果和审美的吸引力，突出民俗特色、突出鲁班创新精神与新时期“滕州精神”相结合等特点，是一处极富人文特色的旅游景点，也是弘扬传统文化、传播科普知识的一座学校；既可成为对青少年进行爱祖国、爱家乡的教育基地；也可成为青少年科技发明的实践基地，同时，实现海内外华人到鲁班故里寻根祭祖祭拜鲁班的愿望。

王中撰文《大哉鲁班》。

大哉鲁班

——写在鲁班纪念馆开馆之际

圣祖回归，文化落地。

2007年1月25日，市委主要领导同志批示：鲁班文化对滕州很有影响，值得研究、传承、保护、开发、弘扬。短短四年之后，一座风格古朴、气势非凡的鲁班纪念馆就拔地而起，展现在世人面前。市委、市政府这种由文化自觉、文化修养而产生的返本开新、继往开来的大作为，终将写入滕州历史，铭记于人民心中。

鲁班是中华民族优秀传统文化的载体，是中国的一张独特的历史文化名片。作为匠，他巧技制器，规矩立身，怀匠心；作为师，他授业解惑，至善育人，严师道；作为圣，他创制垂法，博施济众，汇圣德。鲁班集匠心、师道、圣德于一身，尽管他没给我们留下多少鸿篇巨著，但古往今来我们的民族更为崇信物质、精神文明的实物创造与生产，更为崇信敦风厉俗、轨物范世的无字经典，更为崇信人格才是真学问。

一人、一家、一族、一国，以怎样的生活态度、价值取向，走向怎样的未来，很大程度上取决于如何面对自己的祖宗。相当一个时期，大智若愚的鲁班，湮没于浩瀚的历史长河，逐渐淡出了后人们的视野，不再被提起、不再被纪念、不再被反思，经历了2500年中不曾有和不该有的历史缺席和沉默。这，不能不说是我们永远无法弥补的一种遗憾。

其实，今天人类所取得的科技成就，其高精尖的程度，远非班墨等圣贤所能想象得到的。然而，其后代们的思想境界、文明素质、道德水准却不敢说比这些先人们高。这就要求现代人应该抱着温情和敬意，回首仰望遥远的古代贤哲——不管是班墨还是孔孟，不管是耶稣还是佛陀，作为人类思维范式的奠定者，他们总会毫不吝啬地回馈给我们人生的真谛、智慧的灵气，让我们把不安的心灵安顿在像鲁班纪念馆这样共建的精神家园、祥和宁静的日新至善之地。我想,这应该就是我们今天缅怀先圣、灵根再植、继续深入开展鲁班研究的历史意义和主要目的所在。

历史是根,文化是魂,良知良能、大善大德是我们的基因。昨天靠圣祖,我们少了许多胆虚和自卑;今天面对圣祖,又似乎显得多了些浮躁和功利。当我们站在公输教子的鲁班锁前时,才蓦然想起,在如何教育儿女上,是否缺乏导向性问题的准备;当我们看到齿草化锯、点石成磨、仿鞋作舟的原生发明时,是否会明白在先贤的科技成果中,并没因埋下隐患而致福兮祸所伏;当我们听到鲁班一生因材不足,而不能自为专室狭庐,连间锅屋也盖不起的故事时,是否会想到当下我们有时会自觉不自觉的手伸得长了点、胃口大了点?鲁班化腐朽为神奇、朽木可雕的忠恕之道,是否可堪称明德向善、和谐圆融的典型范例?

承先圣,正人心。根置于班墨故里的鲁班纪念馆,是净化心灵、激活人生、积极而丰富的宝库。打开这座宝库的大门,一砖一瓦,都具有鲜活的故事;一石一木,都印有先人的足迹;一斗一拱,都堪称道德的积淀。满地丰碑满馆诗,迎面扑来的一切,都值得我们体验、回味、翻检,都会让孩子流连忘返,让老人神恋,让国人光荣自豪,让友人惊羡赞叹。中国制造就是"中国智造"。祖宗留给我们的东西,定能发扬、发展、再发展。

鲁班精神化导天下,厚重克己;鲁班文化修德进业,达人成己。如果我们做事能像鲁班那样,就能做好事、做大事;如果我们做人能像鲁班那样,就能成好人、成大人;如果我们写文章、绘蓝图也能像鲁班做事做人那样,人间的文章就会更美,时代的画卷就会更丽。

规规矩矩道贯古今昭日月,巍巍堂堂德侔天地映山川。世界需要鲁班,未来需要鲁班。

鲁班大哉!大哉鲁班!

姜宝昌撰文《鲁班纪念馆落成颂》。

鲁班纪念馆落成颂

汩汩荆水,悠悠善国。北依岱秀,南望楚阔。北辛遗址,先民聚落。夏商踵迹,文明超卓。迨及春秋,迭出圣哲。科技双雄,联袂班墨。将作精技,公输尊座。察物思道，心会手摹。锯刨磨伞，生民利乐。云梯钩拒，临战必得。木鸢翥空，航天先河。运智呈巧，俦类饶多。百工千艺，师身囊括。嘉惠华夏，膏泽列国。开新创物，垂统遗则。族魂所在，缵续薪火。班门传人，瞻瞩帷幄。筑馆陈物，声教遐播。备材鸠工，未遑稍缀。

劳瘁经年，感佩良多。八寻楼高，十亩地廓。中西合璧，厅馆参错。楹柱耸然，松柏沃若。展品万余，珍稀亦夥。图文并茂，光电偕作。古今钩稽，中外斟酌。旅游景观，文化建设。承教宏堂，公祭穆所。天人具瞻，一代伟作。启我心扉，壮我胆魄。催我精进，成我功德。惟今穀旦，叙兹始末。用慰班祖，并昭来者。

5月19日，滕州市委、市政府主办的“滕州大讲堂·文化名人滕州行”专题报告会在滕州剧院举行。

5月19日，由滕州市委、市政府主办的“滕州大讲堂·文化名人滕州行”专题报告会在滕州剧院举行。中央电视台《百家讲坛》栏目著名主讲人纪连海、鲍鹏山分别作《趣说鲁班》和《新说墨子》报告。滕州市委书记王忠林主持报告会并讲话。

此次报告会由市委宣传部、市墨子研究中心办公室、山东电视台《新杏坛》栏目承办，目的是让全市广大人民群众更加深入地了解墨子的政治主张和鲁班的发明创造，领会班墨文化博大精深的思想内涵，进一步传承和弘扬墨子鲁班文化，打造特色鲜明的班墨文化品牌，促进滕州文化事业的大繁荣大发展。

应邀来滕主讲鲁班的著名历史学者纪连海是北京师范大学第二附属中学的高级教师、曾在中央电视台《百家讲坛》栏目主讲“正说清朝二十四臣”系列，被观众誉为“名嘴”。作为山东卫视《新杏坛》栏目的首席主讲人，他还先后主讲了“春秋第一相管仲”、稷下学宫等，受到观众广泛欢迎。近年来，纪连海先后出版了《历史上的和珅》《历史上的刘墉》《历史上的纪晓岚》等著作，受到读者一致好评。

此次主讲墨子的著名学者、作家鲍鹏山，是上海电视大学的教授，主要从事中国古代文学和文化的教学与研究，在中国思想史研究、文学史研究方面颇有建树，其作品入选多种文集及全国统编高中语文教材。他曾两次在《百家讲坛》主讲“新说水浒传”系列，并出版了《孔子是怎样炼成的》《论语新读》《说孔子》等10多部著作。

鲍鹏山、纪连海以简约、风趣的语言深刻诠释墨子、鲁班的思想文化内涵，观点新颖独到、富含哲理、启发性强，令与会者受益匪浅。

王忠林主持报告会并作重要讲话，高度评价了纪连海、鲍鹏山所作的精彩报告。他说："纪连海先生、鲍鹏山教授围绕墨子鲁班研究的最新成果和现实意义，引经据典、谈古论今，深入浅出地给我们作了一场十分生动、十分有意义的报告，让我们感悟了墨子鲁班文化的博大精深，为传承弘扬班墨文化理清了思路、指明了方向。希望全市各级以这次报告会为契机，进一步在传承弘扬班墨文化上下功夫、求突破。"

王忠林指出，"要在深入挖掘历史文化资源上下功夫，进一步推动经济社会科学发展。进一步扩大班墨文化的影响力。滕州历史文化悠久，拥有7300年的文明史、1200多年的建城史。这里人杰地灵、人才辈出，是墨子、鲁班、滕文公、孟尝君、毛遂、奚仲等先贤名人的故里。特别是墨子的'兼爱''非攻'等和谐思想和鲁班的创新意识，是中华优秀传统文化的重要组成部分，也是滕州独有的历史文化资源。因此，各级党政必须充分挖掘滕州丰厚的历史文化资源，切实加强对墨子、鲁班历史遗迹的开发和保护，积极推动国际墨学研究中心、中国鲁班研究会等文化组织开展各种学术研讨、文化普及活动，多角度、全方位展示班墨文化的丰富内涵，促进班墨文化的社会化、大众化的同时，积极组织编创影视作品，编辑出版普及读物、动漫作品，在各级媒体开设专栏及讲座，面向国内外广泛宣传推介墨子、鲁班的事迹、精神和文化精髓，进一步扩大墨子鲁班文化的知名度、影响力，让班墨文化走向全国走向世界，努力把墨子、鲁班打造成为世界级的文化品牌"。

王忠林指出，"要在丰富文化内涵上下功夫，进一步提升城市品质和竞争力。文化是城市的灵魂，城市实现科学发展需要文化的支撑。要坚持从文化的视角审视城市建设，以文化的理念指导城市建设，用文化的精髓丰富城市建设，努力使城市文化内涵得到挖掘、文化特质得到彰显、文化品位得到提升。要把历史文化特别是班墨思想文化内涵，融入到城市规划、设计、建设等各个环节，这才能够充分体现滕州的历史、传统和风情，增强滕州文化的表现力和震撼力，努力把滕州建成宜居之城、宜商之城、宜游之城、文化之城。文化是旅游的核心，旅游是文化的载体。要在发展文化事业的同时，把文化与旅游结合起来，大力发展文化旅游业.加快推进转方式调结构工作。要用文化推动旅游的发展，用旅游来传播文化，通过发展文化旅游业的龙头加速服务业发展，转变发展方式，推动滕州实现又好又快发展”。

王忠林强调，“要在积极践行班墨思想文化上下功夫，进一步推动经济社会科学发展。弘扬班墨思想文化，贵在践行。2008 年，市委、市政府根据滕州发展的需要，结合本地历史文化的沉淀和积淀，总结古代先贤和滕州人民的实践，提出了‘兼爱包容、诚实守信、开放创新、敢为人先’的新时期‘滕州精神’。‘滕州精神’，不仅是历代滕州人精神实践的积淀，而且是对当代滕州人的规范和指引，对于激励和引领全市上下精神文化建设起到重要的作用。希望各级党政大力传承和弘扬墨子、鲁班崇尚科学、勇于创新、强本节用等方面的思想，坚持以人为本、执政为民、改善民生，真正让人民群众共享改革发展的成果、努力使广大人民群众生活得更加幸福、更有尊严，加快建设社会主义和谐社会。要加快建设创新城市，建立完善适应市场经济要求、符合滕州实际、支撑和引领未来经济社会发展的科技创新体系，为推动滕州经济社会科学发展、和谐发展、文明发展、率先发展，加快建设繁荣昌盛、文明富裕、安定和谐的幸福滕州”。

5 月 19 日，“弘扬班墨文化，建设幸福滕州”座谈会举行。

滕州是班墨文化的发祥地和承载地。班墨文化博大精深，它的影响已超出了市界、省界、国界，成为全人类共有的精神财富。为进一步深入进行班墨文化研究，在鲁班纪念馆开馆仪式结束后，墨研办邀请参加鲁班纪念馆开馆仪式的领导、专家学者、建筑界人士、新闻媒体记者，围绕“弘扬班墨文化，建设幸福滕州”的主题进行了深入座谈。

座谈会上，与会人员从加强对墨子、鲁班历史遗迹的开发保护，加强对墨子、鲁班生平事迹、思想精神的宣传普及，进一步扩大墨子、鲁班文化的知名度、影响力，努力把墨子、鲁班打造成为世界级文化品牌等各方面各抒己见，畅所欲言。滕州市墨研办就鲁班纪念馆在今后如何更好地发挥作用，如何进一步加强班墨文化研究，充分发挥班墨文化在文化强省建设、在构建民族精神家园上的作用征求了参会领导、专家学者的意见和建议。座谈会对今后进一步挖掘墨子鲁班文化内涵，用墨子鲁班的思想和精神这一优秀民族文化，促进当今和谐社会、创新型社会建设，把墨子鲁班研究推向一个新的境界，具有十分重要的现实意义和深远的历史意义。

市委副书记李健，中国墨子学会顾问、武汉大学教授朱传棨，中国墨子学会副会长、山东大学教授姜宝昌等参加了座谈会。

5 月 18 日,滕州市荣获“中国建筑之乡”称号。

5 月 18 日,在鲁班纪念馆开馆仪式上,中国建筑业协会副会长、秘书长吴涛向滕州市颁发“中国建筑之乡”奖牌,滕州市委常委、副市长颜景焱接受奖牌。

5 月,在中国建筑业协会主办的“中国建筑之乡”评审会上,滕州市顺利通过专家组评审,被命名为“中国建筑之乡”。目前,全市建筑业企业发展到 120 家,年完成建筑业产值过 100 亿元,施工足迹遍布全国 25 个省区市,并成功开辟美国、朝鲜、安哥拉、刚果(布)、刚果(金)等国外市场。

在此次评审活动中,全国共有 20 多个城市进行了申报,其中 8 个城市通过初审,最后只有 5 个城市通过评审。其中,专家组对滕州市建筑业取得的成绩给予充分肯定,特别是对传承鲁班精神、弘扬班墨文化,全力打造“滕州建筑”品牌等方面所做的工作给予高度评价。

7 月,薛柏成《墨子讲读》由华东师范大学出版社出版发行。

先秦诸子百家中,墨学和儒学在战国时代并称“显学”,是中国传统思想文化的重要内容之一。《墨子》是墨家现存唯一的代表著作,其思想在古今政治、经济、军事、科技、哲学、宗教领域的影响不可低估。墨子倡导尚贤、尚同、兼爱、非攻、节用等主张,在今天建设和谐社会的大环境下,尤具借鉴意义。

该书除对《墨子》一书的卷一至卷十三中的原文进行注释外,又增加了问题分析、文化史拓展两个大的板块,从而使读者在学习《墨子》原文时增加了进一步深入思考及融入历史的感觉,每篇讲读后,作者又提出了思考与讨论题目,加深了学习的效果,编写形式令人耳目一新。

8 月,郑杰文、王继学等《墨学对中国社会发展的影响》由山东人民出版社出版发行。

该书是教育部人文社会科学重点研究基地重大项目“墨家学说对中国社会发展的影响”(项目批准号:06JJD720010)的最终成果。

全书共分六编:第一编,墨学对中国社会思想政治发展的影响(上);第二编,墨学对中国社会思想政治发展的影响(中);第三编,墨学对中国社会思想政治发展的影响(下);第四编,墨辩逻辑及其学术影响;第五编,墨家科技成就及其影响;第六编,墨家军事学说及其影响。

10 月,赵富平《墨子思想的新解 100 则》由科学普及出版社出版发行。

《墨子思想新解 100 则》全书共六章,前五章分别介绍墨子的历史地位、墨子的时代背景、墨家的产生、墨家的组织、墨子的主要思想,便于读者在短时间内对墨子、墨家、墨学有个全面扼要的了解。第六章是"墨子告诉我们什么",共有 100 节,每节由墨子名言原文、现代译文、揭示主旨、举例说明组成,是该书的重点,倾注了作者对墨子名句名言及其主要思想的理解与感悟,令人深思。

10 月,焦世瑜《墨子归来》由国家图书馆出版社出版发行。

该书记述了山东大学历史系教授张知寒坎坷、悲壮的经历和他那侠骨柔肠、刚直不阿的高尚品格,以及他从一个历史学家的高度对传统文化和许多现实问题所作的深层思考。他在身患肠癌、肺癌、肝癌的情况下,全身心地投入弘扬墨学的事业之中,其功赫赫,其德昭昭。他是当代中国知识分子的普通一员,又是其中典型的代表,读后发人深省,催人奋进。

附录:2011 年墨学研究硕士学位论文目录

程晓蕾:《墨家文献流变考》,西北大学硕士学位论文,2011 年。

房　颖:《墨子人生观简论》,郑州大学硕士学位论文,2011 年。

丰　瑞:《论先秦儒墨两家的政治人才观》,中国政法大学硕士学位论文,2011 年。

高云飞:《试探墨子与韩非子君主专制思想的路径选择》,河北师范大学硕士学位论文,2011 年。

贺大文:《墨家的会话含义论》,曲阜师范大学硕士学位论文,2011 年。

孔　丹:《〈墨子间诂〉训诂方法研究》,曲阜师范大学硕士学位论文,2011 年。
郎济杰:《墨子列德尚贤人才伦理思想研究》,湖南工业大学硕士学位论文,2011 年。
刘　辉:《〈墨子〉与〈吕氏春秋〉政治思想比较》,湖南大学硕士学位论文,2011 年。
马海峰:《儒墨互补问题研究》,吉林师范大学硕士学位论文,2011 年。
马　华:《“尚质尚用”——〈墨经〉和〈考工记〉中的功能主义思想研究》,昆明理工大学硕士学位论文,2011 年。
钱金虎:《〈墨子〉的行政人格思想研究》,黑龙江大学硕士学位论文,2011 年。
沈　韬:《论清末民初的墨学研究(1895—1925)》,黑龙江大学硕士学位论文,2011 年。
时　儒:《儒墨行政伦理思想比较研究》,重庆师范大学硕士学位论文,2011 年。
王维国:《墨子“尚同”思想与当代中国和谐社会建设》,山东大学硕士学位论文,2011 年。
王晓强:《〈墨子〉环境伦理思想研究》,山东大学硕士学位论文,2011 年。
王引娟:《〈墨子〉的技术美学思想研究》,西北大学硕士学位论文,2011 年。
吴国强:《〈墨子〉研究之研究》,温州大学硕士学位论文,2011 年。
薛向娟:《〈墨子〉文学性探微》,天津师范大学硕士学位论文,2011 年。
袁继伟:《墨家兵学思想研究》,山西大学硕士学位论文,2011 年。
张一强:《墨子“兼爱”思想及其现代意义研究》,西北师范大学硕士学位论文,2011 年。
张　颖:《墨子侠义伦理观研究》,江西师范大学硕士学位论文,2011 年。
赵亚琳:《墨子与阿基米德科技思想的比较研究》,哈尔滨理工大学硕士学位论文,2011 年。
甄春霞:《墨子的管理思想研究》,中南民族大学硕士学位论文,2011 年。
庄庭兰:《中日墨学比较研究》,山东大学硕士学位论文,2011 年。

2012年

1月，孙中原《墨子鉴赏辞典》由上海辞书出版社出版发行。

该书是上海辞书出版社“文学经典鉴赏系列”的一种。本系列秉承传统文本现代赏析的宗旨，力图给读者以深入浅出的解读，以更好地理解原典。

孙中原的《墨子鉴赏辞典》集原文、注释、鉴赏于一体，能使读者更好地了解和鉴赏《墨子》思想的精髓，对弘扬中华优秀传统文化有着积极的意义。

2月，中国墨子学会顺利通过国家学术性团体评估，并被授予“三星级全国性社团”称号。

民政部社团管理中心组织的专家评估团来滕州对中国墨子学会开展学术性社团评估工作。评估团领导和专家通过查阅资料和实地查看等方式，对近年来中国墨子学会的发展现状、工作开展情况、发展规划等各方面进行了综合评估，予以充分肯定和高度赞扬，中国墨子学会顺利通过国家学术性社会团体评估，并被民政部授予“三星级全国性社团”称号。

5月5日至8日，由中国墨子学会、山东大学、山东建筑大学以及滕州市委、市政府联合举办的第九届国际墨子鲁班学术研讨会暨中国墨子学会成立二十周年纪念大会在北京召开。

5月5日至8日，由中国墨子学会、山东大学、山东建筑大学以及滕州市委、市政府联合举办的第九届国际墨子鲁班学术研讨会暨中国墨子学会成立二十周年纪念大会在北京召开。此届研讨会对于推动墨子思想和鲁班文化的挖掘、开发、普及、传承,推动优秀传统文化的大繁荣、大发展具有重要的意义。

会议共举办七项重要主题活动:一是5月5日晚在北京京伦饭店举办第九届国际墨子鲁班学术研讨会欢迎宴会;二是5月6日上午在人民大会堂北京厅举行第九届国际墨子鲁班学术研讨会开幕式暨中国墨子学会成立二十周年纪念大会;三是5月6日上午在人民大会堂澳门厅举行中国墨子学会会长会议;四是5月6日在人民大会堂上海厅举办800集大型动画片《小小鲁班》启动仪式暨形象征集发布会;五是5月6日下午在京伦饭店举行第九届国际墨子鲁班学术研讨会第一次全体人员会议;六是5月7日至8日在京伦饭店分三组举行第九届国际墨子鲁班学术研讨会分组讨论、学术交流会;七是8日下午在京伦饭店举行第九届国际墨子鲁班学术研讨会第二次全体会议暨闭幕式。

中共中央政治局原常委、中纪委原书记吴官正,中共中央政治局原委员、全国人大常委会原副委员长姜春云同志,中共山东省委原书记赵志浩同志发来贺信。

全国政协原副主席宋健同志,中共中央组织部原部长张全景同志,中央军委委员、解放军总政治部主任李继耐上将,解放军总参谋部原副总参谋长李景上将,原中共中央对台办主任杨斯德将军,国防大学原副政委、中国墨子学会顾问李殿仁将军,著名学者、中央文史研究馆馆长、中国书法研究院名誉院长欧阳中石先生,山东省人大常委会原副主任、中国墨子学会名誉会长王玉玺同志,山东大学党委书记、中国墨子学会会长李守信同志,武汉大学教授、中国墨子学会顾问朱传棨先生,山东建筑大学党委书记、中国墨子学会副会长王崇杰同志,人民日报副总编辑陈俊宏同志等领导出席开幕式。

出席此次开幕式的有130余位专家学者,是历届参会人数最多的一次。开幕式由滕州市委书记董沂峰主持,中共枣庄市委副书记、枣庄市市长张术平同志致辞,中国墨子学会会长、山东大学党委书记李守信发表讲话,朱传棨教授代表专家学者发言并向大会表示祝贺。

滕州市墨子研究中心自2011年下半年开始,建立了工作机制,成立了会议筹备工作领导小组,细化方案,责任到人,市委、市政府也从市直部门抽调精兵强将,强力启动筹备工作。经过多方征求意见,多次论证,确定此次会议以"墨学与社会进步"为主题,"墨学与社会主义文化建设""鲁班创新精神的当代意义"为研讨主题;安排专人到北京实地考察,落实会议室、专家学者住宿房间等事项;通过与国内权威专家沟通、座谈,撰写了中国墨子学会纪念专题片的脚本,如期完成专题片《墨学重光》的拍摄制作,在研讨会期间进行了播放;精心设计了中国墨子学会成立二十周年纪念邮册和会议赠送书籍,督促协调进行印刷。按照“层次结构科学化、学术水平前沿化”的标准,邀请了海内外专家学者130余人参会。会议期间,墨研中心还为担负迎宾、会场服务的同志精心设计制作了统一服装,进行了礼仪培训,着力提高服务质量,组织专家采取大会发言、分组讨论等形式,进行了深入的研讨交流,取得了很好的效果。

第九届国际墨子鲁班学术研讨会和中国墨子学会成立二十周年纪念大会之所以取得圆满成功,是山东大学、滕州市高度重视、大力支持的结果,是滕州市各级各部门密切配合、通力协作的结果,也是前期筹备工作扎实深入、落实有力的结果,更是一大批老领导重视、支持的结果。中国墨子学会名誉会长、山东省人大常委会原副主任王玉玺先生不顾年事已高,在大会前期筹备和召开期间,给予会议高度关注,并亲自带队前往北京向领导们汇报,有时累了就在路边停下休息一会缓解病痛,令陪同前往的滕州市委常委、宣传部部长孟宪刚,滕州市墨子研究中心办公室主任邵长婕深受感动。王玉玺先生对墨学研究事业可谓呕心沥血,令人肃然起敬。

5月5日,中共中央政治局原常委、中纪委原书记吴官正同志发来贺信。

中国墨子学会:

欣悉第九届墨学国际研讨会暨中国墨子学会成立20周年纪念大会在北京召开,特致函表示热烈的祝贺!并向与会的专家学者表示诚挚的问候!

墨子是我国古代伟大的思想家、教育家、科学家、军事家和社会活动家,也是一位热爱和平、兼爱重义、情系大众的平民圣人。墨学是中华民族优秀传统文化的重要组成部分,研究墨学,古为今用,对于加强当代中国文化建设、维护世界和平,具有重要的现实意义和深远的历史意义!

我在山东工作期间,曾向山东大学历史系教授张知寒先生请教有关墨子的学说,参加了第三届墨学国际研讨会,参观了滕州市墨子纪念馆。2010年1月,又到滕州市墨子纪念馆参观,对专家学者,特别是张知寒、王玉玺等同志作出的突出贡献,感到非常高兴。

我相信,在社会各界的关心支持下,在专家学者们的共同努力下,墨学研究一定能够再上新台阶!

祝大会圆满成功!

吴官正

2012年5月5日

5月5日,中共山东省委原书记赵志浩同志发来贺信。

中国墨子学会:

欣闻由中国墨子学会、山东大学、山东建筑大学、滕州市委、市政府联合主办的第九届国际墨子鲁班学术研讨会暨中国墨子学会成立20周年纪念大会即将开幕,谨表示热烈祝贺,衷心祝愿盛会圆满成功!

我相信,本届国际墨子鲁班学术研讨会暨中国墨子学会成立20周年纪念大会的召开,将进一步加深世界对墨子鲁班文化的了解,有利于促进中国与国际的交流合作,也将促进滕州经济社会又好又快发展。

再次祝愿第九届国际墨子鲁班学术研讨会暨中国墨子学会成立20周年纪念大会圆满成功!

赵志浩

2012年5月5日

5月6日,中共中央政治局原委员、全国人大常委会原副委员长姜春云同志发来贺信。

中国墨子学会:

你们邀请我出席第九届国际墨子鲁班学术研讨会暨中国墨子学会成立20周年纪念大会的函收悉,我因故不能出席,特致信对研讨会暨纪念大会的召开表示热烈祝贺,向与会的专家学者、同志们、朋友们致以亲切的问候!

墨子是我国古代伟大的思想家、政治家。墨学与儒学并称“显学”,墨学文化是中华民族优秀传统文化的重要组成部分,对中国历史具有深远的影响。加强墨学研究，弘扬优秀民族传统文化，对推动文化大发展、大繁荣具有重要意义。中国墨子学会自成立以来，对墨学文化的复兴、挖掘、研究和宣传作出了积极贡献。希望你们通过本届研讨会，加强国内外墨学专家学者的交流，进一步弘扬墨学优秀的传统思想，为构建和谐社会作出新的更大贡献！

祝大会圆满成功！

姜春云

2012 年 5 月 6 日

5 月 6 日，中国墨子学会召开会长会议，听取中国墨子学会秘书处(滕州市墨子研究中心办公室)工作汇报，按照《中国墨子学会章程》，选举产生中国墨子学会第五届领导成员，审议并通过了《中国墨子学会 2012—2016 年工作规划》，山东大学党委书记李守信任中国墨子学会会长，董沂峰任第一副会长。

中国墨子学会秘书处(滕州市墨子研究中心办公室)严格按照《中国墨子学会章程》规定，以“岗位职务调整、区域力量平衡、新生力量培养”为原则，多方征求专家、学者和老领导的意见，积极开展了学会领导换届工作。此次换届工作，实现了学会领导集体的新老交替，进一步充实了学会的领导力量，同时，突出了重视新生力量培养的特点，调整新增了三名为墨子鲁班研究工作作出了突出贡献的中青年专家学者担任学会领导职务，为墨子鲁班研究事业注入了新鲜血液，有效解决了墨子鲁班研究中人才断层问题，有利于促进人才的阶梯培养。

为了推进学会各项事业的长远发展和墨子鲁班文化的纵深研究，滕州市墨子研究中心办公室通过召开专题座谈和个别沟通等方式，广泛征求墨子鲁班研究权威专家的意见和建议，组织专人，起草制定了《中国墨子学会 2012—2016 年工作规划》，在会长会议上进行了认真讨论并顺利通过。《中国墨子学会 2012—2016 年工作规划》对学术研究、宣传普及、人才培养等六个方面的工作进行了科学定位，形成了具有特色的发展措施和育人环境，对于指导学会工作开展，增强学会可持续的核心竞争力，促进学会的可持续发展具有重要意义。

5 月 7 日,第九届国际墨子鲁班学术研讨会举行第二次全体会议,中国墨子学会副会长姜宝昌作第九届国际墨子鲁班学术研讨会总结。闭幕式由滕州市委常委、宣传部部长孟宪纲主持,滕州市委副书记邵士官致闭幕词。

中国墨子学会副会长、山东大学教授姜宝昌所作的第九届国际墨子鲁班学术研讨会总结主要有以下几个方面。

第一,此次研讨会的主题是:以“墨学与社会进步”“墨子与社会主义文化建设”为主,兼论“鲁班创新精神的当代意义”。

第二,此次研讨会的鲜明特点是:在深入研究墨子思想的同时,体现传统文化与当代文明的对接。研讨会共收到论文 86 篇,其中关于墨学研究共 69 篇,关于鲁班研究共 17 篇,可谓极一时之盛。

第三,分组发言情况汇总。

朱传棨教授认为,墨子的和谐社会思想是中华民族文化遗产中的重要组成部分。“兼相爱,交相利”是墨子和谐社会的核心和精髓。深入分析和探讨墨子提出的“兼爱”“非攻”“节用”等和谐思想的内涵,吸收其合理成分,重新审视与挖掘墨子和谐思想的当代价值,不仅可以为我们完善中国特色社会主义精神文明建设提供传统文化方面的宝贵借鉴,而且对于构建社会主义和谐社会也具有极其重要的现实意义。河南省社会科学院赵保佑研究员的发言概括了墨子的义利观对社会主义道德建设的种种可贵启示:其一,墨子的义利观是一种价值理论。其二,墨子贵利、尚义的义利观主张义利合一。其三,发展我国社会主义市场经济,就是要提高全社会的生产效率,最终实现共同富裕。其四,马克思主义主张以最广大人民群众的目前利益和长远利益的统一为出发点,以最广大人民群众的最广大利益为最高道德标准。

与会者十分关注墨子的教育思想。一致认为,要进一步弘扬墨家教育思想,用之于重铸民族魂魄,提高整个中华民族科技与人文素质的宏伟事业。中国戏曲学院颜晓华教授的论文指出,墨子“兼爱”思想体现了“以人为本”“尊重学生”“环境熏陶”“志功合一”的教育理念,以及重视实践和生活经验的作用。

与会者认为,墨子“尚贤”“尚同”“兼爱”“非攻”等一整套社会政治伦理思想,在 21 世纪的今天,仍然放射着耀眼的光辉。北京师范大学董志铁教授的论文指出,墨子的政治哲学思想,在当今社会具体体现在中国的国家治理过程中,如“德才兼备”的干部选拔、任用原则，地方与中央在政治上必须保持高度一致，必须坚持和平的外交政策，必须尊重自然，并按照客观规律办事。

与会者认为，墨家提倡科技创新和科学管理，这对加快我国的科技引领生产力发展的进程和增强企业竞争力，有着重要的指导意义。北京东方飞扬软件公司达流先生的论文指出，思想流派对人的人格形成有重大影响，而墨家思想对当代企业家的人格、创新精神、团队建设、目标达成等都是必不可少的思想武器。

与会者认为，直至今天，墨子的某些军事思想仍然可以穿越时空，对我国的国防和军队现代化建设具有不可估量的指导意义。国防大学副政委李殿仁将军的论文指出，我们必须强化全民国防教育，培育“忧患”“尚同”的思想，强化“忧患”意识，巩固国防，加强军队现代化建设，重视“武备”，平时积极防御，战时全面备战。中国人民解放军后勤学院唐文武、陈卫平、鲁抗抗三位教授的论文指出，必须深入探讨墨家防御装备思想的内容和特点，对当今世界某些地区业已经出现的或潜在的战争危险，我们应在加强军队现代化建设的基础上制定出切实可行的应对方案，以便随时准备以强大的军事力量制止并粉碎狂徒们的军事冒险。

与会者还指出，为弘扬中华文明，当前应深入研讨“儒墨相融”的问题。我们应本着“求同存异”的原则，去研究、挖掘那些儒家和墨家相同、相关和相融的论点和主张，如儒墨两家都反对社会动乱，都主张人们“相爱”“相利”等。

会上，专家们还从多种视角研讨了墨家学说，其中不少令人感到耳目一新。如墨家的辩学理论、墨家的宗教观、《墨经》的写作体例、墨子的里籍、墨学的兴衰史以及墨学研究的最新信息发布等。

此届研讨会还突出了重视新生力量培养的特点，调整新增了三名为墨子鲁班研究工作作出了突出贡献的中青年专家学者担任学会领导职务，有效解决了墨子鲁班研究领导层中人才断层问题，有利于促进人才的阶梯培养。在多位著名专家的培养下，十余位从事墨学研究的博士、硕士研究生受邀参会，并提交了高质量的研究论文，为墨子鲁班研究事业注入了新鲜血液，提供了发展活力和后劲。此外，墨研中心工作人员通过近年来组织、参与墨学研讨活动，潜心向专家学习，墨子鲁班研究学术水平逐步提高，十多名同志向研讨会提交了研究文章，由于从事墨学研究时间短，功夫浅，学术水平有限，论文质量存在很大差距，但本着培养墨学研究后备力量的想法，有选择性地收录部分论文在此集中。敬请学界先进及读者批评指正。

自从第七届国际墨子鲁班学术研讨会将鲁班纳入研讨系列之后,不少学者对鲁班的研究更加关注,此次研讨会提交的 17 篇极具说服力的论文,使大家认识到,“鲁班精神”就是“注重细节、勤于思考、勇于创新、不断学习、立足实践、刻苦钻研、精益求精”。鲁班留给后世的不仅是精湛的技艺,更是可贵的创新精神,科技创新对于我国增强国际竞争力,促进经济和社会进步,都有重要的现实意义和深远的历史意义。

闭幕式由滕州市委常委、宣传部部长孟宪纲主持。滕州市委副书记邵士官在讲话中指出,“在研讨会期间,大家积极而认真,热烈而坦诚,情绪始终饱满,活力贯通全程,充分体现了百花齐放、百家争鸣的学术精神。进行了多层面、纵深化的研究。参会论文领域宽广、资料翔实,研究深刻精到。这些研究成果必将引领墨子鲁班文化研究的方向,推动墨子鲁班文化研究走向深入。我们相信,在党的十七届六中全会推动文化大发展大繁荣的背景下,通过这次会议,必将在国内外掀起了一股热爱墨学、重视鲁班、共研班墨的热潮,墨子思想和鲁班精神定会成为推动文化事业发展、促进和谐社会建设的巨大力量”。

中国墨子学会副会长、山东大学教授、《文史哲》主编王学典通报了《中国墨子学会第五届领导成员名单》;滕州市政府党组成员、中国墨子学会副会长兼秘书长、滕州市墨子研究中心办公室主任邵长婕通报了《中国墨子学会 2012—2016 年工作规划》。

7 月,鲁班纪念馆举办鲁班诞辰 2519 周年纪念活动。

7 月,在鲁班纪念馆成功举办鲁班诞辰 2519 周年纪念活动。滕州市机械、建筑、设计、科研等行业厂长、经理及鲁班研究专家学者、热心人士等百余人参加了纪念活动。此次活动,群众参与度高,涉及面广,得到了市有关部门领导和社会各界的广泛关注和好评。

7 月,滕州市墨子研究中心办公室在鲁班纪念馆设立“鲁班学堂”。

滕州市墨研中心办公室以“鲁班学堂”为依托,坚持“请进来,走出去”的办学方针,充分利用社会各界墨子鲁班文化研究资源和鲁班纪念馆平台,精心策划设计了多种讲学、研讨、宣传教育形式，让更多人民群众能够更直接享受墨子鲁班文化建设成果。还邀请了山东省社科院涂可国教授、鲁班研究专家王中作专题报告，同时山东旅游职业学院教授和滕州电视台主持人对墨研中心办公室全体工作人员进行了现代服务礼仪、形体、普通话等三个方面专职培训，并针对不同岗位开展情景模拟训练。进一步提升了场馆服务品牌形象和讲解员服务意识、演讲水平。邀请了山东省语委会成员、枣庄科技职业学院副教授谢晓云作《弘扬传统文化，提高礼仪素养》专题报告，从中华文化发展渊源、礼仪内涵、礼仪规范要求和礼仪素养培育等方面进行了详细讲述，全市 40 家窗口单位、部门的理论骨干参加了报告会，社会反响较好。

7 月，中国墨子学会秘书处、滕州市墨子研究中心办公室研究制定并出台《关于对高校从事墨子鲁班学术研究的研究生导师、博士研究生等人员以及开展墨子鲁班课题项目研究的奖励补助办法》。

中国墨子学会秘书处（滕州市墨子研究中心办公室）积极与墨子鲁班文化研究专家做好联络和服务工作，加强学术交流活动，推动墨子鲁班文化研究工作不断深入。山东大学、山东建筑大学是墨子和鲁班研究的重要学术依托，2012 年以来，滕州市墨子研究中心办公室进一步加强了与两校的联系沟通。及时与山东大学、山东建筑大学新任领导联系，总结、汇报墨子鲁班文化研究工作开展情况，努力争取学术支持，积极创造良好的研究环境。研究制定了《关于对高校从事墨子鲁班学术研究的研究生导师、博士研究生等人员以及开展墨子鲁班课题项目研究的奖励补助办法》，旨在对墨子鲁班研究领域和人才培养方面作出突出贡献的研究生导师、博士研究生以及墨子鲁班社科类课题项目给予扶持和奖励。同时加大了对墨学研究专家的支持、服务力度，设立了专项资金，抽调专门人员协助专家学者从事墨学研究、外出考察以及学术著作编辑出版工作。

8 月 26 日，山东大学 2012 年暑期工作会议在滕州召开。

8 月 26 日，山东大学暑期工作会议在滕州举行。中国墨子学会会长、山东大学党委书记李守信和山东大学校长徐显明出席会议。滕州市委书记董沂峰出席会议并致辞。

董沂峰在致辞中代表滕州市委、市政府对山东大学领导及部分教师代表的到来表示欢迎。他简要介绍了滕州市今年以来经济社会发展情况后说,“近年来,山东大学和滕州市委、市政府携手在墨学研究方面做了大量工作,在一系列领域取得了可喜的进展,使得墨子思想的学术价值、当代意义得到了深入挖掘和诠释,促进了墨子思想发扬光大。这次会议在滕州举办,充分体现了山东大学各位领导对滕州的关心、支持和厚爱,为双方加深了解、增进友谊、共谋发展提供了良好平台”。

董沂峰说,“滕州历来高度重视与高校的合作交流,20年前就与山东大学合作开展了墨子文化思想深层次研究,先后与山东大学联合成立了墨子研究中心、中国墨子学会、山东墨子基金会,兴建了墨子国际研究中心、墨子纪念馆,编辑出版了《墨学研究》《墨子大全》等150余部墨研论著,成功举办了九届国际墨学研讨会。特别是今年举办第九届国际墨子鲁班学术研讨会暨中国墨子学会成立二十周年纪念大会,在山东大学各位领导热情支持下,大会成功圆满召开,在国内外引起强烈反响”。

董沂峰表示,当前,滕州正处在转型发展、跨越发展的关键时期,新一届市委、市政府确立了五年内经济上“再造一个滕州”,力争提前实现经济实力过千亿、地方财政收入过百亿,努力争当全省县域经济发展排头兵,加快建设幸福滕州的奋斗目标。县域经济的发展离不开科技人才的支撑,山东大学作为全省乃至全国科技人才的聚集高地,科技实力雄厚,人才资源丰富。衷心希望山东大学充分发挥人才优势,进一步加强与滕州在战略性、技术性等领域的交流与合作,不断开创校企、校地互动合作的新局面。滕州市委、市政府将秉承先贤墨子“兼相爱、交相利”的古训,以更加开放开明的姿态、更加务实进取的作风和重诺守信的准则,全力为校地、校企合作创造更加广阔的平台,营造更加宽松的发展环境,与山大携手并进,共同开创更加美好的明天。

8月27日,山东大学党委书记、中国墨子学会会长李守信到中国墨子学会秘书处(滕州市墨子研究中心办公室)考察调研墨学研究与发展工作。

8月27日,由山东大学党委书记、中国墨子学会会长李守信等率领的山东大学考察团到滕州市墨子研究中心办公室考察墨学文化及其研究工作。枣庄市委常委、滕州市委书记、中国墨子学会第一副会长董沂峰，滕州市委常委、纪委书记侯宗伟，滕州市委常委、市委办公室主任程春常，滕州市副市长姜妍，以及滕州市政府党组成员孙金存，滕州市政府党组成员、滕州市墨子研究中心办公室主任、中国墨子学会副会长兼秘书长邵长婕等陪同考察。

考察团一行实地考察了墨子纪念馆、鲁班纪念馆，听取了市墨研办关于墨子文化及其研究工作的详细情况汇报，对滕州市高度重视墨子、鲁班文化研究工作以及取得的成绩给予高度评价。李守信在活动中说，“改革开放以来，中国传统文化的研究进入黄金时代，取得了巨大成就，而由中国墨子学会推动的墨学研究可谓其中的杰出代表。中国墨子学会的成功，可谓名校与地方政府合作推动传统文化研究的典范。20年来，山东大学与滕州市精诚合作，互扶互持，为墨学研究提供了强大驱动，举办的各种活动声势浩大，影响广泛，极大地提高了墨学研究在全国学术界的地位和号召力。中国墨子学会的累累硕果表明，山东大学和滕州市委市政府的合作是成功的，也是卓有成效的”。李守信表示，山东大学将进一步发挥百年名校的人才和学科资源优势，与滕州市展开更紧密的合作，力争把墨学研究推向一个新高度，把中国墨子学会打造成为世界级的墨学研究平台。

董沂峰在活动中说，“这次山东大学在滕州市开展活动，既体现了山东大学各位领导对滕州的信任和支持，同时也为我们提供了一次让山东大学各位领导、各位嘉宾认识滕州、了解滕州的难得机会。我们将以此为契机，进一步加强与山东大学的交流合作，争取在墨子鲁班学术研究、合作等方面取得新的更大进展；也恳请山东大学的各位领导、各位嘉宾把滕州作为一个联系点、实习点、调研点，一如既往地关心滕州、支持滕州，经常来滕州考察指导、交流合作，不断开创校地、校企互动发展的新局面”。

8月，滕州市墨子研究中心办公室被命名为“山东省理论大众化示范点”。

滕州市墨子研究中心办公室被省委宣传部命名为“山东省理论大众化示范点”。此次示范点评选活动由山东省委宣传部主办，全省仅有56个单位被授予“山东省理论大众化示范点”，滕州市墨子研究中心办公室是滕州市唯一获此殊荣的单位。

2012 年 5 月,省委宣传部推进理论大众化工作调研考核组来滕,对滕州市墨子研究中心办公室理论大众化示范点创建工作进行了调研考核。考核组通过座谈、听取有关情况汇报、查阅相关资料,以及实地察看鲁班纪念馆、墨子纪念馆、墨砚馆等场馆建设情况,一致认为,墨子研究中心办公室理论大众化示范点建设,领导重视,措施得力,方式方法灵活,有特色、有创意、取得了显著成绩,值得全省借鉴和推广。

8 月,滕州市墨子纪念馆、鲁班纪念馆成功创建全国科普教育基地。

经省级科协和国家相关部门初评和推荐,中国科协组织评选认定,滕州市墨子纪念馆、鲁班纪念馆顺利创建 2012 年全国科普教育基地。

全国科普教育基地认定与命名,是为了贯彻落实《全民科学素质行动计划纲要实施方案(2011—2015 年)》,加强国家科普基础设施建设,推进全国科普教育发展,调动社会各方面参与科普工作的积极性。此次国家共评定全国科普教育基地 397 所。滕州市墨子纪念馆、鲁班纪念馆等均获此殊荣。此外,滕州市墨子纪念馆、鲁班纪念馆还先后获得山东省和枣庄市“社会科学普及教育基地”“科学普及教育基地”“科技创新教育基地”“理论大众化示范点”等多项荣誉称号,受到上级部门和社会一致好评。

8 月,经过精心准备,滕州市墨子研究中心办公室软课题项目建设实现新突破。

为了加强单位学术研究力量的建设,滕州市墨子研究中心办公室成立了以主要负责人为组长、单位学术研究骨干为成员的软科学课题项目研究小组,积极申报山东省重大课题项目和山东省软科学优秀成果奖。课题组采用理论与实践相结合,直接调查和间接调查相结合,综合运用发放调查统计表格、广泛收集资料、专家学者走访、专题研究讨论等多种形式,对调查中掌握的情况和发现的问题进行了深入研究,在此基础上,结合专家学者走访以及从各种渠道收集的材料,多次召开课题论证会,历时 10 个月,最终形成两篇具有较强前瞻性和指导性的学术报告。

8 月，滕州市墨子研究中心办公室申报的《儒墨尚贤思想对当今人才理论建设的借鉴及创新研究》项目荣获 2012 年度山东省软科学优秀成果奖二等奖，实现了我市在省软科学评奖中的重大突破。此外，滕州市墨子研究中心办公室《科圣墨子思想中的人文关怀对当今科技发展的指导研究》正积极申报山东省重大课题项目，并顺利通过了山东省科技厅的网上审核。

8 月，杨建兵《先秦平民阶层的道德理想:墨家伦理研究》由中国社会科学出版社出版发行。

《先秦平民阶层的道德理想:墨家伦理研究》对墨家伦理作了正、反、合三个向度的审视。正向的原典研究确证了墨学的功利论立场，对墨家伦理的结构、生成特点、核心范畴、最高原则及其中衰的根源进行了新探讨。反向的以中西文化为背景的比较研究，使墨家伦理的特色更加明晰。作者采用“以经解经，以墨解墨”的思路，以墨家的核心话语“爱”“利”为经纬对先秦儒墨道法进行解构，于墨家伦理的实践上主要总结了其在政治、经济、军事、科技领域的应用，揭示了墨学的现实价值。

11 月，颜炳罡、彭战果《孔墨哲学之比较研究》由人民出版社出版发行。

该书共有八章组成。第一章，孔子及其学说。第二章，墨子及其学说。第三章，道法的理想主义与爱的理想主义。第四章，德性天与人格天。第五章，知命与非命。第六章，文质合一与重质文义。第七章，儒墨政治思想异同。第八章，征伐与非攻。该书有两则附录:《儒墨哲学之比较——兼论中国文化未形成民主科学之故》《对立、互补、创新——从儒墨学术差异看墨学在中国文化重建中的独特作用》。全书观点新颖，思考深入，有很高的学术价值。

11 月，滕州市墨子研究中心办公室启动墨子鲁班图书资料库建设。

滕州市墨子研究中心办公室立足墨子鲁班文化学术研究的需要，充分发挥中国墨子学会秘书处的职能作用,高起点、高标准再次启动图书资料库建设。购置配备了展柜、书橱,明确专人管理,并对现有图书资料进行了分类、整理,有针对性地购买了部分书籍,资料库面积达到200多平方米,力争经过三到五年努力,在原有图书资料的基础上建成国内外墨子、鲁班研究图书数量最多、门类最全的图书资料库。

12月,滕州市启动墨子纪念馆升级改造工程,开展前期准备工作。

滕州市从6月份开始启动墨子纪念馆升级改造工程。

6月,山东省人大常委会原副主任、中国墨子学会名誉会长王玉玺专程来到滕州,就墨子纪念馆升级改造工程与滕州市委书记董沂峰、市长远义彬进行座谈。

6月5日,董沂峰书记专门召开墨子纪念馆升级改造座谈会议,广泛征求意见并进行安排部署,成立墨子纪念馆升级改造工作领导小组,远义彬任组长,张宪依任副组长,邵长婕任办公室主任。

8月4日,中国墨子学会副会长、山东大学国际教育交流学院原院长姜宝昌教授,山东工艺美术学院工业设计研究所副所长王延羽教授,国内著名雕塑家石盾先生就墨子纪念馆、墨砚馆升级改造文本展开座谈。滕州市副市长张宪依,滕州市政府党组成员、墨子研究中心办公室主任邵长婕参加座谈。

9月18日,姜宝昌教授、王延羽教授、石盾先生就墨子纪念馆、墨砚馆两馆升级及内部陈列布展工作展开座谈,滕州市副市长张宪依,滕州市政府党组成员、墨子研究中心办公室主任邵长婕参加座谈。

12月25日,墨子纪念馆、墨砚馆两馆升级及内部陈列布展座谈会召开,滕州市住建局、发改局、规划局、财政局、文广新局等部门负责同志参加,滕州市副市长张宪依,滕州市政府党组成员、墨子研究中心办公室主任邵长婕参加座谈。

附录 1:《中国墨子学会第五届领导成员名单》

中国墨子学会第五届领导成员名单

名誉会长(23 人,按姓氏笔画排序)

马万祺　王玉玺　孙守刚　朱正昌　宋　健　李　景　李学勤
李建国　吴官正　张文台　张高丽　张术平　陈　伟　苗枫林
周克玉　欧阳中石　赵志浩　姜春云　姜异康　姜大明　贾万志
韩喜凯　董凤基

顾问(18 人,按姓氏笔画排序)

王学仲　王玉中　尹衍梁　朱传棨　汤恩佳　朱锡光　乔幼梅
李绍崑　李继耐　李殿仁　张尚德　林兆义　周立升　陈之安
杨斯德　郭良志　董兴河　曾繁仁

会长、副会长、秘书长、副秘书长、常务理事

会长:李守信

第一副会长:董沂峰

常务副会长:陈　炎　远义彬

副会长:(18 人,按姓氏笔画排序)

王学典　王崇杰　王　凯　冯宜明　齐瑞端　任守景　孙中原
李广星　李　健　杨位明　陈克守　邵长婕　胡小林　姜宝昌
唐传喜　秦彦士　黄世瑞　谭家健

秘书长:邵长婕(兼)

副秘书长 :李　红　李平生　明清河

常务理事:(41 人,按姓氏笔画排序)

王学典　王崇杰　王　凯　冯宜明　齐瑞端　任守景　孙中原
李守信　李　健　李广星　李　红　李平生　远义彬　邵长婕
张幼林　张国梁　张宪依　张庆军　杨位明　杨武金　陈　炎
陈克守　孟宪纲　明清河　胡小林　赵富平　郑杰文　姜宝昌
唐传喜　侯同运　秦彦士　郭震旦　黄世瑞　曹　峰　曹胜强
董沂峰　曾振宇　韩　锋　鲁开国　谭家健　颜玉明

附录2:中国墨子学会2012—2016年工作规划

中国墨子学会2012—2016年工作规划

为了更好地挖掘、开发、研究、普及、传承墨子鲁班文化,把墨子鲁班文化研究事业推向高层次、高水平,让墨子鲁班文化在建设中国特色社会主义文化事业中发挥其积极推动作用,根据当前国际文化发展特点和国内文化事业大发展、大繁荣的新形势,结合中国墨子学会工作实际,经研究,特制订《中国墨子学会2012—2016年工作规划》。

一、学术研究规划

重点攻关课题。根据社会发展实际,在今后五年内墨子鲁班文化研究侧重主要课题:墨学当代价值;墨学与当代文化建设;墨学与当代教育;墨子与鲁班研究;墨学与当今公民伦理道德建设;墨学与和谐社会建设;《墨子》原典注释;墨学理论与社会实践应用;鲁班信仰与鲁班文化研究;鲁班的发明与运用;鲁班创新精神的当代意义。

定期举办课题研讨。以上研究课题,由中国墨子学会和国际鲁班研究会及国内外高等院校相关研究单位分别承担,围绕相关课题和论著,组织专家学者进行多种形式的学术研讨活动,最终形成研究成果(论著)。

加强学术交流。根据发展需要,中国墨子学会和国际鲁班研究会派员参加国内外相关学术会议,加大与港澳台和美国、俄罗斯、韩国、日本等国家和地区的联系,积极开展学术交流活动。

设立专项课题项目和基金。联合有关部门设立墨子思想和鲁班文化研究课题项目,采取相关措施,积极支持和鼓励墨子鲁班文化研究人员,积极开展各项研究活动,争取各级政府科研立项基金,推动墨子鲁班文化研究事业发展。

成立中国墨子学会分支机构。根据墨子鲁班学术研讨工作需要,适时成立墨子思想研究会、鲁班文化研究会和小孔成像理论研究会,作为中国墨子学会分支机构,开展相关学术研讨和专题研究,把墨子思想和鲁班文化研究推向新水平。

二、宣传普及规划

举办国际墨子鲁班学术研讨会。召开国际墨子鲁班学术研讨会是检阅阶段性墨子鲁班文化研究成果、团结海内外墨子鲁班文化研究者的重要措施,是我会的主要任务之一。今后五年,国际墨子鲁班学术研讨会将每两年举办一次。

组织国际墨子小孔成像摄影理论研讨会。针对墨子小孔成像理论发明的重大意义,适时召开国际墨子小孔成像摄影技术理论研讨会。

举办大型文化讲座。充分发挥名人效应,借助国内外文化资源,全力打造墨子鲁班文化品牌。策划、邀请著名学者、文化名人开办“滕州大讲堂”和“鲁班学堂”讲座,进一步宣传、普及墨子鲁班文化。

加大网络建设力度。继续加强“中国墨子网”“中国鲁班网”监管力度,进一步优化和完善版面栏目,丰富网络内容。明确职责,强化管理,真正把“中国墨子网”“中国鲁班网”办成国内外了解墨子鲁班文化、交流研究信息、关注发展动态和最新研究成果的有效平台。

开展好墨子鲁班文化的普及传承工作。积极做好墨子鲁班研究和对外宣传,多角度、深层次挖掘墨子鲁班文化精髓,加大墨子鲁班对外声音输出。创新思维,采取多种形式开展好一系列群众性的活动,适时举办好国际墨子鲁班文化节,让广大人民群众更好地享有墨子鲁班文化研究成果,进一步丰富人民群众文化生活,让墨子鲁班文化走进社会,走向大众,努力把墨子鲁班打造成世界级文化品牌。

附录 3:2012 年墨学研究硕士学位论文目录

白　波:《墨子“兼爱”思想研究》,河北大学硕士学位论文,2012 年。

暴鸿蛟:《墨家伦理思想对当代社会伦理道德建设的现实意义》,青海师范大学硕士学位论文,2012 年。

高　晶:《从墨子非儒与孟子、荀子辟墨看儒墨关系》,辽宁大学硕士学位论文,2012 年。

高　音:《〈墨子〉介词研究》,东北师范大学硕士学位论文,2012 年。

桂　芳:《孟子和墨子“义”思想比较研究》,湖北大学硕士学位论文,2012 年。

李　伟:《墨子伦理思想研究》,中央民族大学硕士学位论文,2012 年。

卢晶晶:《墨子鬼神思想研究》,广西师范大学硕士学位论文,2012 年。

任春光:《墨家与古希腊科学思想比较研究》,哈尔滨师范大学硕士学位论文,2012 年。

孙江潮:《论墨辩在法律中的适用》,西南政法大学硕士学位论文,2012 年。

孙　涛:《墨家论辩逻辑在法庭论辩中的应用》,西南政法大学硕士学位论文,2012年。

王　菁:《〈墨子·兼爱〉(下)的三个英译本对比研究》,上海师范大学硕士学位论文,2012年。

吴中博:《墨家名辩学思想研究》,河北大学硕士学位论文,2012年。

肖芳兰:《〈墨子〉论辩散文研究》,广西大学硕士学位论文,2012年。

谢　鹏:《墨家思想对社会主义核心价值体系建设的意义》,延边大学硕士学位论文,2012年。

徐照伟:《墨子义利观研究》,山东大学硕士学位论文,2012年

于　静:《〈墨经〉的语言学思想研究》,陕西师范大学硕士学位论文,2012年。

于梦瑶:《墨家平等思想与自下而上的城市公共空间》,清华大学硕士学位论文,2012年。

张龙梅:《墨子"天志""明鬼"思想研究》,青岛大学硕士学位论文,2012年。

张月娥:《墨家和谐思想及其当代价值问题研究》,西北师范大学硕士学位论文,2012年。

赵海玲:《〈墨子〉"尚贤"思想研究及现代释解》,河北大学硕士学位论文,2012年。

2013 年

6 月 12 日，中国建筑业协会 2012 年度“鲁班奖”工程项目经理高级研修班在滕州举行，并向 2012 年度“鲁班奖”工程项目经理颁发“鲁班传人奖”。

6 月 12 日，2012 年度“鲁班奖”工程项目经理高级研修班在滕州举行，428 名项目经理接受了表彰。

首次获得“鲁班奖”工程项目经理荣誉的洪寿涛非常激动，他表示，这不仅是对他多年来付出的肯定，更是对他的一种鞭策和鼓励。他将践行“鲁班奖”的创奖理念，不断塑造精品工程，为企业发展、行业发展作出贡献。

6 月 13 日，滕州市召开首届青少年科技创新“鲁班奖”颁奖大会。

为了更好地实施“科教兴市、人才强市”战略，传承鲁班创新精神，发挥青少年在科技领域中的积极性、主动性和创造性，2012 年初，滕州市委、市政府颁布实施了青少年科技创新奖项评选奖励办法，并开展首届青少年科技创新“鲁班奖”大赛活动。自活动开展以来，有 1 万余人参加了学校的选拔，经各教委办筛选，有 460 项小发明制作、280 项社区服务小课题、580 项科幻作品，选送到市里参加大赛。经过评委会严格审查、评选，首届青少年科技创新“鲁班奖”大赛中，评选出特等奖 1 名，李颂的作品获得。大赛另外评选出一等奖作品（项目）13 项、二等奖作品（项目）33 项、三等奖作品（项目）53 项，此外还有 29 人获得优秀辅导奖，26 个单位获得优秀组织奖，其中部分作品（项目）选送参加全国及山东省、枣庄市比赛。

滕州市首届青少年科技创新“鲁班奖”大赛颁奖大会暨鲁南科普创作基地

揭牌仪式的进行，既是对滕州市青少年科技创新成果的一次集中展示，也是激发青少年创新意识的一个重要举措。

2012年12月21日，全市首届青少年科技创新“鲁班奖”大赛启动仪式暨专题报告会举行。山东建筑大学副校长韩锋，滕州市委常委、市委宣传部部长孟宪纲，滕州市副市长张宪依出席启动仪式，并为“山东建筑大学科技创新教育基地”“山东建筑大学科技创新实践基地”揭牌。山东建筑大学图书馆馆长徐福运作了题为“全息创新”的专题讲座。

此次大赛由滕州市委宣传部、滕州市墨子研究中心办公室、滕州市总工会、滕州团市委等15个部门联合举办，以体验、成长、创新、协作为主题，集中展示了全市青少年科技创新成果、科技实践活动、优秀少年儿童科学幻想绘画、教育方案等。大赛分为大、中、小学和社会青年等四组，每组均设立一、二、三等奖，并择优推荐相关作品(项目)参加省市和国家青少年创新大赛。

6月16日至18日，由中华文化促进会、中国建筑业协会、山东建筑大学、滕州市人民政府联合举办的首届鲁班文化节在滕州举行。

6月16日至18日，由中华文化促进会、中国建筑业协会、山东建筑大学、滕州市人民政府联合举办的首届鲁班文化节在滕州举行。此届文化节的举办，不仅集中展示了滕州市丰厚的人文遗产和低碳旅游资源，而且在很大程度上体现了滕州科学发展、文明发展、和谐发展的成果，提高了滕州的影响力、知名度和美誉度，真正使活动办出了特色、办出了水平、办出了影响。

一是领导重视。为确保首届鲁班文化节成功举办，滕州市委、市政府主要领导高度重视。董沂峰书记多次听取筹备工作汇报，并指示一定要把首届鲁班文化节办出特点，办出水平。远义彬市长亲自安排，为首届鲁班文化节提供了坚强的保障。市委副书记、组织部部长邵士官先后多次召开筹备会议和调度会议，及时解决筹备过程中的困难和问题；市委、市政府分管领导亲力亲为，指挥调度筹备工作和活动开展，张宪依副市长率领筹备小组先后10余次赴北京中国建筑业协会、中华文化促进会等联办单位，沟通协调，商定主题活动以及办会场所，为节会成功举办奠定了坚实基础。

二是互通协作。首届鲁班文化节，面广量大，各参与单位团结协作，主动配合，圆满完成了各项任务目标，滕州市墨子研究中心办公室不等不靠，2013年初就启动了筹备工作，成立了单位内部工作领导小组，拟定方案，分解任务，强力启动筹备工作。多次奔赴北京等地，向有关领导、专家汇报筹备情况，多方征求意见和建议，几易其稿，精心谋划；主动邀请相关部门实地考察活动场所，及早着手各类会议材料，并对墨子、鲁班、墨砚等场馆进行讲解词修订和内部提升改造。各相关部门及早准备，积极配合，为成功举办奠定物质基础。特别是节会期间，综合协调、活动策划、接待服务、宣传文化、文秘材料、环境整治、安全保障等 7 个工作组，精诚团结，密切配合，狠抓各项工作落实，确保了活动有序开展。

三是主题鲜明。此届文化节以“弘扬中华优秀文化，传承鲁班创新精神，打造中国创造之都”为主题，以“小规模、高层次、有特色、重实效”为办节理念，重点突出了鲁班文化元素和特色，通过挖掘滕州文化底蕴，彰显滕州历史文化名城魅力，进一步扩大了滕州对外开放与交流合作，主题鲜明，目标明确，真正达到了鲁班文化节落户“鲁班故里”和“中国创造之都”名至滕州的目的。

四是特色突出。此届文化节针对不同层次、对象，策划举办了九项主题活动，各具特色。如围绕突出鲁班“百工圣祖”的定位，组织策划了纪念鲁班活动和鲁班文化座谈会，举办了滕州市首届青少年科技创新“鲁班奖”大赛颁奖大会暨鲁南科普创作基地揭牌仪式等活动，特别是“鲁班奖”工程项目经理高级研修班暨项目经理颁奖活动，首次在全国县级城市举办，这是滕州市首次与国家级社团机构联合举办文化节，实现了文化节举办模式的新突破。同时，围绕彰显滕州丰富的历史文化底蕴，组织策划了传统文化高端讲座，由山东卫视对文化部原部长王蒙主讲的《理解与传承》进行了全程录像，并在《新杏坛》栏目播出，充分展示鲁班科技创新精神对当今社会经济文化的巨大贡献和影响。

五是保障有力。会务、接待、安全保障等工作，在节会期间经受住了考验，得到与会领导和来宾的认可。市委办公室、市政府办公室、市墨研办等部门以及各接待场所(组)，通过周密细致的服务，实现了“零失误、零差错、零投诉”，充分展现滕州市人民文明善良、热情友好的精神风貌；公安、司法、信访、城管、交通、安监、供电、卫生、药监、移动、联通、电信、共青团等部门，主动做好治安、信访、交通、环卫、安全生产、用电、医疗服务、食品安全、通信、志愿者服务等各项工作；住建、建工、环保等部门积极做好市政场所维护、绿化、美化、亮化等工作；宣传、文化、广电、报社、信息化服务等部门积极策划、注重实效，新闻宣传、节目演练、影视播出、网络信息等工作，影响力大、社会效果好；接待、财政、体育等部门，在食宿、经费、开幕式场所上予以充分保障。

六是影响广泛。此次邀请中华文化促进会、中国建筑业协会走进滕州,与滕州市联合举办国内首届鲁班文化节。文化部原部长王蒙,国际科学与和平周中国组织委员会主任、中国科协书记处原书记高潮,中国建筑业协会副会长兼秘书长吴涛,中华文化促进会副主席、中国作协书记处原书记金坚范等领导应邀出席活动,同时还有全国建筑业“鲁班奖”工程项目经理350余人参加文化节,不仅全面展示了滕州市经济社会文化发展新成就,让世人了解鲁班,认识滕州,更重要的是扩大了滕州的影响力和美誉度,为今后国内外的经济技术文化交流合作奠定了坚实的社会基础。节会期间,新华社、中新社、人民日报等40余家主流媒体全程跟踪报道,山东省、枣庄市和滕州市等新闻媒体对文化节开展了高密度、高频度、多角度、广覆盖的报道,对于宣传滕州、推介滕州起到积极的促进作用。

6月17日,王蒙走进墨子、鲁班故里滕州,讲传统文化,并为滕州题词。

6月17日,首届鲁班文化节传统文化高端讲座在滕州剧院举行。

文化部原部长、著名作家王蒙作题为《理解与传承》的报告,王蒙说:“我今天讲座内容是传统文化的理解与传承。希望大家能够加深对文化的理解与选择,因为弘扬传统文化单靠一时热情是不够的,更重要的是想办法使之与建设现代化国家、地区和家乡相结合,在继承传统文化的同时,助力家乡建设和发展。滕州是一个很有名的地方,历史悠久,文化名人众多。现阶段,滕州和全国其他地方一样,都致力于发展生产、改善民生,也都重视文化活动。滕州市委、市政府非常重视文化事业和文化活动,尤其是此次文化节的举办,不仅能和全国各地进行文化交流,也将对本地文化繁荣发展起到促进作用。我虽然来滕州的时间很短,但是感觉到滕州的老百姓都很热爱自己的家乡,大家都为自己家乡的历史和文化而自豪。我祝福滕州,也祝愿滕州人民,在国家迅速发展的大背景下,能够扩大眼界、增长才干,取得更多的成就!”

中共枣庄市委常委、滕州市委书记董沂峰主持报告会并讲话。会后,王蒙为滕州市题词“班墨故里,文化滕州”。

6月,邵长婕主编《墨子研究论丛》(十)由齐鲁书社出版发行。

该书共收录参加第九届国际墨子鲁班学术会的与会专家学者的论文79篇,

主要学术成果体现在以下几个方面。

关于墨家学说及当代价值

朱传棨:《墨家学说的当代性刍议》

文章指出,墨家学说在近几十年间,已受到国际和国内学界的高度重视,不少专家学者对其思想精神的普世性和当代性展开了研讨。20 年前,国内中国古代思想史研究的顶级老学者,如匡亚明、蔡尚思、张岱年、任继愈、杨向奎等齐聚墨子故里——滕州市对墨家学说进行了深刻研讨,并组建了“中国墨子学会”,设立了“山东大学·滕州市墨子研究中心”,便于组织交流墨家学说的研讨工作。20 年来取得了巨大的研究成果,彰显了墨家思想和诸多主张的当代意义。

作者通过对“爱民利民,为政之根本”“农与工肆与万民是社会存在和发展的根基”“创建尚义和谐,推行兼爱非攻”三个方面的论述,指出墨子的“兼相爱,交相利”的世界观、“天志”“非命”的人生观、“尚贤”“尚同”的社会政治观、“贵义”“非乐”的价值观、主张“和谐”“非攻”的战争观等均富有其当代意义。特别是在当前人们反思和研究后现代性给世界带来的诘难和困惑之际,墨子思想的借鉴意义和价值更大,更有其针对性。

李殿仁:《墨子军事思想的当代价值与启示》

文章指出,墨家思想内容博大精深,自成体系,不仅在哲学、政治、伦理、逻辑、科技等方面有卓越建树,而且在军事上也取得了令人瞩目的成就。直到今天,墨子的某些军事思想仍然可以穿越时空,对我国的国防和军队现代化建设仍具有重要的启迪价值。

作者从“忧患”“尚同”思想与加强全民国防教育、“武备”思想与全国加强国防和军队现代化建设、“兼相爱,交相利”思想与我国国防力量的运用、墨子技术制胜思想与我军信息优势的培育四个方面论述,认为墨家思想是我国古代博大精深的宝贵思想文化遗产,是我们国家民族软实力的重要载体,是中华民族创新发展的强大精神动力,也是中国和平崛起不可或缺的重要文化基础和理论依托。客观地讲,我们对墨子的理解、宣传、运用和推广还有很大空间。所以,我们纪念墨子最好的方式,不是简单开开研讨会、发言,出一些理论成果,而是要深入挖掘整理,潜心静学,发扬光大墨子的优秀传统思想。我们要以全局的观念、世界的眼光和战略的思维,灵活运用墨子的智慧与思想,不断推进我国国防和军队现代化建设事业,努力实现中华民族伟大复兴的历史伟业!

沈跃春:《略论墨子的和谐社会思想及其当代价值》

文章指出,社会和谐是人类一直不懈追求的永恒主题,也是中国特色社会主义的本质属性,在加强社会建设和创新社会管理的新形势下,需要加强对社会主义社会建设的理论研究和实践探索,并注意研究国外社会建设理论,借鉴其积极成果,同时也迫切需要加强对中国历史上关于和谐社会建设的理论研究,按照去伪存真、去粗取精的要求,努力做到古为今用。中国古代传统思想文化蕴含着丰富的和谐社会思想,其中包括墨子兼爱学说蕴含的和谐社会思想。深入研究墨子兼爱学说蕴含的和谐社会思想,不仅可以为我们完善中国特色社会主义社会建设理论提供传统文化的历史借鉴,而且对于今天中国构建以人为本的和谐社会具有重要的现实意义。

王耀寰:《墨家思想对现代社会管理的启示》

文章认为,春秋战国时代,中国社会剧烈变动,政治上的动荡纷争进而导致思想上的百家争鸣,代表不同利益阶层的诸子百家蜂起立说,形成中国思想史上蔚为壮观的文化景观。在那样波澜壮阔的背景下,诸子著书立说,希望凭借自己的思想理论以建构一个自认为理想的社会,儒、道、墨、法等诸家无不如此。从这样的层面看,诸子学说是一种管理学说,有着强烈的政治、社会管理的色彩。墨家是先秦最重要的学派之一。《韩非子·显学》说:“世之显学,儒、墨也。”在先秦时代,墨家学说足以与儒家思想相颉颃,墨家不遗余力地宣传自己的思想,并且身体力行,其主张虽不为当时的统治者所采纳,但并不能减损其思想的意义与价值,在今天依然有借鉴意义。

如果从管理哲学的层面来理解墨家思想,那么,“兼爱”则是墨家管理思想的伦理基础,“尚贤”“尚同”是其管理原则与方法,“贵义”则是其最高目标。墨家的管理思想,是力图构建一个人人相爱平等、社会安定、生活富足、崇尚道义的理想社会。

关于墨子与社会主义文化建设

邵长婕:《墨子思想对建设中国特色社会主义文化的重要价值》

文章认为,文化是民族的血脉,是人民的精神家园。文化建设是中国特色社会主义事业总体布局的重要组成部分，我们党始终把文化建设放在党和国家全局工作的重要战略地位。从物质文明和精神文明两手抓到依法治国和以德治国相结合，理论创新和实践探索不断推动着文化建设取得新成就，我们走出了一条中国特色社会主义文化发展道路。墨子思想是中华民族传统文化中最富有科学和人文精神的优秀文化遗产，墨子思想的价值符合现代社会发展的需要，具有重要的世界意义和现代价值。在建设中国特色社会主义文化的进程中，我们应将墨子的先进思想、科学理念纳入中国特色社会主义文化之中。这对建设中国特色社会主义文化，提高全民族思想道德素质和科学文化素质，实现全面建成小康社会的奋斗目标，有着非常重要的意义。

可以纳入中国特色社会主义文化之中的墨子思想有：第一，提出的和谐社会主张；第二，燃起的兼爱非攻之光；第三，倡导的廉洁从政思想；第四，创立的独树一帜哲理；第五，开创的科技发明思想；第六，开启的素质教育先河；第七，践行的无私奉献精神。

张希宇、张幼林：《墨家学说在中华新文化建设中应该与儒家学说优势互补——兼论中华新文化建设中的几个关键问题》

文章指出，在从 21 世纪开始的中华民族伟大复兴的过程中，重建中华新文化既是我们民族复兴的重要任务，又是完成民族复兴的基本条件。采取科学的态度、原则、标准和方法，重新界定中华新文化的概念和内涵具有重大的理论和实践意义。墨家学说在中华新文化建设中应该与儒家学说优势互补，发挥比儒家学说更大的作用。

文章主要内容为：第一，中华新文化的概念辨析以及中华新文化建设的原则标准和科学态度。①中华新文化的概念界定和歧义辨析。②中华新文化建设的原则和标准。③中华新文化建设的科学态度和方法。第二，墨家学说在中华新文化建设中应该与儒家学说优势互补，发挥其更大作用。①作为“官方之学”的儒家学说与作为“平民之学”的墨家学说的两千年对立。②确立和发展市场经济体制的中国和不可阻挡的全球化浪潮导致儒墨两家学术地位的互换。③在吸收和运用优秀中国传统文化重建中华新文化方面，墨家学说和儒家学说都应占据重要地位，并且墨家学说应当发挥更大作用。

姜宝昌:《〈墨经〉当出后期墨家之手问题之我见》

文章指出,《墨经》之称源于《庄子·天下》"俱诵《墨经》,而倍谲不同,相谓别墨"一段话,然未言《墨经》出谁人之手。晋鲁胜《墨辩注》云:"墨子著书,作《辩经》以立名本……《墨辩》有上下《经》,《经》各有《说》,凡四篇。"人们推知,《墨辩》应即《墨经》,且为墨子自著。(另据明宋濂所见《墨子》十三卷本云:"上卷七篇号曰经,中卷下卷六篇号曰论。"此书早佚,兹不论)孙诒让《墨子间诂》称《墨经》中坚白同异之辞与公孙龙、惠施之论相关。孙氏谓:"以下四篇(按:指《经上》《经下》《经说上》和《经说下》),皆名家言……其坚白同异之辩,则与公孙龙书及《庄子·天下》篇所述惠施之言相出入。《庄子》又云:'相里勤之弟子五侯之徒,南方之墨者苦获、已齿、邓陵子之属,俱诵《墨经》而倍谲不同,相谓别墨,以坚白同异之辩相訾。以觭偶不仵之辞相应。'《庄子》言即指此经……据《庄子》所言,则似战国之时墨家别传之学,不尽墨子之本从。"孙氏之论,埋下《墨经》未必墨翟自著之伏笔。胡适《中国哲学史大纲》把《经上》《经下》《经说上》《经说下》《大取》《小取》六篇称为"别墨的书"。他说:"我以为这六篇就是《庄子·天下》篇所说的'别墨'做的。这六篇中的学问,绝不是墨子时代所能发生的。况且其中所说和惠施、公孙龙的话最为接近。惠施、公孙龙的学说差不多全在这六篇里面。"又说:"由于墨家的后人,于'宗教的墨学'之外,另分出一派'科学的墨学',这一派科学的墨家所研究讨论的,有'坚白同异''觭偶不仵'等等问题,这一派的墨学与宗教的墨学,自然'倍谲不同'了,于是他们自已相称为'别墨'。"冯友兰《中国哲学史新编》亦称此"所用的词句也都可以说是'觭偶不仵之辞'"的"性质相同,前后相承"的六篇,大体应为后期墨家之作。他说:"有一种说法,认为《经》和《经说》是墨翟自己作的,或者是墨翟的弟子们所记载的关于墨翟平日讲学的记录。照这种说法,《墨经》应该是代表墨翟和前期墨家的思想。不过,就上面所说的六篇看起来,其中有许多地方批评名家,尤其是公孙龙一派的理论,也有许多地方批评告子、老聃、庄周和五行家的某些论点。就这些材料看,这六篇的形成,应在名家和庄周之后。它们并非作于同一年代,也不是出于一人之手。其中可能保存了墨翟本人的某些思想,但大体说来,应该是后期墨家的作品。"

作者以为,胡氏谓墨辩六篇非墨翟自著而出于别墨之手("别墨"之称容有可商),冯氏易"别墨"为"后期墨家",谓墨辩六篇大致出于后期墨家之手(非一人、一时),是合乎情理的,因而得到学界较为普遍的认同。侯外庐"前期儒家"

之称，应认为是一个明证。不过，反对之声，即坚执《墨经》为墨翟自著的文章时或见到。作者认同胡、冯两先生之说。

作者通过对《墨经》驳辩名家相关论点、《大取》十三个"其类在……"两个方面的论述，强调《墨经》六篇从撰写体例上可认为是战国中晚期至秦时比较通行的前经后说相偶式，如果有标格字，标格字或为"说在"，或为"其类在"，这种体例与《墨经》其他篇迥乎有别。此为《墨经》当出于后期墨家之手而不可能为墨子亲撰的又一证明。

张仁明：《〈墨经〉疑难字研究之四——兼及〈汉语大字典〉编纂疏漏》

文章指出，《墨经》中所用字共 8436 个，非重出单字 769 个，就有 30 来个疑难字。典型例子如第 76 条《经》文及《说》文，共 128 字。因为是疑难字，历代字典辞书或失收，或形、音、义略而不详，或误解误释。《汉语大字典》也同样存在失收或误解《墨经》疑难字音义的情况。

《墨经》疑难字是正确解读《墨经》的一大障碍，是导致众说纷纭的主要原因。作者考察了历代《墨经》研究者对疑难字训释的情况，梳理后发现：一是将疑难字处理为讹误字，即或因形而误，或因声而误，或误合二字为一字，或误拆一字为二字。二是将其或视为异体字，或为古今字，或为通假字，或为省文、繁文（所谓省文、繁文是着眼于字形结构的增减来考察字义及说明其用字现象的。在原字形上增加声符或意符，原字形即为增形字的省文；在原字形上除去声符或义符，原字形即为减形字的繁文。实质上，省文、繁文均可分析而归并到古今字、异体字、通假字的范畴中去）。

该文对历代《墨经》疑难字的训释作一梳理、总结，以便更好地吸取前人在《墨经》文字训释方面的经验教训，理清思路，借鉴方法，并提出《墨经》文字训释中的一些须解决的问题。同时还以《墨经》中疑难字为例，指出《汉语大字典》编纂存在的疏漏，以期对墨经的正确训释及研究有所裨益，为《汉语大字典》的进一步完善尽一分力。

王兆春：《〈墨经·大取〉训释失误举证》

《墨经》被誉为中国古代的百科全书，是中华古代文明的精粹之一。《墨经》内容博大精深，其所涉及领域，按孙中原分类，涵盖了世界观、认识论、逻辑学、方法论、历史观、经济学、政治学、伦理学、数学、力学、光学、心理学共十二类。

由于墨学一度中绝,加之留传下来的《墨经》版本稀少,而且传抄过程中脱漏讹误颇多,今人对《墨经》的解读出现诸多问题。因此自清乾嘉以来注译者甚众,特别是自孙诒让《墨子间诂》后,《墨经》成为一部可读的墨家经典文献。曹耀湘继之以《墨子注》洋洋十四卷,又有梁启超、胡适等开《墨经》研究方法论之新声。至21世纪初,经栾调甫、谭戒甫、伍非百、沈有鼎、张纯一、吴毓江、陈孟麟、姜宝昌、孙中原、张仁明等的不懈努力,关于墨学,特别是《墨经》的研究无论从广度、深度,还是从方法论上,都取得了重大突破和进展,使新墨学呈现出欣欣向荣的复兴景象。但由于《墨经》版本并未得到可靠的解决,加之真正可以借鉴的相关文献仍然非常匮乏,诸注家和译家还是不得不面对无法举证而进入主观推断的尴尬处境。因此,至今出现的各种注本、译本,还是存在一些尚待解决的问题。《墨经·大取》作为主要涉及伦理学和逻辑学的部分,其训释中出现的错误会对整个《墨经》的研读造成极大障碍。正如孙中原所言:"此篇文字讹误窜乱甚多,校勘、诠释不易。"该文作者就整个《大取》训诂、释义中存在的各种问题作了一番梳理。

关于墨家学说的创新研究

谭家健:《"现代墨学巨子"谢湘及其〈墨子学说研究〉》

文章说,《墨子学说研究》分为总论、本论、余论三编。总论包括对墨子的新认识;墨子的身世、姓氏、籍贯、年代、学历;墨子学说的遗书、篇数、真伪、注释、阅读;墨子学说概要、思想方法、兼爱主义、实利主张、力行政策、有神论;墨子思想的渊源:尚文尚质的观感转移,痛恨士大夫舍本逐末,由鲁宋对比而觉悟,崇禹励志以勖徒众;墨家与儒家的异同;墨学的面面观,墨子是中国唯一的宗教主,墨家的科学技术,墨子似是民约论者,墨家像会党式集团;墨子学说的时代性;墨学可以匡时救弊论。

以上各点,有的注明吸收俞樾、陆世鸿、许啸天等人的意见,有的是谢氏自己的补充或概括。其"面面观"中各题,不乏精彩独到之见。

本论包括兼爱、贵义、非攻、节用、节葬、非乐、天志、明鬼、非命、非儒十节,与《墨子》书中的十论略有出入。另设"其他"一节,包括:亡国象征的认识(见《七患》),用人标准的选择(即《尚贤》),法令制度的统一(即《尚同》),修身务本的教育(见《修身》),利害取舍的权衡(介绍《大取》《小取》有关观点)。作者在介绍墨家见解之后,还往往联系现代社会加以发挥。

余论包括墨子的事迹，如阻楚攻宋、劝齐息兵、献书楚王、出使卫国、制木鸢等；墨子门徒，分为同门的互助、徒众的互助、团结的领袖等；墨学的支派。

秦彦士：《李约瑟墨子研究再评价》

文章指出，李约瑟根据《墨子》一书科学技术的内容，以西方科学分类研究方法，按照物理学与力学、数学与几何学等各学科类别，对《墨子》的自然科学内容作了专门的研究。通过全面深入的研究，李约瑟认为，《墨经》的物理学研究具有非常广泛的特征，它“已不同程度涉及物理学的几乎所有分支”。作者结合《墨经》的《经》与《经说》大量条文，具体分析了墨家在时空问题探讨、滑轮与杠杆原理、力的平衡、机械运动、光线直线传播、小孔成像原理等方面的研究。在《数学》分册中，作者通过《墨经》数学、几何学条文与欧几里得几何定义的比较，对其数学成就进行了细致深入的研究，并由此得出许多发人深思的观点。作者一方面承认：“中国数学的主流是朝着代数学的方向发展的。在中国从未发展过理论几何学，即与数量无关，而纯粹依靠公理和公设作为讨论基础来进行证明的几何学。”但另一方面，通过对《墨经》数学几何条文的研究之后作者认为：“中国的数学也不是没有理论几何学的某些萌芽，这些幼芽没有得到发展，是中国文化的特征之一，包含着这些幼芽的命题见于《墨经》。”

柴文华：《论 20 世纪上半叶胡适和冯友兰墨学观的契合点》

文章指出，胡适 20 世纪上半叶的墨学观奠基于他用英文写作的博士论文 *The Development of Logical Methodin Ancient China*（中译本名为《先秦名学史》），集中体现在他 1919 年出版的《中国哲学史大纲》（卷上）中，另外还有一些单篇论文，如《〈墨子·小取篇〉新诂》《梁任公〈墨经校释〉序》《论墨学》《翁方纲与墨子》等。冯友兰 20 世纪上半叶的墨学观集中体现在他 30 年代初出版的《中国哲学史》和 1948 年用英文出版的 *A Short History of Chinese Philosophy*（中译本名为《中国哲学简史》）中，也有一些单篇论文，如《原儒墨》《原儒墨续》等。众所周知，胡适是中国现代自由主义的代表，冯友兰是第一代现代新儒家的代表，二人的文化立场可谓“大异而小同”，但仅就他们 20 世纪上半叶的墨学观来讲却是“大同而小异”。作为“大同”不是表层的相同，而是根本方法上的契合。这种契合表现在哪些方面，为什么会出现这些契合？这是一个饶有兴味的话题，对于我们深入把握胡适和冯友兰的中国哲学观和哲学史方法论具有重要的启发意义。

第一,历史主义的态度。20世纪上半叶胡适和冯友兰墨学观的第一个契合点是历史主义的态度。思想史研究中的历史主义态度并非历史唯物论所独有,早在先秦孟子就提出过知人论世的主张(《孟子·万章下》),强调对往古人物和思想研究的历史情境分析。胡适和冯友兰虽然一个是实用主义的宣传家,一个是"新理学"的建构者,但在中国哲学史包括墨学观的研究中都坚持了历史主义的态度。

第二,以西方哲学为参照。20世纪上半叶胡适和冯友兰墨学观的第二个契合点是以西方哲学为参照。胡适主要以实用主义为参照,而冯友兰则主要从功利主义切入。

第三,逻辑和科学的视域。20世纪上半叶胡适和冯友兰墨学观的第三个契合点是逻辑和科学的视域。在对逻辑和科学的重视上,胡适是毋庸置疑的,但冯友兰同样观点明确。他们以此为视域,解读了墨学尤其是后期墨家的逻辑学说和科学思想。

第四,中外比较的方法。20世纪上半叶胡适和冯友兰墨学观的第四个契合点是中外比较的方法。胡适的比较侧重于"求异",冯友兰的比较侧重于"求同"。

关于鲁班研究

王凯:《从鲁班的"巧技"到〈庄子〉的"技艺"以及对现代科学技术的反思》

第一,鲁班的智慧和"巧技"。鲁班的发明创造,表达了中国古代科学家对机械化、自动化的最初理解和设想,开启了人们对科学理想的憧憬与追求。鲁班的一些设计运用的是天然之力,显然具有生态学意义,是顺应自然而不是破坏自然。

纵观鲁班的一系列发明,我们可以发现,鲁班的思维异常活跃,想象力极为丰富。他善于观察实验,注重实践经验积累,关切现实民生,他的发明都有很强的实用性。总之,鲁班的巧,体现在善于把握工具及自然物的特性,善于顺应并发挥人体和天然之力的作用;鲁班的巧,体现在善于体验和把握自然之道。

第二,庄子笔下的"技艺"。应该说在先秦时期,比鲁班稍晚的庄子对"技艺"的描写是最有代表性的,《庄子》一书中所涉及的手工业劳动的种类很多,有屠宰、陶工、木工,还有金工、漆工、洗染、缝纫、织履等,这些工匠让我们看到了那个时代的社会生活画面,同时也反映了那个时代的生产发展状况。《庄子》一书中所描述的这些能工巧匠,表现出当时手工业劳动的工艺技巧所达到的高超熟练的程度，并且把对这些高超的手工业技巧的感受，升华为独特的审美体验。其中除人们所熟悉的“庖丁解牛”(《养生主》)、“轮扁斫轮”(《天道》)，还有“梓庆削鐻”(《达生》)、“大马捶钩”(《知北游》)等。

第三，对现代技术的反思。研究鲁班技巧和庄子技艺思想的现代意义，就在于引起我们对现代技术的反思，警惕并遏制技术的非人性化趋势。当今世界，科学发展日新月异，然而唯科学主义的弊端也日渐显现，其中之一就是道与技的分离。在某些层面，科技的发展甚至已经危害到人类自身。令人遗憾的是，寥寥无几的匠人在今天已经成为“活化石”，能工巧匠也没有获得应有的尊敬，传统的技艺已经被现代技术的大潮所淹没。

张国毅:《鲁班精神对高校人才培养的启示》

文章指出，鲁班精神世代延续，经久不息，最重要的原因是鲁班精神有强大的生命力。鲁班善于思考和观察，专注于技艺的提高，毕生都致力于探索和创新。他的发明具有极强的实用性，能够为古代人民生活、劳动带来便利，甚至到了今天他的一些发明仍在沿用。鲁班勤奋刻苦，求真务实，乐于助人。他表现出的人格魅力一直影响着后世的匠人。鲁班是中国古代劳动人民勤劳智慧的象征，他的精神浓缩了古代劳动者的智慧和美德。

鲁班创新的三个特征或许可以用“灵感＋实干＋实用”这样一个公式简单地概括，这可以作为一种思路用于高校人才创新能力的培养。鲁班的创造发明是人与自然的和谐，是“技”与“用”的统一。这种创新精神，更大程度上转化为一种内在的创新人格影响着后世，成为鲁班精神世代相传的推动力。

《墨子研究论丛》(十)还收录了滕州市墨子研究中心办公室(中国墨子学会秘书处)干部职工的一组墨子、鲁班研究论文:张庆军《从“墨守成规”说墨学中断》，颜玉明《墨团组织纪律与墨家思想流传》，鲁开国《对滕州鲁班文化建设的若干实践与思考》，魏尊宇《墨子“节用”思想的现代思考》，任水霞《关于墨子治国安邦思想的思考》，鞠文周《墨子“兼爱”、“非攻”、“尚贤”、“节用”等思想的当代价值》，孙辉《浅谈墨家的侠义之道》，唐金具《墨子节用思想与节约型社会建设》，张梦楠《浅论墨子人才思想》，刘娟《圣坛上的鲁班》。

《墨子研究论丛》(十)还收录了一组纪念中国墨子学会成立 20 周年的征文，许多专家学者从不同侧面回顾了墨学研究 20 年的发展历程，分别是:朱传桀《墨子故里后人的历史责任——我与墨子学说研究20年小忆》,姜宝昌《墨学研究新高潮回眸——写在中国墨子学会成立20周年之际》,李广星《墨学复兴在滕州——回忆中国墨子学会成立20年》,任守景《为墨学振兴而努力——写在中国墨子学会成立20周年之际》,周立升《墨子颂(五古)——纪念墨子学会成立20周年》,孙中原《新墨学滕州同行——贺中国墨子学会二十华诞》,谭家健《中国墨子学会推动我的墨学研究》,黄世瑞《中国墨子学会成立20周年感言》,陈克守《缅怀张知寒先生》,孙卓彩《墨学的春天——纪念中国墨子学会成立20周年》,张幼林《天地境界仁者风骨——谈谈我心中的任继愈先生》,孙君恒《台湾墨子研究奇人王讚源先生》,刘惠文《为往圣继绝学——纪念中国墨子学会成立20周年》。

10月,孙中原《墨子解读》由中国人民大学出版社出版发行。

该书由前言、《墨子》各篇题解、原文、注释、译文、解读,附表和参考书目构成。作者用现代科学方法,全面系统解读《墨子》元典,深入阐发墨学理念,突显墨家科学人文精神,揭示墨家思想的重要学术价值,解析墨学对当今社会的借鉴意义,是《墨子》文献学、文化学和科学哲学研究的力作。《墨子》原文,用规范通俗的现代汉语翻译;注释、译文和解读,彰显墨家的合理思想、逻辑思维方式、语言表达技巧和文字艺术美感。该书注重行文的通顺流畅、精练雅致和生动有趣,适合人民大众的阅读口味。

12月,山东建筑大学与滕州市人民政府签订《全面合作框架协议书》,"鲁班文化研究院"挂牌成立。

12月6日下午,山东建筑大学与滕州市人民政府举行全面合作框架协议签署仪式。滕州市委书记董沂峰、市长远义彬,中国孔子基金会理事长、秘书长王大千,山东建筑大学党委书记王崇杰、纪委书记张宁、副校长韩峰,国家一级编剧、鲁班文化研究专家、山东建筑大学客座教授王中,山东省家具协会会长牛广霞和济南天地儒风创意总监、孔子文化产业有限公司董事长卢克岩等领导和部分师生代表出席了签署仪式。董沂峰书记、王大千理事长共同为"鲁班文化研究院"揭牌。远义彬市长代表滕州人民政府向学校捐赠《墨子大全》和大型鲁班锁。随后，董沂峰书记作了题为“美国城市建设经验对新型城镇化工作的启示与思考”的报告。

《全面合作框架协议书》的签订有利于进一步深化滕州市与山东建筑大学的合作，充分发挥双方在产业、政策和科技、人才、资源等方面的优势，促进科研成果尽快转化、文化产业突破性发展，实现“优势互补、互利共赢”，共建服务滕州智库平台、科技创新创业平台、文化产业研发平台、教育培训平台、招生实习就业平台五大合作平台。

附录 1:《墨子研究论丛》(十)论文目录

朱传棨:《墨家学说的当代性刍议》

姜宝昌:《〈墨经〉当出后期墨家之手问题之我见》

〔美〕李绍崑:《墨子与当代教育》

李殿仁:《墨子军事思想的当代价值与启示》

孙中原:《甘瓜苦蒂，天下物无全美——墨家的辩证理论思维》

谭家健:《“现代墨学巨子”谢湘及其〈墨子学说研究〉》

黄世瑞　柏　玲:《当代社会隐而不彰的墨子精神》

陈克守:《儒墨和谐社会论》

秦彦士:《李约瑟墨子研究再评价》

邵长婕:《墨子思想对建设中国特色社会主义文化的重要价值》

王　凯　郑延龄:《墨子“法仪”说浅析》

张庆军:《从“墨守成规”说墨学中断》

颜玉明:《墨团组织纪律与墨家思想流传》

杨武金　刘婷婷:《墨家兼爱思想及其可行性的逻辑分析》

赵富平:《运用墨学教育改造罪犯的研究与实践》

孙卓彩:《在理想与现实的碰撞中沉浮——关于墨学兴衰的思考》

潘树仁:《社会进步不能离弃墨学“贵义尚利”之精神》

颜晓华:《墨子教育思想探微》

孟祥才:《熔优长与缺失于一炉的“农与工肆之人”代表的墨子和墨子思想》

焦世瑜:《当今社会的“重大缺失”——〈墨子归来〉著后赘语》

黄大昭　黄俶成:《继绝学　接当世——论墨学与当代文明的对接》

张晓芒　关兴丽:《墨家学说与当代国际政治关系》
张希宇　张幼林:《墨家学说在中华新文化建设中应该与儒家学说优势互补——兼论中华新文化建设中的几个关键问题》
王兆春:《〈墨经·大取〉训释失误举正》
柴文华:《论20世纪上半叶胡适和冯友兰墨学观的契合点》
孙君恒　高　珍:《墨家为功利主义学派论》
张仁明:《〈墨经〉疑难字研究之四——兼及〈汉语大字典〉编纂疏漏》
薛柏成:《关于"儒墨互补"问题研究的几个认识》
高　深:《庄子"剽剥"墨学析论》
陈春风　白焕然:《墨子的教育艺术与罪犯沟通技巧》
王耀寰:《墨家思想对现代社会管理的启示》
李文庆:《传承墨子文化思想　推进和谐世界发展》
梁　伟　孙国庆:《墨子教育思想对现代素质教育的启示》
董志铁:《墨子的政治哲学思想及其现代启示》
唐武文　陈卫平　鲁抗抗:《墨子防御装备思想探析》
刘书玉:《20世纪墨子里籍研究及其特点》
梅良勇　俞世兰:《墨子的宗教观研究》
沈跃春:《略论墨子的和谐社会思想及其当代价值》
宋广文:《墨子的科技思想及其科学教育价值》
张文山:《墨子思想中的和谐观——"兼爱交利"》
刘惠文:《试论墨子的社会和谐思想》
杨建兵　王晶晶:《墨家德育思想探新》
褚丽娟:《"上帝"之爱与人心改造——民国基督徒知识分子的墨耶研究》
陈正健　陈明元:《墨子的古代国际法思想在战国时期的体现和影响》
成　琳:《从墨子的"贵义"、"兼爱"看"侠"之精神》
邵彦平:《墨子"节葬"观的现代思考》
刘　芳:《对当前若干社会问题的反思——从"兼相爱,交相利"谈起》
齐世春:《为什么墨子对于韩国人来说如此特别》
金昇泳:《论墨子的"兼爱"与孔子的"泛爱"》
李忠晟:《墨家反战论的哲学体系》
闵弘锡:《墨子的理想社会论》

魏尊宇:《墨子“节用”思想的现代思考》

任水霞:《关于墨子治国安邦思想的思考》

鞠文周:《墨子“兼爱”、“非攻”、“尚贤”、“节用”等思想的当代价值》

孙　辉:《浅谈墨家的侠义之道》

唐金具:《墨子节用思想与节约型社会建设》

张梦楠:《浅论墨子人才思想》

王　凯:《从鲁班的“巧技”到〈庄子〉的“技艺”以及对现代科学技术的反思》

王　中:《鲁班文化的田野调查》

鲁开国:《对滕州鲁班文化建设的若干实践与思考》

刘海霞:《运用历史人物提升区域文化软实力的途径探析——兼论墨子、鲁班与滕州地区文化软实力的提升》

刘一农:《鲁班文化研究中的文献调查及分析》

张　琳:《弘扬鲁班文化提高工程造价人才核心竞争力》

邵志伟　熊浩:《由鲁班尺看我国传统建设用尺文化与制度》

张国毅:《鲁班精神对高校人才培养的启示》

刘　娟:《圣坛上的鲁班》

朱传棨:《墨子故里后人的历史责任——我与墨子学说研究 20 年小忆》

姜宝昌:《墨学研究新高潮回眸——写在中国墨子学会成立 20 周年之际》

李广星:《墨学复兴在滕州——回忆中国墨子学会成立 20 年》

任守景:《为墨学振兴而努力——写在中国墨子学会成立 20 周年之际》

周立升:《墨子颂(五古)——纪念墨子学会成立 20 周年》

孙中原:《新墨学滕州同行——贺中国墨子学会二十华诞》

谭家健:《中国墨子学会推动我的墨学研究》

黄世瑞:《中国墨子学会成立 20 周年感言》

陈克守:《缅怀张知寒先生》

孙卓彩:《墨学的春天——纪念中国墨子学会成立 20 周年》

张幼林:《天地境界　仁者风骨——谈谈我心中的任继愈先生》

孙君恒:《台湾墨子研究奇人王讚源先生》

刘惠文:《为往圣继绝学——纪念中国墨子学会成立 20 周年》

附录2:2013年墨学研究硕士学位论文目录

丁文会:《〈墨经〉和〈公孙龙子〉语言思想比较研究》,陕西师范大学硕士学位论文,2013年。

樊玥嫡:《论墨子"兼爱"思想及其对中国社会的影响》,西南大学硕士学位论文,2013年。

方　波:《从墨子言语方式看墨学的兴衰起伏》,西南大学硕士学位论文,2013年。

郭文艺:《早期墨家的说理方式探析》,河南大学硕士学位论文,2013年。

韩永安:《墨子义利观研究》,湖南科技大学硕士学位论文,2013年。

黄宁宁:《墨子与孟子义利观的比较研究》,陕西师范大学硕士学位论文,2013年

李志红:《墨家辩学思想研究》,河北大学硕士学位论文,2013年

梁祥鹏:《墨子"义""利"研究》,青岛大学硕士学位论文,2013年。

刘兴亮:《毛泽东的墨学观》,吉林师范大学硕士学位论文,2013年。

吕晓斌:《朱熹的墨子观》,天津大学博士学位论文,2013。

沈泽如:《兼爱科技观之可行性研究》,西南交通大学硕士学位论文,2013年。

粟　佳:《基于传播学视域——墨学的式微及其现代传承》,华南理工大学硕士学位论文,2013年。

王杜霞:《先秦墨家的经济公正思想研究》,江西师范大学硕士学位论文,2013年。

王付刚:《墨子兼爱思想研究》,河北经贸大学硕士学位论文,2013年。

邢慧颖:《构建社会主义和谐社会视阈下的墨子政治哲学思想评析》,南昌大学硕士学位论文,2013年。

姚　俊:《变动社会中的建设诉求:墨子"理想社会"思想解析》,安徽大学硕士学位论文,2013年。

姚　曼:《墨家谈辩说理的逻辑分析》,浙江大学硕士学位论文,2013年。

张凛凛:《墨家与亚里士多德逻辑思想比较研究》,黑龙江大学硕士学位论文,2013年。

张　敏:《先唐墨学演变略论》,南京大学硕士学位论文,2013年。

2013 年

张太洲:《墨辩三物论式之司法适用研究》,西南政法大学硕士学位论文,2013 年。

张晓玉:《20 世纪上半叶胡适和冯友兰的墨家观研究》,黑龙江大学硕士学位论文,2013 年。

赵　皓:《〈墨子〉文学研究》,西北师范大学硕士学位论文,2013 年。

2014 年

2 月,孙中原《墨学七讲》由中国人民大学出版社出版发行。

该书用现代科学观点,面向广大读者,通俗讲解墨学研究史和墨学精华,包含墨家的逻辑学、哲学、科学和人文学,文字流畅,可读性强。具体内容是:第一讲,泰山红日映彩霞,神州大地育精英:先秦墨学。第二讲,漫漫长夜墨学在,否极泰来劫后兴:秦后墨学。第三讲,推陈出新现代化,硕果累累攀高峰:现代墨学。第四讲,谈话辩论成专业,墨家辩学有系统:逻辑学。第五讲,古代哲理称独到,优秀文化树典型:哲学。第六讲:求故明法讲理性,求真务实重实证:科学精神。第七讲,超越神文入人文,人文学术理论精:人文学。

2 月,中国墨子学会建立评选表彰机制,出台《中国墨子学会评选表彰办法(暂行)》。

为了鼓励在墨子鲁班研究事业中作出突出贡献的专家学者,吸引更多的专家把研究方向和人才培养放到墨子鲁班文化上来,吸引更多的年轻人把目光聚焦到墨子鲁班文化研究上来,更好地促进墨子鲁班文化的繁荣发展,滕州市委、市政府主要领导以高度的历史责任感和使命感,决定拨出专项经费,对在墨子鲁班研究工作中辛勤付出的专家学者进行表彰。报李守信会长同意后,以中国墨子学会的名义设立了评选表彰机制,每一届评选表彰工作同研讨会一同举办。中国墨子学会评选表彰工作是中国墨子学会、山东大学、滕州市委市政府贯彻落实习近平总书记在山东视察结束时的讲话精神所作出的重大决策,是弘扬中华优秀传统文化的重要载体,是促进社会主义核心价值体系建设的有效措施。

为了真正能够将中国墨子学会评选表彰活动办成传统文化领域的靓丽品牌，使中国墨子学会评选表彰工作达到预期的目标，使中国墨子学会评选表彰工作产生更广泛、更深远的意义，体现评选表彰的公开性、公平性、公正性，前期，由滕州市墨子研究中心办公室邀请部分专家进行反复论证，并根据论证结果起草了《中国墨子学会评选表彰办法(草案)》，在此基础上，滕州市墨子研究中心办公室的同志们又多次与山东大学、山东建筑大学等有关院校和部门进行了讨论和修改，成立了中国墨子学会评选表彰工作领导小组、中国墨子学会评选表彰工作领导小组办公室，为确保评选活动的权威性、公正性，根据李守信会长及董沂峰第一副会长的指示要求和工作需要，专门成立了以山东大学陈炎副校长为主任的专家评审委员会，最终形成了《中国墨子学会评选表彰办法(暂行)》。

中国墨子学会评选表彰办法(暂行)

为调动广大墨子鲁班研究工作者的积极性，促进墨子鲁班文化的发展和繁荣，中国墨子学会从2014年起设立墨子鲁班研究评选表彰机制，学会评选表彰与学术研讨会同期举行。为切实做好中国墨子学会评选表彰工作，确保评选表彰工作落到实处，取得实效，特制订本管理办法。

第一章　总则

第一条　评选表彰工作以党的十八大及十八届三中全会精神为指导，以建设社会主义核心价值体系为根本，展示墨子鲁班文化研究的丰硕成果，发挥先进典型的引领示范作用，为进一步挖掘、传承、弘扬、普及墨子鲁班文化，努力做到去粗取精，去伪存真，因势利导，深化研究，古为今用。

第二条　评选共设三个奖项，分别是：1.中国墨子学会墨子鲁班研究突出贡献奖；2.中国墨子学会墨子鲁班研究优秀成果奖；3.中国墨子学会墨子鲁班研究学术新人奖。

第三条　评选表彰专门成立评审专家委员会，在公平竞争和公正评审的基础上最终确定获奖人员名单。

第二章　组织机构

第四条　1.中国墨子学会评选表彰工作领导小组

组　长：李守信

副组长：董沂峰　王崇杰　陈　炎

成　员:远义彬　韩　锋　王学典　邵士官　刘　光　顾天鸽　张宪依
孙士泉　邵长婕

中国墨子学会评审表彰工作领导小组,负责领导整体工作开展,下设中国墨子学会评审表彰工作领导小组办公室。

2.中国墨子学会评选表彰工作领导小组办公室

主　任:邵长婕

成　员:张庆军　颜玉明　陈克添　张西锋

中国墨子学会评选表彰工作领导小组办公室,是中国墨子学会评选表彰工作领导小组的办事机构,由办公室全面负责各项具体工作的开展和落实。

3.评审委员会

主　任:陈　炎

副主任:韩　锋　王学典　张宪依　邵长婕　李广星

成　员:王学典　王　凯　孙中原　朱传棨　齐瑞端　杜泽逊　李广星
张宪依　张庆军　陈　炎　陈克守　邵长婕　姜宝昌　秦彦士
黄世瑞　韩　锋　谭家健

评审委员会下设联络服务办公室,邵长婕同志为联络服务办公室主任。

第三章　评选范围、人数及奖金额度

第五条　中国墨子学会墨子鲁班研究突出贡献奖评选范围、人数及奖金:中国墨子学会成立以来,积极组织、参与中国墨子学会活动,并为墨子鲁班研究事业做出贡献的专家学者。名额不超过 15 名,颁发奖牌。

第六条　中国墨子学会墨子鲁班研究优秀成果奖评选范围、人数及奖金:墨子研究中心成立以来(1990 年),在墨子鲁班研究方面取得重要进展,并对墨子鲁班研究事业产生了较大影响的成果,包含专著和论文。成果奖数量不超过 20 项,奖金 1 万元。

第七条　中国墨子学会墨子鲁班研究学术新人奖评选范围、人数及奖金:积极参与墨子鲁班研究,并有一定成果,年龄在 40 岁以下专家学者。名额不超过 10 名,奖金 5000 元。

第八条　同一届,一人只能申报或参评一种奖项。

第四章　申报、推荐和评审

第九条　中国墨子学会评选表彰采取个人申报及专家推荐相结合,个人申报者同时也要有两名以上墨子鲁班研究及相关领域的专家学者推荐意见。也可由两名以上墨子鲁班研究及相关领域专家学者直接推荐参评。

第十条　中国墨子学会墨子鲁班研究突出贡献奖人员推荐和评审办法：由两名以上墨子鲁班研究及相关领域专家学者推荐，推荐人填写《中国墨子学会墨子鲁班研究突出贡献奖推荐表》，经审核后，统一报送到中国墨子学会评选表彰工作领导小组办公室进行资格审查，提出初审人员名单。根据初审人员名单，评审委员会召开评审会议，审阅相关资料，并表决通过获奖名单。报中国墨子学会评选表彰工作领导小组批准，最终确定获奖人员名单。

第十一条　中国墨子学会墨子鲁班研究优秀成果奖人员推荐和评审办法：由两名以上墨子鲁班研究及相关领域专家学者推荐，推荐人填写《中国墨子学会墨子鲁班研究优秀成果奖专家推荐书》。被推荐人填写《中国墨子学会墨子鲁班研究优秀成果奖励申请书》，经被推荐人审核后，统一报送到中国墨子学会评选表彰工作领导小组办公室进行资格审查，提出初审人员名单。根据初审人员名单，评审委员会召开评审会议，审阅相关资料，并表决通过获奖名单。报中国墨子学会评选表彰工作领导小组批准，最终确定获奖人员名单。所获得表彰的优秀成果由中国墨子学会资料库收藏展览。

第十二条　中国墨子学会墨子鲁班研究学术新人奖人员推荐和评审办法：由两名以上墨子鲁班研究及相关领域专家学者推荐，被推荐者填写《中国墨子学会墨子鲁班研究学术新人奖申报表》，经审核后，统一报送到中国墨子学会评选表彰工作领导小组办公室进行资格审查，提出初审人员名单。根据初审人员名单，评审委员会召开评审会议，审阅相关资料，并表决通过获奖名单。报中国墨子学会评选表彰工作领导小组批准，最终确定获奖人员名单。

第五章　附则

第十三条　本办法由中国墨子学会评选表彰工作领导小组办公室负责解释。

中国墨子学会

二〇一四年二月

5月，李贤中《墨子导读》由中华书局(香港)有限公司出版发行。

该书为新视野中华经典文库书目之一。全书由李贤中译注和导读。作者首先对《墨子》一书进行导读，共分为墨子是个怎样的人、《墨子》其书、《墨子》其思想、墨学之影响、如何系统把握《墨子》思想五部分。该书对《墨子》一书的篇目进行了导读、注释、译文、赏析与点评。全书始终以读者的角度来思考，对阅读经典起到了很大的帮助。

5月9日至11日，由中国墨子学会、山东大学、滕州市委市政府联合举办的第十届国际墨子鲁班学术研讨会暨第一届中国墨子学会评选表彰大会在山东大学中心校区召开。

由中国墨子学会、山东大学、滕州市委市政府联合举办的第十届国际墨子鲁班学术研讨会暨第一届中国墨子学会评选表彰大会于2014年5月9日至11日在山东大学中心校区召开。此届研讨会对开拓墨学研究工作新局面，提振墨学研究同仁精神，推动墨子鲁班文化的繁荣发展，弘扬中华优秀传统文化，促进社会主义核心价值体系建设将产生积极的意义。

第一，领导重视、学者踊跃，为此届研讨会成功举办提供了保障。

会议得到了各级领导的高度重视和大力支持。在动议之初，山东省人大常委会原副主任王玉玺同志就对会议筹备工作给予了关心和指导。会议成立了以中国墨子学会会长、山东大学党委书记李守信同志为名誉主任，以中国墨子学会第一副会长、滕州市委书记董沂峰，中国墨子学会副会长、山东建筑大学党委书记王崇杰，中国墨子学会副会长、山东大学副校长陈炎为筹委会主任的领导小组。会议筹备期间，李守信书记、董沂峰书记、远义彬市长等领导同志多次专门听取了会议筹备工作汇报，并作出重要指示，为会议的成功举办给予了高度支持。

为了强化国际墨子鲁班学术研讨会在国内外墨子鲁班研究领域的权威性，根据墨子鲁班研究发展的新情况和新方向，按照“层次结构科学化、学术水平前沿化、人员数量精简化”的标准，我们在综合国内著名专家推荐意见的基础上，拟定出了邀请人员名单。从2013年9月份开始，经过多次信件、网络、电话等联系方式，与专家学者进行了沟通和联系，各位专家学者均表示出参会的积极意愿，为研讨会打下了坚实的基础。

会议期间，山东省人大常委会副主任贾万志同志、山东省人大常委会原副主任王玉玺同志等出席了第一次全体人员会议，并向大会表示了热烈的祝贺。

中国墨子学会会长、山东大学党委书记李守信同志，枣庄市委常委、滕州市委书记董沂峰同志，枣庄市人民政府副市长霍媛媛同志，中国墨子学会顾问、武汉大学教授朱传棨先生等领导和专家学者出席了第一次全体人员会议并分别作了重要讲话。出席第一次全体人员会议的还有：中国墨子学会副会长、山东建筑大学党委书记王崇杰先生，山东省政府副秘书长、新闻发言人李娥女士，中国墨子学会副会长、枣庄学院院长胡小林先生，中国墨子学会副会长、山东大学儒学高等研究院常务副院长、《文史哲》主编王学典先生，中国孔子基金会秘书长王大千先生，滕州市委副书记邵士官同志，中国墨子学会常务理事、山东建筑大学副校长韩锋先生，中国墨子学会顾问、山东大学教授周立升先生，中国墨子学会副会长、山东大学教授姜宝昌先生，中国墨子学会副会长、中国人民大学教授孙中原先生，中国墨子学会副会长、华南师范大学教授黄世瑞先生，中国墨子学会副会长、贵州教育学院教授齐瑞端同志，国家一级编剧王中先生，日本大东文化大学教授原孝治先生，日本埼玉工业大学教授冈本光生先生。出席第一次全体人员会议的滕州市领导有：滕州市委常委、宣传部部长刘光同志，滕州市人大常委会副主任顾天鸽同志，中国墨子学会常务理事、滕州市副市长张宪依同志，滕州市政协副主席孙士泉同志等。

第二，主题鲜明、程序科学，为此届研讨会成功举办奠定了基础。

此次会议以党的十八大和十八届三中全会精神为指导，以“会议一切从简，会议质量严格要求，会议筹备节俭高效”为办会理念。严格按照中央八项规定精神及上级关于举办学术会议的要求，紧密结合当前的新任务、新要求，结合墨学研究工作开展的实际情况，坚持“挖掘、开发、研究、普及、传承”并重的原则，在多方面征求意见的基础上，积极与国内外墨学专家、学者沟通、讨论，最终确定此次研讨会以研究“墨子的经济思想”为主题，兼论“墨子节用主张的现代意义”及“鲁班创新精神传承与人才培养”，旨在深入挖掘墨子的经济思想与鲁班的创新精神，努力做到去粗取精，去伪存真，因势利导，深化研究，古为今用，努力为培育和践行社会主义核心价值观服务。

通过与有关专家学者座谈，决定将第十届国际墨子鲁班学术研讨会与第一届中国墨子学会评选表彰大会合并举办，经研究并报上级有关部门批准，确定正式会议时间为 1 天，邀请参会学者 50 人。同时，取消了会议的新闻发布会、招待宴会、开幕式、闭幕式等内容，重点保证了专家学者的学术讨论发言时间，得到了与会学者的一致好评和充分肯定。同时，为了能够让山东大学的师生详细地了解墨学研究发展的脉络、所取得的成果,专门在山东大学中心校区举办了为期三天的"墨学研究成果展",取得了良好效果。

5 月 9 日,中国墨子学会会长会议召开,听取中国墨子学会秘书处、滕州市墨子研究中心办公室关于研讨会准备工作以及第一届评选表彰大会工作情况汇报,中国墨子学会副会长兼秘书长、滕州市墨子研究中心办公室主任邵长婕汇报第一届评选表彰大会工作。

邵长婕同志重点汇报了以下几个方面的工作。

按照《中国墨子学会评选表彰办法(暂行)》的规定,第一届评选表彰大会的重点有三个方面,分别是墨子鲁班研究突出贡献奖、墨子鲁班研究优秀成果奖、墨子鲁班研究学术新人奖。

《中国墨子学会评选表彰办法(暂行)》出台以后,中国墨子学会评选表彰领导小组办公室的同志们积极宣传,深入动员,除在"中国墨子网""中国鲁班网"分别开设专栏,以公告的形式对外发布外,为了进一步扩大评选活动覆盖面,又以邮件、电话、快递等形式将《中国墨子学会评选表彰办法(暂行)》及相关申请、推荐表格寄送到各位墨子鲁班研究同仁手中。按照公告的时间安排,截至 4 月 15 日,共收到墨子鲁班研究突出贡献奖专家推荐书 46 份,被推荐人 16 名;墨子鲁班研究优秀成果奖推荐书 59 份,被推荐成果 27 项,申请书 11 份;墨子鲁班研究学术新人奖推荐书 24 份,被推荐人 13 名,申请书 4 份。

4 月 24 日,中国墨子学会评选表彰专家委员会主任、山东大学副校长陈炎同志召集山东大学及中国墨子学会部分专家,以公平、公正、公开的原则,以评选出真正有分量的学术著作、真正有影响力的学术成果、让人信服并真正为墨学研究作出重要贡献的领导和专家的评选理念,进行了初步的评选审查,拟定出表彰的初步意见。

4 月 25 日至 28 日,领导小组办公室根据初步评审会的意见和要求,分别以电话、邮件等方式征求了未参加初步评审会评审委员的意见和建议。

4 月 30 日,领导小组办公室在综合初步评审会及未参加初步评审会评审委员意见的基础上,专门向中国墨子学会名誉会长、山东省人大常委会原副主任王玉玺等老领导进行汇报。老领导对此次评选表彰工作给予了充分肯定,对做好评选表彰工作提出了要求。

5 月 6 日，评审委员会再一次召集中国墨子学会、山东大学及山东建筑大学的评审委员会成员，召开了第二次评审工作会议，在坚持好中选好、优中择优的前提下，在对各类奖项认真研究、充分审查的基础上，确定了各类奖项的表彰人员。鉴于张知寒先生在中国墨子学会创建之初及中国墨子学会发展过程中所作出的杰出贡献，特追授张知寒先生中国墨子学会杰出贡献奖，并上报中国墨子学会评选表彰领导小组审定。

经中国墨子学会评选表彰领导小组审定后，各类奖项表彰人员名单如下。

中国墨子学会第一届评选表彰获奖名单

一、墨子鲁班研究杰出贡献奖

张知寒，生前系中国墨子学会副会长、秘书长，山东大学教授

二、墨子鲁班研究突出贡献奖(5 人)

朱传棨，中国墨子学会顾问、武汉大学教授

姜宝昌，中国墨子学会副会长、山东大学教授

孙中原，中国墨子学会副会长、中国人民大学教授

李广星，中国墨子学会副会长，滕州市墨子研究中心办公室原主任、编审

王　中，鲁班研究专家、国家一级编剧

三、墨子鲁班研究优秀成果奖(12 项)

1.《墨子大全》

主　编：任继愈，生前系中国墨子学会名誉会长、国家图书馆馆长
　　　　李广星，中国墨子学会副会长、滕州市墨子研究中心办公室原主任、编审

2.《墨经数理研究》

作　者：杨向奎，生前系中国墨子学会名誉会长、中国社会科学院研究员

3.《墨子里籍考论》

作　者：张知寒，生前系中国墨子学会副会长、秘书长，山东大学教授

4.《墨子大词典》

作　者：王裕安，生前系中国墨子学会副会长、秘书长，枣庄学院校长
　　　　孙卓彩，枣庄学院教授
　　　　郭震旦，枣庄学院教授

5.《墨经正读》

主　编:王讚源,生前系中国墨子学会顾问、台湾师范大学教授

副主编:姜宝昌,中国墨子学会副会长、山东大学教授

　　　　孙中原,中国墨子学会副会长、中国人民大学教授

6.《墨子新论》

作　者:杨俊光,南京大学教授

7.《墨经校注·今译·研究——墨经逻辑学》

作　者:周云之,中国社会科学院研究员

8.《墨子研究》

作　者:谭家健,中国墨子学会副会长、中国社会科学院研究员

9.《墨子全译》

作　者:齐瑞端,中国墨子学会副会长、贵州师范学院教授

10.《墨子考论》

作　者:秦彦士,中国墨子学会副会长、四川师范大学教授

11.《中国墨学通史》

作　者:郑杰文,中国墨子学会常务理事、山东大学教授

12.《墨守辞典》

作　者:张仁明,贵州毕节学院教授

　　　　卢凤鹏,贵州毕节学院教授

四、中国墨子学会墨子鲁班研究学术新人奖

宋赛花,中华女子学院副教授

〔日〕西山尚志,山东大学讲师

〔英〕德龙,香港大学博士

下一步,承担评选表彰办公室职能的滕州市墨子研究中心办公室将在李守信会长、董沂峰第一副会长及各位副会长的领导和关心支持下,认真总结经验,开拓创新,为各位墨子鲁班研究专家学者服好务,促进中国墨子学会评选表彰工作健康持续发展,为弘扬中华优秀传统文化努力工作。

5 月 10 日,第十届国际墨子鲁班学术研讨会第二次全体人员会议举行,山东大学副校长胡金焱教授主持,姜宝昌教授作学术总结。

姜宝昌教授分别对 39 篇墨子研究论文和 6 篇鲁班研究论文进行总结。

在总结四川大学秦彦士先生《从〈尚书·无逸〉到〈墨子·节用〉——墨家思想的历史源流》一文时，姜教授说："在中国古代的历史文献中，从《周易》《诗经》《尚书》到《左传》都含有节俭节用思想，而《尚书·无逸》则是最具代表性的。墨子正是继承前人的思想遗产，并基于他所代表的下层平民利益，从而集中地提炼出'节用'主张。"

在总结枣庄学院孙卓彩先生《论墨子的民生思想》一文时，姜教授说："作者从墨子根深蒂固的'贱民'情结、行广无私的爱民情怀、公义至上的平民诉求、和谐安宁的民生愿景四个方面，深入论述墨子的民生思想，当然，墨子的民生思想与其经济思想直接有关。他认为，墨子的民生观，虽缺少系统的理论内涵，更不可能有制度层面的顶层设计等历史局限，但其立足于平民，灌注感情的民生诉求和所描绘的质朴无华的民生愿景，却不乏可贵的历史借鉴价值。"

在总结日本埼玉工业大学冈本光生先生《从经济思想观点来看墨子尚贤论》一文时，姜教授说："作者引《荀子·富国》'天下之公患，乱伤之也，胡不尝试相与求乱之者谁也？我以墨子之非乐也，则使天下乱；墨子之节用也，则使天下贫……墨术诚行，则天下尚俭而弥贫'，认为荀子对墨子'节用'主张的批评不能说没有道理。又引《管子·侈靡》'巨棺椁，所以起木工也。多衣衾，所以起女工也'，加以印证，说明富者的浪费性消费，实际就是财富从富有向贫者的分散，因此，'节用''节葬'政策反倒引起了财富不外流，于是社会整体走向贫穷。"

在总结青岛大学王凯先生《鲁班及其工匠精神》一文时，姜教授说："作者首先从'工匠'含义出发，梳理工匠在汉语史上的演化过程，然后将传统工匠的特征总结为手工操作、依靠工具、手中有绝活、家传与学徒的封闭传承等四个方面，又其后提出了对现代技术进行反思的观点，最后论列鲁班精神给予我们的启示，其中有若干前人未曾言及的提法，可供我们深入思考。"

在总结山东建筑大学张鹏先生《鲁班研究综述——基于文献的研究》一文时，姜教授说："作者从以下三个方面对三十多年来鲁班研究文献进行综述：鲁班研究文献数据统计分析；鲁班研究主题分类；鲁班研究的发展趋势。综述可谓精审深入。"

在总结山东建筑大学曲洪祎先生《凝练鲁班精神，促进理工类院校人才培养》一文时，姜教授说："结合理工类院校专业人才培养的教学实践，作者提出：融入鲁班'精益求精'的精神，培养学生扎实的专业能力；融入鲁班'求实创新'的精神，培养学生独立思考的能力；融入鲁班'经世致用'的精神，培养学生的社会实践与社会适应能力;融入鲁班遵循‘工程伦理’的精神,培养学生的社会责任感与使命感。应该说,对探索改变当今高等教育现状的路径,很有典型意义。”

5月10日,中国墨子学会发布表彰决定,隆重表彰在墨子鲁班研究中作出贡献的专家学者和优秀成果。

关于第一届中国墨子学会评选表彰的决定

中国墨子学会成立以来,涌现出一大批在墨子鲁班研究工作实践中作出突出贡献、取得显著成果的先进人物,他们在不同的工作岗位上,满怀传承、弘扬墨子鲁班文化的责任感和使命感默默奉献,矢志不渝,有力推动了墨子鲁班文化事业蓬勃发展。为表彰他们的突出贡献,激励社会各界有识之士积极投身于墨子鲁班文化研究事业之中,中国墨子学会决定建立评选表彰机制,每一届评选表彰活动将与国际墨子鲁班学术研讨会一同举办。

本次评选表彰为中国墨子学会第一届评选表彰活动,评审委员会将表彰重点放在了中国墨子学会创建和前期发展过程中,作出突出贡献的专家学者及涌现出的优秀成果上来。专家评审委员会先后召开了两次评审委会议,在众多申报材料和被推荐材料中审核、遴选出初步表彰名单,报中国墨子学会评选表彰领导小组审定,决定追授张知寒先生墨子鲁班研究杰出贡献奖,授予朱传棨先生等5人墨子鲁班研究突出贡献奖,授予《墨子大全》等12部著作墨子鲁班研究优秀成果奖,授予德龙等3人墨子鲁班研究学术新人奖。

希望获奖人员珍惜荣誉,再接再厉,认真贯彻落实党的十八届三中全会和习近平总书记在山东视察时的系列讲话精神,进一步深入挖掘和阐发墨学中所蕴涵的丰富遗产,为谱写墨子鲁班研究事业新篇章作出新的更大贡献。希望广大的墨子鲁班研究工作者,以他们为榜样,学习他们求真务实、治学严谨的优良作风和淡泊名利、无私奉献的崇高精神,围绕墨学文化的研究、保护、开发和利用献计献策,充分发挥墨子鲁班文化的现代价值,使之成为新时代鼓舞人民前进的精神力量,为丰富和构建社会主义核心价值体系贡献智慧。

中国墨子学会

二〇一四年五月

8 月，姜宝昌《墨守训释》由齐鲁书社出版发行。

作者根据多年的研究，将《墨子》一书分为墨论、墨经和墨守三部分，其中墨守为《墨子》“备城门”到“杂守”共 11 篇，内容为墨家的军事防御思想。该书以名物训释为切入点，运用《墨子间诂》的训诂手段，对比说解，深入细密。全书分为题解、原文、校文、注释、余论五部分，对《墨子》城守诸篇作了大量详尽而独到的考释，是墨守研究的一次有益的尝试。

10 月，孙君恒等《墨子伦理思想研究》由中国社会科学出版社出版发行。

《墨子伦理思想研究》主要研究了墨子伦理思想中兼爱、利本主义、人格伦理思想以及政治伦理、经济伦理、家庭伦理、技术伦理、生态伦理思想，和以“兼爱”“非攻”为基础的和平主义伦理思想，并进一步探讨了当代西方对于墨子的研究以及墨子精神与当代社会的契合性。该书入选“枣庄学院墨学文化研究丛书”。

11 月，陈克守《儒学与墨学比较研究》由中国社会科学出版社出版发行。

该书从伦理政治思想、军事思想、经济思想、人才思想、宗教观、哲学理论、教育理论、语言理论等方面，对中华民族优秀文化两大突出代表——儒学与墨学进行了系统的比较研究。其中，对宗教观与哲学理论，特别是语言理论的比较研究，以往的相关成果较少，该书对此进行了探索性研究，其他部分也各有创见。

11 月，山东建筑大学鲁班研究课题考察组一行来墨子鲁班故里考察。

2014 年 11 月 19 日，山东建筑大学 17 人就所承担的鲁班研究课题来滕进行考察。考察组一行先后到鲁班纪念馆、墨子纪念馆、汉画像石馆、级索镇鲁班天工木艺有限公司、界河镇鲁班文化公园、鲁班堤等地进行了实地考察。

自2013年12月滕州市与山东建筑大学签署《全面合作框架协议书》以来,双方交流不断深化。截至2014年10月份共评审立项了24个鲁班研究课题。这次立项的24个课题中,山东建筑大学、山东女子学院、山东艺术学院牵头20项,滕州牵头4项。为做好这项工作,确保鲁班文化研究课题高标准完成,滕州市财政拨出了专项经费予以保障。课题涉及广泛,既有鲁班文化与风水的传统文化研究、鲁班文化与欧洲传统建筑工匠文化比较研究、传统美德视角下鲁班精神的功能研究等专业性强的学术课题,也有鲁班信仰与学生职业素养培养的教学实践探索、鲁班文化与滕州旅游的特色产业挖掘等实用性课题。参加课题研究的共120余人,其中既有高校教授、在读博士,也有中青年学者。24项课题将于2015年6月底前陆续完成。

附录:2014年墨学研究硕士学位论文目录

陈　旭:《墨子"兼爱"思想对构建社会主义和谐社会的现代启示》,首都师范大学硕士学位论文,2014年。

成　琳:《墨子"非乐"研究》,青岛大学硕士学位论文,2014年。

付志丞:《墨子的理想社会思想述评》,内蒙古大学硕士学位论文,2014年。

韩　丽:《墨子思想矛盾性的多维研究》,广西师范大学硕士学位论文,2014年。

何金斌:《〈墨子〉城守诸篇军事信息传播探析》,吉林大学硕士学位论文,2014年。

胡鑫敏:《墨子兼爱思想及其现代意义分析》,中共中央党校硕士学位论文,2014年。

刘颖颖:《儒墨关系之演进探析》,曲阜师范大学硕士学位论文,2014年。

罗承鑫:《墨子勤俭节约思想对中学生勤俭观的教育作用研究》,内蒙古师范大学硕士学位论文,2014年。

阮　琼:《〈墨子〉副词研究》,重庆师范大学硕士学位论文,2014年。

邵彦平:《墨子"节葬"研究》,青岛大学硕士学位论文,2014年。

时　帅:《墨家修身思想及其现代意义研究》,西北师范大学硕士学位论文,2014年。

孙秀秀:《墨子道德教育思想对大学生社会责任感培育的启示》,中国计量学院硕士学位论文,2014年。

唐　琦:《先秦儒道墨节俭思想及其现代价值》,哈尔滨工程大学硕士学位论文,2014 年。
王震宁:《〈墨子〉城守诸篇军事工程技术研究》,陕西师范大学硕士学位论文,2014 年。
武明洋:《基于“三段论”和“小取”的亚里士多德和墨家逻辑的比较》,浙江工业大学硕士学位论文,2014 年。
席　芬:《〈墨子间诂〉训诂研究》,西北师范大学硕士学位论文,2014 年。
徐贵圆:《墨子“兼爱”思想研究》,西北师范大学硕士学位论文,2014 年。
徐瑜霞:《〈墨辩〉推类思想新解》,华东师范大学硕士学位论文,2014 年。
杨学梅:《论“爱有差等”与“爱无差等”》,河南科技大学硕士学位论文,2014 年。
张怡心:《“民粹主义”视角中的墨子“非乐”思想》,山东大学硕士学位论文,2014 年。
张　玉:《〈墨子〉述宾结构语义关系研究》,山东师范大学硕士学位论文,2014 年。

2015 年

1 月，墨子鲁班优秀传统文化进村居活动启动。

2015 年 1 月 6 日，墨子鲁班优秀传统文化进村居活动启动仪式在滕州市官桥镇举行。滕州市委常委、宣传部部长刘光，市政府党组成员、市墨子研究中心办公室主任邵长婕等出席仪式。

6 月 16 日，由中华文化促进会、中国墨子学会、山东建筑大学、滕州市人民政府联合举办的第二届鲁班文化节在滕州举行。

6 月 16 日，第二届鲁班文化节在龙泉文化广场隆重开幕。中国墨子学会名誉会长、山东省人大常委会原副主任王玉玺，中国墨子学会会长、山东大学党委书记李守信，山东建筑大学党委书记、教授王崇杰，中华文化促进会主席团咨询委员、中国作协书记处原书记金坚范，中华文化促进会副主席郭杰，国际环境艺术设计协会会长、香港著名设计师陈飞杰，中国科普作家协会秘书长、中国科普研究所科普理论研究室主任石顺科，山东建筑大学党委副书记、教授韩锋，山东交通学院副院长顾一中，山东大学儒学高等研究院执行副院长、《文史哲》杂志主编、教授王学典，武汉大学哲学院教授朱传棨，山东大学国际教育交流学院原院长、教授姜宝昌，鲁班研究专家、国家级编剧王中，以及枣庄、滕州两级市领导张宝民、董沂峰、霍媛媛、远义彬、杨位明、李健、程春常、刘光、顾天鸽、姜繁茂、张宪依、孙士泉等出席开幕式。

枣庄市委常委、滕州市委书记董沂峰在开幕式上致辞，他说，“滕州历史悠久、文化灿烂，古为‘三国五邑之地，文化昌明之邦’，被誉为‘工匠祖师’的鲁班是滕州最具竞争力和影响力的优势文化品牌。此次举办第二届鲁班文化节，目的就是贯彻落实习近平总书记关于弘扬中华优秀传统文化重要讲话精神，以‘共聚滕州话鲁班，创新创业谋发展’为主题，进一步挖掘优秀历史文化资源，传承和弘扬鲁班创新精神，大力推动创新型社会建设。衷心期望各位领导、嘉宾一如既往地关心、支持滕州的发展；热忱欢迎海内外客商以鲁班文化节为纽带，加强与滕州的交流合作，携手并进，共创美好的明天”。

山东建筑大学党委书记、教授王崇杰在讲话中说："鲁班，既是滕州的地域文化名人，更是中国乃至世界科技史上的丰碑。2013 年，山东建筑大学与滕州市人民政府合作，成立鲁班文化研究院，深入开展鲁班文化的学术探源、比较研究等工作，通过设立开放课题，形成了我国首部鲁班文化研究专辑，为鲁班文化的深入研究与挖掘开发奠定了良好基础。下一步，学校将充分发挥人才集聚优势和学科特色，深入开展班墨文化的专题研究，力求推出一批高质量的理论成果。"

中华文化促进会副主席郭杰表示，"梳理、研究、弘扬鲁班精神，是历史发展之必然，是时代的呼唤，我们要用注重创新和实干的鲁班精神，激励人们发掘传统文化价值中蕴含的创造力和行动力，以诚实的不断开拓进取的劳动去成就美好的梦想"。

中国墨子学会会长、山东大学党委书记李守信在开幕式上说："'文史见长'是山东大学的学术特色之一。在人文科学研究方面实力雄厚，山东大学将进一步发挥百年名校人才济济和学科资源齐全的优势，以增强中华优秀传统文化这一文化软实力为己任，加大与滕州市紧密合作，继续深入挖掘、研究墨子鲁班文化，弘扬传承墨学思想和鲁班创新精神，使之不断发扬光大。"

开幕式由滕州市委副书记、市长远义彬主持。

开幕式上，王玉玺、李守信、王崇杰、金坚范、郭杰、张宝民、董沂峰、霍媛媛共同启动第二届鲁班文化节开幕水晶球。

开幕式结束后，与会的领导、嘉宾还共同参观了"中国梦·劳动美"滕州市第二届职工书画作品展。此次文化节还精心设计了首届鲁班文化学术研讨会、鲁班诞辰 2522 周年纪念活动、滕州大讲堂、滕州市第十届职工职业技能大赛、鲁班锁拆装大赛、鲁班湿地公园摄影大赛、文化惠民演出等主题活动。

6 月 16 日，首届鲁班文化学术研讨会举行。

2015 年 6 月 16 日，第二届鲁班文化节主题活动之一的首届鲁班文化学术研讨会举行。来自全国各地的鲁班研究专家汇聚一堂,共同研讨、交流鲁班文化的传承提升等问题。山东省人大常委会原副主任王玉玺,山东建筑大学党委书记、教授王崇杰,国际环境艺术设计协会会长、香港著名设计师陈飞杰,山东建筑大学党委副书记、教授韩锋,山东交通学院副院长顾一中,武汉大学哲学院教授朱传棨,山东大学国际教育交流学院原院长、教授姜宝昌,枣庄市中华文化促进会会长李庆山及滕州市领导远义彬、刘光、顾天鸽出席研讨会。

滕州市委副书记、市长远义彬在研讨会上致辞。他说:“这次鲁班文化学术研讨会为我们相互沟通交流思想,共享资源,增进友谊搭建了良好平台。希望与会专家在这次研讨会上,对鲁班文化进行广泛深入的研讨,结出丰硕成果,让鲁班走向世界,让世界了解鲁班。滕州市将以此为契机,充分发挥历史文化底蕴深厚的优势,让传统文化与现代文明在善国大地上交相辉映,推动文化与经济融合发展,形成共同繁荣、彼此支撑的良性互动。”

王崇杰在致辞中说:“多年来,在滕州市委、市政府的共同努力下,在广大专家学者的辛勤耕耘下,鲁班研究不断向纵深推进,取得了丰硕的理论研究成果。下步,山东建筑大学将与滕州市合作,继续加强鲁班文化的专题研究,力求推出一批高质量的理论成果。学校也将发挥建筑学科特色和人才集聚优势,深入开展产学研合作,努力为区域经济和社会发展作出积极贡献。”

研讨会上,王崇杰代表山东建筑大学向滕州市赠送了《鲁班文化研究论丛》(第一辑),远义彬代表滕州市接受赠送。山东建筑大学的杨明堂、王冬梅分别从鲁班文化理论与实践的层面作报告。

鲁班文化课题组代表,滕州市直各部门主要负责人,滕州市各镇街党委书记、镇长(主任),枣庄科技职业学院师生代表参加会议。

近些年来,滕州市以弘扬传统文化为纽带,坚持“挖掘、开发、研究、普及、传承”并重,成立了鲁班研究领导小组,保护修建了鲁班堤、鲁班桥、鲁班造磨处、鲁班工匠营等,建设了鲁班功德堂、鲁班湿地公园等,申报“鲁班传说”入选国家级非物质文化遗产代表性项目名录。创办了鲁班学堂,作为弘扬传播鲁班文化、研究鲁班对当代社会影响的重要平台。投资兴建了全国建筑体量最大、功能最为齐全的专门纪念鲁班的场所——鲁班纪念馆,并收藏鲁班发明实物万余件。与山东建筑大学联合,成立了国际鲁班研究会和鲁班文化研究院,设立了鲁班文化研究基金,相继在人民大会堂、山东大学等举办鲁班学术研讨会。在央视和山东卫视播出了钱文忠《班墨传奇》系列节目和纪连海、鲍鹏山等主讲的鲁班与墨子专题讲座。鲁班文化和鲁班精神渐已成为激励后人艰苦奋斗、开拓创新的精神力量，成为推动滕州快速发展的重要动力。

6 月 16 日，中国墨子学会资料库揭牌仪式在鲁班纪念馆隆重举行。

为贯彻落实党的十八大和十八届三中、四中全会精神，以及习近平总书记关于弘扬中华优秀传统文化系列重要讲话精神，积极推进践行社会主义核心价值观，不断提高市民综合素养，6 月 16 日，在第二届鲁班文化节召开之际，中国墨子学会资料库揭牌仪式在鲁班纪念馆隆重举行。中国墨子学会顾问、武汉大学教授朱传棨先生，中国墨子学会副会长、山东大学教授姜宝昌先生为资料库揭牌，部分出席第二届鲁班文化节的专家学者出席揭牌仪式。

中国墨子学会资料库位于鲁班纪念馆四楼，建筑面积 1000 多平方米，环境幽雅，设施齐全，现有藏书 15000 余册，主要涵盖文史哲和传统文化等类别，分别设有藏书区和阅读区。中国墨子学会资料库今后将在周六和周日向广大市民免费开放，为热爱传统文化、热爱墨学的各界人士提供基地，为滕州市广大市民提供良好的学习环境。其对于传承和弘扬中华优秀传统文化，加强社会主义核心价值观教育与实践，丰富全体市民的精神文化生活有着十分积极的意义。

6 月 16 日，王崇杰主编《鲁班文化研究论丛》（第一辑）由山东人民出版社出版发行。

《鲁班文化研究论丛》（第一辑）收录的 20 余篇鲁班文化研究论文，主要包括以下几个领域：第一，鲁班信仰与鲁班精神；第二，鲁班文化与艺术设计；第三，鲁班研究与文献研究；第四，鲁班传说与鲁班戏剧；第五，鲁班文化与教育；第六，鲁班文化与旅游。

《鲁班文化研究论丛》（第一辑）适合从事鲁班文化研究的工作人员进行研读，对于建筑行业的从业人员也很具针对性和指导性。《鲁班文化研究论丛》（第一辑）中体现的对于中华优秀传统文化的弘扬和对于工作的精益求精的态度值得各行各业的人员吸取和借鉴。此书得到了滕州市政府的资助。

6 月 30 日，山东省委副书记、省长郭树清莅临墨子纪念馆、鲁班纪念馆调研。

山东省委副书记、省长郭树清，省委副书记王军民等领导莅临墨子纪念馆、鲁班纪念馆考察指导工作，枣庄市委书记李同道，枣庄市委副书记、市长李峰，枣庄市委常委、滕州市委书记董沂峰，滕州市委副书记、市长远义彬等陪同考察。

在墨子纪念馆，郭树清省长要求，在山东讲弘扬优秀传统文化，不能只讲孔子、儒家，墨子、孙子、荀子都是山东的宝贵财富。要按照习近平总书记的要求做好中华优秀传统文化的创新性发展、创造性转化工作。在龙泉文化广场，郭树清省长说："滕州的龙泉文化广场文化气息很浓。"当听到董沂峰书记汇报墨子纪念馆升级改造正在规划中时，郭树清省长指示，一定要建好墨子纪念馆，要与墨子和墨家的地位相匹配，并且要提高互动性、参与度。在中国墨子学会名誉会长王玉玺的推动下，墨子纪念馆升级改造工程被列为 2016 年山东省政府重点文化项目，省政府拨出专项资金予以支持和保障工程的建设。

10 月，孙中原《墨子与墨学》由中国书籍出版社出版发行。

该书以通俗简明的笔调，揭示墨学发展的主要阶段和成就，生动形象地描述墨学的精华与局限，展示战国时期墨家显学的概貌和对当今社会的重要启迪。全书共分八章，从创说与活动、生产观和科技理论、节约观和非乐论、政治伦理观、战争观和军事学、军事游说活动、人生观和价值观、辩证法、认识论和逻辑学等方面对墨子思想展开解读。

12 月，张西锋《墨论选读》由中国人事出版社出版发行。

该书有以下几个特点：第一，集中选取《墨子》论述政治、经济、社会、人生的文章，展现了墨子伟大的平民思想家的风采，让今人重新认识和理解墨子。第二，所选的各篇文章前均有"题解"，除分析文章的主旨外，还从不同的视角对文章的背景、演变作了说明并阐述了自己的观点。第三，对所选的文章进行了注释、翻译，有助于读者对文章内容有更深刻的理解，也体现了作者严谨的治学态度。第四，编写体例推陈出新，所选各篇文章后设"文史拓展"栏目，从史学的角度，或介绍历史人物，或解说历史事件，或点评历史典籍，开拓了读者的视野，给人耳目一新之感。

附录：2015 年墨学研究硕士学位论文目录

安晓晶：《墨家科技伦理思想研究》，武汉科技大学硕士学位论文，2015 年。

方　娟：《〈淮南子〉中儒墨形象研究》，西南大学硕士学位论文，2015 年。

符　腾：《〈墨攻〉：艺术表达与文化传播》，浙江理工大学硕士学位论文，2015 年。

韩继秀：《〈墨经〉名家思想研究》，兰州大学硕士学位论文，2015 年。

纪效荣：《墨家主要逻辑概念研究》，南京师范大学硕士学位论文，2015 年。

李慧琴：《墨子社会管理思想与当今社会管理》，青海师范大学硕士学位论文，2015 年。

卢晓霞：《〈墨子·非儒〉成篇年代考》，曲阜师范大学硕士学位论文，2015 年。

孟　静：《从义与亲的冲突看墨子的"公利观"》，华东师范大学硕士学位论文，2015 年。

沈诗意：《墨子伦理思想探析》，浙江财经大学硕士学位论文，2015 年。

孙　亮：《孔子与墨子的道德教育思想比较研究》，辽宁工业大学硕士学位论文，2015 年。

滕　宇：《墨家环境伦理思想及其现代意义》，哈尔滨工业大学硕士学位论文，2015 年。

王家智：《〈墨子〉〈韩非子〉功利主义差异性研究》，河南大学硕士学位论文，2015 年。

余　翔：《论墨家学派的巫术背景与墨家集团的宗教特性》，南昌大学硕士学位论文，2015 年。

余真征：《先秦儒墨专制主义比较研究》，河南大学硕士学位论文，2015 年。

张海冰：《墨子"兼爱"思想研究》，安徽财经大学硕士学位论文，2015 年。

张婷婷：《关于墨子"天志""明鬼"思想的形成》，东北师范大学硕士学位论文，2015 年。

2016年

1月18日，墨子容古博物馆举行开馆揭牌仪式。

墨子容古博物馆由木石镇木石三村村民李存建个人创办，总投资260万元。占地面积1260平方米的墨子容古博物馆在木石镇木石三村举行开馆揭牌仪式。

墨子容古博物馆位于墨子故里落凤山下，坐落在目夷河畔木石三村，里藏古今中外各类展品2000余件，是馆主李存建历经30多年积累收藏，消耗大量人力、财力征集而成。

2月，王兆春主编《墨经汇释》由吉林大学出版社出版发行。

《墨经汇释》汇集现代科学研究共同体的集体智慧，比较论说，务求阐发墨家的真知睿智，贯通《墨经》的科学精义，精选学界有代表性、理据充分的高见，列入释义。释义由校注、直译、意译、诸家说和编者按等项要素构成，方便读者迅速获取重要的知识信息。意译目的是发掘原文主旨，用明白晓畅语言，解读《墨经》精华。编者按则对比析论各家高见，说明择取的原因，体现研究团队的创新观点和最新成果，务求贯通《墨经》义理，推动墨学研究进展。该书为教育部人文社会科学规划基金资助项目，批准号12YJA740074，是贵州工程与应用技术学院文化与逻辑中心协作研究成果。

3月20日，中共枣庄市委常委、滕州市委书记董沂峰调研第十一届国际墨子鲁班学术研讨会筹备工作，并到木石镇墨子故里遗址现场视察。

3月20日，中共枣庄市委常委、滕州市委书记董沂峰调研第十一届国际墨子鲁班学术研讨会筹备工作，在听取了研讨会筹备工作的汇报后指出，“要精心筹备，通力合作，举全市之力办好第十一届国际墨子鲁班学术研讨会。墨子是我国古代伟大的思想家、教育家、科学家，作为墨子故里的后人，更要有高度的文化自觉，传承弘扬好墨子思想，使这一宝贵的文化遗产得到发扬光大”。

在木石镇墨子故里遗址现场，董沂峰书记强调，要加大对墨子故里“一步两井”及区域道路周边环境的治理，保护道路畅通，更好地方便与会专家考察及四面八方的游客，使墨子及墨子思想家喻户晓，传遍世界各地。滕州市政府副市长张宪依，市政府党组成员、市墨子研究中心办公室主任邵长婕，以及市财政局、交通局、规划局、土地局和木石镇的有关负责同志参加了考察活动。

3 月，邵长婕主编《墨子研究论丛》（十一）由齐鲁书社出版发行。

该书共收录了参加第十届国际墨子鲁班学术研讨会的专家学者论文 42 篇，主要研究成果体现在以下几个方面。

关于墨子的经济伦理思想

薛柏成：《墨家经济伦理思想及其当代启示》

文章指出，墨家经济伦理思想主要贯穿于《墨子・兼爱》《墨子・非攻》《墨子・节用》《墨子・节葬》《墨子・非乐》《墨子・非命》《墨子・贵义》等篇章之中，体现了中国古代义利并重的功利主义价值观。其观点既相互独立，又彼此联系，相辅相成，形成完整的思想体系，是传统经济思想中的宝贵财富。梳理与解构墨家经济伦理思想对当代处理经济建设与发展中的问题有很多启示。

作者认为，“兼相爱，交相利”是思想基础；“贵义”是道德要求，“非攻”是外部保障；“赖力自强”是内在要求。“节用”“节葬”“非乐”是具体措施。梳理与解构墨家经济伦理思想对当代处理经济建设与社会发展中的诸多问题有许多有益的启示。

梅良勇、慈秀秀：《墨子的经济观研究》

作者认为，墨子受到大禹精神的感召，出自孔门而自立门派，以为儒学礼教繁奢，厚葬靡财而贫民，久服伤生而害事，故背周道用夏政，而创立墨家，也铸就了墨子的经济思想。墨子经济思想的主要内容包括：固本高效的生产观；俭约适度的消费观;公正合理的分配观和赋税观;平等互利的交换观。当然,由于墨子经济思想是站在小生产者的立场去加以设想的,所以,必然带有其阶级局限性。文章最后指出,墨子的“生产”“节约”思想、“兼相爱,交相利”主张以及“尚贤”“非命”理念,对当代社会发展都具有不可忽视的启示作用。

黄世瑞、柏玲:《“义,利也”试析——兼论墨家的经济思想》

文章说,墨家思想的核心或认为是“兼爱”,或认为是“天志”,或认为是“非攻”,但作者认为是“利天下”,这也正是墨家经济思想之根本。墨家极重视“利”,但并不轻视“义”,而认为“利”和“义”是合一的不可分割的整体。“义,利也。”因此,辨别某种行为当不当去做,即“义”或“不义”,唯一的标准就是看其有利于人民还是不利于人民。由此,作者指出,墨子的几大主张都与“利”密切相关,也就是说,都离不开“利天下”这个总目标。因为兼爱能够“生天下之大利”,所以要“兼爱”。因为侵略战争对双方都不利,所以要“非攻”。墨子“节用”“节葬”“非乐”等主张,主要也是从经济方面考虑,即“兴天下之利,除天下之害”。

关于墨子的节用主张及其现代价值

周立升:《简述墨子的“节用”观》

文章认为,“节用”是墨子的十大主张之一,而墨子的十大主张并非孤立存在,而是相互之间紧密联系的。比如,“节用”就直接与“节葬”“非乐”“非命”相联系。墨子的“节用”主张,不仅是他政治上的治国措施,而且是他经济思想的主轴,涉及生产、消费、等价交换、持续发展等诸多方面。墨子重视农业生产,充分肯定农业的重要性,同时对商人从事的工作和活动也予以理解与肯定,认为商品价值变化的决定因素是供求关系和币值变化,这在当时可说是一种深邃且超前的观念。

汤恩佳:《墨子节用与兼爱主张的现代价值》

文章认为,墨子的伦理思想最核心的观念就是“节用”和“兼爱”。其实,这两个主题是相互关联的。在物质匮乏的条件下,一个人如果过多地消费,就必然要降低其他人的消费,这也将其他人置于饥寒交迫的境地。统治集团的奢侈腐化,必然造成人民大众大量饿死。因此,一个有“兼爱”精神的人,不仅仅是主观上爱别人,而且要采取有利于别人的行动,节制自己的消费,才能将剩下的大量资源提供给别人，让别人也能够生存下去，这便是最实际的"兼爱"之道。

秦彦士：《墨家节用思想源流及其现代启示》

文章指出，墨子出身平民，所以他自然会提倡节俭，这似乎没有什么应该深究的地方，然而事情并没有这么简单。墨子所代表的下层平民的确是社会的大多数，然而每个社会的统治思想却是占人数极少部分的上层统治者决定的。那么接下来的问题就是：为什么身为"贱民"的墨子许多思想都被长时间遗弃，而他提出的节用主张却成了几千年来全民族的共识？其间深刻的道理值得进一步认真探讨。

赵保佑、袁永飞：《墨子节用思想价值的现代诠释》

文章指出，墨子是春秋战国之际有强大社会活动能力与高超生产技术的思想家的杰出代表，他的"节用"思想观点是其理论学说的重要内容之一，成为国家政治生活摆脱贫困而"择务""从事"的原则要诀。诸子中虽有孟子、庄子、韩非子对墨子的理论批驳，但《庄子·天下》篇与荀子诸多篇章对墨子"节用"观点仍有许多肯定和褒扬。后来西汉史学家司马谈在《论六家要旨》中说："要曰强本节用，则人给家足之道也。此墨子之所长，虽百家弗能废也。"东汉史学家班固在《汉书·艺文志》中记载："墨家者流，盖出于清庙之守。茅屋采椽，是以贵俭……及蔽者为之，见俭之利，因以非礼，推兼爱之意，而不知别亲疏。"他们从文化史的认知角度，把"节用"观点当作墨子思想的长项与理论的起点，区别于百家学说并贯通自身体系。可见，墨子的节用思想在中华传统文化宝库里占有极为重要的价值地位。

作者通过已有的墨子节用思想研究说明、墨子节用思想内涵的再认识、墨子节用思想价值转化的可能性分析、现代语境下墨子节用思想的价值呈现四个方面的分析论述认为，希望在前贤与今人关于墨子节用思想研究的学术成果基础上，概论其理论要点与深度分析其学科诉求，归纳成中国传统社会的墨子政治经济学，借助现代诠释学观点方法对其进行不定向与定向的意义分析，立足于当代社会现实而进行合理有效的价值转化。

关于墨子其他领域的研究

朱传棨：《论任继愈与墨学复兴及其研究》

作者通过墨学研究兴起的领军人、对墨学研究的科学指导、论墨子与墨家三个方面的回顾和叙述,记叙了任继愈先生引领和推动墨学研究发展的经过。任继愈先生平生以学术为生命,把学术研究与国家的发展和民族的振兴紧密结合在一起,他是中华人民共和国成立以来最早运用唯物史观研究中国传统文化的著名的顶级专家,被毛泽东誉为“凤毛麟角”式的人物。任继愈先生对中国哲学、宗教学、古典文献等学科跨领域的研究,影响着几代人。他于1998年出版的《墨子与墨家》一书,全面地、实事求是地评价了墨子本人以及后期墨家在社会政治与伦理、哲学、自然科学以及逻辑学等领域的贡献,但是他未将“《墨经》对科学的贡献”列入正章,而归之附录,很令人深思!这与他的崇高学品有关。正如他在九十一岁写成的《墨子绎译》一书,这是他五十年间第四次译注墨子,其审慎、精进异乎寻常,确为学界楷模。任先生平生对学术是保持着敬畏之心的人。敬畏之心,体现为独立思考的批判精神,包括对自己原有的研究成果,同样要再思考,再修正,再完善,再丰富,使新的研究再科学。

孙中原:《墨学研究与科学方法论》

作者认为,在世界一体化、全球化的新时代,从事墨学研究,必须有现代世界的科学眼光,运用现代世界先进的科学方法。很明显,墨学的科学因素有普遍性、普适性和普世性。逻辑学包括墨经逻辑学,有基础性、工具性和全人类性。逻辑学是全人类普遍运用的知识学科,不为某个民族所专有。世界不同民族,语言可以不同,但逻辑即思维路径和方法相同,逻辑是全人类共有的精神财富。如果说,全人类没有共同逻辑,中华民族可以自处于全人类文明的康庄大道,而具有本质不同的特殊逻辑,不能不认为是一种偏狭的“民族逻辑观”。现今,我们墨学研究者的神圣使命就是用现代科学研究方法,把墨家用古汉语表述的古墨学改造转化为今人易懂能用的新墨学。

姜宝昌:《〈备城门〉以下十一篇若干名物之解释与若干疑字之订正》

作者说,尽人皆知,“墨守”诸篇之难于诠释,其缘由在于名物之破译或解释。先秦时期某一名物究竟若何模样,古人并未留下说解,后世或不得而知;先秦时期某一机具究竟若何装配,古人不习图绘示意,后世更迷离莫名。《备城门》篇中所见“撕”“渠”“藉车”“狗犀”,《备高临》篇中所见“羊黔”,《备穴》篇中所见“车两走”等,自《墨子间诂》面世百多年来迄无谛解,此乃人所共知之事实。在训释过程中,作者主要运用孙诒让《墨子间诂》的训诂手段。兼以文字、音韵、语法、考古、民俗等，并结合唐以前兵书，如《六韬》《孙子兵法》《吴子兵法》《司马穰苴兵法》《尉缭子》，以及杜佑《通典》、李筌《太白阴经》等，对比说解，务求达到较《墨子间诂》《墨子集解》《墨子校注》等更为细密、更为深入的疏释效果。凡毕、孙、张、吴、岑诸家所引经史子集之注，必补出其注所属原文，以明注文之背景，亦省读者翻检原文之劳。争论的名物、疑字 28 例，如释"藉车"为早期"砲"，订"闬"为"闭"之误等。

张仁明：《新版〈汉语大字典〉编纂疏漏举隅——以〈墨经〉疑难字为例》

文章指出，1990 年全部出齐出全的《汉语大字典》是三百多位专家学者十五年血汗的结晶。通过二十年的实践检验，在此基础上，若干专家学者再度修订，使这部大型字书更趋完善。然而，智者千虑，也偶有所失。作者在整理《墨子》用字现象，尤其是在研究《墨子》疑难字的过程中，翻检查阅了 2010 年新版的《汉语大字典》，发现了其中的若干疏漏之处。怀着对这部皇皇巨著的敬仰之情，出于对这部文字大典的爱惜之心，不揣冒昧，将整理中的发现编纂成文，奉献给未来的修订者们（一部堪称"典"的垂世之作，必须在不断地修订中才能打磨成精品），有望再度修订时，斟酌取舍，择其一二。

作者先以《墨经》中的疑难字来说明《汉语大字典》的疏漏所在，而《墨子》中《墨论》及《墨守》两部分疑难字的编纂疏漏，也将陆续整理成文。

该文所谓的"疑难字"，一是指历代字典辞书未收录，即无书证；除《墨子》外，未见其他古籍用例（《汉语大字典》收字 60370 个，将《墨子》大部分疑难字已收入，但无书证，例证仅来自《墨子》）。二是虽有书证，但书证与《墨子》音义无关；除《墨子》外，未见其他古籍用例。三是虽有书证、例证，但其中某一音义仅为《墨子》独有，《汉语大字典》注音、释义还值得商榷者。

作者以《汉语大字典》收录的《墨经》疑难字为例予以说明，以期对大型字典修订起到拾遗补漏的作用

关于鲁班创新精神的传承与人才培养

陈珊：《鲁班庙与鲁班文化的传承》

作者认为，鲁班无疑是中国古今能工巧匠的卓越代表，民间将其作为"圣人"来供奉信仰，遍布全国乃至海外华人社区的鲁班庙可以视为鲁班文化的实体展现。虽因地域、民族、习俗不同而祭拜方式略有差异，但无论以何种方式纪

念这位伟大的先人,都毫无例外地可以看作鲁班文化的传承与发展。1981 年政府设立的“中国建设工程鲁班奖”即是明证。

任惠霞:《鲁班与师徒传统》

作者认为,古往今来,人们对祖师鲁班满怀尊敬崇拜之心,岁岁祭祀不辍,这种祖师信仰对后世拜师学艺、尊师重教的传统产生巨大影响。该文从语言文字入手,通过对“师”字的考辨,从“师傅”(“师父”)一词出发,对尊师重教及其现代遗留,以及“父子”般的师徒关系进行探究,指出作为传统美德的古代师徒传统对行业的发展、人际关系的维系以及现代社会的进步都有重要作用。

王凯:《鲁班及其“工匠”精神》

作者首先从“工匠”含义出发,梳理工匠在汉语史上的演化过程,然后将传统工匠的特征总结为手工操作、依靠工具、手中有绝活、家传与学徒的封闭传承等四个方面,其后提出了对现代技术进行反思的观点,最后论列鲁班精神给予我们的启示,其中有若干前人未曾言及的提法,可供我们深入思考。

6 月 20 日,“墨子公开课”备课会议在北京召开。

6 月 20 日,“墨子公开课”备课会在北京举行。来自全国各地近 20 名国学专家、学者参加了会议。牟钟鉴先生发言指出,墨子文化是中华传统文化的重要组成部分,其“兼爱非攻”思想,为当今世界和平建设提供了强大的理论支撑,并提倡全社会大力传播墨子文化,为弘扬中华优秀传统文化添砖加瓦。刘梦溪先生指出,墨子站在国家治乱的立场上,为当时的国君制定了一系列治国的良策来保护人民的利益,并要求每个人都要和国家站在一起,每个人必须和国君保持统一,这种观点具有积极的现实意义,必须结合时代要求加以延伸阐发。李存山先生指出,墨子的“尚贤使能”思想,对当今人才队伍建设提供了强大的理论支撑;要让墨子思想的声音在其故里精彩绽放,对于精神文明建设发挥推动作用。

“墨子公开课”由《光明日报》(国学版)发起策划,滕州市委、市政府主办,山东大学儒学高等研究院作为教学单位,滕州市墨子研究中心办公室具体承办。它用公开课的方式,让墨子故里的党政干部系统学习墨子思想,培育作为墨子故里的干部所特有的修养与素质，从而更好地为名人故里特色文化建设服务。

会上，与会学者详细地讨论了“墨子公开课”的设计理念及课程安排等问题，最终确定了“墨子公开课”课程细目，并认领了各自的讲题。备课会由山东大学教授王学典主持，滕州市副市长张宪依通报了滕州近年来墨学研究及文化建设情况。

7 月，孙中原编《墨子大辞典》由商务印书馆出版发行。

该辞典是创新性地解释《墨子》语词的工具书，面向广大读者，介绍墨学精华，普及墨学知识。按照音序排列《墨子》中的词条，并用凝练精简的条文解释各词条的含义。该辞典将有助于读者深入了解《墨子》这部先秦思想著作的内容和思想，并推动墨学与其他研究学科的交融。

7 月，孙中原、邵长婕、杨文编《墨学大辞典》由商务印书馆出版发行。

该辞典是首部全面系统的大型墨学辞典，释文准确通俗，兼具科学性和可读性。词目排列设“墨学分科”“墨学研究史”“墨学研究方法论”三编，收词 650 余个。以词目和释文形式，再现墨学的系统性、整体性和内容架构的特质。该辞典索引，方便检索。该辞典是国家社科基金项目的最终结项成果。

7 月 8 日至 10 日，由中国墨子学会、山东大学、光明日报社、中国孔子基金会、山东建筑大学、枣庄学院、滕州市人民政府联合举办的第十一届国际墨子鲁班学术研讨会暨第六届墨子文化节在滕州召开。

第十一届国际墨子鲁班学术研讨会暨第六届墨子文化节于 2016 年 7 月 8 日至 10 日在滕州市举行，会期 3 天。

此次节会的任务目标是，坚持以党的十八大和十八届三中、四中、五中全会精神为指导，深入贯彻落实习近平总书记关于弘扬中华优秀传统文化系列重要讲话精神，以文化兴盛为支撑点，加强对中华传统文化的挖掘和阐发，努力实现中华传统美德的创造性转化、创新性发展，为建设社会主义核心价值体系，培育和弘扬核心价值观作出应有贡献。

此次节会以“会议程序从简,会议质量提高,会议筹备高效”为办会理念,积极探索,勇于创新,精心策划举办了九项重要主题活动:第十一届国际墨子鲁班学术研讨会暨第六届墨子文化节开幕式;第十一届国际墨子鲁班学术研讨会第一次全体人员会议暨中国墨子学会第二届评选表彰颁奖典礼;“儒墨高端对话”活动;分组学术研讨;柳琴戏《墨子与鲁班》公演;“国学系列公开课——墨子公开课”(第一讲);中国墨子学会会长会议;第十一届国际墨子鲁班学术研讨会暨第六届墨子文化节第二次全体人员会议(闭幕式);墨子故里行活动。

山东省人大常委会原副主任、中国墨子学会名誉会长王玉玺,山东大学党委书记、中国墨子学会会长李守信,枣庄市委副书记、市长李峰等领导同志,以及来自海内外的120多名墨子鲁班研究专家学者出席开幕式。枣庄市委常委、滕州市委书记董沂峰同志和武汉大学朱传棨教授分别致辞,山东大学党委书记李守信代表山东大学作重要讲话。

7月8日,中国墨子学会召开会长会议,听取第十一届国际墨子鲁班学术研讨会暨第六届墨子文化节的筹备情况以及中国墨子学会第二届评选表彰情况汇报,协商产生中国墨子学会第六届领导机构,研究通过《中国墨子学会2017—2021年工作规划》。

中国墨子学会会长会议听取了中国墨子学会副会长兼秘书长、滕州市墨子研究中心主任邵长婕所作的第十一届国际墨子鲁班学术研讨会筹备情况汇报、中国墨子学会第二届评选表彰情况汇报;经过充分讨论和民主协商,对学会的领导集体进行了调整和补充,产生了中国墨子学会第六届领导机构;研究通过了《中国墨子学会2017—2021年工作规划》,为今后一段时期墨子学会的工作明确了方向,为中国墨子学会保持健康快速发展奠定了坚实基础。

7月9日,第十一届国际墨子鲁班学术研讨会第一次全体人员会议暨中国墨子学会第二届评选表彰颁奖典礼举行。

第十一届国际墨子鲁班学术研讨会第一次全体人员会议暨中国墨子学会第二届评选表彰颁奖典礼举行。在第一次全体人员会议上,中国人民大学孙中原教授，香港墨教协会主席、香港浸会大学饶宗颐国学院黄蕉风博士，台湾大学哲学系主任李贤中教授，韩国墨子学会顾问奇世春先生，山东大学儒学高等研究院安妮副教授5位专家学者先后发言，从不同的视角和层面对墨子文化进行了多角度、深层次的探讨，对宣传和弘扬墨子思想提出了宝贵的意见和建议。颁奖典礼授予谭家健等9名学者获墨学研究突出贡献奖，《墨经训释》等9部著作、《"三墨"学说与楚国墨学》等3篇论文获墨学研究优秀成果奖，童恒萍等4名学者获墨学研究学术新人奖，《〈墨子〉伦理思想研究》等6篇博士研究生毕业论文获墨学研究研究生优秀毕业论文奖。

7月9日，中国墨子学会发出表彰决定，隆重表彰墨子鲁班研究中的优秀成果。

关于中国墨子学会第二届评选表彰的决定

为深入贯彻落实党的十八大和十八届三中、四中、五中全会精神，学习贯彻习近平总书记关于弘扬中华优秀传统文化的系列讲话精神，加快墨子鲁班文化研究的人才培养，凝聚墨子鲁班文化研究领域的各方力量，进一步扩大对墨子鲁班文化的研究和挖掘，按照《中国墨子学会2012—2016年工作规划》的要求，中国墨子学会、山东大学与滕州市委、市政府联合举办了中国墨子学会第二届评选表彰活动。根据《中国墨子学会评选表彰办法(暂行)》有关规定，在第一届评选表彰活动经验的基础上，专家评审委员会先后召开了多次会议，认真审核、仔细比较了众多申报材料和被推荐材料，确定了初步表彰名单，并上报中国墨子学会评选表彰领导小组审定，决定授予中国社会科学院研究员谭家键等9名学者为墨学研究突出贡献奖；授予《墨经训释》等9部著作、《"三墨"学说与楚国墨学》等3篇论文为墨学研究优秀成果奖；授予童恒萍等4名学者为墨学研究学术新人奖；授予《〈墨子〉伦理思想研究》等6篇博士研究生毕业论文为墨学研究研究生优秀毕业论文奖。

希望受到表彰的各位学者以这次表彰为新的起点，珍惜荣誉，再接再厉，更好地发挥带动影响的作用，在墨子鲁班文化研究领域推出新成果。希望广大从事墨子鲁班研究的同仁们，学习他们严谨务实的治学态度，紧紧抓住当前全社会大力传承和弘扬中华优秀传统文化的重大机遇，认真学习习近平总书记在哲学社会科学工作座谈会上的讲话精神，不断加强对中华优秀传统文化的挖掘和阐发,努力推动中华文明的创造性转化和创新性发展,激活其生命力,让中华文明同其他各国人民创造的多彩文明一道,为人类提供正确的精神指引。

中国墨子学会

2016年7月

中国墨子学会第二届评选表彰获奖名单

一、中国墨子学会突出贡献奖(9人)

谭家健　中国社会科学院

黄世瑞　华南师范大学公共管理学院

齐瑞端　贵州教育学院职教分院

秦彦士　四川师范大学文学院

陈克守　曲阜师范大学文学院

李贤中　台湾东吴大学哲学院

原孝治　日本崇城工学部大学综合教育

朴文铉　韩国东义大学

戴卡琳　比利时鲁汶大学汉学系

二、中国墨子学会优秀成果奖(12项)

(一)专著(9部)

姜宝昌:《墨经训释》

孙中原:《墨子解读》

杨武金:《墨经逻辑研究》

史党社:《〈墨子〉城守诸篇研究》

雷一东:《墨经校解》

水渭松:《墨子导读》

颜炳罡　彭战果:《孔墨哲学之比较研究》

杨建兵:《先秦平民阶层的道德理想——墨家伦理研究》

高卫华:《墨家文化的传播》

(二)论文(3篇)

高华平:《“三墨”学说与楚国墨学》,发表期刊:《文史哲》

〔韩〕李承律:《上博楚简〈鬼神之明〉鬼神论与墨家世界观研究》,发表期刊:《文史哲》

〔比〕安　妮:《捍卫墨子:论侯外庐对郭沫若墨子明鬼主张之驳议》,发表期刊:《学术月刊》

三、中国墨子学会学术新人奖(4人)

童恒萍　华南师范大学政治与行政学院

黄蕉风　香港浸会大学饶宗颐国学院

张　鹏　山东建筑大学

张西锋　墨子研究中心办公室

四、中国墨子学会研究生优秀毕业论文奖(6篇)

魏　艾:《〈墨子〉伦理思想研究》(博士论文),许建良指导哲学博士

张永春:《清代墨学与中国传统思想学术的近代转型》(博士论文),汤开建指导历史学博士

宋震昊:《逻辑的力量:墨辩改变战国学术》(博士论文),颜世安指导历史学博士

徐　华:《墨学新论:〈墨子〉秩文及墨家学说研究》(博士论文),张金铣指导历史学博士

李雷东:《先秦墨家语言实践及〈墨子〉文学意义考论》(博士论文),张弘指导文学博士

褚丽娟:《追问上帝之爱:墨子与耶稣的历史性相遇》(博士论文),杨恒达指导文学博士

7月9日,“国学系列公开课——墨子公开课”(第一讲)开讲。

“国学系列公开课——墨子公开课”(第一讲)在墨子故里滕州开讲。墨子公开课共分12讲,邀请12位国内外墨学研究权威专家,全面、详细解读墨学文化内涵和现代价值,持续推动墨子思想文化的继承和弘扬,让墨学文化在社会主义价值体系培育中发挥更加重要的作用。作为第十一届国际墨子鲁班学术研讨会暨第六届墨子文化节主题活动之一的“国学系列公开课——墨子公开

课”(第一讲),邀请中国哲学会副会长、中国哲学史学会副会长、武汉大学国学院院长郭齐勇教授以“墨学概观”为题,全面展示了墨学文化的博大精深,详细阐述了墨子精神的实质内涵,让人深受启发。

中共枣庄市委常委、滕州市委书记董沂峰主持开课仪式并讲话,《光明日报》(国学版)主编梁枢,山东大学儒学高等研究院执行院长兼《文史哲》主编、中国墨子学会副会长王学典,滕州市市长远义彬,滕州市四大班子全体成员及全市副科级以上领导干部共1000余人参加了此次公开课。

7月9日,“儒墨高端对话”论坛在滕州举行,山东儒学高等学院执行院长兼《文史哲》主编、中国墨子学会副会长王学典主持论坛活动。

“儒墨高端对话”活动邀请6位儒学、墨学研究专家通过“对话”思辨的形式,充分展示墨学和儒学的文化魅力,发掘两学派各自的特点、内涵,以及对现代社会所产生的深远影响,引起思想共振,探寻融合之路,推动中华优秀传统文化的继承与发扬。此次高端对话活动中,先由每个学者从比较的视野发表对儒墨同异的看法,然后大家就焦点问题展开论辩,陈述采取儒墨交叉的方式进行。专家学者们从儒墨的不同之处、如何在当代文化建设中融合儒墨,以及儒学和墨学又肩负着怎样的历史使命等几个方面展开了深刻探讨,现场气氛活跃,引起巨大反响。

此次论坛活动由王学典教授动议、组织并主持。国内外多家媒体对此次论坛活动进行了报道,并给予高度评价。

7月9日至10日,参加第十一届国际墨子鲁班学术研讨会的专家学者举行分组讨论。

参加第十一届国际墨子鲁班学术研讨会的120余位专家学者从墨子思想及现代转化、儒墨比较研究、鲁班文化及工匠精神、墨子思想原典研究、墨子思想应用研究、国外学者交流等几个不同研究方向分为六个小组进行了多层面、纵深化的研讨,研讨气氛积极认真、热烈坦诚、充分体现了“百花齐放,百家争鸣”的学术精神。

研讨会期间,中国墨子学会秘书处分别组织召开了资深专家学者和青年学者座谈会,广泛听取意见和建议,筹备成立墨学研究青年联合会,以期加快墨学研究人才队伍的培养和建设工作。

7月10日，第十一届国际墨子鲁班学术研讨会暨第六届墨子文化节第二次全体人员会议召开。

第十一届国际墨子鲁班学术研讨会暨第六届墨子文化节第二次全体人员会议(闭幕式)召开。中国墨子学会副会长、山东大学国际教育交流学院原院长、教授姜宝昌作学术总结，向全体参会专家、学者通报了此届研讨会学术研讨情况。邵长婕通报了中国墨子学会领导班子成员调整情况和《中国墨子学会2017—2021年工作规划》。滕州市委常委、宣传部部长刘光参加会议并讲话。

8月16日，世界首颗量子科学实验卫星“墨子号”发射升空，滕州市委、市政府向酒泉卫星发射中心、“墨子号”卫星首席科学家潘建伟院士发去贺信。

8月16日1时40分，我国在酒泉卫星发射中心用长征二号丁运载火箭成功将世界首颗量子科学实验卫星“墨子号”发射升空。16日上午，作为墨子故里，滕州市委、市政府向酒泉卫星发射中心、“墨子号”卫星首席科学家潘建伟院士发去贺信，向为卫星成功发射付出辛勤努力的各位专家和广大工程技术人员致以崇高的敬意，并邀请潘建伟院士向滕州百万人民宣讲墨学。贺信全文如下。

酒泉卫星发射中心并潘建伟院士：

值此“墨子号”量子科学实验卫星发射取得圆满成功之际，作为墨子故里，中共滕州市委、滕州市人民政府和滕州市170万人民，倍感欢欣鼓舞，在此，谨向“墨子号”量子科学实验卫星成功发射，表示热烈的祝贺，向以潘建伟院士为代表的为卫星成功发射付出辛勤努力的各位专家和广大工程技术人员，致以崇高的敬意！

“墨子号”量子科学实验卫星成功发射和在轨运行，这将使我国在世界上首次实现卫星和地面之间的量子通信，标志着空间科学研究又迈出重要一步，标志着我国正引领着全球的量子通信研究。首颗量子卫星被命名为“墨子号”,彰显了我们的文化自信。

滕州作为墨子故里,自 1992 年以来,兴建了墨子研究中心和墨子纪念馆。先后举办了一届国内、十一届国际墨子鲁班学术研讨会,六届墨子文化节,编辑出版了《墨子大全》《墨子研究论丛》等 100 多种书籍,逐渐形成了一个有 20 多个国家和地区的千余名专家学者参与的交流研究传承墨子研究的重要平台,为传承弘扬墨子文化不懈努力。潘建伟院士是中科院墨子沙龙的发起人,也是墨学研究的专家。在此,我们诚挚邀请潘建伟院士百忙之中莅临滕州指导工作,向滕州百万人民宣讲墨学。

衷心祝愿酒泉卫星发射中心在新的起点上取得新的更大成绩!

祝愿潘建伟院士在量子科学研究上再立新功、再创辉煌!

中共滕州市委、滕州市人民政府

2016 年 8 月 16 日

8 月 16 日,世界首颗量子科学实验卫星“墨子号”发射成功,中国墨子学会秘书处(滕州市墨子研究中心办公室)组织墨学专家通过多种形式,庆祝伟大祖国这一盛事。

16 日上午,滕州市墨子研究中心召开全体人员会议,热烈祝贺世界首颗量子科学实验卫星“墨子号”发射成功,并进行座谈交流。

中国墨子学会副会长、秘书长,滕州市政府党组成员、墨子研究中心办公室主任邵长婕在座谈会中说,此次发射圆满成功,标志着空间科学研究又迈出重要一步。这颗卫星体积不大,却为世界瞩目。“墨子号”量子卫星的发射成功,是全国人民政治生活中的大事,更是墨子故里——滕州市百万人民政治生活中的一件大事。8 月 15 日午间新闻播报了卫星即将发射的消息,在社会上引起了强烈反响。作为墨子故里的人民,滕州人倍感自豪。自 1992 年以来,滕州市兴建了墨子研究中心和墨子纪念馆。先后举办了一届国内、十一届国际墨子鲁班学术研讨会,六届墨子文化节,编辑出版了《墨子大全》《墨子研究论丛》等 100 多种书籍,在弘扬优秀传统文化方面积极探索学习,取得了可喜的成绩。

滕州市墨子研究中心办公室作为中国墨子学会秘书处,通过电话采访的形式对部分墨学研究专家、学者进行了采访。

朱传棨：量子卫星命名为“墨子号”彰显文化自信

中国墨子学会顾问、武汉大学教授朱传棨说，“我国发射的量子卫星被命名为‘墨子号’，彰显了文化自信，意义重大。墨家对科学理论和技术实践作出贡献，是古代中国科技发展第一个黄金时代的杰出代表，《墨经》中对光学、力学、数学、天文学、物理学等都有系统化的理论体系”。

朱传棨认为，这一命名是对研究墨家学说极大的鼓励，要深入发掘墨家科技思想的精华，努力传承弘扬《墨经》中的科技思想，把传播墨家科技思想与当前科普宣传教育结合起来，为建设世界科技强国而奋斗。

姜宝昌：“墨子号”是为了纪念墨子及其后学的科技成就

中国墨子学会副会长，山东大学国际教育交流学院原院长、教授姜宝昌说，量子科学实验卫星被命名为“墨子号”显然是为了纪念墨子及其后学的科技成就，尤其是在光学方面的成就。

姜宝昌说：“墨家在光学方面的实验和研究成果属于几何光学领域，可以说既系统又全面，既有经典性又达到了那个时代的巅峰。他认为《墨经・经说下》篇的‘斮半，进前取’所得到的‘端’就是现在的基本粒子，也就是量子，量子力学是研究微观粒子运动规律的学科，是现代物理学理论基础。”

姜宝昌还寄语滕州的父老兄弟，有责任也有义务共同将墨子研究事业推向前进，让墨家科技“兴天下之利，除天下之害”的价值取向落实到位。

孙中原：祝贺量子卫星“墨子号”

中国墨子学会副会长、中国人民大学哲学系教授孙中原说，以墨子的名字命名量子卫星，这一国家和世界的重大事件表明，墨家显学再次提升到国家文化战略的高度，必将极大鼓舞墨学研究者的研究热情。

为此，孙中原赋诗一首：“量子卫星墨子号，文化自信树典范。墨学现实相融通，联接中外通世间。轴心时代根底深，理论潜能大无边。创转创发康庄道，理想期待倡新元！”

孙中原说：“墨学研究的康庄大道和理想期待，是推动墨学的创造性转化、创新性发展，为国家文化战略注入新的活力和元素，为实现中华民族伟大复兴的中国梦提供锐利的思想武器和强大的精神动力。”

齐瑞端:希望墨子研究能走向全世界、走向辉煌

中国墨子学会副会长、贵州教育学院职教分院原院长齐瑞端教授说:“这一卫星的上天,也就是墨子走向全世界的冲锋号。墨子在中国历史上两千多年以前,就能够证明光是沿直线传播的,为量子研究打下了一个坚实的基础。”

齐瑞端说:“现在正是中华民族墨子复兴的高潮时期,这次卫星上天也向全世界的人民宣布中华民族的文化是伟大的,中华民族的科学在两千多年前就已经向全世界证明是最先进发达的。作为墨子学会副会长,我非常兴奋,希望墨子研究能从此走向全世界、走向辉煌。”

滕州市墨子研究中心办公室还电话采访了黄世瑞、秦彦士、陈克守、王凯等墨学专家,大家都对“墨子号”卫星发射成功表达了喜悦之情,祝愿伟大祖国繁荣昌盛,人民幸福。

附录1:《中国墨子学会第六届领导成员名单》

中国墨子学会第六届领导成员名单

名誉会长(19人,按姓氏笔画排序)

王玉玺　孙守刚　朱正昌　宋　健　李　景　李学勤　李建国
吴官正　张文台　张高丽　苗枫林　欧阳中石　赵志浩　姜春云
姜异康　姜大明　贾万志　韩喜凯　董凤基

顾问(17人,按姓氏笔画排序)

王玉中　尹衍梁　冯宜明　朱传棨　朱锡光　汤恩佳　乔幼梅
李殿仁　张尚德　林兆义　周立升　陈之安　杨斯德　唐传喜
郭良志　董兴河　曾繁仁

会长、副会长、秘书长、副秘书长、常务理事

会长:李守信
第一副会长:董沂峰

常务副会长:胡金焱　远义彬

副会长:(19 人,按姓氏笔画排序)

王学典　王崇杰　王　凯　齐瑞端　任守景　孙中原　杜泽逊
李广星　李　健　杨武全　杨位明　陈克守　邵长婕　胡小林
姜宝昌　秦彦士　黄世瑞　谭家健　廖理纯

秘书长:邵长婕(兼)

副秘书长:邢占军　郭震旦　明清河

常务理事:(49 人,按姓氏笔画排序)

王学典　王崇杰　王　凯　史党社　邢占军　齐瑞端　任守景
刘　光　孙中原　孙君恒　李守信　李　健　李广星　李澍杨
杜泽逊　远义彬　邵长婕　张　明　张幼林　张国梁　张宪依
张庆军　杨位明　杨武全　杨建兵　陈克守　明清河　胡小林
胡金森　赵富平　郑杰文　姜宝昌　侯同运　秦彦士　郭震旦
黄世瑞　曹　峰　曹胜强　董沂峰　韩国建　曾振宇　梅良勇
韩　锋　鲁开国　鲍春生　谭家健　廖理纯　颜玉明　薛柏成

附录 2:《中国墨子学会 2017—2021 年工作规划》

中国墨子学会 2017—2021 年工作规划

为深入贯彻党的十八大和十八届三中、四中、五中全会精神,学习贯彻习近平总书记关于大力弘扬优秀传统文化系列讲话精神,更好地挖掘、开发、研究、普及、传承墨子鲁班文化,把墨子鲁班文化研究事业推向高层次、高水平,让墨子鲁班文化在建设中国特色社会主义的文化事业中发挥其积极作用;根据当前形势,依据《国家中长期教育改革和发展规划纲要(2010—2020 年)》、国务院《社会团体登记管理办法》及相关法律法规,并结合中国墨子学会的实际工作情况,经研究,特制订《中国墨子学会 2017—2021 年工作规划》。

一、学术研究规划

深入研究重大课题。今后 5 年内,根据时代发展的需要及墨学研究的自身特点,中国墨子学会将在墨学当代价值、墨学融会研究、墨学与当代文化建设、墨学与当代教育、墨子与鲁班研究、墨学与当今公民伦理道德建设、墨学与和谐社会建设、儒墨对比研究、《墨子》原典注释、墨学理论与社会实践应用、鲁班信仰与鲁班文化研究、鲁班的发明与运用、鲁班创新的当代意义、鲁班工匠精神等方面进行深入研究,形成有关基础理论的学术性成果和历史性的资料成果;同时加强实践性课题研究,推广研究成果,使学会研究工作既广泛又厚重。

举办国际墨子鲁班学术研讨会。中国墨子学会将充分发挥本学术团体的专业优势,努力做大做强“国际墨子鲁班学术研讨会”这一世界性的文化品牌。每两年举办一届国际学术研讨会,根据时代发展的需要和墨子鲁班文化发展的特点,选择重大主题,继续扩大学会的凝聚力和品牌影响力。

发挥学术引导和带动作用。根据新形势和新变化,中国墨子学会将在充分调研的基础上,积极探索、与时俱进,逐步完善相关学术引导和带动机制,集中力量解决墨子鲁班文化研究中的体制及机制问题。

提高学术研究活动的针对性和时效性。中国墨子学会计划组织相关领域的课题研究工作,为从事墨子鲁班文化研究的专家学者提供更多的科研和立项课题。同时,支持大学研究机构等有条件的机构开展课题研究,倡导、鼓励不同学术思想和观点的论争,以活跃研究氛围,不断提高学术研究活动的针对性和时效性。

促进中华优秀传统文化的融合发展。墨子鲁班文化是中华优秀传统文化的重要组成部分,促进中华优秀传统文化的融合发展,推进对优秀传统文化的综合研究,建立中华优秀传统文化国家级重点项目申请机制,积极推动墨子鲁班文化的创造性转化和创新性发展。

继续鼓励和支持墨学活动的开展。中国墨子学会将继续鼓励和支持地方学会、行业协会(学会)、港澳台墨学研究机构及韩国墨子学会根据各自的工作职责和工作计划,组织开展内容丰富、形式多样的学术会议和其他学术交流活动。

进一步加强中外学术交流。中国墨子学会将采取“请进来、走出去”的办法,进一步加强对外学术交流与合作,扩大境外学术交流范围。一方面,邀请国内外知名学者来滕举办学术讲座,进行学术交流;另一方面,积极推动学会与国际学会组织的交流合作。

二、宣传和普及规划

继续开展墨子鲁班文化的宣传和普及工作。积极做好墨子鲁班文化的研究和对外宣传工作,多角度、深层次地挖掘墨子鲁班文化的精髓,加大墨子鲁班文化的对外声音输出。创新思维,采取多种形式开展一系列群众性活动,适时地举办国际墨子文化节、鲁班文化节,让广大人民群众更好地共享墨子鲁班文化的研究成果，进一步丰富人民群众的文化生活，让墨子鲁班文化走进社会、走向大众，努力把墨子鲁班打造成世界级文化品牌，为培育和践行社会主义核心价值观做出积极贡献。

全力打造“墨子公开课”这一文化品牌。紧紧抓住墨学思想这一核心，整合全国高校、地方政府和高端媒体等各种优质社会资源，定期邀请国内外知名学者，按照一定的学术规划来滕进行授课，努力打造“墨子公开课”这一文化品牌。

做好墨学研究口述史的各项工作。随着时代的发展和网络的普及，电子数据的重要性越来越凸显出来。在墨学研究发展过程中涌现出一大批做出了突出贡献的领导和专家学者，随着时间的流逝，一大批曾为墨学研究发展做出过突出贡献的领导和专家学者迈入了高龄阶段，通过电子影像记录下他们的音容笑貌、记录下他们为墨学发展做出的努力和贡献、记录下他们的学术思想和学术观点已经迫在眉睫。这些电子影像既是我们宝贵的资料财富，又是我们纪念这些领导和专家学者的最好媒介。

继续做好网络宣传阵地建设。继续加大中国墨子网、中国鲁班网的建设力度，不断优化版面设计、完善栏目，丰富网站内容，争取把中国墨子网、中国鲁班网打造成集文化交流、动态发布、成果展示等功能为一体的权威平台，打造成在传统文化领域有较大影响力的门户网站。

三、书刊出版规划

努力办好《墨学研究》杂志和《墨子研究论丛》。根据新形势、新任务以及新要求的需要，努力做好《墨学研究》杂志、《墨子研究论丛》的编撰和发行工作，不断提高办刊的学术水平和质量，努力把《墨学研究》杂志和《墨子研究论丛》打造成在学界具有一定影响力的学术刊物。

协助学会学者做好墨子鲁班文化研究书籍的出版发行。积极发挥中国墨子学会秘书处的服务和引导作用，筛选一批有影响力的学术研究成果，并协助作者做好成果的出版和发行工作，不断推动墨子鲁班文化研究的大发展、大繁荣。

积极组织《墨子大全》第二辑的筹备工作。对 2004 年第一辑《墨子大全》编辑出版后，国内外墨学研究的新成果、资料、文献等进行收集、整理、编辑，为出版第二辑《墨子大全》做好前期准备工作。

四、人才培养规划

健全完善中国墨子学会评选表彰机制。要在工作中不断探索，努力完善中国墨子学会评选表彰机制。根据墨子鲁班研究事业发展的需要,不断调整评选奖项,在保持原有奖项的基础上,增设“研讨会论文奖”,从每届学术研讨会提交的论文中评选出优秀论文,并在下一届学术研讨会期间进行表彰。充分发挥评选表彰机制的作用,不断凝聚力量、吸引目光、聚集人气、引领方向、培育新人。

加大墨子鲁班研究领域的人才培养力度。积极实施走出去战略,以中国墨子学会评选表彰活动为抓手,鼓励高水平院校与国内外有关院校合作,联合招生;培养墨子鲁班研究领域的硕士生和博士生,培养专业性人才,并制定相应的扶持政策和保障制度。

继续完善墨子鲁班研究领域的人才库建设。对已进入专家库的学者,在课题招标、人才培养等方面继续给予扶持和奖励;同时不断吸收新涌现出来的墨子鲁班研究学者进入到人才库中,不断完善墨子鲁班研究领域的人才库建设工作,继续完善墨子鲁班研究领域的人才梯队建设。以第十一届国际墨子鲁班学术研讨会为契机,吸纳年轻的学者成立中国墨子学会青年论坛,为墨子鲁班研究做好人才储备工作。

五、文库建设规划

继续加大对图书资料库的建设力度。中国墨子学会将在以往工作的基础上,继续收集整理相关图书和影像资料,不断完善图书资料库的功能,努力将其建成在学界具有强大影响力的、专业性强的图书资料库。同时向国内外墨子鲁班研究者发出捐赠倡议,接受专家、学者的捐赠,建立捐赠书柜、专库,颁发荣誉证书。

继续完善墨子鲁班文化电子资料库建设。在确保无版权争议的情况下,将纸质图书逐步转化为电子图书,并以中国墨子网和中国鲁班网为平台,免费提供给广大网友和爱好者阅读。

六、产业发展规划

强化优秀传统文化旅游目的地建设。不断加强对现存的墨子鲁班文化遗址的保护和开发工作,对墨子诞生地“一步两井”“墨子桥”等历史文化遗迹和“鲁班的传说”等非物质文化遗产进行科学保护和合理利用。积极争取政策资金支持,以对现有的文化场馆进行升级改造,进一步加强场馆基础设施建设力度,不断提高景区布展水平。努力打造独具名人故里文化特色的旅游目的地,形成名人故里特有的文化品牌。

推进墨子鲁班文化“一带一路”建设的实施。抢抓国家“一带一路”倡议提供的历史机遇，与沿线国家进行各种形式的文化交流与合作，引导和动员民间力量开展丰富多样的文化交流活动，通过文化交流和文明对话，促进墨子鲁班文化实现自身的发展和创新，促进墨子鲁班文化更好地在世界范围内传播，促进墨子鲁班文化在“一带一路”建设实施中做出积极贡献。

努力打造互联网文化服务平台。结合国家关于实施“互联网＋”计划的政策趋势及山东省“互联网＋文化产业”行动方案中有关公共平台建设的行动要求，积极探索，做好墨子鲁班文化以及墨子鲁班文化经典数字化工程。按照大众创业、万众创新的国家战略要求，以鲁班的工匠精神为引领，着力打造一个可以提供知识产权发布、交易、管理、运营服务以及满足创业者创业办公、业务洽谈、创业辅导等需求的支撑平台。抓好墨子鲁班微信公众号的运营，努力探索在新媒体迅速发展这一环境下墨子鲁班宣传工作的新方式、新途径。

推进墨子鲁班文化产业健康发展。中国墨子学会将不断加大对拥有墨子鲁班文化元素的文化企业的学术指导，支持和鼓励文化企业与学者开展研究成果转化对接工作。继续构建结构合理，门类齐全，文化含量高、创意强，具有竞争力的现代文化产业体系。在现有的基础上不断完善文化、旅游、娱乐、信息、服务等一体化工作机制。积极引导和培育墨子鲁班文化产业领域的战略投资，通过市场运作方式，制作和发行一批重大电视电影及网络剧项目，不断增加相关产业文化含量，努力扩大文化企业的产业延伸，提高文化衍生产品的附加值。继续加大对墨子鲁班文化知识产权的保护力度，努力挖掘历史名人故里的文化资源，发展历史名人故里特色文化产业，建设历史名人故里特色城市文化。

附录 3:《墨子研究论丛》(十一)论文目录

朱传棨:《论任继愈与墨学复兴及其研究》

姜宝昌:《〈备城门〉以下十一篇若干名物之解释与若干疑字之订正》

孙中原:《墨学研究与科学方法论》

周立升:《简述墨子的“节用”观》

汤恩佳:《墨子节用与兼爱主张的现代价值》

李广星:《墨子与建筑》

邵长婕:《科圣墨子思想中的人文关怀对当今科技发展的指导研究》

齐瑞端:《弘扬墨子精神，促进现代营销持续发展(上)》

秦彦士:《墨家节用思想源流及其现代启示》

黄世瑞　柏　玲:《"义,利也"试析——兼论墨家的经济思想》

杨武金:《墨学视野下的当今人类生存发展之道》

薛柏成:《墨家经济伦理思想及其当代启示》

梅良勇　慈秀秀:《墨子的经济观研究》

赵保佑　袁永飞:《墨子节用思想价值的现代诠释》

杨建兵　陈绍辉　李　庆:《先秦"农与工肆之人"的"生计学"——墨子经济伦理简论》

张希宇　张幼林:《论建设中华新文化与实现儒墨互补的可能性》

赵富平:《墨子节用思想在教育改造服刑人员中的价值与应用》

孙卓彩:《论墨子民生思想(提要)》

苏士甲:《节俭则昌,淫佚则亡》

白焕然　陈春风:《墨子节用思想的现代意义》

孙宇辰　孙君恒:《墨家的孝道新论》

孙君恒　孙宇辰:《墨侠的君子情怀》

王义文　龙兴乐:《墨子节用思想及其当今价值研究》

张仁明:《新版〈汉语大字典〉编纂疏漏举隅——以〈墨经〉疑难字为例》

李　蔚　李　颖:《运用墨子节用主张提高国防费使用效益》

钱永生:《简论墨学的分化及其意义》

宋　园:《反对"四风"的文化观照——墨子"节用"主张的当代意义》

高　深　王德龙:《〈墨子〉与〈圣经〉节用论比较——兼论"节用"的现实意义》

李洪波　周　静:《墨子经济思想考释》

杨　文:《新时代,新墨学》

张　鹏:《新时期更要崇尚节俭、反对浪费——从墨子的"尚俭思想"与中国共产党领导人"厉行节约、反对浪费"的论述读起》

可晓锋:《墨子十论与日常生活》

董　赟:《理想秩序的构建和个人正义的追求——墨子和柏拉图美学思想的底色》

廖理纯:《墨学和日本的紧密关系》

刘莉源:《墨子节用思想研究及其对现代经济建设的启示》

刘　娟:《略论墨家文化的魅力及其现实意义》

〔日〕原孝治:《墨子补正》

王　凯:《鲁班及其“工匠”精神》

张　鹏:《“鲁班研究”综述——基于文献的研究》

王　蕾:《论鲁班传说与工匠巫术信仰》

陈　珊:《鲁班庙与鲁班文化的传承》

任惠霞:《鲁班与师徒传统》

附录4:2016年墨学研究硕士、博士学位论文目录

陈小刚:《墨子公私观研究》,贵州大学硕士学位论文,2016年。

范艳茹:《论墨子思想的平民性》,内蒙古大学硕士学位论文,2016年。

方　圆:《浅析墨子功利思想和密尔功利主义异同》,湖北大学硕士学位论文,2016年。

光姝瑜:《墨子教育思想对大学生思想政治教育的启示研究》,辽宁师范大学硕士学位论文,2016年。

黄　蔼:《墨子“非攻”军事伦理思想研究》,湖南工业大学硕士学位论文,2016年。

赖镇涛:《浅谈墨子的科技思想及其影响》,湘潭大学硕士学位论文,2016年。

李赛男:《〈墨子虚词用法诠释〉问题研究》,上海大学硕士学位论文,2016年。

刘亚琮:《墨子管理伦理思想研究》,吉首大学硕士学位论文,2016年。

牛　韵:《〈墨子〉“兼”思想研究》,湖北大学硕士学位论文,2016年。

王俊美:《墨子兼爱思想研究》,河北大学硕士学位论文,2016年。

王丽敏:《墨子经济思想对大学生思想政治教育的启示》,安徽大学硕士学位论文,2016年。

王耀辉:《先秦儒墨道法思想独断性研究》,河南大学硕士学位论文,2016年。

王志华:《墨子教育思想对民办高校教师专业发展的启示》,福建师范大学硕士学位论文,2016年。

薛　风:《儒墨之争的突破——乾嘉墨学研究》,郑州大学硕士学位论文,2016年。

闫茂伟:《组织德性研究》,东南大学博士学位论文,2016 年。

张露翔:《墨子共同体思想研究》,西南政法大学硕士学位论文,2016 年。

张梦丹:《虞山吴氏“吟猱”在〈墨子悲丝〉中的运用解析》,中央音乐学院硕士学位论文,2016 年。

张小萃:《墨家文化传统及其现代启示探析》,延安大学硕士学位论文,2016 年。

张　雨:《浅析先秦时期儒家的“仁爱”与墨家的“兼爱”之间的异同》,湖北大学硕士学位论文,2016 年。

郑宏峰:《墨家科学思想的 STS 研究》,东南大学硕士学位论文,2016 年。

周量航:《孔墨之争与孟子的回应》,华东师范大学硕士学位论文,2016 年。

沈　韬:《墨学与马克思主义中国化关系研究》,西北大学博士学位论文,2016 年。

2017 年

1 月，褚丽娟《文明碰撞与爱的重构》由白帝社（日本）出版发行。

该书从学术史角度钩沉 1858 年至 1940 年间以“爱”为主体的墨学与基督宗教的碰撞与对话。墨子的兼爱思想从中国传统文化中失语 2000 多年后，为什么是西方传教士最早从现代意义上发现了它？兼爱和耶稣之爱的关系，为何传教士看来二者是从属关系，可民国基督徒知识分子却认为是平等的呢？该书是从比较文化和思想史对墨学领域深入研究的一次尝试，更是作者面对当代“国学热”，就如何处理中国文化内部儒学与诸子、中国文明与其他文明的关系，站在全球史的立场上，给出的自己的思考。

2 月 20 日，山东省人民政府办公厅发出《关于同意举办第三届鲁班文化节的批复》。

枣庄市人民政府：

你市《关于举办第三届鲁班文化节的请示》（枣政呈〔2016〕27 号）收悉。经省政府同意，现批复如下：

一、同意于 2017 年 6 月 16—17 日在滕州市举办第三届鲁班文化节，主办单位为滕州市人民政府、中国墨子学会、山东建筑大学。本届文化节主要包括开幕式、鲁班文化学术研讨会、全市职工职业技能大赛、文化惠民演出、滕州工匠颁奖仪式、鲁班锁拆解大赛暨颁奖仪式、鲁班故里行等 7 项主题活动。

二、你市要督促主办单位认真贯彻落实中央八项规定精神，按照《省委办公厅省政府办公厅关于印发〈山东省节庆活动管理实施细则〉的通知》（鲁办发〔2016〕54 号）等相关规定，严格控制活动规模和经费支出，厉行勤俭节约，反对铺张浪费,做到简朴务实高效。

三、要认真落实安全责任,强化安全措施,做好安全应急演练,加强人员检查及现场管理,确保活动安全有序开展。

四、主办单位不得进行违规宣传,不得随意改变活动名称活动内容或增减主办单位,不得违规邀请领导干部出席。

五、主办单位不得以举办活动为由,向下级单位、企业和个人收费、摊派、拉赞助、转嫁费用,不得使用财政资金邀请各类名人明星,不得发放礼金、礼品、贵重纪念品和各种有价证券、支付凭证。

六、活动结束1个月内,你市要将包括活动内容、规模、费用总额和安全等情况的总结报告,报全省清理和规范庆典研讨会论坛活动工作领导小组。

山东省人民政府办公厅

2017年2月20日

6月20日,山东省委常委、宣传部部长孙守刚同志对第三届鲁班文化节的举办作出批示。

6月20日,山东省委常委、宣传部部长孙守刚在听取滕州市委书记邵士官同志关于近年来滕州研究、推广、传承、弘扬墨子、鲁班文化工作情况及今后一个阶段工作打算,尤其是传承、弘扬好墨子、鲁班的科技创新精神,推动经济与文化融合发展,推进新旧动能转换,加快建设宜居宜业富裕美丽文明新滕州的工作汇报后,就传承、弘扬好墨子、鲁班文化,办好鲁班文化节作出重要批示。批示全文如下:

墨子、鲁班对科技文化的创新是一笔宝贵财富,需要深入研究,值得很好地弘扬传承。要按照省委、省政府对齐鲁文化传承发展的安排部署,充分发挥滕州优势,勇于创新,进一步加强文化与科技融合发展研究,先行先试,率先形成一条加快文化科技融合发展、促进新旧动能转换的新路子。祝第三届鲁班文化节圆满成功。

6月,王崇杰主编《鲁班文化研究论丛》(第二辑)由山东人民出版

社出版发行,中共滕州市委书记邵士官作序。

序

鲁班是我国古代有史书记载的最早的能工巧匠和创造发明家,是建筑、民用等行业的奠基者,是世界文明发展史上的巨人,也是滕州最具竞争力和影响力的优势文化品牌,被誉为“百工圣祖”,被国学大师季羡林先生称为“善国双圣”之一。鲁班是齐鲁文化的代表人物之一,其精益求精的“工匠”精神,是中华优秀传统文化的重要组成部分。李克强总理在政府工作报告中提出“要大力弘扬工匠精神,厚植工匠文化”,为弘扬鲁班文化赋予了新的时代内涵。

滕州市作为鲁班故里,发扬光大鲁班文化责无旁贷。近年来,我们坚持“挖掘、开发、研究、普及、传承”并重,与山东建筑大学等高校密切合作,成立了国际鲁班研究会和鲁班文化研究院,设立了鲁班文化研究基金,举办了鲁班研讨会、鲁班文化节,组织开展了两届鲁班课题征集工作并取得了丰硕成果,鲁班文化研究进入了系统化、专业化的崭新阶段,为全面深入持久的弘扬、传承鲁班文化奠定了坚实基础。鲁班文化以及鲁班所代表的“工匠”精神逐渐也已成为激励滕州人民艰苦奋斗、开拓创新的精神力量,滕州先后被评为“中国中小机床之都”“中国建筑之乡”等荣誉称号,大大提升了滕州的知名度和影响力,有力促进了滕州经济社会又好又快发展。

2013 年,滕州市与山东建筑大学联合成立鲁班文化研究院后,面向社会征集、筛选出了 20 多项鲁班研究课题予以重点资助。2015 年 6 月,将第一批课题项目的研究成果结集出版为《鲁班文化研究论丛》(第一辑),受到业内外的广泛好评。该书为第二辑,40 多个研究课题涵盖生态学、建筑学、管理学等多个领域,资料详尽,考究严谨,多角度、全方位对鲁班文化、精神进行了传承与弘扬,必将把鲁班文化研究事业推向一个全新的高度。本辑《鲁班文化研究论丛》的出版是山东建筑大学与滕州市校地合作的丰硕成果,值得庆贺。

鲁班精神是科学发展的自主创新精神,鲁班文化是中华民族孜孜以求地发明创造文化。滕州市积极开展鲁班文化研究工作的最终目的,是志在支持鼓励一代新人,引领未来,追求卓越,通过大力推动科技进步,加强科技创新,真正实现中华民族伟大复兴的中国梦!

邵士官
二〇一七年六月

6 月 22 日至 23 日,由中国墨子学会、山东建筑大学、滕州市人民政府联合举办的第三届鲁班文化节在滕州开幕。

由中国墨子学会、山东建筑大学、滕州市人民政府共同举办的第三届鲁班文化节于 2017 年 6 月 22 日至 23 日在滕州市举行。

此次节会的任务目标是,坚持以党的十八大和十八届三中、四中、五中、六中全会精神为指导,深入贯彻落实习近平总书记关于弘扬中华优秀传统文化系列重要讲话精神和中共中央办公厅、国务院办公厅《关于实施中华优秀传统文化传承发展工程的意见》精神,以“传承鲁班文化、弘扬工匠精神”为主题,挖掘滕州文化底蕴,进一步传承、弘扬鲁班自主创新精神,进一步增强滕州文化软实力、培育核心竞争力,进一步扩大对外开放与交流合作,助推滕州“五大经济”转型发展,为加快建设宜居宜业富裕美丽文明新滕州提供更大的文化支持。

山东省政协原副主席王志民,山东大学党委书记李守信,山东出版集团总经理王次忠,山东建筑大学党委书记王崇杰,济宁学院党委书记郇章玉,山东省科协党组成员、副主席于洪文,山东省委宣传部副巡视员陈强,中国孔子基金会副秘书长刘廷善,武汉大学哲学院教授朱传棨,《光明日报》(国学版)主编梁枢,曲阜师范大学副校长辛杰等领导以及墨子鲁班研究专家学者、社会各界人士600 余人出席开幕式。中共滕州市委书记邵士官和武汉大学教授朱传棨分别致辞,山东大学党委书记李守信、山东建筑大学党委书记王崇杰、枣庄市副市长霍媛媛分别代表山东大学、山东建筑大学和枣庄市委、市政府讲话。

第三届鲁班文化节得到了省、市领导高度关注和大力支持。山东省委常委、宣传部部长孙守刚同志对第三届鲁班文化节专门作出重要批示。滕州市委、市政府主要领导多次调度节会筹备情况,听取有关汇报;滕州市委、市政府分管领导亲力亲为,先后数十次赴北京、上海、济南等地与有关单位沟通协调、商定各项主题活动。此外,在山东省、枣庄市领导的大力支持下,经过半年的严格程序申请,山东省人民政府办公厅研究通过了枣庄市人民政府的办会申请,并以《关于同意举办第三届鲁班文化节的批复》(鲁政办字〔2017〕33 号)文件予以批复并向社会公布,为各项筹备工作扎实有序推进和节会的成功举办奠定了坚实基础。

此届节会各项主题活动策划各具特色,亮点众多,非常切合当今时代主题,积极贯彻落实了习近平总书记对“中国传统文化创造性转化和创新性发展”以及李克强总理“弘扬工匠精神”的讲话精神，积极探索经济文化融合发展的新途径、新方式。

2016 年 11 月至 2017 年 6 月，第三届鲁班文化节大事记。

2016 年 11 月 14 日，滕州市人民政府向枣庄市申请举办第三届鲁班文化节（滕政字〔2016〕129 号）。

2016 年 11 月 14 日，滕州市人民政府办公室发出《关于印发〈第三届鲁班文化节突发事件应急预案〉的通知》（滕政办发〔2016〕117 号）。

2016 年 11 月 18 日，滕州市人民政府去函商请中国墨子学会、山东建筑大学联合举办第三届鲁班文化节。

2016 年 11 月 21 日，中国墨子学会来函同意联合举办第三届鲁班文化节。

2016 年 11 月 28 日，山东建筑大学来函同意联合举办第三届鲁班文化节。

2016 年 12 月 2 日，枣庄市人民政府向山东省人民政府发出《关于报批〈滕州市人民政府关于申请举办第三届鲁班文化节的请示〉的请示》。

2017 年 2 月 20 日，山东省人民政府办公厅批复同意举办第三届鲁班文化节（鲁政办字〔2017〕33 号）。

2017 年 5 月 26 日，中共滕州市委、滕州市人民政府印发《关于印发〈第三届鲁班文化节活动方案〉的通知》（滕发〔2017〕28 号）；印发《关于成立第三届鲁班文化节筹备工作领导小组的通知》（滕委〔2017〕70 号）。

2017 年 6 月初，《鲁班文化研究论丛》（第二辑）出版发行，滕州市委书记邵士官作序。

2017 年 6 月 20 日，山东省委常委、宣传部部长孙守刚同志对第三届鲁班文化节举办作出重要批示。

2017 年 6 月 22 日，由中国墨子学会、山东建筑大学和滕州市委、市政府主办，滕州市委宣传部、滕州市墨子研究中心办公室承办的第三届鲁班文化节在龙泉文化广场隆重开幕。

2017 年 6 月 22 日，举行首届“滕州工匠”颁奖典礼，在 200 余名候选人中评选出 36 名“滕州工匠”。

2017 年 6 月 22 日，第三届鲁班文化节鲁班文化学术研讨会举行，来自国内各高校及科研院所的 50 余名专家学者围绕鲁班文献、鲁班传说、鲁班文化与艺术设计、鲁班文化与建筑、鲁班文化与职业教育等方面进行了多角度、深层次的探讨。

2017 年 6 月 22 日,山东省政协原副主席、山东师范大学原副校长、著名齐鲁文化研究专家王志民作《关于实施中华优秀传统文化传承发展工作的意见》专题辅导报告。

2017 年 6 月 22 日,第十二届职工职业技能大赛在枣庄科技职业学院举行。此次技能大赛涉及钳工、焊工、机械零件测绘、计算机技术应用等项目。

2017 年 6 月 22 日,大型新编历史柳琴戏《墨子与鲁班》在龙泉广场演出。

2017 年 6 月 23 日,浪潮集团执行总裁王柏华作“大数据与社会治理”专题讲座。

2017 年 6 月 23 日,举办“鲁班故里行”活动。

2017 年 6 月 23 日,在龙泉广场进行鲁班锁拆装比赛决赛。比赛前期经过海选、预赛环节,共有 9 名个人赛选手、6 对情侣赛选手和 6 支团体代表队进入决赛。此项活动为鲁班文化节传统保留项目,旨在提高群众的参与度,是对传统文化创新转化的积极探索,很受广大群众欢迎。

6 月,首届“滕州工匠”评选和表彰活动举行。

首届“滕州工匠”评选和表彰活动深入挖掘了滕州市各行各业在“创业、创造、创新”中涌现出的先进典型,以达到弘扬“精益求精、持之以恒、爱岗敬业、守正创新”工匠精神的目的。此次评选,通过广泛征求社会各界意见,经专家评委会评审,在 200 余名候选人中评选出了 36 名“滕州工匠”,通过挖掘和培树普通人身边的工匠代表,推动了工匠精神融入生产生活,开创了传承弘扬鲁班文化和“工匠精神”的新模式、新途径。

6 月 22 日至 23 日,鲁班文化学术研讨会举行。

鲁班文化学术探讨会由滕州市墨子研究中心、国际鲁班研究会与山东建筑大学共同组织,来自国内各高校及科研院所的 50 余名专家学者,各抒己见,畅所欲言。围绕《鲁班文化研究论丛》(第二辑)30 余篇研究论文,专家学者从鲁班文献、鲁班传说、鲁班文化与艺术设计、鲁班文化与建筑、鲁班文化与职业教育等方面进行了多角度、深层次的探讨，对博大精深的鲁班文化进行了阐述和梳理，使鲁班文化研究无论在广度上还是深度上都有了较大提高。此外，与会专家学者对鲁班文化下一步的宣传和弘扬工作，提出了意见和建议。

6 月，2016—2017 年度面向社会征集的 41 项鲁班文化研究课题顺利结题。

2013 年 12 月，滕州市人民政府与山东建筑大学共同成立“鲁班文化研究院”，设立鲁班文化研究基金，并向社会广泛征集鲁班文化研究课题。

通过评审的课题将给予一定的资助，由滕州市人民政府拨出专款用以保障。结题形式可以是著作、论文、研究报告、调研报告等。申请者须填写“鲁班文化研究院研究项目申请书”，最终由专家评审委员会确定入选课题。

2016—2017 年度面向社会征集的 41 项课题顺利结题，参与人员有山东建筑大学、山东城市建筑学院、枣庄学院、枣庄科技职业学院、天津渤海职业学院等院校师生。相关课题如下：

一、鲁班文化与工匠精神篇

1.鲁班文化的内涵及其象征意蕴（韩锋、李静）

2.鲁班文化的生态意蕴及其当代价值（梁飞）

3.育人视角下鲁班文化的价值维度与时代超越（卢新明）

4.论鲁班光辉下“匠人精神”的文化底蕴（王辉）

5.工匠信仰与鲁班形象的神格化（韩锋）

6.鲁班工匠精神的现代转化（李国良）

7.论鲁班精神的批判性（王利华）

二、鲁班文化与建造技艺篇

8.榫卯结构的传承与创新性研究——榫卯结构在现代家具和益智玩具中的创新应用（高晓艳、李园园）

9.山东胶东半岛地区传统营造技艺保护与传承研究（高宜生、张云、孙薇）

10.山东沿海卫所城堡传统营造技艺调查研究（黄春华、关赵森、孙薇）

11.鲁班遗产的传承——济南章丘传统建造技艺的田野调查与传承保护研

究(姜波)

12.大数据语境下山东工匠记忆库建设研究——基于荣成市海草房传统村落的调研(于涓)

13.鲁班文化与中国建筑文化建设的关系探析(杨冬、亓慧超)

14.泰安伏庙鲁班殿历史文化探源(赵祥明)

15.中国建筑文化的发展现状(元慧超、杨冬、聂怡丹)

三、鲁班文化与职业教育篇

16.3D打印技术在制作建筑模型中的创新创业实践探究(贾芳)

17.弘扬鲁班精神,塑造新时代善建者的途径探索——以山东城市建设职业学院为例(吕璞)

18.日本职人阶层形成期的生活样态及职人气质——远藤元男的日本职人史研究(肖霞)

19.浅论鲁班文化对建筑业知识型员工的激励作用(孙薇)

20.生态美育在当代建筑类高校教育中的探索研究——以鲁班文化中蕴含的生态智慧为切入点(纪燕)

21.“新工科”工匠素养教育的路径探析——以山东建筑大学为例(宋守君)

22.工匠精神在地方土建类高校能动专业人才培养中的可行性分析(刘岩昆、杨冬、杨尚林、元慧超)

23.鲁班文化对当代大学生创造性人格的培养与塑造研究(杨青、于泽华)

24.关于鲁班文化在大学生中的认知程度与接受意愿的调查研究——以山东建筑大学为例(杨林、秦耕)

25.美国创新文化对我国工匠型创新型人才的培养启发(张鹏、高晓娜)

四、鲁班文化与艺术广告设计篇

26.班墨文化符号在滕州地区特色旅游景观设计中的诠释(孙晓红、张童、白杨灵子)

27.鲁班文化的精益求精和大数据时代的精准广告传播(李雪萍)

28.从风格学的角度看中国北方鲁班像与南方鲁班像的异同(王冬梅、马晶、陆瑾瑾)

29.班墨文化主题乡村小镇夜景设计初探(孙晓红、张晓迪、罗玉霞)

30.中国民间美术中鲁班像的南北差异(王冬梅、陆瑾瑾、马晶)

31.鲁班精神对园林景观创作的启示(王胜永、李江河)

32.木雕壁画《鲁班传奇》(薛鹏程)

33.鲁班精神对园林景观雕刻的影响研究(王胜永、王润泽)

五、鲁班传说与文献研究篇

34.关于鲁班研究脉络及其精神实质的研究(邵长婕、鲁开国)

35.鲁班文化研究文献可视化分析(侯延香、刘二稳、赵春全)

36.鲁班传说的形成与演进——以层累史观的视角(曲洪祎)

37.“鲁班故道”——中国古代技术思想史的源流(〔日〕南沢良彦撰,肖霞译)

38.公输子为什么自“鲁南”游楚?——“漷水”之滨考察纪实(周公严)

39.《鲁班经》对明清设计活动的影响及探析(薛娟、钟意)

40.简析历代“鲁班的传说”(周公严)

41.论鲁班传说在当代的保护及其传承(丛培卿、曲洪祎)

6 月,姜宝昌《墨子训释》由齐鲁书社出版发行。

《墨子训释》包括《墨经训释》《墨守训释》《墨论训释》。其中,《墨经训释》涵盖了《经上》《经下》《经说上》《经说下》《大取》《小取》六篇;《墨守训释》则囊括了《备城门》至《杂守》十一篇;《墨子》书其余三十六篇,即从《亲士》至《非儒下》三十一篇和自《耕柱》至《公输》五篇收入《墨论训释》。

《墨子训释》通过对比说解,达到较《墨子间诂》《墨子集解》《墨子校注》等更为细致、更为深入的疏释。在训释过程中,作者以孙诒让《墨子间诂》为底本,运用孙诒让的训诂手段,通过文字、音韵、语法、考古、民俗等渠道,传承清以来治国学之考据方法,字斟句酌,进行训释。

《墨子训释》作为中国墨子学会书库建设项目的又一匠心力作,是中国墨子学会推荐的解读《墨子》的经典工具书和权威训释。它的出版,必将成为今人阅读理解《墨子》所必需之津梁,成为墨学研究人员及高校学生的学习培训教科书,对于墨学研究具有里程碑式的意义。

7 月,孙中原《墨学与中国逻辑学趣谈》由商务印书馆出版发行。

该书系墨学与逻辑学研究专家孙中原教授推出的解读墨家学派与中国逻辑学重要关系的大众化读物。该书共 26 章。作者以平实的语言介绍了墨家学派中关于逻辑思想方面的精粹内容,探讨了墨学与中国逻辑学的联系,趣谈墨学和逻辑学领域的闪亮点、热点、焦点、攻关难题和学术增长点。此书内容全面,见解客观独到,便于当今读者全面了解墨学、逻辑学和中国传统文化。

8 月,解启扬《显学重光:墨学的近代转化》由中国政法大学出版社出版发行。

该书从近代学术史的视角研究墨学的复兴及其近代转化。墨学的复兴是近代文化与社会挑战和应战的结果。作者以近代学人的墨学研究为经,系统考察墨学研究的近代化历程,认为傅山的墨学研究为近代墨学研究的萌芽,孙诒让则是以传统方法研究墨学的集大成者,胡适开启了墨学研究近代转化的关键,其后的墨学研究在方法上多元并存,蔚为壮观。墨学成为近代多元化中的重要内容。该书是教育部人文社科基金规划项目(项目批准号:06JA720025)成果。

9 月,山东省委办公厅、省政府办公厅印发的《山东省传承发展中华优秀传统文化工作方案》中明确提出:“注重墨家文化的挖掘阐释,编辑出版《墨子集释》《墨学研究口述史》《墨子传》以及《墨子大全》补编等著作。”

这是关于墨家思想研究发掘工作的内容首次出现在山东省委、省政府文件中,体现了山东省委、省政府对传承弘扬墨家思想的高度重视,使墨学研究工作实现了一次历史性的跨越。

10 月,邵长婕主编《墨子研究论丛》(十二)由齐鲁书社出版发行。

该书共收录参加第十一届国际墨子鲁班学术研讨会的专家学者论文 69 篇,主要研讨领域包含以下几个方面。

关于墨家思想的创造性转化与中华优秀传统文化的复兴

孙中原:《创转创发和转型——墨学研究的理想期待》

作者指出,习近平总书记讲话引用《墨子》"尚贤者,政之本也",引用《墨子》"兼爱非攻",认为这些是"中华民族历来崇尚"的理念。习近平总书记还说"努力实现传统文化的创造性转化、创新性发展,使之与现实文化相融相通";在新时代条件下,舆论工作要承担"澄清谬误、明辨是非,联接中外、沟通世界"的职责和使命。在"联接中外、沟通世界"方面,作者认为,从战国至清末的古旧墨学,随时代的发展而终结,应由适应时代需要的新墨学和元墨学取代。为使墨学研究健康发展,必须运用现代的科学世界观、认识论和方法论。例如,借鉴旅美华裔学者傅伟勋的创造性诠释学分层论,借鉴美国库恩的科学研究范式转换论、希尔伯特的元数学纲领、塔尔斯基的语言分层论,对墨学进行崭新的元研究。墨学研究借用的现代科学研究方法,相对于《墨子》元典来说,具有在外、在后和在上的性质。在"澄清谬误、明辨是非"方面,作者批评谭戒甫反对利用西方逻辑三段论的形式来比附墨辩,可是谭戒甫自己又勾画"辞、故、比、侔、援、推"的所谓"墨辩六物式",并且将"推"看作逻辑三段论的"大前提",将"侔"看作"小前提",将"援"看作"结论",确乎风马牛不相及!

李贤中:《以古鉴今,论墨学的现代转化》

文章通过对墨家的思想性格、墨家在先秦时期受到的批判与回应、韩非对墨子思想的借用与转化、墨学现代转化的根据与方向四个方面的研究,指出:墨家思想在先秦时期批判性地继承了儒家思想,并有自家独到的见解,之后又影响了法家思想,其间受到孟子、庄子、荀子的批判,后期墨家与辩者、名家也有许多辩难。墨学的思想是伦理的、理性的与实用的。墨学现代转化之途径有三:其一,"兴天下之利,除天下之害",以全球的视野解决区域性的问题;其二,以"兼相爱,交相利"推广世界和平思想及全球环保意识;其三,以"尚同"及"墨学思维方法"推广学科间的整合,使人文、社会、自然科学思想兼容并蓄,建立全球教育体系。

翟婷婷:《墨子人才思想的创造性转化》

文章指出,墨学在先秦时期显赫一时,与儒学并称为"显学",韩非曰:"世之显学,儒、墨也。儒之所至,孔丘也。墨之所至,墨翟也。"《吕氏春秋·当染》记载:“孔、墨之后学显荣于天下者众矣,不可胜数。”墨学虽一度沦为绝学,让人为之遗憾,但是墨子精神的价值不可抹杀,就连“不熹”其说的司马谈也认为“墨子之所长,虽百家弗能废也”(《论六家要旨》)。章太炎认为“墨子之道德,非孔、老所敢窥视”,至梁启超则高呼:“墨学精神深入人心,至今不坠,因以形成吾民族特性之一者,盖有之矣。”由此可见,墨子精神以其实用的特性对当今社会产生了深远的影响,其中,墨子的人才思想尤为突出。它涵盖了“厚乎德行,辩乎言谈,博乎道术”的选贤任能的标准,制定了“以德就列,以官服事,以劳殿赏,量功分禄”的选赏机制,形成了较为完善的人才选拔、任用和管理体系,虽然历经了几千年的文化冲击和磨砺,在当今社会的发展中仍旧散发着夺目的光芒,适应了时代发展的需要,具有重要的时代价值和社会意义。

关于墨学研究的发展与历史地位

姜宝昌:《就唐文献所见述、评墨子例,质疑所谓“汉以后墨学中绝论”》

文章指出,《韩非子·显学》说:“世之显学,儒、墨也。儒之所至,孔丘也。墨之所至,墨翟也……故孔、墨之后,儒分为八,墨离为三。取舍相反不同,而皆自谓真孔、墨;孔、墨不可复生,将谁使定后世之学乎?”《尸子·广泽》说:“墨子贵兼,孔子贵公。”《尹文子·大道上》说:“大道治者,则名、法、儒、墨自废。”所有这些,都说明战国时代,墨、儒同称“显学”,其学术地位与社会影响不分轩轾,是毋庸置疑的事实。可是,就是这曾经与儒家相抗衡的墨家,在经历了从墨翟到禽滑厘,再到孟胜、田俅、腹䵍等几代巨子之后,由于种种原因,急剧地走向衰微,同样是毋庸置疑的事实。不幸的是,自清以来,包括某些大师在内的学术界不经意地放大了这一事实的真相,前呼后应地发出了几乎同样的感叹:墨学于汉而后中绝,其中绝时间达两千年之久!作者并不认同所谓“中绝论”,认为墨学不过是“中衰”而已。

作者翻阅《后汉书》《三国志》《列子》《抱朴子》《神仙传》《晋书》《世说新语》《文选》《文心雕龙》《陶潜集》《颜氏家训》《隋书》《艺文类聚》《群书治要》《清宫旧事》《太白阴经》《元和姓纂》《意林》《通典》《韩昌黎集》《一切经音义》《太平御览》《郡斋读书志》《直斋书录题解》《王文公文集》《广韵》《说郛》《文献通考》,以及若干明、清载籍,凡有述、评墨子之篇章、文句,辄录而列之,总计不下十数万字。大致可以这样说,传述或评论墨子之作,无代无之。

秦彦士:《何炳棣墨学研究评议——兼论墨学的当代定位》

文章指出,由于学术背景的差异,海外学者常常能在学术研究上给人以不同的启示。在讨论墨家后学的论文中,何炳棣先生的长文《国史上的"大事因缘"解谜——从重建秦墨史实入手》,其题目就给人一种耳目一新的感觉。在中国学术史上,学者以"大事因缘"定义的一是佛教的东传,二是宋明理学。然而,何先生认为秦墨帮助秦国统一中国以及墨家对秦国的思想影响才是中国学术史上的"大事因缘",这个新颖的论点的确给了我们深刻的启示。

作者认为,何先生的论文虽有值得商榷之处,但这个新的论点使我们从更加长远的历史时空来审视墨学的价值与时代命运。何先生的观点再一次让我们加深了对儒墨显学在中国古代学术史上之贡献与价值的认识。正是因为儒墨之争才引发了后世诸子百家的争鸣,从而产生了原创时代异彩纷呈的思想学派,由此奠定了中华文化的精神基础、文化内容、思辨方式以及中华民族的基本性格风貌。

同时,对何先生所说的这个"大事因缘",我们可以从两个方面加以认识:首先,在战国纷争时代催生诸子百家争鸣的过程中,墨家学派作为唯一的平民学派作出了独特的贡献;其次,最具有吊诡意味的是,诸子学派中大多数人期盼的大一统时代过早地结束了这场思想文化盛宴,作为帮助了秦国实现统一的墨家后学也消融在这个历史进程中。对于如何理解这段历史,从古至今的学者都有不同的解释,但直到今天这样的分歧与争执仍然没有停息。该文由评论何文入手,对今天应该如何定位墨学的当代价值,提出了自己的思考,这就是:墨学是以儒、释、道为主干的传统文化的重要组成部分。

具体来说,墨学可以从以下三个方面对我们的社会主义文化建设提供重要启示:第一,基于草根力量的民族精神的重塑动力;第二,科学理性的思维方式;第三,教育领域的意志磨炼、知行合一以及厉行节俭、危机意识和牺牲精神。

张庆军:《李君碑与墨学传承》

文章指出,2010年11月,在成都天府广场出土了一大一小两块汉碑,碑阳、碑阴皆刻有文字,其中小碑碑阳文字记载了东汉时任蜀郡守的李君之德政,此碑被命名为"李君碑",也称"李君德政碑"。

李君碑的出土对于汉代蜀郡历史和文化教育等方面的研究具有重要价值。其中李君碑碑文中有"同心齐鲁,诱进儒墨"一句,为研究墨学传承提供了有力的证据:一方面,李君碑的出土填补了墨学在东汉时期发展和传承的空白;另一方面,根据对李君碑的研究,我们可以发现,墨学在汉代没有中断,而是逐渐式微。同时,李君碑的出土,也为墨子故里在滕州提供了又一佐证。

鲁开国、鲁大立:《中国墨子学会二十五年来发展历程概述》

文章指出,墨学是中华优秀传统文化的重要组成部分,同时也是世界文化的一部分。墨家学说中蕴涵的民主、科学、和平思想,是中华优秀传统文化中最具现代价值的内容之一。大力弘扬墨家学说不仅可以补偏救弊,还可以为社会主义精神文明建设提供很好的借鉴。为深入发掘墨学思想、推进墨学研究、传承和弘扬我国优秀传统文化,1990年,滕州与山东大学联合成立了山东大学·滕州市墨子研究中心。次年,首届墨子学术研讨会在滕州市举办,经过与会领导、专家、学者的一致认可和建议,成立了山东墨子学会。随后,在著名墨学研究专家、山东大学历史系教授张知寒等同志的建议下,根据我国社团事业的发展和墨学研究工作的需要,经民政部批准、教育部备案,在山东墨子学会的基础上依法筹备成立中国墨子学会,作为国际性的学术研究机构。1992年10月6日,中国墨子学会在首届墨学国际研讨会上正式成立。大会通过了《中国墨子学会章程》,一致推举费孝通副委员长为中国墨子学会首席名誉会长。2003年,枣庄和滕州两级市委、市政府审时度势、高瞻远瞩,确定依托中国墨子学会秘书处,将滕州市墨子研究中心办公室升格为副县级事业单位,并核定事业编制20人。

中国墨子学会从无到有、从小到大,经历了艰辛的发展,目前已成为国内唯一的全国性墨学研究社团组织。它的设立在中国墨学文化发展史上具有划时代的意义,标志着墨学研究事业进入了有组织、有领导的崭新阶段。

宋怡达:《墨家文化是消弭东西方文化冲突的文化本体》

文章指出,现代化发展与文明的进步主要还是源于先进民族文化的支撑,相对于保守的儒家文化,墨家文化更具有现代的风采,是理性主义对经验主义的赶超。同时,墨家文化对法理、公理等的认同,又不等同于对所谓“普世文明”“普世价值”的共识,完全可以在不影响现代文明进程的基础上,保有民族传统文化心理的特色化和自主性。民族理性思维与现代化的进程休戚相关,只有立足于改变民族感性文化心理结构这个根本,才能实现“天下兼相爱则治、交相恶则乱”的主张。我们有理由相信,一个基于共同人类理性文明的发展将极其有助于消弭东西方文明的误判、消除国际关系的紧张。这样看来，墨家文化如能作为本土文化主体进行推广，将在融通东西方文明方面发挥思想交集、价值纽带的作用。因此，墨家文化作为东西方文明沟通的理想桥梁，将是外交领域圆融会通、避免西方误读东方文明、确保东方文明和平崛起的最好媒质。

关于《墨经》与逻辑学研究

杨武金：《拒斥与接纳：墨家论悖及其解决方案》

作者指出，众所周知，周王朝以礼制治天下。春秋战国时代，也就是通常所谓的人类文化的轴心时期，周朝的礼制文化受到了巨大挑战，出现了反对礼制和维护礼制的理论之争。我们知道，儒家一派维护周礼，主张君子之辩，"辩"必须讲"礼"，以"礼"为前提条件。比如荀子虽然也强调"辩"，但他主张的是"圣人之辩""士君子之辩"，强调"辩"必须从维护"仁"即维护周朝的礼乐制度出发来开展。墨家则反对给"辩"预设这样的大前提，于是乎主张言辞、思想或行为的一致性和明确性。在他们心目中，言辞、思想或行为的不一致、前后不一贯，都是必须避免的。墨家把这些言辞、思想或行为上的不一致现象称为"悖""不知类""明小而不明大""知小物而不知大物"等。《墨经》部分侧重于从言辞上来考虑思想的不一致或矛盾性，而《墨子》的其他部分及《公孙龙子》等呈现出的主要是思想上或行为上的矛盾或不一致现象。墨家在揭露这些"矛盾"的过程中，进行了论证，采用的论证方法就是墨家总结出来的"辟"式论证、"推"式论证等。因为这些"矛盾"，需要通过对"悖"进行论证或推理，才能看得清楚，所以墨家所论的"悖"，并非简单的逻辑矛盾，而是被各种背景知识包裹着的"悖论"。当然，这要与站在不同角度或侧面来看待的并非悖谬的情况严格加以区别。

宋赛花：《墨家的类推逻辑思想》

文章指出，墨家逻辑是中国古代逻辑的典型，与古希腊亚里士多德逻辑、古印度因明学并称世界三大逻辑源流。墨家所处的战国时代社会激变，诸家蜂起，道术分裂，百家争鸣，蔚然成风。在先秦诸子中，墨家最擅长逻辑思维，也最注重总结论辩方法和理论，在辩论实践中概括出大量逻辑应用方法和逻辑原理，其中尤以类推逻辑方法最为突出。墨家不仅提出了辟、侔、援、推、止等具体的类推形式，还分析了使用这些推论形式时出现谬误的原因，如"言多方""殊类""异故"等。为了保证推论的严格性、提高结论的可靠性，墨家还提出了类推的原则——“类”“故”“理”三物必具、“以类取，以类予”等，从而形成了中国古代以“类”为核心的类推逻辑系统。

晋荣东:《“墨经”“墨辩”和“辩经”析义——以 20 世纪 40 年代前的理解与使用为中心》

文章指出，如何称呼《墨子》一书中的《经上》到《小取》六篇，曾引起历代学者的广泛关注，众说纷纭，莫衷一是。历史地看，这种分歧似在西晋即已出现。据鲁胜《墨辩注叙》:“墨子著书，作《辩经》以立名本……《墨辩》有上下《经》,《经》各有《说》,凡四篇。”这段文字有两种解读，其一是说《经》《说》四篇原称“辩经”,但鲁胜本人将其易名为“墨辩”;其二则是《经》《说》四篇即可称“辩经”,亦可叫作“墨辩”。清初，汪中校注《墨子》全书，可惜未能流传下来。在幸存的《墨子序》中，他认为此六篇在历史上是一个整体，“《经上》至《小取》六篇，当时谓之‘墨经’”。而按孙诒让之见，“《墨经》即《墨辩》,今书《经》《说》四篇及《大取》《小取》二篇，盖即相里子、邓陵子之伦所传诵而论说者也”。依孙氏的理解，“墨经”与“墨辩”二名一实，异名而同谓。

关于如何称呼《经上》至《小取》六篇，学者们在 20 世纪 40 年代以前并未达成共识，“墨经”“墨辩”“辩经”等不同的称呼各有其理由，并行而不悖。至于墨辩之理论义，意见有两种:其一，墨辩所论包含或主要是逻辑，梁启超、胡适、谭戒甫、顾实等属此;其二，墨辩所论并非全是或主要不是逻辑，张之锐、杨宽等属此。在解释墨辩方面，有的“以欧西新理比附中国旧学”(梁启超属此);有的以因明诠释墨辩(章太炎属此);有的以墨辩与逻辑作比较研究(胡适属此)。胡适的对比研究对 20 世纪的墨辩研究更具有典范意义。

韩国建:《〈小取〉“是而然”中的命题与词项问题》

文章认为，墨辩体现了中国古代的逻辑思想，其中《小取》的“侔”有五大部分——“是而然”“是而不然”“不是而然”“一周一不周”“一是而一非”,反映了《小取》对语句、对命题和命题中词项的认识。该文主要讨论“是而然”中的命题和命题中的词项问题。由于讨论的需要，同时也略有涉及“是而不然”“一周一不周”,以及《大取》的一些内容等。

作者指出，“然”命题是由“是”命题引发、派生出来的，“然”命题与“是”命题已有所不同。“是”命题是直言命题，而构成“然”命题的主谓项是两个加上动词的复杂词项,“然”命题所指事物的外延不同,因而虽然仍是主谓句式,但与直言命题已略有区别,“然”命题是较为特殊的命题。《小取》中的命题是建立在“一个”与“一类”、个别词项与普适词项、两个普遍词项之间等词项理论之上的。作者认为,这些词项理论与亚里士多德的词项理论在许多方面是相同的。《小取》获得了对直言命题的认识,但是并没有在此基础上进而发现三段论推理,这是因为《小取》对于直言命题的探讨有着不同的走向,然而这一走向使“然”命题触及了关系命题。但《小取》没有对关系命题作更深入的探讨。

关于儒墨比较研究

薛柏成:《近十年来“儒墨关系”问题研究综述》

作者指出,墨子对孔子思想进行了吸收和借鉴,墨子吸收借鉴了孔子学说中的“仁爱”“举贤才”“俭”等思想,并进一步改造,形成了墨家的“兼爱”“尚贤”“节用”等理论;而孟子对墨家思想中的战争观、民本思想、“天志”理论、重利思想进行了吸收和借鉴,荀子对墨家思想中的逻辑思维、政治伦理思想、“节用”理论、“非命”理论进行了吸收与借鉴。反映儒家思想的《诗》《书》《易》《礼》,以及郭店楚简《唐虞之道》也有与墨家思想相用的部分,而儒家“孝道”与墨家思想的一些内容也互有所取,儒墨在彼此的思想发展中产生了一定的影响。墨家思想在秦汉以后是以融迹于儒家、道家等思想中的形式表现出来的,与其他诸家思想一起发挥着自己的影响,具体方式是墨家思想的优秀之处及墨子本人的伟大人格不时出现在封建正统史书及其他典籍之中,影响了一些士大夫的价值选择。

陈克守:《儒墨比较研究概论》

文章指出,近年来,随着弘扬民族文化的需要和人们对传统文化的重视,儒学与墨学的研究不断深入,研究成果极为丰富,但是,对儒学与墨学的比较研究仍显不足。蔡尚思认为只有对孔、墨二家祖师认真研究、互相比较,尤其是用最新的立场观点方法,才能看出其真面目。如果在这新时代,仍然跟着两千多年封建王朝绝对的尊孔反墨那一老传统,那就于孔于墨都难免会落到一无是处。

儒学与墨学都是中华优秀传统文化的一部分,在历史上对中华民族的民族精神与民族凝聚力的形成都起到了重要作用,在今天亦具有重要的理论意义和现实意义。民族精神是一个民族赖以生存和发展的精神支撑。而我国民族精神的内容是以爱国主义为核心的团结统一、爱好和平、勤劳勇敢、自强不息。这种民族精神是由中华民族的优秀文化哺育出来的,而儒学与墨学则是我们民族优秀文化的突出代表,都是我们应该大力弘扬的。

张幼林、张希宇、张天齐:《再论儒家墨家学术思想体系的优势互补——兼论墨家思想精华的现代性转化》

文章指出,党的十八大确立的社会主义核心价值观,既是建设中华新文化的唯一科学标准,也是批判继承包括儒墨学说在内的中国传统文化的唯一科学标准。

之所以强调确立社会主义核心价值观,是因为“价值观就是主体以自身的需要为尺度,对外在于自身的事物或现象所蕴涵意义的认识和评价,它往往表现为信念、信仰、理想、追求等形态”。进一步说,价值观就是社会成员和社会组织评价行为和事物以及从何种可能的目标中选择合意目标的标准。因此要“强化核心价值观的导向作用、引领作用,更好地凝聚实现中国梦的强大力量”。

社会主义核心价值观的内涵是“富强、民主、文明、和谐,自由、平等、公正、法治,爱国、敬业、诚信、友善”,它包括国家、社会和公民三个层面的十二项规定和要求。

作者指出,以社会主义核心价值观作为基本衡量批判标准,儒家与墨家可以在以下三个方面实现优势互补:儒家的公正思想与墨家的平等思想;儒家的道德思想与墨家的法治思想;儒家“天人合一”的综合思维与墨家的科学精神。其中,公正、平等、法治是社会主义核心价值观中社会层面的要求;道德就是核心价值观对公民提出的“爱国、敬业、诚信、友善”四个具体要求的概括;而儒家“天人合一”的综合思维和墨家的科学精神,也都是核心价值观中国家层面关于建立“富强、民主、文明、和谐”之现代化国家所必需。

关于墨家学说的创新研究

宋守山:《“互联网+”背景下媒介表达空间与墨学传播探析》

文章指出,墨学作为一种刚毅的文化存在,在互联网引发的思想大开放时代中,理应被赋予新的社会意义。弘扬墨学,需要了解媒介的变革,因时顺势,方能蔚为大观。

作者认为可以从多个方向进行探索,例如构建墨学数据库。与儒学文献的系统整理和出版情况相比，墨学相关文献的数据化工作还有进一步发展和提升的空间，利用互联网构建墨学研究数据库，赋予墨学新的时代精神。

此外，还可以利用互联网搭建墨学研究平台。大陆有几个墨学研究基地，由于地理空间的因素，学者们难以每日沟通，但是互联网能够解决这一问题。墨学研究需要跨学科联合攻关，都说墨子是“百科全书式的学者”，但囿于学科能力，人文学者在有关墨子之声学、光学、物理学等方面的研究上力有不逮，而互联网可以解决这一问题。

高媛媛：《翻译规范论视角下的〈墨子〉英译对比研究》

文章指出，《墨子》一书凝聚了墨家思想文化的精髓。《墨子》一书在西方世界的译介是墨学在西方传播的主要方式。目前海内外已经出版了若干种《墨子》英语选译本和全译本，其中最具影响力的是中国留美学者梅贻宝（Y.P.Mei，1929）和美国学者伯顿·沃森（Burton Watson，1963）的节译本、中国学者汪榕培和王宏的全译本（2006）以及美国学者李绍崑的全译本（2009）。尽管近年来《墨子》英译本的数量和质量已有长足发展，但与其他诸子典籍的英译及研究成果相比，《墨子》在英语世界的译介仍较为沉寂，因而有必要对其英译展开系统研究，以推进墨学的国际化进程。

作者从切斯特曼翻译规范论的视角，对梅贻宝的《墨子的伦理及政治论著》、伯顿·沃森的《墨子节译》、李绍崑的《墨子全译》、汪榕培和王宏的《汉英对照墨子》四部《墨子》英译本进行了比读，认为梅译和沃译之所以受到西方读者的好评，是因为符合期望规范的要求，在源语文本与目标语文本之间保持了适宜的相关性，符合专业规范要求。

褚丽娟：《从清末来华传教士“发现兼爱”谈儒墨关系的演变及启示》

关注、研究墨学，尤其是墨学“十论”等方面的研究，绕不开儒墨关系的讨论。从先秦至今的文献来看，墨学研究基本是以儒学作为或隐或显的比较对象。民国以来，儒墨关系的专题著作虽只有王桐龄的《儒墨之异同》（1922）、齐菘的《儒墨政治思想之比较》（1934）、阎崇信的《墨子非儒篇汇考》（1983）、周长耀的《孔墨思想之比较》（1979）、吴进安的《孔子之仁与墨子兼爱比较研究》（1993）、陈克守等的《儒学与墨学比较研究》（2014）等几部，但是儒墨关系的相关著述，仅论文已有千余篇，著作也有上百部。儒墨关系自两千多年前成为问题以来,研究范式主要有“儒墨并称”“儒尊墨绝”“儒抑墨扬”三种,其中“儒墨并称”和“儒尊墨绝”同时发轫于战国,“儒抑墨扬”出现于清末。

一个有趣的但长期被学界忽视的现象是在19世纪60年代前后,两位西方传教士最早“发现”兼爱。正是与西方博爱这一异质文明的历史性相遇,第一次打破了儒家思想的藩篱。人们从现代意义上注意到了兼爱具有平等和普遍的内涵,也由此引发了近代以来儒墨关系的新演变。两千余年以来,对兼爱“痛斥—辩护—肯定”的不同态度生动折射出了不同历史境遇下儒墨关系研究范式的转换,该文以传教士“发现”兼爱为契,从史实层面钩沉儒墨关系的历史演变,在此基础上以比较仁爱和兼爱为起点,探讨了儒墨二家的本质差异,进一步挖掘差异背后的价值观念及其生成模式和深层成因。

关于鲁班文化研究及弘扬鲁班工匠精神的时代意义

朱传棨:《传承中华优秀传统文化,弘扬墨家鲁班工匠精神》

文章指出,当前,在国家倡导和推行大众创业、万众创新和大力弘扬工匠精神的形势下,开展对墨家学派鲁班工匠精神的研究,对弘扬中华优秀传统文化及推动“增品种、提品质、创品牌”的现代化建设,具有十分重要的现实意义。鲁班是墨家学派“服役者百八十人”的杰出代表,他在年龄上虽稍长于墨子,但他们二人都生活于一个时代和一个地区,他们既是同乡同辈,又同是精通制造器具的技艺匠人,都是墨家“兼相爱,交相利”宗旨的坚定信仰者。因此,我们对鲁班工匠精神的认识和研究,既不能固守传统的观点,也不能将前人的结论绝对化,要以新的视角和新的方法进行研究。我们认为,对鲁班工匠精神的研究不能孤立地进行,要将其融入整个墨家学说特别是墨家的科技思想中去,因为,他是墨家学派群体中的重要成员。他的高超技艺和发明创造与当时的社会生产、社会生活需要和墨家学派群体的实际活动有着密不可分的关系。因此,既要坚持历史主义的观点,又要运用整体性的系统方法,综合创新是发掘研究鲁班工匠精神的一个重要方法论原则。

邵长婕、鲁开国、张西锋、程姗、陈飞:《关于鲁班研究脉络及其精神实质的探究》

文章分为两大部分:

第一,关于鲁班研究脉络的梳理。本部分主要为鲁班故里——滕州对鲁班文化的研究状况及其影响;中国大陆地区有关行业和地区的相关研究情况;港澳台地区的研究情况;海外有关国家的研究状况;鲁班研究的当代意义。

第二,关于鲁班精神实质的理性研究。鲁班精神包含敬业爱岗、无私奉献的工匠精神,开拓创新、锐意进取的精神,不断学习、精益求精的精神,自强不息、永不放弃的精神。

姜波:《“乡村记忆”背景下传统建造工具传承利用的思考——以山东传统民居建造工具为例》

作者通过详细的分析论述,指出:鲁班,作为工匠祖师爷,他巧技制器,规矩立身,创造了很多独具中国特色的传统木作工具。这些木作工具的发明和使用使当时的工匠们从繁重的劳动中解放了出来,劳动效率成倍提高。世代工匠形成的“道器合一”的工匠精神,为中国传统建筑闻名于世奠定了技术基础,也是中国传统文化的一张独特的历史文化名片。继承和发扬这些传统建造工具,以传统手工工具展现传统建筑的工艺之美,弘扬悠久的“工匠精神”,不仅是“乡村记忆”下传统村落物质形态和非物质形态文化遗产保护的要求,也是弘扬中华优秀传统文化的具体表现,更是一个制造业大国走向制造业强国的必由之路。

贾芳:《3D 打印技术——鲁班文化的数字革命》

作者认为,3D 打印技术可利用光固化和纸层叠等实现快速成型。3D 打印技术通过电脑控制,把“打印材料”一层层叠加起来,最终把计算机上的蓝图变成实物。鲁班文化是“知行合一”的中华优秀传统文化,是创造发明的工匠文化。鲁班文化也应在科技创新的浪潮中加入自己的色彩,借助 3D 打印技术,来一次华丽转身,让 3D 打印技术为鲁班文化的数字革命贡献一份力量,为新形势下的科技创新活动创造条件,在“互联网+”时代为实现中华民族的伟大复兴尽一份力。

附录 1:《墨子研究论丛》(十二)论文目录

朱传棨:《传承中华优秀传统文化弘扬墨家鲁班工匠精神》

姜宝昌:《就唐文献所见述、评墨子例,质疑所谓“汉以后墨学中绝论”》

孙中原:《创转创发和转型——墨学研究的理想期待》

黄世瑞　柏　玲:《读墨杂诗》
陈克守:《儒墨比较研究概论》
齐瑞端:《弘扬墨子精神,促进现代营销持续发展(下)》
秦彦士:《何炳棣墨学研究评议——兼论墨学的当代定位》
任守景:《班墨文化的当代价值》
杨武金:《拒斥与接纳:墨家论悖及其解决方案》
张庆军:《李君碑与墨学传承》
张幼林　张希宇　张天齐:《再论儒家墨家学术思想体系的优势互补——兼论墨家思想精华的现代性转化》
赵富平:《从禽滑厘问欲看墨家德行之教化》
鲁开国　鲁大立:《中国墨子学会二十五年来发展历程概述》
韩国建:《〈小取〉"是而然"中的命题与词项问题》
杨建兵　杨　霞　倪紫璇:《先秦"农与工肆之人"的浪漫情怀——墨爱析论》
张　明:《墨家义利观及其在我公司经营管理上的运用》
陈春会:《墨子的"天鬼"救世信仰及其现代启示》
盖立涛:《墨家的天下关怀与公共精神》
张晓芒:《理念与方法——当今社会建设中的墨学资源》
翟婷婷:《墨子人才思想的创造性转化》
李贤中:《以古鉴今,论墨学的现代转化》
白焕然:《论墨子的节用思想》
涂可国:《墨子责任伦理思想析论——基于儒墨责任伦理比较视角》
董志铁:《儒墨之异同》
刘清平:《墨家为什么"绕不过去"?》
秦　淮:《墨家规范伦理学刍议》
薛柏成:《近十年来"儒墨关系"问题研究综述》
宋怡达:《墨家文化是消弭东西方文明冲突的文化本体》
赵富平:《世上第一支维和部队是怎样炼成的?》
李仕春　艾红娟:《墨子语言哲学观研究》
褚丽娟:《从清来华传教士"发现兼爱"谈儒墨关系的演变及启示》
宋赛花:《墨家的类推逻辑思想》
杨俊光:《关于卫聚贤撰"墨子研究"及其他》

解启扬:《墨子的理想国》
晋荣东:《"墨经""墨辩"和"辩经"析义——以20世纪40年代前的理解与使用为中心》
刘一石　梁　伟　倪　然:《墨子文化新媒体传播初探》
史党社:《秦末历史地位新评——重读何炳棣先生遗作》
孙卓彩:《论墨子的民生思想》
何　杨:《论"三表法"与〈墨经〉辩学之关联》
孙长祥:《墨学与墨辩理念意涵的再分辨——从道技观点的反思》
陈建华:《墨子"厚乎德行、辩乎言谈、博乎道术"的文化内涵及对现代职业教育的启示》
萧宏恩:《墨家生死观于当今医疗场域生死观之反思》
曹孟娟:《墨子"尚贤"主张对现代企业人力资源管理的启示》
符　腾:《解析〈墨攻〉的文化意义——十年后再观〈墨攻〉》
闫　平:《墨家兼爱思想及其对全球互联网治理的意义》
高媛媛:《翻译规范论视角下的〈墨子〉英译对比研究》
王玉堂:《墨子的治国理政思想及其当代意义》
宋守山:《"互联网＋"背景下媒介表达空间与墨学传播探析》
李　蔚　李　颖:《运用墨子的"节用"主张提高国防费使用效益》
陆启光:《试析墨子的职业教育目的观》
潘承铉:《古代中国史家的批判观点——以墨子、庄子、孔子为中心》
李启石:《墨子理想的"安生生社会"研究》
王　凯　唐亚华:《工匠精神的境界——从鲁班、墨子、庄子谈起》
唐武文　陈卫平　徐　瑶　钟　飞:《现代军队后勤呼唤当代"工匠精神"》
崔冰洋:《鲁班工匠精神与师徒传统》
薛　娟　钟　意:《〈鲁班经〉对明清设计活动的影响及探析》
王冬梅　马　晶　陆　瑾:《从风格学角度看中国北方鲁班像与南方鲁班像的异同》
姜　波:《"乡村记忆"背景下传统建造工具传承利用的思考——以山东传统民居建造工具为例》
王利华　杨明堂:《论鲁班精神的批判性》
杨　冬　亓慧超　聂怡丹:《鲁班文化与中国建筑文化建设的关系》

曲洪祎:《鲁班传说故事的形成与演变——以层累史观的视角》
侯延香　王　霞:《“互联网＋”时代鲁班文化资源数字化传承创新研究》
王胜永　尹慧杨:《鲁班文化对中国传统造园理念的影响》
王　辉:《论鲁班光辉下“匠人精神”的文化底蕴》
杨　冬　亓慧超　聂怡丹:《中国建筑文化的发展现状》
梁　飞:《鲁班文化的生态意蕴及其当代价值》
纪　燕:《生态美育在当代建筑类高校教育中之作用的探索研究——以鲁班文化中蕴含的生态智慧为切入点》
孙晓红　张　君　张晓迪　李宇明　张　童:《班墨文化特色旅游景观设计初探》
孙　薇:《浅论鲁班文化精神对建筑业知识型人才的激励作用》
邵长婕　鲁开国　张西锋　程　姗　陈　飞:《关于鲁班研究脉络及其精神实质的探究》
贾　芳:《3D 打印技术——鲁班文化的数字革命》

附录 2:2017 年墨学研究硕士、博士学位论文目录

陈　灵:《论鲁胜〈墨辩注·叙〉的逻辑思想》,湘潭大学硕士学位论文,2017 年。
陈锐兵:《墨子政治伦理思想的当代价值新探》,广西师范大学硕士学位论文,2017 年。
成凤梅:《墨子节俭思想及其当代启示》,湖南师范大学硕士学位论文,2017 年。
刁川夏:《墨子的勤俭思想及其当代价值》,山东师范大学硕士学位论文,2017 年。
李　璐:《墨子管理哲学思想研究》,西安建筑科技大学硕士学位论文,2017 年。
李　鑫:《从周秦诸子关系谈墨家的演变轨迹》,曲阜师范大学硕士学位论文,2017 年。
刘政源:《墨、孟天人观及其影响下的政治观念比较探析》,陕西师范大学硕士学位论文,2017 年。
吕天文:《马克思主义视阈下墨家政治思想研究》,哈尔滨工程大学硕士学位论文,2017 年。

孙文浩:《论墨子的管理哲学》,黑龙江大学硕士学位论文,2017 年。
王　鑫:《〈墨子〉"义"观念研究》,武汉大学硕士学位论文,2017 年。
王亚芬:《墨子兼爱思想及其对构建和谐社会的借鉴研究》,西安工程大学硕士学位论文,2017 年。
肖　兰:《马克思主义视域下的墨子消费文化研究》,长沙理工大学硕士学位论文,2017 年。
徐　露:《毛泽东伦理思想的墨家思想资源》,湖北省社会科学院硕士学位论文,2017 年。
许晓东:《环境伦理视域中墨子的生态消费思想研究》,厦门大学硕士学位论文,2017 年。
杨　璐:《〈墨子〉排比研究》,扬州大学硕士学位论文,2017 年。
尹莎莎:《先秦儒墨义利观研究》,贵州大学硕士学位论文,2017 年。
翟婷婷:《墨子"兼爱"研究》,青岛大学硕士学位论文,2017 年。
张　莹:《墨子"述作结合"教育思想及其价值研究》,湖南师范大学硕士学位论文,2017 年。
张　宇:《孟子对墨子的接受研究》,重庆工商大学硕士学位论文,2017 年。
刘晶晶:《大玄珍秘——〈方氏墨谱〉图像考辨》,中国美术学院博士学位论文,2017 年。
吴晓欣:《20 世纪初期的儒墨比较思想之研究》,武汉大学博士学位论文,2017 年。

2018 年

3 月 25 日，中国墨子学会青年研究会成立，第一届理事会议在滕州召开。

3 月 25 日，在深入贯彻落实党的十九大及习近平总书记关于传承、弘扬中华优秀传统文化系列讲话精神之际，经过一年的筹备，中国墨子学会青年研究会在滕州市成立并召开第一届理事会议。

会议由滕州市委副书记、市长刘文强主持。第八、九届全国政协常委、司法部原副部长金鉴，中国墨子学会会长、山东大学原党委书记李守信，原空军工程学院副院长、少将刘子贤，全国政协常委、中国墨子学会副会长、山东大学儒学高等研究院执行副院长兼《文史哲》杂志主编王学典，枣庄市副市长、滕州市委书记邵士官，滕州市委常委、宣传部部长朱晏辰，滕州市委常委、市委办公室主任薛登峰，滕州市人大常委会副主任郭传伟，滕州市政协副主席孙士泉，中国墨子学会副会长兼秘书长、滕州市政府党组成员、滕州市墨子研究中心办公室主任邵长婕等领导及 60 多位来自全国各地墨学研究青年学者和滕州市宣传系统、文化系统中层以上干部，各镇街宣传科科长、文化站站长，枣庄科技职业学院部分师生代表出席了会议。

中国墨子学会青年研究会是中国墨子学会的二级机构，由全国各大院校、科研单位研究墨学的青年学者，以及热心关注并支持墨学研究事业发展的青年人自愿组成的学术性非营利社会组织。中国墨子学会成立青年研究会旨在解决墨学文化在青年中传承、弘扬薄弱问题，引导更多的青年关注、了解、学习、研究墨家文化，为墨学研究事业培养更多的青年才俊，逐步完善中国墨子学会人才梯队建设。

邵士官指出，“墨子及其思想学说是中华优秀传统文化的重要组成部分，是齐鲁文化的珍贵遗产，是滕州最具竞争力和影响力的文化资源。党的十八大以来对传统文化的重视已经提到了前所未有的高度，习近平总书记多次在讲话中提到墨子和墨学文化，山东省委、省政府先后将‘墨子研究工程’列入首批齐鲁优秀传统文化传承创新工程重点项目；在《山东省传承发展中华优秀传统文化工作方案》中列入‘深化墨子思想学说研究’‘注重墨家文化的挖掘阐释’等相关内容；将墨学文化产业发展纳入曲阜优秀传统文化传承发展示范区和运河文化带建设工程，墨子和墨学文化正式纳入了山东省文化建设和文化产业发展大盘子。为更好地贯彻落实习近平总书记关于传承、弘扬中华优秀传统文化的系列讲话精神，在各级领导、专家学者的关心和大力支持下，从墨学研究工作实际及长远发展的角度出发，更加深入、广泛和持久地在年轻群体中弘扬、宣传、普及墨学文化知识，经过前期的共同努力，成立了中国墨子学会青年研究会，为墨学研究事业增添了新鲜血液，为墨学研究人才梯队建设提供了坚强保障”。

王学典向社会发布了《中国墨子学会 2018 年度研究课题》，朱晏辰宣读了《关于中国墨子学会青年研究会第一届理事会组成人员的批复》。中国墨子学会青年研究会会长廖理纯向大会汇报了青年研究会的前期工作和今后打算。刘子贤、金鉴分别作了热情洋溢的讲话，对中国墨子学会青年研究会提出殷切期望。

李守信在讲话中说：“中国墨子学会青年研究会第一届理事会的召开，标志着墨学研究工作进入了一个新的阶段，必将推动中国墨子学会各项工作的开展，尤其是墨学研究青年学者的培养和中国墨子学会人才梯队建设，必将为墨学研究传承创新提供新的动力、作出新的贡献。”

会议审议通过了中国墨子学会青年研究会章程、理事会组成人员名单及其他有关工作事项。

4 月 23 日，滕州召开市委常委会会议，研究山东墨子基金会工作，全力支持基金会开展工作。

枣庄市副市长、滕州市委书记邵士官主持召开市委常委会会议。会议讨论了山东墨子基金会相关问题，强调要全力支持墨子基金会开展工作，尽快把基金会做实做强。

会议传达学习了中共枣庄市委书记李峰同志在枣庄市重点项目集中开工

会议上的讲话，研究了学标对标、扩权强县及县域经济高质量发展、社会稳定、山东墨子基金会等有关工作。

会议要求，要大力传承弘扬墨子科技创新思想和鲁班工匠精神，与实施创新驱动、推动高质量发展有机结合起来，加快工业经济转型升级步伐。其中，墨子基金会要积极主动开展工作，充分发挥在弘扬中华优秀传统文化特别是墨子鲁班文化，以及在助推教育文化事业发展、推动科技创新等方面的重要作用。

6 月，李守信、邵长婕主编《墨子公开课》由商务印书馆出版发行，中国墨子学会第一副会长董沂峰作后记《学好用好墨子思想》。

“墨子公开课”是由滕州市委、市政府主办，《光明日报》(国学版)策划，山东大学儒学高等研究院作为教学单位，滕州市墨子研究中心办公室承办的国学系列公开课之一。《墨子公开课》是在“墨子公开课”课堂录音稿基础上整理而成的演讲体书稿。

墨子公开课这一创新形式，是贯彻落实党的十九大精神的重要举措，也是创新国学教育模式、全面整合各方优势资源，并转化成可为社会大众共享的公共文化资源的具体体现。墨子公开课的各位讲课教师均为国内外著名大学的知名教授及墨子研究领域的专家。他们治学严谨、学养深厚，他们的授课受到了学员们的热烈欢迎，不仅吸引了墨子故里的干部群众，也吸引了河北、广东、河南、陕西、湖北、北京、上海等其他省市的墨学爱好者前来聆听。

学好用好墨子思想

在这炎炎夏日，“国学系列公开课·墨子公开课”在我市正式开课了。这是我市文化事业发展中的一件大事、盛事，对于促进墨子文化的宣传普及，提升滕州的文化软实力，具有重要意义。

国学是民族之魂、立国之本，是我们每个人安身立命的根本，是我们的生命底色。习近平总书记指出：中华优秀传统文化是中华民族的精神命脉，是涵养社会主义核心价值观的重要源泉，也是我们在世界文化激荡中站稳脚跟的坚实根基。要加强对中华优秀传统文化的挖掘和阐发，努力实现中华传统美德的创造性转化、创新性发展，把跨越时空、超越国度、富有永恒魅力、具有当代价值的文化精神弘扬起来，把继承优秀传统文化又弘扬时代精神、立足本国又面向世界的当代中国文化创新成果传播出去。

墨子文化是中华民族优秀传统文化的重要组成部分。滕州作为墨子故里，传承好、宣传好墨子思想，弘扬好、应用好墨家文化的智慧，是我们义不容辞的责任。近年来，我们坚持“挖掘、开发、研究、普及、传承”并重，先后成功举办了十届国际墨子鲁班学术研讨会、五届墨子文化节，建设了墨子纪念馆，编辑出版了《墨子大辞典》《墨学大辞典》《墨子大全》等300余部学术作品，与20多个国家建立了学术联系。自2014年起，市委、市政府每年拨出专项经费，对墨学研究成果和学术新人等进行评选表彰，“墨子研究”工程成功列入了齐鲁优秀传统文化传承创新工程，有力推动了墨学研究的深入开展和墨子文化的传承普及。

公开课是当下开展国学教育的新形式、好方式。开设国学公开课，是深入贯彻落实习近平总书记大力弘扬中华优秀传统文化系列讲话精神的重要举措，也是加强国学教育的重要平台。通过这一平台，借助专家之力、名家之口和大家之言，有利于提升全民的人文素养，助推经济文化强市建设，促进我市经济社会的繁荣与发展。我们要充分用好国学公开课这一平台，珍惜难得的学习机会，静下心来，认真学习领会，及时消化吸收，不断提升自身的综合素质和人文素养。要坚持学思结合、学以致用，及时把从国学中领会到的修身之道、处世之道、用人之道和廉政之道转化为解决现实问题的智慧和力量，转化为提升能力、促进工作的扎实举措，在稳增长、调结构、促和谐、惠民生的工作实践中积极作为、建功立业，为加快建设幸福滕州做出新的更大贡献！

董沂峰

二〇一八年六月

6月，《墨子集释》编撰启动会议在滕州市墨子研究中心办公室举行。

6月7日，为认真贯彻习近平总书记关于弘扬中华优秀传统文化的指示精神，按照《山东省传承发展中华优秀传统文化工作方案》要求，中国墨子学会秘书处（滕州市墨子研究中心办公室）牵头组织，由中国墨子学会副会长、山东大学教授姜宝昌先生担纲主编的《墨子集释》编撰启动会议在滕州召开。

该书的编撰基于墨学研究的实际情况，进一步深入发掘阐发墨学经典，培育和锻炼秘书处青年学术力量。该书计划360万字,由中国墨子学会部分中青年学者以及秘书处工作人员共16人组成,姜宝昌教授担纲主编,采取老专家带徒弟的形式,认真组织教学授课和编撰工作。该书计划用3年左右时间完成编撰任务。

6月21日,枣庄市副市长、滕州市委书记邵士官调研墨子纪念馆改造及文化节筹备工作。

6月21日,枣庄市副市长、滕州市委书记邵士官调研墨子纪念馆改造工程及墨子文化节筹备情况。滕州市委常委、宣传部部长朱晏辰,副市长康凤霞参加调研。

在调研考察中邵士官指出,要高标准组织好墨子文化节。他说:“要不断创新节会的组织形式和活动内容,让更多的群众参与进来,体验创新,学习创新,让市民感受到强烈的思想冲击、视觉震撼,进一步掀起万众创新、全民创新的热潮。要进一步解放思想、整合资源,运用市场化等丰富手段,通过举办创新成果大赛、群众创新大讲堂、拍摄纪录片专题片等形式,深度宣传推介墨子科技创新文化和鲁班工匠精神,形成滕州历史文化的重要系列成果,打造独特的滕州文化品牌,为加快建设现代产业强市、生态文化名城、宜居宜业富裕美丽文明新滕州提供强大的文化软实力。”

在墨子纪念馆改造工程项目现场,邵士官指出,“墨子纪念馆改造是贯彻习近平总书记传统文化创造性转化、创新性发展的具体实践,要严格程序,精心组织,确保工程质量,确保工程安全,要向全市人民奉献一个精彩的纪念馆,打造成滕州一张亮丽的名片”。

7月,褚丽娟、解启扬主编《墨学:中国与世界》(第一辑)由华东师范大学出版社出版发行。

《墨学:中国与世界》(第一辑)从传统文化现代化与世界化的视角,选取近年学术界有关墨学研究的论文20篇,集中反映墨家思想与诸子思想的关系、墨学现代化的方法与路径、墨子思想的现代诠释、墨子思想与世界其他思想体系的比较研究。《墨学:中国与世界》(第一辑)强调在全球史观的立场上,呈现墨学与中国文化内部的思想及中国文化外部的世界其他文明的互动与交涉，致力于探索墨子思想的现代性转换，以期墨学思想成为当代中华文化的重要内容，并为世界文化的中国贡献做出自己的努力。

7 月 6 日，山东墨子基金会第五届第一次理事会召开，会议选举杨位明同志担任理事长，选举邵长婕同志担任秘书长，通过《山东墨子基金会章程》。

山东墨子基金会成立于 1995 年 8 月，注册资金 200 万元。该基金会的宗旨是：遵守宪法、法律、法规和国家政策，践行社会主义核心价值观；坚持“挖掘、开发、研究、普及传承”原则，组织和团结国内外墨学研究者开展学术研究，举办相关活动；奖励和资助对墨学发展有贡献的杰出人才，推动传统文化的创造性转化、创新性发展。该基金会的业务主管单位是山东省教育厅，登记管理机关是山东省民政厅。山东墨子基金会接受登记管理机关、业务主管单位的业务指导和监督管理。

山东墨子基金会自成立以来，在各级领导和社会各界的支持关心下，与中国墨子学会、滕州市墨子研究中心共同举办了十一届墨子国际学术研讨会、八届墨子文化节、四届鲁班文化节；参与编辑出版《墨子大全》《墨子训释》《圣匠鲁班》《鲁班的传说》等墨子鲁班方面的书籍 300 余部，约 7000 万字；积极组织开展了一系列公益慈善活动，为墨子鲁班优秀传统文化的传承和弘扬作出了积极贡献。

山东墨子基金会的领导机构是理事会，理事会有 11 位理事组成，理事长为法人，执行事务负责人为秘书长。第一届理事会成立于 1995 年 8 月，理事长为朱锡光同志，秘书长为张知寒同志；第二届于 1999 年 6 月换届，朱锡光为理事长，李广星兼任秘书长；2007 年 5 月 1 日，基金会换届选举董兴河同志为理事长，任守景同志兼任秘书长；2018 年 7 月 6 日，基金会第五届第一次理事会召开，换届选举杨位明同志为第三任理事长，邵长婕同志任秘书长，颜玉明同志为监事。

基金会下设综合管理部、合作交流部、财务处三个部门。

8月8日,中国能工巧匠金银纪念币(第1组)在滕州首发。

8月8日,由中国人民银行直属的中国金币总公司负责总经销的中国能工巧匠金银纪念币(第1组)在鲁班故里滕州市举办发行仪式。其中,5克金币(中国能工巧匠·鲁班)融入了“鲁班锁”“鲁班堤”等滕州元素。

发行仪式上,中国金币总公司副总经理张向军,滕州市委副书记、市长刘文强共同为中国能工巧匠金银纪念币(第1组)揭幕,并互赠鲁班纪念币和鲁班锁;滕州市委副书记刘光向中国金币总公司宣传信息部副总经理陈雁琳颁发金币收藏证书。

此次发行的这套金银币共两枚,包括5克金币和15克银币(中国能工巧匠·样式雷)各一枚,均为中华人民共和国法定货币。其中,金质纪念币以鲁班为题材,背面图案突出了滕州生产畅销世界的“鲁班锁”和位于滕州境内的“鲁班堤”,配以“尺规斧凿”等相传由鲁班发明的木工工具作为装饰,较好地体现了滕州作为鲁班故里的历史地位。金币的设计成功地将中国工匠精神与现代造币工艺完美结合,让古圣先贤的伟大创造在现代国家法定货币上重现生机。

今年恰逢鲁班诞辰2525周年,以鲁班为主题的中国能工巧匠纪念币(第1组)成功发行。为配合好此次金币的发行,滕州市墨子研究中心办公室多次派人员前往北京参与金币设计和方案评审工作,提供了“鲁班故里在滕州”“鲁班在滕州的历史遗迹”等方面大量参考资料。

10月11日,滕州市与山东大学举行合作座谈会。

10月11日,枣庄市副市长、滕州市委书记邵士官一行访问山东大学,并举行交流座谈会。山东大学党委书记郭新立会见了滕州市代表团一行,校党委常委、常务副校长王琪珑,校党委常委、宣传部部长桑晓旻,全国政协常委、山东大学儒学高等研究院执行院长兼《文史哲》主编、中国墨子学会副会长王学典参加座谈会。

会见中,郭新立充分肯定了市校双方多年来在研究墨子文化、弘扬中华民族传统文化以及推进人文、科技等方面取得的成绩。他指出,山东大学认真落实习近平总书记关于扎根中国大地办大学的指示要求,将山东省新旧动能转换重大工程、乡村振兴以及经略海洋等战略作为总抓手,旗帜鲜明地确立了服务山东战略，当前服务山东工作成效初显，得到了省委、省政府的充分肯定。他表示，与滕州市的合作是山东大学服务山东工作的重要组成部分，对双方未来合作充满信心，希望双方深化沟通合作，实现互利共赢。

座谈中，王琪珑介绍了学校的基本情况、发展定位及优势所在。他表示，多年来，山东大学与滕州以共建中国墨子学会为结合点，不断加强交流、深化合作，推进了墨学研究的深入发展。下一步，山东大学将坚定践行服务山东战略，以服务好国际墨子学术研讨会为契机，深入开展校地合作，助推滕州经济社会发展。邵士官代表滕州市委、市政府对山东大学多年来给予滕州的支持表示感谢。他介绍了滕州市经济社会发展情况，希望在现有双方合作基础之上，通过共建产学研合作平台等形式，将山东大学多学科优势与滕州的主导产业有机契合，助推滕州加快新旧动能转换。他表示将与学校共同办好墨子文化节，高水平推进墨子鲁班科技创新思想传承与实践的深化。

滕州市人大、市政协、市委办公室、市委宣传部、市墨子研究中心办公室、市科技局，山东大学党办校办、服务山东办公室、科学技术研究院、人文社科研究院、儒学高等研究院等部门和单位有关负责人参加活动。

10 月 27 日至 29 日，由中国墨子学会、山东大学、滕州市委市政府联合举办的第七届墨子文化节暨第十二届国际墨子鲁班学术研讨会在滕州召开。

由中国墨子学会、山东大学、滕州市委市政府联合举办的第七届墨子文化节暨第十二届国际墨子鲁班学术研讨会于 2018 年 10 月 27 日至 29 日在滕州市举行。第十二届国际墨子鲁班学术研讨会以党的十九大精神和习近平总书记关于弘扬优秀传统文化系列讲话精神为指导，以“墨子思想与文化自信”“鲁班文化与工匠精神”为主题，来自国内和韩国、日本、比利时、美国等国家的 120 多位墨子鲁班研究专家和嘉宾参加了活动。

28 日上午，在上善合唱团《墨子之歌》《鲁班颂》悠扬的歌声中，第七届墨子文化节暨第十二届国际墨子鲁班学术研讨会拉开了序幕。滕州市委副书记、市长刘文强主持开幕式。

滕州市委书记邵士官致辞。邵士官说：“墨子鲁班的科技创新思想，铸就了历史辉煌，至今仍闪耀着科学的光芒，激励着当代滕州人创新创造、锐意进取，谱写出新时代改革开放、高质量发展的崭新篇章。近年来，滕州相继建成中国科学院化工新材料技术创新与产业化联盟、中科院新材料技术(滕州)有限公司，开展科技成果中试及产业化基地建设。先后与山大、北理工、北航、浙大等著名院校合作建设省级以上科研平台91家，中国墨子学会、北航机床研究院、北理工鲁南研究院以及10家院士工作站、2家博士后工作站健康发展、充满活力。今年以来，滕州实施了墨子纪念馆升级改造工程，开展了墨子鲁班文化城保护性规划建设，厚积滕州历史文化的底蕴。”

中国墨子学会顾问、武汉大学教授朱传棨同志代表专家学者致辞。朱传棨教授在致辞中说：“墨家文化在中华优秀传统文化中享有重要的历史地位，是中国优秀文化的重要组成部分。秦汉以后墨家文化虽被排斥而‘中绝’，但其精华部分仍影响着主流文化的完善与发展。特别是社会历史发生社会变革时，墨家文化就兴起，其进步主张为变革者弘扬和传承。墨家的十大主张蕴含的优秀文化思想，是十分丰富的，它涉及社会物质生活和精神生活的方方面面。如兼爱互利的人际义利文化观、尚贤使能的贤良主政文化观、强力从事的务实文化的实践观、兼爱非攻的国际和平共处的文化观、节葬节用的移风易俗的文化观等，特别是其独特的科学技术文化观，值得当代作深入研究。”

山东大学常务副校长王琪珑同志致辞。王琪珑在致辞中表示，“按照习近平总书记扎根中国大地，创建世界一流大学的指示，学校从推进中国特色社会主义伟大事业的高度认识服务山东高质量发展的重大意义，明确服务山东是山东大学必须担当的历史使命。多年来，滕州市与山东大学共同努力，在机械制造、生物医药等领域开展了深入合作，尤其是在墨子鲁班文化的研究保护、传承发扬、宣传普及等方面做了大量工作。墨子文化节已经成为推动墨子研究的标志性活动，对于进一步弘扬中华优秀传统文化、提升墨子鲁班文化内涵、增强传统文化的国际影响力、加快发展区域特色文化具有重要意义”。

枣庄市副市长霍媛媛同志讲话。霍媛媛强调，“墨子是古代杰出的思想家、教育家、科学家、军事家和社会活动家，他崇尚科学、学贯文理，在力学、数学、光学等方面的一些创见与近代科学原理几乎完全相同，被后人尊称为‘科圣’。鲁班是古代能工巧匠和发明家的典范，其积极进取的创新精神和精益求精的‘工匠精神’，对中华民族精神有着深刻持久的影响。墨子鲁班文化博大精深，源远流长，是齐鲁文化的珍贵遗产，也是中华优秀传统文化的重要组成部分。顺应时代要求，认真研究、深入挖掘、大力传承墨子鲁班文化精神，是继承弘扬中华优秀传统文化的客观要求,也是地方党委、政府责无旁贷的重要责任”。

山东大学原党委书记、中国墨子学会会长李守信同志讲话。李守信指出,“墨子所创立的墨家学说,以其独到的见解、鲜明的主张,对整个中国文化发展都产生了深远影响。鲁班作为工匠,早已成为古代能工巧匠的符号,他以其丰富的发明创造、厚重的人文情怀,成为中国乃至世界科技史上最杰出的工匠大师之一。顺应时代要求,认真研究挖掘、大力传承弘扬墨子鲁班文化精神,对于实现中华民族伟大复兴的中国梦,具有重要现实意义”。他说:“习近平总书记关于复兴传统文化的一系列重要论述,为中国墨子学会未来开展墨子鲁班研究指明了方向、明确了目标、提供了根本遵循,希望墨子鲁班研究创作出更多代表时代、代表国家、代表学术发展新进展的研究成果,为积极传承和弘扬墨子鲁班的科技创新精神努力奋斗。”

山东省委宣传部副部长张卫华同志讲话。张卫华在讲话中指出,“举办墨子鲁班学术研讨活动和文化节会,是促进文化繁荣发展、助力文化强省建设的有力举措。近年来,滕州市委、市政府高度重视优秀传统文化传承发展,建设了墨子纪念馆、鲁班纪念馆,成功举办了多届墨子鲁班学术研讨会和文化节,积极弘扬墨子、鲁班强本节用、兼爱非攻、崇尚科学、勇于创新等优秀传统文化,成为激励人们团结友爱、开拓创新的精神力量。希望滕州市委、市政府和社会各界学者,进一步加强墨子鲁班文化的研究阐发,深入挖掘墨子的创新思想和鲁班的工匠精神,用优秀研究成果化人育人,努力打造立足山东、辐射全国、影响世界的墨子鲁班文化品牌,为新时代现代化强省建设作出新的更大贡献”。

山东省政协原副主席王志民同志讲话。王志民指出,“中国墨子学会、山东大学、滕州市委市政府联合举办的这次活动,是深入贯彻落实习近平总书记关于弘扬中华优秀传统文化系列重要讲话精神,不断把墨子、鲁班文化传承弘扬推向新高度的重要举措,也是对如何传承弘扬墨子、鲁班文化方法途径和体系所作出的积极探索。科圣墨子、工匠祖师鲁班是滕州人民的骄傲,也是山东人民和中华民族的骄傲。墨子、鲁班积极进取的创新创造精神对中华民族精神有着深刻持久的影响。顺应时代要求,认真挖掘研究,大力传承弘扬墨子、鲁班文化精神,无论对于实现中华民族伟大复兴的中国梦,还是振兴滕州市的各项事业,都有极其重要的现实意义”。

山东省人大常委会原副主任、中国墨子学会名誉会长王玉玺出席会议并与参会有关领导共同启动开幕式。

第七届墨子文化节暨第十二届国际墨子鲁班学术研讨会共组织十三项主题活动：

(1)第七届墨子文化节暨第十二届国际墨子鲁班学术研讨会开幕式。

(2)中国墨子学会会长会议。

(3)中国墨子学会第三届评选表彰颁奖典礼。

(4)第十二届国际墨子鲁班学术研讨会第一次全体会议。

(5)中国墨子学会职业教育研究会成立及揭牌仪式。

(6)山东大学、滕州市人民政府战略合作签署仪式。

(7)第一届滕州摄影装备展销会。

(8)滕州大数据产业园揭牌。

(9)第七届墨子文化节惠民文化演出。

(10)上善合唱团首演《墨子之歌》《鲁班颂》。

(11)墨子鲁班故里游。

(12)墨子纪念馆新馆开馆。

(13)第二次全体人员会议(闭幕式)。

10 月 27 日，中国墨子学会会长会议在滕州召开，听取关于近两年工作汇报，以及第三届评选表彰工作和相关节会筹备情况，充实调整中国墨子学会领导班子，滕州市委书记邵士官任第一副会长。

10 月 27 日下午，中国墨子学会会长会议在滕州滨江大酒店召开。会上，滕州市委书记邵士官致辞，中国墨子学会会长、山东大学原党委书记李守信发表讲话，会议听取了中国墨子学会副会长兼秘书长、滕州市政府党组成员、滕州市墨子研究中心办公室主任邵长婕所作的中国墨子学会近两年工作汇报、第七届墨子文化节暨第十二届国际墨子鲁班学术研讨会筹备情况及中国墨子学会第三届评选表彰情况汇报，学会各位会长就当前和今后学会工作发展进行发言。

会长会议由王学典教授主持。李守信、邵士官、朱传棨、姜宝昌、孙中原、秦彦士、陈克守、齐瑞端、谭家健、王学典、王崇杰、王凯、任守景、杜泽逊、邵长婕等领导参加了会长会议。

邵长婕同志向会长会议汇报了三个方面的工作：学会工作开展情况；第七届墨子文化节暨第十二届国际墨子鲁班学术研讨会的筹备情况；第三届评选表

彰工作情况。

(一)学会工作开展情况

在各位会长的支持和帮助下,在山东大学和滕州市委、市政府的关心支持下,秘书处按照《中国墨子学会 2017—2021 年工作规划》制定的工作要求,认真开展各项工作。

(1)人才队伍建设。要想做好墨学研究工作,服务好国内外专家学者,就必须要有一支业务过硬的队伍。为了锻炼、培养秘书处的业务骨干,在姜宝昌先生的带领下,秘书处业务骨干全部靠上开展《墨子集释》编撰工作,在工作实践中培养、提高秘书处工作人员的业务能力和水平。同时,王学典教授还为秘书处培养了一名墨学研究方向的博士生。在秘书处的帮助下,一名工作人员出版了专著一本;申报完成省、市各类项目 3 项。在社会层面,在得到李守信会长的同意后,成立了中国墨子学会青年研究会,旨在吸引更多的年轻人了解墨子、熟悉墨学文化从而热爱墨学文化,为墨学长远发展提供更多的后续力量。

(2)阵地建设。阵地建设分为两个部分:一是场馆阵地建设;二是业务阵地建设。2016 年以来,借助全社会弘扬传承中华优秀传统文化的大好形势,积极争取省、市相关部门的支持和帮助,取得了各方对墨子纪念馆、墨砚馆升级改造的政策和资金支持,并列入省、市建设重点工程。场馆硬件升级的同时,积极开展软件升级,多次一字一句地带领讲解员起草新馆的讲解稿,就讲解过程中的具体事项培训讲解员。在业务阵地建设方面,根据墨学的特点及当前社会发展的需要,成立中国墨子学会职业教育研究会,以在职业教育方面扩大墨学文化的影响力并为当今职业教育提供文化自信和理论源泉。

(3)宣传渠道建设。随着社会的发展和科技的进步,我们在墨学文化的宣传上实现了渠道多样性。在原有宣传渠道的基础上,我们开通了微信公众号、微博、头条号等宣传阵地,升级了“中国墨子网”“中国鲁班网”两大门户网站的功能性。委托山东交通学院,我们将《墨子大全》及其他墨学专著数字化后的成果,以及数字化后的 600 余册中华优秀传统文化典籍放到两大网站,以供广大网友查阅。

(4)墨学文化战略站位提升建设。紧抓当前国家高度重视中华优秀传统文化传承弘扬的历史机遇,多角度、深层次挖掘墨子鲁班文化精髓。经过全力攻坚,2016年"墨子研究工程"成为枣庄市唯一入列齐鲁优秀传统文化传承创新工程的重点项目,墨学研究工作实现了新的突破。2017年"墨家文化挖掘阐释""墨学研究发展口述史""《墨子传》""《墨子集释》""《墨子大全》补编"列入《山东省传承发展中华优秀传统文化工作方案》,标志着墨子和墨家文化被成功纳入全省文化建设和文化产业发展大盘子。两年来,在大事、难事、急事、要事比较多的情况下,秘书处在各位会长和各级领导的关心下,在山东大学和社会各界的帮助下,在滕州市委、市政府的领导下,不断凝心聚力、自我加压、攻坚克难,较好地完成了单位干部队伍建设、党风廉政建设、理论水平提升、服务水平提升等一系列工作。

(二)第七届墨子文化节暨第十二届国际墨子鲁班学术研讨会的筹备情况

为切实办好这次会议,滕州市委、市政府、市人大、市政协各位领导高度重视,专门成立了以邵士官书记任第一组长、刘文强市长任组长的节会筹备工作领导小组。邵士官书记、刘文强市长曾多次听取汇报,并从市财政安排专项会议经费。在有关各部门的大力支持下,根据国家、省有关节会管理规定,秘书处完善材料,严格程序,启动了会议的申办工作。滕州市政府制定了活动方案和应急方案,提请枣庄市政府向省政府上报了《申请召开第七届墨子文化节暨第十二届国际墨子鲁班学术研讨会的请示》。我们先后赴枣庄、济南20余次,与各级部门沟通、协商,严格程序,逐级审批。在逐级申办文化节的同时,山东大学向教育部报送了关于召开第十二届国际墨子鲁班学术研讨会的申办材料。经过不懈努力,文化节和研讨会申请分别通过省政府、教育部审批,从而为保证节会成功举办奠定了坚实基础。在申办会议的过程中,中共枣庄市委书记李峰、副市长霍媛媛给予大力支持和帮助。山东省政府办公厅、省文化厅有关领导高度关注,从而保证了会议前期筹备工作的有序进行。

我们在综合往届办会和国内著名专家推荐意见的基础上,根据墨子鲁班研究发展的新情况和新方向,初步拟定了研讨会邀请人员名单,邀请国内专家学者代表120人,并报经省清理和规范庆典研讨会论坛活动工作领导小组办公室审批同意,之后秘书处通过信件、电子邮件、电话等方式,向各位专家学者先后寄发了会议预备通知。此届研讨会共征集论文90余篇。

(三)第三届评选表彰工作情况

作为吸引培养人才的评选表彰机制,中国墨子学会评选表彰制度一经建立就得到了国内外墨学专家学者的积极响应。为做好第三届评选表彰工作,今年3月份,秘书处以中国墨子学会的名义公布了《中国墨子学会第三届评选表彰办法(暂行)》,组织成立了由王学典教授任主任的评审委员会,滕州市委、市政府对此高度重视,拨付专项经费给予保障。第三届评选共设三个奖项,分别是中国墨子学会墨子鲁班研究优秀成果奖、中国墨子学会墨子鲁班研究研究生优秀毕业论文奖、中国墨子学会国际墨子鲁班学术研讨会优秀论文奖。

截至今年5月,秘书处共收到参评专著96部,研究生毕业论文70篇、研讨会论文71篇,以及相关期刊论文若干。在前两届评选表彰活动的基础上,秘书处组织评审委员会专家在滕州多次召开会议进行初步筛选工作。8月初,在山东大学召开评审会议,经过充分讨论,以投票方式推选出各个奖项的获奖人选。其后,我们逐一征求评审委员意见,以确定最终获奖名单。评审委员会决定授予《墨家思想与马克思主义中国化引论》等3部著作、《"十论"的递增成形:对〈墨子〉中基本命题的追溯》等3篇期刊论文中国墨子学会墨子鲁班研究优秀成果奖;授予《墨子伦理思想研究》等10篇研究生毕业论文中国墨子学会墨子鲁班研究研究生优秀毕业论文奖;授予《以古鉴今论墨学的现代转化》等6篇研讨会论文中国墨子学会国际墨子鲁班学术研讨会优秀论文奖。对研讨会论文授予奖项是此次表彰的一个创新举措,体现了与时俱进、创新发展的理念。

会议充实调整了中国墨子学会领导成员,邵士官任中国墨子学会第一副会长。

10月28日,第三届评选表彰典礼举行,中国墨子学会发出表彰决定,以嘉奖在墨子鲁班研究中的优秀成果。

关于中国墨子学会第三届评选表彰的决定

为深入贯彻习近平新时代中国特色社会主义思想和党的十九大精神,进一步弘扬中华优秀传统文化,加快墨子鲁班文化研究的人才培养,凝聚墨子鲁班文化研究领域的各方力量,促进墨子鲁班文化的创造性转化和创新性发展,按照《中国墨子学会2017—2021年工作规划》,中国墨子学会、山东大学与滕州市委、市政府联合举办了中国墨子学会第三届评选表彰活动。根据《中国墨子学会评选表彰办法(暂行)》有关规定,在前两届评选表彰活动的基础上,评审委员会先后召开了多次会议,在众多申报材料和被推荐材料中认真审核、仔细比较,遴选出初步表彰名单,并上报中国墨子学会评选表彰领导小组审定,决定授予《墨家思想与马克思主义中国化引论》等3部著作、《"十论"的递增成形:对〈墨子〉中基本命题的追溯》等3篇期刊论文为中国墨子学会墨子鲁班研究优秀成果奖;授予《墨子伦理思想研究》等10篇研究生毕业论文为中国墨子学会墨子鲁班研究研究生优秀毕业论文奖;授予《以古鉴今论墨学的现代转化》等6篇研讨会论文为中国墨子学会国际墨子鲁班学术研讨会优秀论文奖。

希望受到表彰的各位学者以此次表彰为新的起点,珍惜荣誉,再接再厉,更好地发挥模范带动作用,在墨子鲁班文化研究领域推出更多优秀成果。希望广大从事墨子鲁班研究的同仁们,学习他们严谨务实的治学态度,紧紧抓住当前全社会大力传承和弘扬中华优秀传统文化的重大机遇,坚定文化自信,加强创造性转化和创新性发展,不断铸就中华文化新辉煌。

中国墨子学会

二〇一九年十月

中国墨子学会第三届评选表彰获奖名单

一、中国墨子学会墨子鲁班研究优秀成果奖(6项)

(一)专著(3部)

《墨家思想与马克思主义中国化引论》,作者:郑林华

《墨学大辞典》,作者:孙中原、邵长婕、杨文

《墨家"兼爱"法思想的现代诠释》,作者:马腾

(二)论文(3篇)

《"十论"的递增成形:对〈墨子〉中基本命题的追溯》,作者:〔比〕戴卡琳,发表期刊:《四川大学学报》(哲学社会科学版)

《原墨》,作者:郭万金、艾冬景,发表期刊:《文史哲》

《清华简与墨学管窥》,作者:刘成群,发表期刊:《清华大学学报》(哲学社会

科学版)

二、中国墨子学会墨子鲁班研究研究生优秀毕业论文奖(10 篇)

《墨子伦理思想研究》(博士论文),作者:郭智勇,田海平指导

《墨学与马克思主义中国化关系研究》(博士论文),作者:沈蹈,陈国庆指导

《墨家辩学“同异生是非”论研究》(博士论文),作者:张万强,杨武金指导

《墨家仁义政治哲学》(博士论文),作者:盖立涛,彭永捷指导

《发明诸子学——民国时期墨学争议再研究》(硕士论文),作者:宁腾飞,王学典指导

《墨子“尚贤”“尚同”研究》(硕士论文),作者:唐亚华,王凯指导

《〈墨子·非儒〉成篇年代考》(硕士论文),作者:卢晓霞,黄怀信指导

《〈墨子〉〈韩非子〉功利主义差异性研究》(硕士论文),作者:王家智,李振宏指导

《儒墨之争的突破——乾嘉墨学研究》(硕士论文),作者:薛风,姜建设指导

《鲁班文化对中国传统造园理念的影响研究》(硕士论文),作者:尹慧杨,王胜永指导

三、中国墨子学会国际墨子鲁班学术研讨会优秀论文奖(6 篇)

《以古鉴今论墨学的现代转化》,作者:李贤中

《〈小取〉“是而然”中的命题与词项问题》,作者:韩国建

《秦墨历史地位新评——重读何炳棣先生遗作》,作者:史党社

《墨子“厚乎德行、辩乎言谈、博乎道术”文化内涵及对现代职业教育的启示》,作者:陈建华

《儒墨比较研究概论》,作者:陈克守

《〈鲁班经〉对明清设计活动的影响及探析》,作者:薛娟、钟意

10 月 27 日,第一届滕州摄影装备展销会开幕。

作为墨子文化节主题展会之一,第一届滕州摄影装备展销会于 10 月 27 日在枣庄科技职业学院正式开幕。现场各类珍贵相机藏品吸引了众多市民驻足参观。

作为墨子文化节的主题展会之一,展销会现场展示了战国时期的墨子最早在《墨经》中记载的针孔成像的原理,全面系统地宣传了滕州作为创新创造前沿

历史城市的灿烂文化。现场打造了“小孔成像”原理演示区、藏品展示区、产品展销区、互动区、摄像画报展示区、电影展示区、“小孔成像”摄影作品展示区等七个展区,让市民近距离感受摄影艺术的独特魅力。

在藏品展示区,集中展出相机收藏爱好者收藏的各类珍贵藏品500余件,其中包括第二次世界大战等时期的间谍相机等,从不同角度展示摄影的魅力。滕州摄影装备展销会,对于宣传和推广墨子小孔成像原理,促进光学摄影设备的发展应用,挖掘和弘扬墨子的创新精神、鲁班的工匠精神,努力实现传统文化创造性转化、创新性发展,有着非同寻常的意义。

10月28日,中国墨子学会职业教育研究会揭牌。

经中国墨子学会批准,枣庄科技职业学院牵头组建中国墨子学会职业教育研究会,于10月27日召开成立大会,并于10月28日在第七届墨子文化节暨第十二届国际墨子鲁班学术研讨会开幕式上揭牌。

中国墨子学会职业教育研究会是中国墨子学会分支机构,枣庄科技职业学院作为牵头单位,是由全国各大院校、社会科学研究单位、研究墨子职教思想的学者和热心关怀并支持墨子职教思想发展的人士自愿参加的学术性非法人组织。研究会以复兴墨学为己任,以传承、弘扬、宣传、普及墨子职教思想为目标,促进全社会对墨子职教思想的认识和理解,促进墨子职教思想与现代职业教育的结合。

为进一步扩大研究会的影响力,提升学术研究水平,研究会邀请山东大学、中山大学、中国职业技术教育学会、教育部职业技术教育中心研究所、滕州市墨子研究中心和国内知名职业教育专家担任顾问和名誉会长。邀请国内150余所各大职业院校、社会科学研究单位、研究墨子职教思想的学者和热心关怀并支持墨子职教思想发展的人士积极参与研究会的各项工作。

枣庄科技职业学院党委书记、中国墨子学会常务理事侯同运兼任中国墨子学会职业教育研究会会长。

10月28日,滕州上善合唱团演唱《墨子之歌》《鲁班颂》为开幕式添彩。

墨子之歌

作曲:孙建军　作词:王牧天

历历古战国 悠悠两千载
刀光剑影攻伐急 战火四起盼凤来
和平使者墨子出 荡涤乌云见瑞霭
墨家正气凌霄汉 文明正义放异彩
墨子从古滕大地上走来 带着东夷文化的风采
带着天下大同的宏愿 利国利民 放眼世界
傲然立身天地间
侠肝义胆 英风浩气 巍巍盖世才……
墨子从平民百姓中走来 带着草根泥土的色彩
带着兼爱非攻的忠诚 摩顶放踵 为民情怀
凛然立身烽火中 止楚攻宋 赴汤蹈火
堂堂济世才……
墨子从科学巅峰中走来 带着前无古人的豪迈
带着逻辑思辨的天赋 小孔成像 领先世界
科圣自有大襟怀 独树一帜 风骚绝代
赫赫圣贤才……
历历古战国 悠悠两千载
四海升平看今朝 九州清晏好神采
科圣墨子光芒在 安居乐业幸福来
滕州人民齐努力 大步跨入新时代

鲁班颂

作曲:唐靖杰　作词:王牧天

山高水长 善国大地 岁月迢迢 似水流年两个世纪 百工祖师鲁班
依然活在世人的心里
啊 鲁班
劳工神圣的一面大旗 人们想着您人们记着您
景仰您纪念您 人们想着您人们记着您 景仰您纪念您

千年文明 万里河山 上下天地 永志不忘您的功绩
百工祖师鲁班 您是世人永恒的记忆 啊 鲁班
创造世界的人间圣手
人们学着您人们跟着您 长智慧通百艺
人们学着您人们跟着您 长智慧通百艺
啊 鲁班 遥望星空 足踏圣地 抚今追昔
高声赞颂旷世奇迹 大仁大义鲁班
平凡人也能开天辟地 啊 鲁班
造福百代的平民圣人
让世界更完美让世界更灿烂 更辉煌更壮丽
让世界更完美让世界更灿烂 更辉煌更壮丽
让世界更完美让世界更灿烂 更辉煌更壮丽

10 月 28 日,墨子纪念馆升级改造工程完成,新馆举行开馆仪式,正式向社会免费开放。

墨子纪念馆始建于 1993 年,占地面积 11000 平方米,国家 AAA 级旅游景区。2007 年投资 300 余万元进行改造提升。2018 年初墨子纪念馆再次进行升级改建,2018 年 10 月竣工并正式对外开放,总建筑面积 5800 平方米,总投资 6800 万元。

墨子纪念馆新馆设有两堂四厅一院,分别是兼爱堂、圣迹堂、人文厅、科技厅、军事厅、弘墨厅及墨子书院,同时还建有目夷亭和《墨子》原著石刻等。兼爱堂,以墨子雕像和名人评墨子为主;圣迹堂,主要绘有《墨子圣迹图》,展览墨子生平事迹;人文厅,主要展示墨子里籍考、墨子思想与墨家哲学成就;科技厅,主要展示墨家几何学、算学、光学、力学、时空观等;军事厅,重点展示墨子军事思想及防御措施;弘墨厅,展示历届墨学国际研讨会及墨子文化节盛况,厅内设有墨子影院,循环播放墨学研究最新动态和研究成果。

墨子纪念馆自 1993 年开馆以来,在弘扬优秀传统文化、宣传普及墨子思想、密切专家学者交流、展示推荐文化滕州等方面,发挥了不可替代的作用,但是随着时代的发展,人民群众对文化生活的需求的提高,对墨子纪念馆进行升级改造已成当务之急。滕州市委、市政府高瞻远瞩,果断决策,在龙泉广场区域的核心区内，率先对墨子纪念馆进行升级改造，并于4月18日正式开工建设。

在墨子纪念馆升级改造的设计论证、施工建设以及展陈布置期间，郭树清省长、王玉玺副主任、潘建伟院士、李守信会长、李峰书记、霍媛媛副市长、朱传棨教授、姜宝昌教授、王学典教授、孙中原教授、杨武金教授以及滕州文化人士等许多领导和墨学专家提出了许多宝贵的意见和建议。滕州市委书记邵士官、市长刘文强等几大班子主要领导和分管领导以及有关职能部门，多次组织座谈论证，深入现场调研办公，及时解决具体问题。年近八十的姜宝昌教授从2012年着手《墨子纪念馆升级改造布展文案》的写作工作，历经6个年头，数十次奔赴滕州及改造现场，逐字逐句逐条审查把关；有关建筑设计、装修布展及工程施工单位顾全大局，协作配合，科学施工，奋力攻坚，抢进度、控质量、保安全。

在墨子纪念馆升级改造规划设计布展过程中，滕州市墨子研究中心作为承建责任单位始终坚持以习近平总书记关于中华优秀传统文化创造性转化、创新性发展的要求为准则，把纪念馆升级改造作为贯彻落实习近平总书记视察山东讲话精神的具体实践，满怀高度的历史使命感和强烈的责任感，对每一个设计环节、每一处布展都力求做到精益求精。

在墨子纪念馆的外观设计上，参照了汉代建筑风格，使建筑形式与纪念馆的内容更加统一，入口处的东西双塔处理，强调了入口的标志性，既有传统建筑的神韵，又有现代建筑的风采，是一种传统与现代相结合的设计手法，突出了建筑的庄重感和纪念性，使建筑更加引人注目。纪念馆外观设计由深圳汇宇建筑工程设计有限公司完成，此方案获得深圳市2018年度建筑设计银奖。同时，通过对原建筑的合理改造、扩建，理顺了各个展厅之间的关系，使整个建筑群更加的合理、连续、顺畅。

在做好兼爱堂、圣迹堂、人文厅、弘墨厅的改造设计和布展的基础上，把改造的重点放在了科技厅和军事厅上。墨子的科技思想、军事思想在人类科学发展史上占有重要地位，通过对科技厅和军事厅的改造提升可以将其更准确、全面、艺术地展现在大众面前。

如何将佶屈聱牙的原典转化成大众易于接受并能参与其中、乐在其中的场景，确实是一项严峻任务。滕州市墨子研究中心与山东工艺美术学院王延宇教授为主的设计团队围绕布展大纲，历经多次设计、推论、座谈、修改，运用声、光、电等现代手段布展，努力实现墨子几何学、力学、数学、光学、物理学、宇宙观、声学等的科学展现与互动集合，使整个科技厅空间气势宏大，极富视觉冲击力。

军事厅则对墨子城守、战例、谱帖、号令、御防等进行了展示和互动转化，较好地展示了墨子的军事思想，提升了游客的参与度。

滕州市墨子研究中心作为工程项目的承建责任单位，全体干部职工在项目帮包领导滕州市政协孙士泉副主席的带领下，认真落实市委、市政府指示精神。在认真做好第十二届国际墨子鲁班学术研讨会、第七届墨子文化节、第三届评选表彰工作以及游客服务接待的同时，按照工程总体要求，依法依规科学组织施工，始终坚持进度质量与安全并重的原则，倒排工期，克服高温酷暑和夏季雨水多以及改造工程施工复杂的多重困难，全力推进项目建设，高标准高质量地推进工程建设，并于10月18日建成投入使用。不仅向全市人民交出了一份优异的答卷，更是一次优秀传统文化“双创”转化的有益尝试和实践。

10月，姜宝昌先生为墨子纪念馆新馆落成题写落成赋。

墨子纪念馆新馆落成记

戊戌秋阳　乐动万方　塔霁风云　塘映天光　郲城巍巍　荆水汤汤
楣丹耀目　馆舍更张　万品展物　廿亩见方　结体浑然　四厅二堂
圣容穆穆　尊训煌煌　名宿论墨　义理霈霶　兼爱非攻　尚贤节葬
施攻怀民　百代维纲　科技伦理　形数声光　华夏首作　寰宇共享
卫星天眼　孰与颉颃　家国御守　兵家典藏　真大手笔　洵雄篇章
省市玉成　千群共襄　揖让五馆　文化腑脏　教育方所　研讨苑阆
东风借力　挂帆续航　躬逢竣事　用祈祯祥

公元二〇一八年十月二十八日
山东大学姜宝昌撰文

10月28日至29日，参加第十二届国际墨子鲁班学术研讨会的专家学者围绕“墨子思想与文化自信”“鲁班文化与工匠精神”展开了热烈的研讨交流。

第十二届国际墨子鲁班学术研讨会共提交论文90篇，专著12部，主要包含以下几个方面：(1)关于墨家思想与文化自信；(2)关于《墨经》与科技思想研究；(3)关于墨子思想与人类命运共同体；(4)关于墨子逻辑、教育、伦理思想的研究；(5)关于墨学研究的发展及比较研究；(6)关于墨学研究的创新领域；(7)关于鲁班文化与工匠精神。

10 月 29 日，第十二届国际墨子鲁班学术研讨会举行第二次全体会议。

29 日上午，第二次全体人员会议举行，由中国墨子学会副会长兼秘书长、滕州市墨子研究中心办公室主任邵长婕同志主持。全国政协常委、中国墨子学会副会长、《文史哲》主编、山东大学教授王学典讲话，滕州市副市长康凤霞致闭幕词。

首先是各组召集人向全体人员作总结报告。上海古籍出版社副研究馆员韩国建总结第一组交流情况：第一组共 25 位专家作了主题发言。大家关注领域差别很大，收获很多启发。与会人员围绕“现代文化视野中的墨学”“《墨经》的科学宇宙观”“墨子的文学价值与历代评点”“墨子生卒年新考”“墨家关于理性与意志的思想”等论题展开讨论，取得了丰硕的研究成果。

中国墨子学会副会长、四川师范大学文学院教授秦彦士总结第二组交流情况：第二组主要围绕文化自信进行研讨，老中青三代学者的精诚合作与深入研讨，尤其是一大批青年学者的涌现以及他们所提供的高质量论文，更显示了未来墨学研究的光辉前景。朱传棨先生还提出墨学研究要走出本学术领域，更多地进入主流学术界，为墨学走向世界做出更多的努力。

山东省武所屯生建电厂厂长赵富平总结第三组交流情况：第三组广泛讨论了墨学传承普及问题，涉及影片制作、职业教育、文化推广等诸多方面。同时，围绕墨家思想研究、墨子墨家的考证、墨家科技理论与当今科技发展的论述、墨家工匠精神的论述等方面进行了讨论。

中国墨子学会副会长、青岛大学文学院教授王凯总结第四组交流情况：第四组主要围绕鲁班文化进行研讨，涉及“厚植工匠文化，培养工匠人才，培育工匠精神”“鲁班工匠精神及其在现代企业中的实践”“台湾鲁班信仰及巧圣先师庙宇之研究”“鲁班斗拱的历史演变考察”“鲁班口述史研究”等论题，既有经济领域又有社会领域的探讨，精彩纷呈，气氛活跃。

中国墨子学会副会长、全国政协常委、《文史哲》杂志主编、山东大学教授王学典就中国墨子学会下一步工作方向提出具体要求。他指出,此次大会的一大亮点是一批青年学者脱颖而出,展现出光明的学术前景。中国墨子学会经过二十多年的发展,成功凝聚了一批很稳定的墨子研究队伍,形成了一个比较稳定的、以墨学研究为中心的学术共同体,这个共同体以天下之利为利,用墨子精神研究墨家,必将会持续发展,不断扩大。他建议,要用创新的精神研究墨学,在学术会议的学术品质、组织形式等方面加大创新,抓住历史机遇、促进墨学复兴。

滕州市副市长康凤霞同志作此次研讨会闭幕总结。她对各位领导和专家学者的与会支持表示感谢。康凤霞指出,此次墨学研讨会在前几届的基础上有创新、有特色,是一次规格更高、更加开放、文章数量更多、质量更高、形式更加多样、成果更加丰硕的墨学盛会,达到了预想的目标。研讨会研究领域宽广,促进了不同学科、不同地区、不同研究领域的思想融合交流,开拓了大家的研究视野和方法。各个小组的分组交流总结汇报也很到位很详细,展现出了专业的业务素质、精深的学术研究,也映射出墨学事业蒸蒸日上、欣欣向荣的美好前景。康凤霞呼吁,各位领导、各位专家学者应共同致力于墨学事业的发展,为实现中华民族伟大复兴提供强大精神动力,为新时代中国特色社会主义文化建设提供智力支持。

12 月,袁行霈主编、姜宝昌解读《中华传统文化百部经典·墨子》由国家图书馆出版社出版发行。

该书分导读和墨子解读两部分,由姜宝昌先生对墨子的伦理、政治、经济、科学、宗教和军事进行了解读。

编纂《中华传统文化百部经典》就是在汲取已有成果基础上,力求编出一套兼具思想性、学术性和大众性的读本,使之成为广泛认同、传之久远的范本。《中华传统文化百部经典》所选图书上起先秦,下至辛亥革命,包括哲学、文学、历史、艺术、科技等领域的重要典籍。萃取其精华,加以解读,旨在搭建传统典籍与大众之间的桥梁,激活中华优秀传统文化的价值,用优秀传统文化滋养当代中国人的精神世界,提振当代中国人的文化自信。

此套书采取导读、原典、注释、点评相结合的编纂体例,寻求优秀传统文化与社会主义核心价值观之间的深度契合点。以当代眼光审视和解读古代典籍,启发读者从中汲取古人的智慧和历史的经验，借以育人、资政，更好地为今人所取、为今人所用。

12 月，王学典主编《滕州读本》由山东人民出版社出版发行，座谈会在滕州举行。

12 月 30 日，滕州市学习贯彻习近平弘扬中华优秀传统文化讲话精神研讨暨《滕州读本》出版座谈会举行。全国政协常委、《文史哲》主编、中国墨子学会副会长、山东大学儒学高等研究院执行院长王学典，山东省社会科学规划管理办公室主任杜福，山东人民出版社总编辑陈修亮，枣庄学院副校长明清河以及滕州市领导郜士官、李健、宗大全、朱晏辰等出席会议。

王学典在讲话中指出，“滕州是我省最具文化情怀和文化自觉的县级市。一直以来，滕州市高度重视中华优秀传统文化尤其是墨子鲁班文化的研究、传承和弘扬。下一步，滕州市要抓住国家对传统文化重视的历史机遇，加强与科研院所的沟通合作，加大地方传统文化的研究，创造弘扬传统文化的滕州新模式，为建设‘腾飞之城、上善之州’贡献更多文化力量”。

杜福在会上讲话。他说：“墨子思想是中华传统文化的重要组成部分。滕州市要按照习近平总书记关于中华传统文化‘四个讲清楚’的要求，深入挖掘墨子思想中的当代价值。要在国际视野中交流互鉴，把《滕州读本》翻译成外文对外推介。要从构建人类命运共同体的高度，加强对墨子‘兼爱、非攻’等思想的研究、阐释和宣传，让墨子文化在新时代进一步焕发出新的生机和活力。”

郜士官指出，“滕州是历史文化名城，在数千年的历史发展中，形成了深厚的文化积淀，诞生了一大批科技文化巨匠，奠定了滕州发展坚实的文化精神基石。《滕州读本》的出版，为滕州学习贯彻习近平总书记弘扬中华优秀传统文化精神、发展好地方特色文化提供了重要抓手。《滕州读本》启示我们，必须坚定文化自信，增强发展信心，在以习近平同志为核心的党中央坚强领导下，勇立潮头、加压奋进，大力培育文化核心竞争力，努力争创全国文明城市，在实现中华民族伟大复兴中国梦的征程中再立新功，为加快建设现代产业强市、生态文化名城、宜居宜业富裕美丽文明新滕州作出新的更大贡献”。

按照市委主要领导安排，为保障《滕州读本》编撰工作顺利进行，4 月初滕州市成立了以市政协主席宗大全为组长、郜长婕为副组长的编写工作服务保障组,具体工作由市墨子研究中心承担,张金星、张西峰、唐金具三位同志靠上服务。从4月到12月共计9个月的时间里,王学典教授以崇高的家乡情怀,带领编写组6名年轻学者先后8次赴滕州采编、通稿、修编,在工作繁重的同时投入了巨大的精力,以一位严谨的历史学家的视角,为滕州编写了一本权威的读本,给予滕州更加重要的历史定位,更加增强了滕州人民的自豪感和使命感。

《滕州读本》的出版,在滕州发展历史上具有里程碑的意义。

12月28日,滕州墨砚馆改造提升竣工启用座谈会召开。

12月28日,滕州墨砚馆改造提升竣工启用座谈会召开。山东省人大常委会原副主任、中国墨子学会名誉会长王玉玺,原济南军区联勤部部长张振德,武警山东总队原政委杨家杰,中国书协原副主席、山东省书协原主席张业法,山东省政协常委、人口与资源环境委员会副主任褚庆观,山东省委原副秘书长、山东省档案局原局长唐传喜,以及滕州市领导邵士官、刘文强、李健、宗大全、朱晏辰等出席会议。

王玉玺在讲话中说:"墨子思想博大精深,源远流长,是中华优秀文化的重要组成部分和重要的非物质文化遗产,也是滕州最具竞争力和影响力的优势文化品牌。希望滕州继续深入挖掘、研究墨学思想,积极传承并大力弘扬墨子精神。我将一如既往地关注家乡、支持家乡,积极宣传墨子思想,使之不断发扬光大,以此推动家乡经济社会实现又好又快发展。"

张振德说:"滕州高度重视文化事业发展,围绕墨子、鲁班文化,深入挖掘,科学规划,精心组织,打造了以墨子、鲁班为龙头的历史文化名片。作为一名滕州人,我深感自豪。今后我将继续关心支持滕州发展,为家乡发展作出自己应有的贡献。"

滕州市委书记邵士官在致辞中说:"滕州作为墨子鲁班故里、千年文化古县,一直以来坚持创新驱动、文化引领,有力推动了滕州发展,走在了全省县域发展前列。墨砚馆自建成以来,接待了大批的市民游客,在丰富市民文化生活、提高城市文化品位、提升城市文明素质方面发挥了重要作用。围绕贯彻落实习近平总书记关于弘扬中华优秀传统文化、发展地方特色文化、更好满足人民群众对美好生活新期待的要求,在省市领导的关心下,去年以来滕州组织实施了墨砚馆的升级改造提升工程,现在已正式竣工投入使用,必将在滕州打造现代产业强市、生态文化名城的过程中发挥重要的作用。下一步，滕州将进一步深入学习贯彻习近平新时代中国特色社会主义思想，推动优秀传统文化走进群众、服务群众，成为推动新旧动能转换的强大动力，努力把墨砚馆建设成为滕州的文化地标、市民的美育园地和城市的文明窗口。全市上下要大力弘扬墨子鲁班的科技创新思想、工匠精神，立足实际履职尽责，不断推动滕州文化事业迈向新的台阶。同时恳请各位领导、专家以及社会各界人士加强与滕州的交流合作，共同推动优秀传统文化繁荣兴盛。”

刘文强主持座谈会。王玉玺和邵士官共同为改造提升后的墨砚馆揭牌。

附件 1:“墨子公开课”十二位主讲人简介

郭齐勇，现任武汉大学哲学学院与国学院教授、博士生导师，兼任武汉大学哲学学院教授委员会主任、国学院院长、中国传统文化研究中心副主任及学术委员会主任、孔子与儒学研究院中心主任，是国家重点学科武汉大学中国哲学学科学术带头人，享受国务院政府特殊津贴。长期从事中国哲学史的教学与研究，专长儒家哲学与 20 世纪中国哲学，先后在海内外学术刊物上发表论文二百余篇。郭齐勇教授主讲第一讲“墨学概观”。

颜炳罡，山东大学儒学高等研究院副院长、教授、博士生导师，兼任尼山圣源书院执行院长、国际儒学联合会理事、中华孔子学会理事会副会长、山东周易研究会副会长、中华孔子学会副会长等。发起创立了旨在构筑民间传统文化的平台《心灯》报社，发起并参与创立了尼山圣源书院，参与组织世界文明论坛，创立复圣书院，支持济南民间创立济南市传统文化研究会，支持山东大学学生创立山东大学国学社。颜炳罡教授主讲第二讲“孔墨思想之比较”。

李贤中，台湾辅仁大学哲学研究所博士，现任台湾大学哲学系系主任、教授，曾任辅仁大学公共关系室主任、中西文化研究中心主任，东吴大学哲学系教授。李贤中教授同时还兼任中国哲学学会理事长、台湾哲学学会理事、台北城市科技大学董事、马君武博士哲学奖学金基金会董事。著有《先秦名家名实思想探析》《墨翟先生请留步》《墨子新视野》《墨学理论方法》等，合著《哲学概论》《中国哲学概论》等。李贤中教授主讲第三讲“墨子的兼爱思想及其价值”。

廖名春，清华大学历史系暨思想文化研究所长聘教授、博士生导师，韩国成均馆大学、台北东吴大学、高雄中山大学、台南成功大学客座教授。主要从事中国思想史、先秦典籍和出土简帛文献的研究和教学。著有《荀子新探》《郭店楚简老子校释》《中国学术史新证》《孔子真精神——〈论语〉疑难问题解读》等,在《哲学研究》《历史研究》《文史》《汉学研究》《道》等中外学术刊物上发表论文二百六十多篇。廖名春教授主讲第四讲"墨子的尚贤尚同思想"。

陈克守,曲阜师范大学文学院教授,中国墨子学会副会长,语言学硕士生导师。其主要研究方向是逻辑学与语言学,另外还对墨学进行了系统的研究。已出版学术专著及教材十余部,主持完成国家语委重点项目与山东省社科规划重点项目多项。2016 年荣获中国墨子学会墨学研究突出贡献奖。陈克守教授主讲第五讲"墨家的节俭思想积极意义"。

秦彦士,四川师范大学文学院教授,山东大学文学硕士,四川大学历史学博士,中国墨子学会副会长。1985 年考入山东大学攻读硕士期间即开始从事墨学研究,后来的硕士、博士毕业论文均为墨学研究。同时研究方向延伸至中国古代文学、历史、哲学及中西早期文化比较。秦彦士教授主讲第六讲"墨子的军事智慧与和平思想"。

杨武金,逻辑学硕士、博士。现任中国人民大学哲学院教授、博士生导师。中国墨子学会副会长、中国逻辑学会理事、中国逻辑学会中国逻辑史专业委员会副会长、北京市逻辑学会副会长。《职大学报》"墨学研究"专栏主持人,中国逻辑与语言函授大学兼职教授。主要研究墨学、中国逻辑史、现代逻辑与逻辑哲学及批判性思维等。著有《墨经逻辑研究》等著作。杨武金教授主讲第七讲"谈辩——墨家的逻辑与思维智慧"。

姜宝昌,山东大学教授,本科学物理,研究生攻文史。曾任山东大学中文系副主任、国际教育交流学院院长等职。现为中国墨子学会副会长。有专著《墨论训释》《墨经训释》《墨守训释》等。姜宝昌教授主讲第八讲"墨家科技思想及其成就"。

薛柏成,历史学博士,吉林师范大学教授、博士生导师,国家社科基金项目同行评议专家、吉林省拔尖创新人才、吉林省高校"双百"优秀人才。现任吉林师范大学中国思想文化研究所所长,学术兼职有中国墨子学会常务理事、中国民族伦理学会理事、中国先秦史学会理事、山东大学硕士生导师、吉林省周易学会副会长、吉林省历史学会常务理事等。主要著作有《墨家思想新探》《墨子讲读》等。薛柏成教授主讲第九讲"侠之大者——墨家的侠义精神与影响"。

李存山,曾任中国社科院《中国社会科学》杂志社哲学编辑室主任、杂志社副总编辑。2001年调入中国社科院哲学研究所，任研究员、博士生导师，兼任中华孔子学会副会长，中国哲学史学会副会长并《中国哲学史》杂志主编，国际儒学联合会理事并学术委员会主任。主要研究中国传统哲学、儒家文化，著有《中国气论探源与发微》《中华文化通志·哲学志》等，发表学术论文二百余篇。李存山教授主讲第十讲"墨子的天志、明鬼和非命思想"。

谭家健，1960年毕业后到中国社会科学院工作，现为该院文学研究所研究员，该院研究生院教授。曾经先后到新加坡国立大学、新加坡东方学院、马来西亚新纪元学院担任全职客座教授。在国内，曾担任中国古代散文学会会长、中国骈文学会会长、中国墨子学会副会长。在国内外出版著作二十余部，主要有《中国古代散文史稿》、《先秦文学史》(主编)、《墨子研究》、《墨子今注今译》(合著)、《墨子选译》(合著)等，其中五部获不同部门的奖励。谭家健教授主讲第十一讲"20世纪墨学之复兴"。

孙中原，中国人民大学哲学院教授，博士生导师，中国墨子学会副会长，曾任中国逻辑学会副会长、台湾东吴大学客座教授。1961—1964年师从中国科学院哲学研究所汪奠基、沈有鼎先生，专攻中国古文献和中国逻辑史，受考辨训练。研究逻辑学、哲学和中国传统文化。著《中华大典·哲学典·诸子百家分典》《墨子大辞典》《墨学大辞典》《墨学趣谈》等四十余种。编著《中华优秀传统文化大众化系列读物》丛书十五本。论文二百余篇。孙中原教授主讲第十二讲"墨学价值"。

附录2:《山东墨子基金会成员名单》

山东墨子基金会成员名单

理事长:杨位明

常务副理事长:邵长婕

副理事长:陈正德　王　伟

秘书长:邵长婕(兼)

理　事:杨位明　邵长婕　陈正德　王　伟　贾福军　王洪才　王　宏
张庆军　孟凡军　任水霞　魏尊宇

监　事:颜玉明

附录3:《山东墨子基金会章程》

山东墨子基金会章程

第一章　总则

第一条　本基金会的名称是山东墨子基金会。

本基金会属于不具有公开募捐资格的基金会。

第二条　本基金会的宗旨:本会遵守宪法、法律、法规和国家政策,践行社会主义核心价值观,弘扬爱国主义精神,遵守社会道德风尚,自觉加强诚信自律建设,坚持挖掘、开发、研究、普及传承原则,组织和团结国内外墨学研究者开展学术研究,举办促进墨学发展的各项活动;奖励和资助对墨学发展有贡献的杰出人才,推动传统文化的创造性转化、创新性发展。

第三条　本基金会的原始基金数额为200万元人民币,来源于个人捐赠。

第四条　本基金会坚持中国共产党的全面领导,根据《中国共产党章程》的规定,设立中国共产党的组织,开展党的活动,为党的组织的活动提供必要条件。

第五条　本基金会的业务主管单位是山东省教育厅,登记管理机关是山东省民政厅,本基金会接受登记管理机关、业务主管单位的业务指导和监督管理。

第六条　本基金会的住所是山东省滕州市塔寺路78号。

第二章　业务范围

第七条　本基金会公益活动的业务范围:

(一)用各种形式宣传本会宗旨,制定资金筹集、管理、使用制度和办法,向社会各界筹集资金,管理和使用好基金;

(二)设立各类专门基金和学术资金,制定奖励办法和表彰措施,对促进墨学发展作出贡献的杰出人才予以奖励;对给予本会财力物力支持者,按贡献大小予以不同形式的表彰奖励;

(三)制定活动计划,开展墨学研究,推动传统文化的创造性转化、创新性发展。

第三章　组织机构、负责人

第八条　本基金会由11名理事组成理事会。

本基金会理事每届任期为5年,任期届满,连选可以连任。

第九条　理事的资格:

(一)遵守宪法法律法规,拥护本基金会章程;

(二)热心公益事业,自愿为本基金会服务;

(三)具有完全民事行为能力;

(四)具有与业务工作相适应的工作阅历和工作经验,拥有良好的个人声望;

(五)具有较强的公益责任,能够遵循公平、公正、公开的原则,独立、客观、谨慎地参与议事决策;

(六)具有较强的议事决策能力、人际沟通能力;

(七)为本基金会筹划、捐款、管理作出贡献;

(八)由国内外文化学术界知名人士及其他赞成本会宗旨、热心文化和经济事业的人士担任。

第十条　理事的产生和罢免:

(一)第一届理事由业务主管单位、主要捐赠人、发起人分别提名并共同协商确定;

(二)理事会换届改选时,由业务主管单位、理事会、主要捐赠人共同提名候选人并组织换届领导小组,组织全部候选人共同选举产生新一届理事;

(三)罢免、增补理事应当经理事会表决通过,报业务主管单位审查同意;

(四)相互间有近亲属关系的基金会理事,总数不得超过理事总人数的1/3;

(五)理事的选举和罢免结果报登记管理机关备案。

第十一条　理事的权利和义务:

理事的权利:

(一)参加理事会会议,行使表决权;

(二)提议召开理事会会议;

(三)有权获得履行职责所需的与本基金会有关的信息和资料;

(四)有权在理事会上提出质询;

(五)有关法律、法规及本章程所赋予的其他权利。

理事的义务:

(一)谨慎、认真、勤勉地行使基金会所赋予的权利,以保证基金会的行为符合国家法律法规和基金会章程的规定;

(二)认真阅读基金会的各项财务报告,及时了解基金会管理活动状况;

(三)亲自、独立行使被合法赋予的职权,不得受他人操纵;非经章程允许或

者经理事会决议通过,不得将其职权转授他人行使;

(四)对重大事项做出决议时,征求有关专业人士的意见;

(五)接受监事对其履行职责的合法监督和合理建议;

(六)执行本会章程和工作计划。

第十二条　本基金会的决策机构是理事会。理事会行使下列职权:

(一)制定、修改章程;

(二)选举、罢免理事长、副理事长、秘书长;

(三)决定重大业务活动计划,包括资金的募集、管理和使用计划;

(四)年度收支预算及决算审定;

(五)制定内部管理制度;

(六)决定设立办事机构、分支机构、代表机构;

(七)决定由秘书长提名的副秘书长和各机构主要负责人的聘任;

(八)听取、审议秘书长的工作报告,检查秘书长的工作;

(九)决定基金会的分立、合并或终止;

(十)决定其他重大事项。

第十三条　理事会每年召开2次会议,理事会会议由理事长负责召集和主持。

有1/3理事提议,必须召开理事会会议。如理事长不能召集,提议理事可推选召集人。

召开理事会会议,理事长或召集人需提前5日通知全体理事、监事。

第十四条　理事会会议须有2/3以上理事出席方能召开;理事会决议须经出席理事过半数通过方为有效。

下列重要事项的决议,须经出席理事表决,2/3以上通过方为有效:

(一)章程的修改;

(二)选举或者罢免理事长、副理事长、秘书长;

(三)章程规定的重大募捐、投资活动;

(四)基金会的分立、合并;

(五)章程规定的重大慈善项目。

第十五条　理事会会议应当制作会议记录。形成决议的,应当当场制作会议纪要,并由出席理事审阅、签名。理事会决议违反法律、法规或章程规定,致使基金会遭受损失的,参与决议的理事应承担责任。但经证明在表决时反对并记载于会议记录的,该理事可免除责任。

第十六条　本基金会设监事1名。

监事任期与理事任期相同,期满可以连任。

第十七条　理事、理事的近亲属和基金会财会人员不得任监事。

第十八条　监事的产生和罢免:

(一)监事由主要捐赠人、业务主管单位分别选派;

(二)登记管理机关根据工作需要选派;

(三)监事的变更依照其产生程序。

第十九条　监事的权利和义务:

监事依照章程规定的程序检查基金会财务和会计资料,监督理事会遵守法律和章程的情况。

监事列席理事会会议,有权向理事会提出质询和建议,并应当向登记管理机关、业务主管单位以及税务、会计主管部门反映情况。

监事应当遵守有关法律法规和基金会章程,忠实履行职责。

第二十条　在本基金会领取报酬的理事不得超过理事总人数的1/3。监事和未在基金会担任专职工作的理事不得从基金会获取报酬。

第二十一条　本基金会理事遇有个人利益与基金会利益关联时,不得参与相关事宜的决策;基金会理事、监事及其近亲属不得与基金会有任何交易行为。

第二十二条　理事会设理事长、副理事长和秘书长,从理事中选举产生。

第二十三条　本基金会理事长、副理事长、秘书长必须符合以下条件:

(一)在本基金会业务领域内有较大影响;

(二)最高任职年龄不超过70周岁,秘书长为专职;

(三)身体健康,能坚持正常工作;

(四)具有完全民事行为能力。

第二十四条　有下列情形之一的人员,不能担任本基金会的理事长、副理事长、秘书长:

(一)属于现职国家工作人员的;

(二)因犯罪被判处管制、拘役或者有期徒刑,刑期执行完毕之日起未逾5年的;

(三)因犯罪被判处剥夺政治权利正在执行期间或者曾经被判处剥夺政治权利的;

(四)曾在因违法被撤销登记的基金会担任理事长、副理事长或者秘书长,且对该基金会的违法行为负有个人责任,自该基金会被撤销之日起未逾5年的。

第二十五条　本基金会理事长、副理事长和秘书长由中国内地居民担任。

第二十六条　本基金会的理事长、副理事长、秘书长每届任期与理事会届期相同,连任不超过两届。因特殊情况需超届连任的,须经理事会特殊程序表决通过,报业务主管单位审查并经登记管理机关批准同意后,方可任职。

第二十七条　本基金会理事长为基金会法定代表人。本基金会法定代表人不兼任其他组织的法定代表人。

本基金会法定代表人应当由中国内地居民担任。

本基金会法定代表人在任期间,基金会发生违反《基金会管理条例》和本章程的行为,法定代表人应当承担相关责任。因法定代表人失职,导致基金会发生违法行为或基金会财产损失的,法定代表人应当承担个人责任。

第二十八条　本基金会理事长行使下列职权:

(一)召集和主持理事会会议;

(二)检查理事会决议的落实情况;

(三)代表基金会签署重要文件;

本基金会副理事长、秘书长在理事长领导下开展工作,秘书长行使下列职权:

(一)主持开展日常工作,组织实施理事会决议;

(二)组织实施基金会年度公益活动计划;

(三)拟订资金的筹集、管理和使用计划;

(四)拟订基金会的内部管理规章制度,报理事会审批;

(五)协调各机构开展工作;

(六)提议聘任或解聘副秘书长以及财务负责人,由理事会决定;

(七)提议聘任或解聘各机构主要负责人,由理事会决定;

(八)决定各机构专职工作人员聘用;

(九)章程和理事会赋予的其他职权。

第四章　财产的管理和使用

第二十九条　本基金会的收入来源于:

(一)自然人、法人或其他组织自愿捐赠;

(二)投资收益；

(三)利息收入；

(四)政府补助收入；

(五)其他合法收入。

第三十条　本基金会接受捐赠，应当遵守法律法规，符合章程规定的宗旨和公益活动的业务范围。

第三十一条　本基金会开展公开募捐，应当取得公开募捐资格。

开展定向募捐，应当在发起人、理事会成员等特定对象的范围内进行，并向募捐对象说明募捐目的、募得款物用途等事项。重大募捐活动应当报业务主管单位和登记管理机关备案。

本基金会组织募捐，不得以任何形式进行摊派及变相摊派。

第三十二条　本基金会的财产及其他收入受法律保护，任何单位、个人不得侵占、私分、挪用。

第三十三条　本基金会根据章程规定的宗旨和公益活动的业务范围使用财产；捐赠协议明确了具体使用方式的捐赠，根据捐赠协议的约定使用。

接受捐赠的物资无法用于符合本基金会宗旨的用途时，基金会可以依法拍卖或者变卖，所得收入用于捐赠目的。

第三十四条　本基金会财产主要用于：

(一)设立奖励基金，对墨学研究作出突出贡献者予以奖励；

(二)资助国内外有一定影响的墨学研究项目；

(三)举办促进墨学发展的各项活动，开展国内外学术交流；

(四)培养墨学研究人才；

(五)搜集墨学研究资料，编辑出版墨学著作和墨学刊物；

(六)其它有关墨子鲁班文化事项。

第三十五条　本基金会的重大募捐、投资活动是指：

(一)定向、专项捐赠；

(二)文化产业开发。

第三十六条　本基金会按照合法、安全、有效的原则实现基金的保值、增值。

第三十七条　本基金会按照国家关于慈善组织开展慈善活动的年度支出和年度管理费用规定的标准执行。

(一)本基金会每年用于从事章程规定的公益事业支出，不得低于上一年总收入的70%(非公募基金会)；

(二)本基金会每年用于从事章程规定的公益事业支出，不得低于上一年基金余额的8%；

(三)本基金会工作人员工资福利和行政办公支出不超过当年总支出的10%。

第三十八条　本基金会开展公益资助项目，应当向社会公开所开展的公益资助项目种类以及申请、评审程序。

第三十九条　捐赠人有权向本基金会查询捐赠财产的使用、管理情况，并提出意见和建议。对于捐赠人的查询，基金会应当及时如实答复。

本基金会违反捐赠协议使用捐赠财产的，捐赠人有权要求基金会遵守捐赠协议或者向人民法院申请撤销捐赠行为、解除捐赠协议。

第四十条　本基金会可以与受助人签订协议，约定资助方式、资助数额以及资金用途和使用方式。

本基金会有权对资助的使用情况进行监督。受助人未按协议约定使用资助或者有其他违反协议情形的，本基金会有权解除资助协议。

第四十一条　本基金会应当执行国家统一的会计制度，依法进行会计核算、建立健全内部会计监督制度，保证会计资料合法、真实、准确、完整。

本基金会接受税务、会计主管部门依法实施的税务监督和会计监督。

第四十二条　本基金会配备具有专业资格的会计人员。会计不得兼出纳。会计人员调动工作或离职时，必须与接管人员办清交接手续。

第四十三条　本基金会每年1月1日至12月31日为业务及会计年度，每年3月31日前，理事会对下列事项进行审定：

(一)上年度业务报告及经费收支决算；

(二)本年度业务计划及经费收支预算；

(三)财产清册。

第四十四条　本基金会进行年检、换届、更换法定代表人以及清算，应当进行财务审计。

第四十五条　本基金会按照《基金会管理条例》规定接受登记管理机关组织的年度检查。

第四十六条　本基金会通过登记管理机关的年度检查后，将年度工作报告在登记管理机关指定的媒体上公布，接受社会公众的查询、监督。

第五章 终止和剩余财产处理

第四十七条 本基金会有以下情形之一，应当终止：

（一）完成章程规定的宗旨的；

（二）无法按照章程规定的宗旨继续从事公益活动的；

（三）基金会发生分立、合并的；

（四）连续二年未从事慈善活动的；

（五）依法被撤销登记或者吊销登记证书的；

（六）法律、行政法规规定应当终止的其他情形。

第四十八条 本基金会终止，应在理事会表决通过后15日内，报业务主管单位审查同意。经业务主管单位审查同意后15日内，向登记管理机关申请注销登记。

第四十九条 本基金会办理注销登记前，应当在登记管理机关、业务主管单位的指导下成立清算组织，完成清算工作。

本基金会应当自清算结束之日起15日内向登记管理机关办理注销登记；在清算期间不开展清算以外的活动。

第五十条 本基金会注销后的剩余财产应当在业务主管单位和登记管理机关的监督下，通过以下方式用于公益目的：

（一）应当在业务主管单位和登记管理机关的监督下，无偿捐赠给滕州市墨子研究中心墨子鲁班文化事业的发展；

（二）无法按照上述方式处理的，由登记管理机关组织捐赠给与本基金会性质、宗旨相同的社会公益组织，并向社会公告。

第六章 章程修改

第五十一条 本章程的修改，须经理事会表决通过后15日内，报业务主管单位审查同意。经业务主管单位审查同意后，报登记管理机关核准。

第七章 附则

第五十二条 本章程经2018年7月6日第五届第一次理事会表决通过。

第五十三条 本章程的解释权属于理事会。

第五十四条 本章程自登记管理机关核准之日起生效。

附录4:2018年墨学研究硕士、博士学位论文目录

曹子森:《墨家思想的工匠文化特征》,天津大学硕士学位论文,2018年。

陈　琪:《先秦儒、墨"智"范畴的比较研究》,黑龙江大学硕士学位论文,2018年。

付晶玮:《社会主义核心价值观视野下的墨家思想及其现实启示研究》,西华大学硕士学位论文,2018年。

江　晶:《墨子兼爱思想对共享发展理念的启示研究》,安徽农业大学硕士学位论文,2018年。

李永田:《墨子的道德教育思想及其当代价值研究》,西北师范大学硕士学位论文,2018年。

刘晓璇:《先秦时期儒、墨、道、法四家音乐批评的理论探讨》,西安音乐学院硕士学位论文,2018年。

刘英男:《〈墨子〉语言艺术研究》,山东师范大学硕士学位论文,2018年。

牛龙燕:《胡适墨家逻辑思想研究》,河北大学硕士学位论文,2018年。

王冬冬:《墨家装饰批判研究》,南京艺术学院硕士学位论文,2018年。

王晓宁:《墨子尚俭思想研究》,河北师范大学硕士学位论文,2018年。

王　宇:《墨子育人思想对我国现代职业教育改革与发展的启示研究》,山东师范大学硕士学位论文,2018年。

肖　晓:《墨子〈非攻(节选)〉教案研究》,聊城大学硕士学位论文,2018年。

熊　楠:《墨家组织管理思想的现代诠释》,西安建筑科技大学硕士学位论文,2018年。

杨金月:《墨子治道思想研究》,西南政法大学硕士学位论文,2018年。

于　然:《墨家思想的现代管理价值探究》,黑龙江大学硕士学位论文,2018年。

于　雪:《班墨文化主题公园景观设计研究》,山东建筑大学硕士学位论文,2018年。

岳　婷:《墨子立言观与〈墨子〉文体研究》,青海师范大学硕士学位论文,2018年。

赵丽萌:《先秦儒墨引〈易〉思想研究》,曲阜师范大学硕士学位论文,2018年。

周　蕊:《墨家廉政思想研究》,广西民族大学硕士学位论文,2018年。

金　鑫:《墨学接受研究(隋唐宋金元)》,华东师范大学博士学位论文,2018年。

2019 年

2 月,张希宇注译《墨子新解》由人民出版社出版发行。

该书将《墨子》全书 53 篇按内容重新划分为五编:墨论 23 篇、余论 7 篇、墨语6 篇、墨经 6 篇、墨守 11 篇。每编和墨论各篇都写有导语,每一篇都包括题解、原文、注释和译文四个部分。

3 月,孔德立《先秦儒墨关系研究》由学习出版社出版发行。

在先秦诸子争鸣的历史上,儒家和墨家之间的批判与相融,是中国思想史上特别值得关注的重要问题。

该书在绪论中首先提出问题,对有关儒墨关系研究的现状进行了分析梳理。在上篇综合研究中,作者分五章进行了分析研究:第一章,先秦诸子的起源与儒墨异途。第二章,儒家的兴起与重建礼仪之道的努力。第三章,墨家的崛起及主要学说。第四章,墨子非儒与孟子辟墨。第五章,荀子辟墨与儒学的新发展。在下篇又用三个章节进行了专题研究,分别是第六章,从"和""同"关系看先秦儒墨政治学的演进。第七章,"神道"何以"设教"——先秦儒墨的宗教思想。第八章,先秦儒墨伦理思想比较研究。从学术的角度勾勒出了儒墨关系发展的历史。该书为国家社科基金后期资助项目。

5 月 17 日至 19 日,由中国墨子学会、山东建筑大学、山东省工业和信息化研究院、滕州市人民政府联合举办的第四届鲁班科技文化节暨 2019 中国(滕州)第十二届机床展销会在滕州举行。

第四届鲁班文化节于2019年5月17日至19日在滕州市举行,会期3天。此届节会的主题是“弘扬鲁班工匠精神,推动高质量发展”。节会的任务目标是以党的十九大和十九届二中、三中全会精神为指导,深入贯彻落实习近平总书记关于弘扬中华优秀传统文化系列重要讲话精神和李克强总理“培育精益求精的工匠精神”的重要指示,以“弘扬鲁班工匠精神,推动高质量发展”为主题,进一步传承鲁班自主创新精神,挖掘滕州文化底蕴,彰显滕州历史名城魅力,推进中华优秀传统文化的时代化、特色化、大众化,不断扩大对外开放与交流合作,提升文化自信,为加快建设现代产业强市、生态文化名城、宜居宜业富裕美丽文明新滕州提供强大的精神支持。

枣庄市副市长、滕州市委书记邵士官在开幕式上致辞,他说:“本届鲁班科技文化节暨中国(滕州)机床展销会,精心设计了全市职工职业技能大赛、职工创新创造优秀技术成果展、首届滕州科技创新及工匠文化成果展、鲁班大讲堂、科技创新文艺演出等主题活动,传授新知、开阔视野、提升境界、增长见识,凝聚创新合力、创造伟力,努力把鲁班文化节办成传承弘扬科技创新思想和工匠精神、共享科技文化发展成果的盛会。”

武汉大学哲学院朱传棨教授,山东大学常务副校长王琪珑,中国机械工业联合会执行副会长杨学桐,住建部原副部长、中国建筑金属结构协会会长姚兵,中国老科协副会长、山东省老科协会长、山东省委原常委朱正昌等专家、学者、领导围绕“弘扬鲁班工匠精神,推动高质量发展”主题作了精彩发言。

第四届鲁班文化节着力在主题活动的“特”和“新”上下功夫,突出滕州地域文化特色和鲁班创新文化元素,精心设计了节会主题活动,努力为广大人民群众奉献一场集研究阐发、教育普及、保护传承、创新发展、弘扬优秀传统文化于一体的特色文化盛会。共组织开展了11项主题活动:(1)第四届鲁班文化节暨2019中国(滕州)第十二届机床展销会开幕式;(2)“鲁班杯”第二届滕州工匠颁奖典礼;(3)滕州市“双招双引”项目签约仪式;(4)“匠心传承,创新筑梦”主题邮展;(5)滕州市职工创新创造优秀技术成果及2019中国(滕州)第十二届机床展销会;(6)鲁班学术研讨会;(7)第四届鲁班文化节惠民演出;(8)滕州市第十四届(普鲁特杯)职工职业技能大赛;(9)鲁班大讲堂;(10)鲁班故里行;(11)鲁班诞辰2526周年纪念活动。

中国墨子学会名誉会长、山东省人大常委会原副主任王玉玺,枣庄市副市长霍媛媛等领导出席了开幕式。

5 月 18 日，滕州对外正式发布“新时代鲁班精神”。

5 月 18 日，第四届鲁班科技文化节暨 2019 中国（滕州）第十二届机床展销会盛大开幕。开幕式上，滕州对外发布“新时代鲁班精神”——传承规矩、创新创造、专注专研、精益求精。16 个字的“新时代鲁班精神”是为进一步传承、弘扬鲁班科技创新和工匠精神，符合近年来对鲁班精神的研究和当前新旧动能转换、高质量发展的要求。

7 月 17 日至 19 日，由中国墨子学会、中国孟子学会主办，孟子研究院、滕州市墨子研究中心承办的“儒墨对话高端论坛”在邹城、滕州两地召开。

此次“儒墨对话高端论坛”以“墨子孟子思想比较”为主议题，兼论“墨子与孟子政治思想、天人关系、伦理道德比较研究”“儒墨纷争与百家争鸣”等。清华大学国学研究院陈来院长等 20 余位国内顶级的专家学者出席此次活动，各位专家学者本着各自对墨子、孟子文化的了解和理解，以思考当代社会对墨子文化和孟子文化的关切，以主旨演讲和公开对话的形式发表各自的真知灼见。

此次高端论坛是历史上首次专门以墨子文化和孟子文化进行的思想对话，是在构建人类命运共同体语境下对中华优秀传统文化之间融合发展的积极尝试。

7 月 17 日，“儒墨对话高端论坛”在孟子故里邹城开幕，“学孟子 · 行善举”志愿者、儒学爱好者等百余人参加。论坛以墨子、孟子思想比较为主议题，在此期间，各位专家学者围绕墨子与孟子政治思想、天人关系、伦理道德比较研究，儒墨纷争与百家争鸣，墨子与孟子中国文化史地位比较研究等展开深入研讨交流，共同推动儒学和墨学的交流互鉴。

开幕式前，“学孟子 · 行善举”志愿者艺术团带来歌曲《孟子》，助力论坛成功举办。随后，孟子研究院特聘副院长、中国社科院研究员李存山，孟子研究院副院长袁汝旭代表孟子研究院，中国墨子学会副会长、中国人民大学教授孙中原，滕州市墨子研究中心办公室主任邵长婕代表滕州市墨子研究中心，互相赠送《孟子文献集成》和《墨子大全》等书籍。

在主题发言阶段，孟子研究院秘书长、中国人民大学国学院副院长梁涛，中国墨子学会副会长、中国人民大学教授杨武金，北京交通大学教授、孟子研究院特聘专家孔德立，中国墨子学会常务理事、吉林师范大学教授薛柏成分别作了题为“孟墨对话与儒墨互补——以《孟子》中的两次儒墨对话为例”“墨家的兼爱论及其与儒家的争论”“儒墨之争与早期儒学的传承创新”“‘儒墨互补’视域下孟墨关系研究”的主题发言。

孟子研究院学术委员会主任、清华大学国学研究院院长陈来从儒墨的互补关系、仁爱与兼爱的关系和有待厘清的问题等方面对主题发言作了精彩点评总结。他指出，从墨子大量使用仁义，引用《诗经》《尚书》等经典来看，儒墨两家同出一源，但墨又别子为宗；仁爱与兼爱的关系在孟子时代是十分紧张的，但从汉代到北宋这种紧张关系则得到大大缓解。在核心价值上，儒墨两家都认同普遍之爱，但具体实践原则有所不同。

中国墨子学会顾问、武汉大学教授朱传棨，山东省政协原副主席、墨子研究院院长王志民在开幕式上讲话。

儒家思想和墨家思想源远流长而且影响深远，都是中华优秀传统文化的重要组成部分。论坛的举办为专家学者的交流与研究搭建了一个广阔的平台，对促进学术交流，推动儒学和墨学研究互融互通具有重大的现实意义，对推动中华优秀传统文化的创造性转化与创新性发展具有重要的时代价值。

7 月 18 日，在滕州，出席“儒墨对话高端论坛”的专家学者参加参观墨子纪念馆等一系列活动。

7 月 18 日，与会专家学者首先参观了墨子纪念馆、滕州市博物馆、滕文公台及文化旅游项目，后参加了两场分组论坛，专家们各抒己见，现场精彩纷呈，给与会观众呈现了一场文化盛宴。

7 月 19 日，由中国墨子学会、中国孟子学会主办，孟子研究院、滕州市墨子研究中心承办的“儒墨对话高端论坛”在圆满完成各项议程后胜利闭幕。

山东省政协原副主席、孟子研究院特聘院长王志民，清华大学国学研究院院长陈来，武汉大学教授朱传棨，中国社科院研究员李存山，中国人民大学教授孙中原，山东大学教授姜宝昌，孟子研究院党委书记赵永和，以及滕州市领导刘文强、李健、宗大全、朱晏辰出席闭幕式。

王志民在讲话中指出，“滕州和邹城都具有丰富的历史文化底蕴和丰富的优秀传统文化资源，多年来两地领导班子秉承不忘初心、牢记使命的信念，紧紧按照习近平新时代中国特色社会主义思想要求，深入贯彻落实党的十九大报告的具体指示，开展了一系列卓有成效的工作，经济、社会、民生、文化等各方面都取得了可喜的成绩，特别是在弘扬传承中华优秀传统文化方面更是走在了其他兄弟县市前列，取得了一系列有目共睹的成绩。‘儒墨对话高端论坛’已落下帷幕，但儒墨融合发展的新里程却刚刚起步，我们共同描绘的文化交流融合的新图卷才刚刚展开。希望与会人员以中国墨子学会和孟子研究院为平台，继续举办好各种有利于中华优秀传统文化弘扬和宣传的活动，努力将滕州市、邹城市打造成为弘扬中华优秀传统文化的窗口，大力加强中华优秀传统文化的交流与合作，并努力推动向更高层次、更广领域迈进，为谱写中华优秀传统文化的新篇章、助推中华民族伟大复兴的中国梦、共同构建人类命运共同体作出新的贡献”。

滕州市委副书记、市长刘文强在讲话中代表滕州市委、市政府对此次论坛的成功举办表示祝贺，向一直以来对论坛和滕州发展给予关心支持的与会领导、专家学者表示感谢。刘文强指出，“参加此次‘儒墨对话高端论坛’的各位专家，代表了当前孟子、墨子研究的最高学术水准。专家们通过积极探索儒墨两家之异同，碰撞出了光彩夺目的思想火花，取得了丰硕成果。不仅让我们领略到中华优秀传统文化的独特魅力，更让我们看到了儒墨互相促进、融合发展的美好前景，必将开启墨子文化与孟子文化传承发展的崭新篇章。下一步，我们将认真践行习近平总书记关于弘扬中华优秀传统文化的重要指示精神，与孟子研究院、与各位专家学者加强交流合作，共同推动儒墨文化更好地发扬光大。我们将把传承弘扬儒墨文化与落实新发展理念、创建文明城市、推动高质量发展有机结合起来，努力让儒墨文化在新时代落地生根，放射出更加绚丽的光彩”。

姜宝昌在学术总结中对与会专家、教授在儒墨比较研究、墨子与孟子思想比较、儒墨纷争与百家争鸣、墨子孟子与中国文化史等方面的论文成果进行了公允的评价，客观总结了与会专家从不同角度、不同方面对儒家与墨家思想的分析研究。这种“儒墨互补”方法论,对于当前撷取百家精华,传承弘扬中华优秀传统文化具有非常重要的指导意义。

滕州市委常委、宣传部部长朱晏辰主持闭幕式。

北京大学、中国人民大学、扬州大学、四川师范大学、曲阜师范大学、中山大学、北京交通大学、上海财经大学、青岛大学、吉林师范大学教授,以及天津社会科学院副研究员、北京外国语大学讲师等也出席闭幕式。

7月17日,孟子研究院学术委员会主任、清华大学国学研究院院长陈来教授针对“儒墨对话高端论坛”各方发言作了题为“从‘儒墨不相用’到‘儒墨必相用’”的精彩点评。

陈来教授认为,在古代儒墨是对立的,儒墨互补已经是今天大家普遍都接受的一个提法。时代不同了,如果今天我们以儒墨互补的观点来表达我们的认识,那就是“儒墨必相用”的立场。陈来教授说,从“不相用”到“必相用”,这恐怕是今天我们大家的共识,当然,对儒墨关系具体的讨论,可能还有一些不同的解读。随后,陈先生从六个方面具体进行了总结。现摘录如下:

1.“儒墨互补”这个观点,如果从历史上、根源上来讲,就是儒墨“本同一源”。墨子应该是出于儒家,那我们怎么论证呢?有两个证据,首先就是墨子毫无障碍地大量地使用“仁义”二字,这些概念原本来源于儒学。因为我们知道道家长时间对“仁义”是很忌讳的,“大道废,有仁义”“绝仁弃义”,道家是明确反对“仁义”的。所以在与儒家不同的学派里面,唯有墨子没有任何障碍地、很顺理成章地大量运用“仁义”,而且“仁义”的连用在孟子之前就运用了。很明显,墨子的思想渊源是与儒家有一定的关系。

其次就是如果看先秦各家各派的学术文献,孔德立先生认为墨家同儒家一样,也是喜欢引用《诗经》和《尚书》,有些语式都很相近。所以从这个意义上来讲,墨子从根源上来讲应该是出于儒家。所以,他在思想观念和表达形式上与儒家有很接近的地方。

因此,儒墨关系如果用两句话来概括其根源性,第一句话叫“同出一源”,第二句话叫“别子为宗”。《礼记》讲“继别为宗”,后来牟宗三先生特别喜欢讲“别子为宗”,就是“另外立宗”。我们借用这个话头,墨子的情况很像是这样,就是他本来是出于儒家，但是由于他对儒家有所不满，所以他别立宗派，成为大宗，与儒家并称为显学。所以，一方面是同出一源，另一方面是别子为宗，从根源上来讲墨子很像儒之别子，但是他另外立宗了。所以，我觉得从根源上来讲，儒墨之间有一致的地方，所谓“同出一源”，这是我一个想法。

2.另外一个就是关于大家集中讨论的“仁爱”问题，即“仁爱”和“兼爱”。我想“仁爱”和“兼爱”的紧张，如果说在孟子时代是把它的对立紧张推到最大的程度，应该说从汉代以来到北宋时期，这个紧张早已经大大缓解了。汉代董仲舒已经承认了“兼爱”的概念。北宋的儒学家，特别是理学，认为“仁者以天地万物为一体”，这与“兼爱”的精神是相通的，所以才有杨时的提问。在宋代，除了在解释《孟子》的时候需要提到这个问题，儒墨之间在“兼爱”问题上的对立紧张应该说早已经大大消解了。北宋“万物一体”的概念，肯定了“兼爱”的精神，不再像孟子那个时代，把它推到极端，加以否定。在这个意义上应该说在核心价值上，儒墨共同肯定了这个普遍价值，这个普遍的“仁爱”被儒墨两家共同确立为核心价值。在这点上应该说他们都对中国文化作了自己的贡献。

但是在理论上不等于没有差异。在一个价值的体系里面，不仅要有普世的“理想原则”，还要有能够具体入手的“实践原则”。理想原则与实践原则怎么结合起来？不同的学派应该有不同的讲法。刚才大家已经讲了，现在大家不会再用“无父”这种极端化的，甚至歪曲对方的讲法，来刻画墨家的理论。但是“无父”这个讲法里面，也提示了孟子对于彼此在实践原则上的一些差异的认识，而不仅仅是一个谩骂，一种极端化。什么意思呢？他虽然用了这个极端的“无父”的形式，但是他实际上是指出，墨家在实践原则上是根本否定儒家“亲亲”的原则。梁涛先生在文章中讲到，儒家从“孝悌”“亲亲”之爱出发，到承认普遍之爱具体实践要从“孝悌”“亲亲”出发。“亲亲”应该说是儒家实践原则的第一步。从这个意义上来讲，孟子“无父”的这个讲法，如果我们加以一点重新了解，他在那种将对手极端化的情况下，他要用“无父”这个讲法，凸显出墨家对儒家所强调的实践原则的根本否定。从这个意义上来讲，我们对“夏道”要有一个分析，就是关于说墨家“背周道而用夏政”的问题。如果依照《礼记》的讲法，夏道“亲亲”，周道“尊尊”。但是我们看墨子用的夏道其实不包括“亲亲”，而“亲亲”是儒家在讲普遍“仁爱”理想原则的前提下所讲的一个实践原则。

墨家的实践原则到底是什么？大家还可以再总结。根据刚才大家的讲法，我觉得应该是“互利”。如果在普遍之爱这个理想原则下，儒家比较强调“亲亲”,并作为实践原则入手处;墨家应该是强调“互利”,“兼相爱,交相利”或者说“交利”这样的入手处。儒家对“仁”的理解,孟子讲到“仁之实,事亲是也”,所以“亲亲”是儒家对于“仁”的入手的实地的一种肯定。所以我想,儒家墨家的核心价值上,在普遍理想上是一致的,但双方的实践原则有所不同。这个是应该被承认的,没必要否认。

3.关于“兼爱”的原则的着眼点,在孔德立先生的报告里有一个讲法,我觉得也是值得关注的。如果说两家都是对普遍之爱这个理想原则作了肯定,那么墨家的这种肯定有什么特点?孔德立先生在报告中所表达的是:墨家对“兼爱”的肯定,它的直接意义上是面对当时的兼并战争。战争爆发的根源在于人们各事其亲,有鉴于此,墨子提出“兼爱”的主张。所以要说特点,墨子的“兼爱”更多针对的是当时的国与国的战争,因此这个思想的提出更多的是关注战争与和平、国与国之间的关系。所以这个原则应该说主要不是作为社会伦理问题来提出的。但是孟子可能把墨子的重点在理解上作了转移,就把这个思想更多地是从血缘宗法社会的伦理来认识,提出了自己的批评,认为墨子的“兼爱”不能作为一个血缘宗法社会的基本伦理。

在孔德立的报告中,他首先提出兼爱是对当时战国普遍的这种战争和被破坏的国际关系。儒家“仁”的观念,孔子提出来的时候它可以包含国际关系,但不是着眼于国际关系,它是着眼于当时的社会伦理,这是一个重要的差别。

4.从这一点上,我又对孔德立的这个报告提出一点疑问,就是孔子提出“仁”的时候,“仁”这个概念已经成为一个超越了血缘宗法关系的普世价值。在这样的情况下,如果过分强调儒家讲的是贵族的文化,墨家讲的是平民的文化,过分强调这个对立,恐怕就忽略了两方都具有的这种普世价值的意义。

当然,孔子所讲的这些文化理想里面,往往有很多贵族文化的东西,这是没有疑问的。而墨子思想,毫无疑问它很多地方代表小生产者的思想立场。但是我们在看到这个的同时,还要能看到它所包含的普世意义,仅仅过分强调贵族和平民的这种区别,是有见于别,但无见于同。因为在贵族文化里面也会见到普遍性价值,马克思主义的观点也是这样的。在社会分工早期,只有在提供劳动剩余的情况下,只有在贵族文化里才能真正发展人类的智力和其他价值包括文学、艺术的价值。所以为什么在希腊的奴隶社会,在奴隶主的阶层里才能够产生那些伟大的艺术,而不是在其他的奴隶阶层里面产生,这点马克思、恩格斯早已讲过。

因此，在贵族文化里面，它发展出来的并不是仅仅代表贵族，它可以是代表人类的审美、道德意识。因此从这个角度来讲，墨家对周道的反对，有一些不能不说它是有所“蔽”。荀子讲墨家的“蔽”，就是对文明和文化意义理解上的“有蔽”。他只看到对社会财富的这种大量的花费，比如说“非乐”，没有正面看到“乐”本身作为人类文化发展的意义。包括厚葬，厚葬里面所累积的价值是人作为一个人对于亲人的道德感情，对于父母“不忍”，“不忍”就是一种道德感情，它是人类社会历史上不断积淀出来的文明。

应该说，墨家反对儒家更多的是儒家所传承和赞成的“礼”的方面，即周礼的“礼”，周礼也是周道的一部分。但不是绝对的，墨家对周礼的反对里面，对于祭祀天这个“礼”不管是由谁来祭祀，对于祭祀天的“礼”还是肯定的，他不是完完全全的反对。所以在这一点上，我们看到双方虽然有贵族文化和平民文化的区别，但是应该有一个辩证的判断。一方面就是我们讲贵族文化里面也有普世的东西；另一方面在反对贵族文化的时候，有可能减损了贵族文化里面所代表的一般文化发展的意义。

5.还有一部分问题，我认为儒墨双方是“各有所见”。其中两个比较集中的问题，一个就是“利”，孟子强调义利之辨，有他自己的道理，但是墨子对“利”的肯定也有其道理。这是在不同的方面，不同的问题，甚至不同的层次上，各有所见，所以要各自都有所肯定。再一个就是关于“命”，因为墨家对儒家“命定论”有很强的否定，体现了一种强力的精神，这种强力的精神我们也不能简单说它代表平民还是生产者。强力也是一种很珍贵的精神。但是对儒家关于“命”的观念，是不是要完全否定？没有意义？也不一定。“命”对必然性的一种认识，在当时的历史条件下，直到今天我们还摆脱不了这个“命”的概念，可见这个“命”的概念也有它历史的合理性。近代以来我记得梁任公给人家写对联的时候，就特别喜欢表达墨家的力命思想。如 1926 年，北师大的学生李任夫与楚中元来求字，梁给李任夫的对联是“万事祸为福所依，百年力与命相持”，就是以力抗命，命可能是有的，但是要用力与命抗争，可见近代中国思想家很赞成墨家的思想。所以我觉得像包括“命”的问题，应该是不是也可以说各有所见？两家的思想中有相当一部分是属于各有所见，因此不是简单的谁对谁错，谁是谁非。

6.最后一个我想提的问题，也是需要厘清的问题。这个要厘清的问题，一个方面是指在原始文献里面，儒墨的相互理解是不是恰当的？比如说孟子对墨子、墨学的理解是不是恰当的？《墨子》书里面，各个篇里面所反映的对儒家的认识是不是恰当的？因为我们今天如果从学术研究上来讲，很容易找到一些问题，当然这个是很难免的。因为当时某一个儒家，他面对的那个墨者是一个具体的，那一墨者也不能代表所有的墨家。儒分为八，墨离为三，他可能只是那三派中的一派，一派中的一个人，也不能代表整个墨家。对他的批评也不能简单地说他就是对整个墨家的批评，他可能是对墨家里面的一派，或者这派中的某一个人的一个观点所作的批评。所以我认为这个需要厘清。一个墨家面对的也可能是一个具体的儒者，与其他的儒者有差别。所以在相互理解的方面，这是需要厘清的，当然，除了在这种认识上的限制，个别不能代表全体的限制以外，再就是由于学派的纷争，他把对方有意地或者无意地对对方作了歪曲、作了曲解。那么今天我们在分析的时候，需要厘清这个问题。

另一个要厘清的问题，就是孟墨关系中，我觉得有许多问题，孟、墨不能简单地说谁汲取了谁的思想。因为我看了这次好几篇论文，都在讲孟子的民本思想是汲取了墨家的思想。我觉得这个问题还是需要进一步讨论、证实。因为孟子当时所面对的传统文化的资源是非常丰富的，他自己直接引用的就是《尚书》，特别是《泰誓》，《尚书》里面有很丰富的民本的思想。所以我们现在还没有找到一个明确的资料，可以说他的民本思想直接来源于墨子。因为孟子自己明确讲是从《泰誓》来的，这是儒家思想最明确的来源。所以很多关于相互影响的说法，还需要再做具体的研究，进一步厘清。

包括“尚贤”，我觉得其实“尚贤”是战国初期各家各派共同的一个思想，也不能说道家或者孟子直接汲取了墨家关于“尚贤”的主张。我们现在看传下来的子思的思想里面很多都有关于“尚贤”的主张，这只是那个时期大家共同的要求。其实早在春秋时期就已经有了“尚贤”的思想，只不过以前大家不是很关注。应该说春秋时代，在“亲亲”的同时，它的整个治国理政的结构里面早就有“尚贤”这一条，若没有“尚贤”这一条，春秋也不可能维持200多年之久。所有异姓以军功成为贵族者，都是根据“尚贤”的原则进入这个贵族制体系，完全靠“宗法”和“亲亲”是不可能的。所以从春秋一开始，在政治实践上其实就已经运用了“尚贤”的原则，到战国初期就更明显了。所以我想孟墨之间这些相互的具体的影响，若要讲得清清楚楚，还需要进一步的研究和证明，不能简单地说“这是非常明显的”“这是很清楚的”，其实不一定是这样的。

7 月 17 日,中国墨子学会顾问、武汉大学朱传棨教授在“儒墨对话高端论坛”开幕式上作了题为“儒、墨‘对话’三则——兼论传承优秀传统文化需重视墨家思想”的精彩发言。

朱先生认为,在社会严重失范、征战动乱的先秦时代,儒家和墨家对当时的形势均极为关注,并各自提出救治战乱、治理社会失范的宗旨和方略。儒家提出“仁爱”“复礼”的宗旨和方略,墨家提出“兼爱”“非攻”的宗旨和方略。二者不仅在理论原则上相异,而且在推行实施的策略也是不相同的,原因是二者对发生社会失范、产生征战动乱之根源的分析和认识是有原则性分歧的,应作深入研究。

朱先生认为,近些年来,学界关于中国古代传统文化的研究和学术交流的情况中,对墨家思想的研究和关注,相对儒、释、道等诸家学说的研究,是很薄弱的。儒家文化在构成中国传统文化中占有突出的重要历史地位和深远影响,是为学界所共识的。但忽视研究曾与儒家并称“显学”的墨家文化及其对儒家文化的影响,以及在中华文明建设中的现代价值,不能不说是传统文化研究中的一大不足。在中华文化创制的春秋战国百家争鸣的黄金时代,在诸子百家中,只有墨子为了社会经济的进步与发展、为了改善平民百姓的切身利益,而提出以“兼相爱,交相利”为宗旨的全面革新社会政治、发展社会经济、建立相爱互利的和谐世界的理论和主张,并不遗余力地游说和践行,是非常可贵的,也是值得大力研究的。墨家学说的宗旨和主张,同儒家学说的宗旨和主张是很不相同的,特别是在天命观、仁爱观以及是以“礼治”或“法治”革新社会的主张等方面,是完全相异的。

第一,“天命”与“天志”之不同。

“天命”与“天志”是两种不同的“天命观”,或称“天人观”,前者是儒家的主张,后者是墨家的主张。但是,在墨学研究中有学者提出,“墨子关于‘尊天’‘事鬼’是想恢复对上帝和鬼神的信仰”,“是想建立一种崇拜神鬼的宗教”。对此难以苟同。因为从《墨子》残存各篇的思想内容看,特别是《墨经》中的思想观点,难以断言墨子是天鬼的崇拜者。作为观念文化的天命观自西周以来,一直是不断变化其为封建专制制度作论证的内涵。但是,作为统治阶级世界观的理论形态是未变的。尽管孔子否定了西周天命观的核心内容,以理性的态度把天命化成人的自觉行动,以便在日常生活中,把个人的内在修养和外在言行仍规范于专制制度的社会秩序中。所以,仍沿袭《尚书》中关于“天叙有典……天秩有礼……天命有德……天讨有罪”的思想原则,并以此达天下平、人心“复礼”“归仁”的目标。

孟子在《孟子·尽心上》提出的“莫非命也,顺受其正”,是天命决定论,与墨子的天志论是不相同的。

墨子所说的“天”“天志”,其实质是下层劳动者的利益和愿望的主观意识的外化,是作为衡量社会政治的进步与保守、道德风尚的美丑善恶的客观准绳。墨子提出“天志”的核心思想是,要求王公大臣,“本察仁义之本”而为政,即“顺天之意者,义之法也”。所谓“观其行,顺天之意,谓之善意行;反天之意,谓之不善意行。观其言谈,顺天之意,谓之善言谈;反天之意,谓之不善言谈。观其刑政,顺天之意,谓之善刑政;反天之意,谓之不善刑政。故置此以为法,立此以为仪,将以量度天下之王公大人卿大夫之仁与不仁,譬之犹分黑白也”。“天志”的根本目的是“爱利百姓”,是“为民兴利除害,富贫众寡,安危治安”,是“欲人之相爱相利,而不欲人之相恶相贼”,是“不欲大国之攻小国”,等等。其均充分表明,墨子之“天志”的提出,无非是要借重当时被社会公认的观念“天”的至高权威性,使它具有慑服之力,使得专制凶暴的统治者有所畏惧,有所收敛而已矣。再如《天志中》还说:“天为贵,天为知而已矣。”“天子为善,天能赏之;天子为暴,天能罚之;天子有疾病祸祟,必斋戒沐浴,洁为酒醴粢盛,以祭祀天鬼,则天能除去之。”结论是:“明哲维天,临君下土。”所以说,墨子是为了平民百姓的实际物质利益,为了实现其“兼相爱,交相利”的根本宗旨而立“天”的。

特别要指出的是,墨子鲜明地提出“强力非命”的思想,以反对孔子的天命论。在墨子看来,孔子对西周天命观的否定是不彻底的,仍保留具有使人盲目信仰至高无上“天”的“神性”,不仅没有把天和人事彻底分开,而且还认为,举凡人之力所不能及者,均归之于天所制。凡侥幸做成功的事,或不幸招致失败的事,皆为天所命。如《孟子·梁惠王下》曾明确说:“君子创业垂统,为可继也,若夫成功则天也。”《孟子·万章上》讲得更具体:“舜禹益相去久远,其子之贤不肖,皆天也,非人之所能为也。莫之为而为者,天也。莫之致而至者,命也。”墨家的天志思想则不然,如《墨子·公孟》中说:“执无鬼而学祭礼,是犹无客而学客礼也,是犹无鱼而为鱼苦也。”他认为,主张有命就是对人事能力的否定,这既不利于农事的生产,亦不利于社会的发展。他指出,从古至今从有生民以来,社会的发展与停滞、治与乱,均在人为,非天命所致。他说:“自古以及今,生民以来者,亦尝有见命之物,闻命之声者乎?则未尝有也。”“在于桀纣,则天下乱;在于汤武,则天下治,岂可谓有命哉!”并进一步指出,若相信天命,必怠于事,有害于人的生产活动,是一种愚昧的表现。所谓对有命之说,“群吏信之,则怠于分职;庶人信之,则怠于从事。吏不治则乱,农事缓则贫,贫且乱政之本”。又说:“今用执有命者之言,则上不听治,下不从事。上不听治,则刑政乱;下不从事,则财用不足”,“故命上不利于天,中不利于鬼,下不利于人。而强执此者,此特凶言之所自生,而暴人之道也”。因此,他认为,强暴者借“天命论”骗人,以愚弄百姓。所以,他说:“命者,暴王所作,穷人所述,非仁者之言也。”

墨子的强力非命的思想,从人与自然关系上看,其实质是唯物主义的自然观,否定了天的超自然的神性,强调了宇宙万物起源和变化的自然本体性。把人与社会的存在和变化的主要原因归之于人,而不是天命。这种主张和倡导,突破了儒家关于“不知命无以为君子”的天命观的束缚,强调社会各阶层之人应自觉地积极从事本职所应做的分事。这一点既是墨家思想在当时高于儒、道诸家天命论的地方,也是墨家在当时与儒、道、法家争鸣的理论前提。

同时,我们还要看到墨家强力非命的思想对于儒家天命观的演进和变化产生了深远影响。有学者说孔子的天之观念,是由上帝之天到自然之天之过渡,此论断难以服人。因为,孔子虽有“敬鬼神而远之”的理性主义特色,他所说的“天”虽然已不同于宗教的上帝,却仍是万物的“外在权威”,是一种只能敬畏的抽象精神,故其神性更高,也更为精致,为他建立唯心主义天命观提供了前提。特别是他不仅把“畏天命”看作“三畏”之首,而且把社会历史说成是圣人根据“天命”创造的。所以说,把孔子之天看作由上帝之天到自然之天的过渡,不是很确切。但是,应该看到,孔子之天受到墨子的强力非命思想的冲撞,其天命观有时说天道不如人道更为现实和可靠。所谓“天道远,人道迩”就是强调人的主观精神的作用和意义。在墨家哲学的世界观图像中,天与万物是不同层次、不同作用的统一整体。天是寓于万物之中的核心和本源。所以说,在墨家那里,“天”是有所泛化的倾向。但他以“天志”来反抗上层统治者,以“天志”来论说于庶人有利的一切,其目的是限制“天子”“王公大人”的权力,表明其“天志”是与“强力非命”相通的和一致的。墨家的这种思想观点对孔子及其之后的天命观的演进产生了深刻影响。荀子的“天人相分”与孟子的“天人相通”思想的提出与演进及儒家的“天人合一”的思想发展,乃至对中国传统文化中“天、地、人”思想的演进,都在不同的层面或多或少地产生着深刻的影响。

第二,“仁爱”与“兼爱”之相异。

“仁爱”是儒家学说的宗旨,“兼爱”是墨家学说的宗旨。“仁爱”与“兼爱”的相异是两种不同的仁爱观、社会观、伦理观和义利观的对立。

“兼相爱,交相利”是墨家学说的宗旨,是为变革社会政治制度、促使发展经济和社会进步为根本目的,它在墨子思想体系中占有突出的地位,也是他的社会伦理学的中心内容。墨子提出“兼相爱”的思想是对儒家主张的“仁爱”说的挑战和突破。墨子曾“修儒者之业,受孔子之术”,但他看到儒家当时提倡的“仁爱”说,不仅没有触动世袭贵族制度,而且还适应了“亲亲”“尊尊”宗法观念的原则要求,所以说,儒家之爱是将平民百姓置于被奴役和驱使的地位,是一种等级之爱。因此,墨子鲜明地提出“兼相爱”“兼以易别”,以“兼”来代替“别”。这是很有进步意义的,是对儒家“仁爱”思想的大突破。他认为,要主张“爱人”,就不应有亲疏、厚薄之别,而应是兼爱。他在《大取》中说“厚不外己,爱无厚薄”,主张“使天下兼相爱,爱人若爱其身”。对此作了进一步论证:“爱人不外己,己在所爱之中。己在所爱,爱加于己。伦列之爱己,爱人也。”就是说,无差等的爱己,也就是爱人,从而也就做到了兼爱。可见,墨子的兼爱不仅具有挑战儒家的“爱有差等”的精神,而且更具有朴素的平等思想,彰显了对宗法传统、等级思想的批判精神和朴素的平等思想,在以后历代的农民革命中不断地得以弘扬。

墨子提出的兼爱不仅是对儒家仁爱说的挑战和突破,而且把爱的“主体对象”予以换位,平民是爱的主体对象,这和儒家的“仁者人也,亲亲为大”的思想是不同的,其爱的主体对象是贵族、王公和君子,庶民百姓最多处于陪衬地位。如《论语·里仁》中所谓“君子喻于义,小人喻于利”。“惟仁者,能好人,能恶人。”《孟子·尽心下》开篇则说:“仁者,以其所爱及其所不爱。不仁者,以其所不爱及其所爱。”这里均表明仁爱是有阶级区别的,它是“亲亲而仁民”,先亲其亲戚,然后才仁民。宗族为施行仁爱之始,然后对社会中的人,尤以对圣贤人施行仁爱。庶民是不在施仁爱范围之内的。如《孟子·尽心下》说:“仁者无不爱也,急亲贤之为务……尧舜之仁,不遍爱人,急亲贤也。”墨家的兼爱则不同,墨子明确提出“爱民谨忠,利民谨厚”的原则,要求天子君王都要做到。

墨子提出“兼爱”是为了利人。兼相爱与交相利是紧密结合的。兼爱相利是墨子的社会伦理的中心内容。在《经说下》中曾说“仁,爱也。义,利也”。仁爱与义利是一致的,二者是互通互补的。所以说,墨子的兼爱又是着眼于实际利益的,不是像儒家那样止于空泛的道德说教。他认为,爱而必利,不利无以见爱。“爱利万民”“爱利天下”,就是他的义利一致、爱利统一观的具体表现。他把这种义利一致、爱利统一的兼爱相利的社会伦理上升到治理国家、佐治社会的高度,作为他奔走救世的政治理论和政治纲领,这是有积极意义的。这也是与儒家提出的“君子喻于义，小人喻于利”的重义轻利的主张不相同的。

在中国传统哲学中，义利观的辩论占有重要的地位。在先秦，儒、墨、法这三大学派都倡导义利原则。从孔孟谈论义利之辩始，主张见利思义，至汉代董仲舒也是强调重义轻利，他们只看重义的价值，而轻视利的价值。到宋朝之际，后期儒家的义利之辨，则走向超功利的空洞道德说教。但是，这种义利观却是中国传统哲学中的主导方面，而墨家主张的义利统一的义利观，被排斥在不予重视的次要地位。就是说，从中国文化传统的总体上说，重义轻利、以义代利是传统价值观念的主要倾向。但是，近几年在“传统文化与现代经济社会发展”的讨论中，有的学者依据“每一个社会的经济关系首先作为利益表现出来”的历史唯物主义原则，从适应改革开放和建立市场经济形势出发，明确提出改变传统文化中重义轻利、以义代利的价值取向，树立义利并重的价值观，是十分有道理的。因为，当前市场经济大潮猛烈地冲击着传统的伦理道德观念的堤防，滋生了重利轻义、见利妄为、拜金主义等问题，社会道德受到影响。为此，建构与社会主义市场经济发展相适应的社会伦理思想体系和道德范畴，以指导和规范人们的行为，是时代的要求。对此，既要以马克思主义的价值观和历史观为指导，依据社会主义市场经济的实践经验，又要依据和汲取传统文化中的一些合理的价值原则，其中墨子兼相爱、交相利的义利统一的功利主义原则，对于建构新的伦理思想体系和道德范畴是有重要意义的。墨子的功利主义是他提出兼爱贵义的思想基础，它的最大特点是“利人”和“互利”两项。所以，他特别强调义，认为“万事莫贵于义”。所谓义就是有利于人。他说：“义者，正也。何以知义之为正也？天下有义则治，无义则乱，我以此知义之为正也。”由此表明，墨子所言之利不是利己主义之利，而是利民之利，即兴天下之公利。另外，这种利民之利不是单向的，而是双向关系的互利。所谓兼相爱、交相利就是讲的互爱互利的双向关系。他认为“爱人者必先爱之”，“利人者必先利之”。所以，他非常认可《诗经·大雅》中讲的“投我以桃，报之以李”。墨子这种义利并重的功利主义思想，要比儒家的义利分离的功利主义思想更为贴近现实经济发展的要求。这也是当前加强研究墨家文化，弘扬其合理思想的迫切意义之所在。

第三，“礼治”与“法治”之别异。

在中国传统文化中等级观念、君王治国的思想意识是比较顽固的，这在历史上和现实上，对于建立法治社会都是严重的障碍和阻力。在历史上主张建立法治社会的学派和思想家不算少，墨子应列其中。墨子强烈反对儒家主张的礼治,积极倡导贤良政治,主张天为法仪。因此,墨子是主张建立法治社会的。首先看到,墨子积极反对儒家主张的礼治,竭力倡导“尚贤”“尚同”的平民民主政治,这本身就萌发着法治思想。他提出的天为法仪,用“天志”对抗儒家的“天命”,以正告贵族统治者对人民不得实行“暴虐的礼治”,这对于当时和以后的反对礼治、推行法治的运动,有着积极的直接影响。从墨子《法仪》《天志》等篇中,可以直接得知墨子是倾向法治的。《法仪》中说:“天下从事者,不可以无法仪;无法仪而其事能成者,无有也。虽至士之为将相者,皆有法。虽至百工从事者,亦皆有法。”其次,在《吕氏春秋·去私》中记载着墨家于其组织中,有“墨者之法”的说法。这是间接表明墨子是倾向法治的。特别是墨子的尚贤使能的用人之道和行政管理的思想,同法家主张的在法治之下用人之道是相同的,即法家所谓在法治之下,便可以“内举不避亲,外举不避仇。是在焉,从而举之;非在焉,从而罚之”。但是,墨子倾向法治的政治目的和法家主张法治的政治目的是不同的。墨子是为了废除世袭贵族制度、建立平民政治制度而倡导法治,法家则完全是为了维护君主专制而倡导法治。不过,法家比儒家是进步的,主张“礼治”的儒家则把德礼与刑政对立起来,主张“道之以德,齐之以礼”;认为“道之以政,齐之以刑,民免而无耻”;要求恢复和巩固“亲亲”政治强调礼治,反对法治;认为“恭而无礼则劳,慎而无礼则葸,勇而无礼则乱,直而无礼则绞。君子笃于亲,则民兴于仁,故旧不遗,则民不偷”。这是逆历史发展的守旧观点。法家则不同,它主张“以法为教”,认为法治的好处就是“法不阿贵”,“法之所知,智者弗能辞,勇者弗敢争;刑不避大臣,赏善不遗匹夫”。在当时,这些主张和倡导是有很大进步性的,与社会历史发展的趋势是一致的。但是,法家提出的这些主张,仍是为新兴贵族君主专制制度服务的,是专制主义之法。特别是他们把法与德教对立起来,否定德教对法的积极作用,是有片面性的。

而墨子在《法仪》《天志》《贵义》等篇中所体现的法治思想和主张,虽有其不明确性,甚至带有神秘性色彩,但其中对法、义的具体说明有着优于儒、法两家的特点,即把法与道德结合起来,视二者为相辅相成的关系,不是像儒家和法家那样各执一端,把二者割裂开来、对立起来。墨子认为法、义是以相爱相利为价值取向的。因此,只能以“天为法则”,而不能是其他。“故父母、学、君三者,莫可以为治法。”既然父母、师长和国君都不可以作为治国的法则,那么“奚以为治法而可?”他认为最好是以天为法则,即“莫若法天”。为何最好是以天为法则呢?他说,因为“天之行广而无私,其施厚而不德,其明久而不衰,故圣王法之”,“天必欲人之相爱相利,而不欲人之相恶相贱也”。这里深刻表明墨子的法治思想贯穿着相爱相利的伦理观和人道观。因此,他强调指出:“既以天为法,动作有为,必度于天。天之所欲则为之,天所不欲则止。”墨家的这种法治观的特点,既是儒家和法家的法治观所不能比拟的,又是中国传统文化中有益于当今社会发展的思想精华之一。特别是他指出包括天子在内的天下之人“动作有为,必度于天”的原则,不仅是对当时贵族统治者独断专行、贪赃枉法的腐败行为的尖锐批判和严厉正告,而且对当今社会上存在的“以权谋私”“钱权交易”“枉法徇私”等现象有警示意义,其现实意义是大于儒、法两家的法治观的。

朱先生认为,墨子针对他当时所看到的不利于国家和人类社会发展的时弊,提出了“兴利除弊”的十大主张——兼爱、非攻、尚贤、尚同、节用、节葬、非乐、非命、天志、明鬼。这在当时虽未实现,但其积极的进步意义是富有现代性的。如“兼爱”“非攻”的和平共处国际观、“尚贤使能”的社会政治观、“强力从事”的经济社会发展观、“节用”“节葬”的崇尚节俭观、“强不执弱、富不侮贫”的和谐平等观,以及积极防御的军事观等文化基因,都非常贴近我国的改革开放和现代化建设的需求。但是,如何使这些文化基因与当代文化相适应,与现代社会相协调,把跨越时空的、具有当代价值的文化精神弘扬起来呢?潘建伟院士作出了示范。我国成功发射的量子科学实验卫星被命名为“墨子号”,其意义重大。潘建伟院士曾说:“以‘墨子’命名第一颗量子卫星,我们希望可以激发大家的文化自信,激励国人前进。”朱先生认为,《墨子》在世界上最早系统地阐释了“小孔成像”理论,以及光是沿着直线传播的。“这是光学领域最重要的科学原理之一,奠定了光通信、量子通信等理论的基础。”他还说,《墨子》甚至还走得更远,其关于“端”的论述中指出“端”是不占有空间的,是物体不可再分的最小单元,某种程度上提出了原子学说。这既是对墨家在光学等领域诸多成就的弘扬,又是将传统文化基因与现代文化相适应,以增强文化软实力的建设。由此可见,当前在研究和传承中华优秀传统文化中,需要重视研究和传承墨家文化。

7 月,中共滕州市委机构编制委员会下发文件,批准滕州市墨子研究中心设立墨子基金工作室,核增事业编制 5 名,支持和保障山东墨子基金会做大做强。

中共滕州市委机构编制委员会下发文件内容如下:

关于调整市墨子研究中心机构编制事项的通知

滕编发〔2019〕22号

市墨子研究中心：

你单位《关于要求增加内设机构和人员编制的请示》收悉，为更好推进墨子、鲁班文化研究，充分发挥墨子基金会的职能，经市委编委会第2次会议研究同意，设立墨子基金工作室，为市墨子研究中心内设机构，副科级，配备主任1名，具体承担山东墨子基金会的日常工作；并相应核增事业编制5名，编制从全市压减收回的事业编制中调剂，核增后，市墨子研究中心事业编制为24名。

中共滕州市委编制委员会

2019年7月15日

7月，孙卓彩《墨学丛谈》由齐鲁书社出版发行。

《墨学丛谈》结合《墨子》一书，对墨子、墨学从文本内容到学术思想和时代价值等方面进行了全方位的考察分析，尤其是对墨子思想的社会意义等方面分析精到。

《墨学丛谈》虽是论著，但有温度，读来亲切生动；新作新见，不落窠臼，掩卷后令人回味。书中既有对墨子、墨学的常识性解读，也有对墨子、墨学的深度挖掘，既有对墨子、墨学的专题性探讨，也有对墨学与儒学及先秦其他子学的比较研究，字里行间体现了作者对墨学历史价值的文化自信和发现墨学当代价值为实现中华民族伟大复兴的中国梦服务的文化自觉。

8月25日，《鲁班》特种邮票首发仪式暨庆祝新中国成立70周年枣庄邮展在滕州隆重举行。

为传承鲁班文化，弘扬工匠精神，国家邮政局、中国邮政集团公司、中国集邮总公司于8月24日发行《鲁班》特种邮票。作为鲁班故里，枣庄市文化和旅游局、滕州市人民政府、中国邮政集团公司枣庄市分公司在滕州市鲁班纪念馆举办《鲁班》特种邮票首发仪式。

《鲁班》特种邮票标志着滕州元素荣登国家名片，全套邮票2枚，小型张1枚，面值为8.40元，对于弘扬“工匠精神”，鼓舞社会大众共同建设中国，实现中国梦有着一定的现实意义。

为配合邮票首发式的举办，中国邮政集团公司特发行《国匠国宝》等系列专题邮册，并刻制纪念戳一枚。枣庄、滕州邮政两级邮政部门在活动现场启动两枚纪念戳以及相关风景戳、临时戳等，同时还特邀邮票设计大师孟繁聪在活动现场为广大来宾和集邮爱好者提供现场签售并加盖纪念戳等服务。

《鲁班》特种邮票首发仪式引起广大集邮爱好者的关注，来自北京、上海、河南、安徽等地的邮友纷纷奔赴滕州选购邮品、加盖邮戳。来自河南洛阳的刘先生告诉大众网记者，滕州作为《鲁班》特种邮票的源地，加盖鲁班故里邮戳对集邮爱好者有着重大的收藏意义，“坐一夜火车来滕州也值得”。

《鲁班》特种邮票由邮票设计家孟繁聪设计，采用工笔重彩的创作手法，画面构图饱满、敷色浓淡相宜、细节处理严谨细腻。第一图“孜孜学艺”，描绘了鲁班年轻时访得名师后，在山洞中专心研习的场景；第二图“砥志研思”，描绘了鲁班凿刻大石发明石磨的场景。小型张为“鲁班像”，描绘了鲁班手持墨斗，神情坚毅、目光炯炯，这是千万工匠不断钻研、追求极致的真实写照，也是“工匠精神”的生动体现。

附录：2019年墨学研究硕士、博士学位论文目录

常亚男：《墨子思想对当代德育的启示》，西安建筑科技大学硕士学位论文，2019年。

陈恒通：《当代中国国家治理现代化视域下的墨家治国思想研究》，浙江理工大学硕士学位论文，2019年。

陈　韬：《〈墨子〉散文写作理论与实践研究》，武汉大学硕士学位论文，2019年。

段步云：《唯物史观视阈下墨家群众观研究》，哈尔滨工程大学硕士学位论文，2019年。

郝小圆：《墨子“兼爱”思想对新时代大学生思想教育的启示》，陕西科技大学硕士学位论文，2019年。

何新宇:《道义逻辑视域下的墨家逻辑思想研究》,贵州大学硕士学位论文,2019年。
黄亦程:《墨家人物影视形象研究》,安徽师范大学硕士学位论文,2019年。
李　琳:《孔墨技术伦理思想比较研究》,中原工学院硕士学位论文,2019年。
李银屏:《清末民初墨学复兴思潮研究》,沈阳师范大学硕士学位论文,2019年。
刘定一:《伍非百墨家名辩思想研究》,河南大学硕士学位论文,2019年。
刘　皓:《〈墨子〉政治哲学的架构方式》,海南大学硕士学位论文,2019年。
刘　玲:《梁启超的墨学研究》,湘潭大学硕士学位论文,2019年。
孙晓林:《墨子造物思想在现代包装设计中的应用研究》,青岛科技大学硕士学位论文,2019年。
魏　雪:《荀墨人性论对比研究》,郑州大学硕士学位论文,2019年。
夏熙婧:《墨子道德教育思想及其当代价值研究》,辽宁工业大学硕士学位论文,2019年。
张　晨:《〈墨子〉的义利观研究》,武汉理工大学硕士学位论文,2019年。
张　静:《〈墨子〉道德体系研究》,郑州大学硕士学位论文,2019年。
张耀文:《社会关系视域下的墨子"兼爱"思想研究》,东北大学硕士学位论文,2019年。
赵柏林:《班墨文化中工匠精神融入高校思政教育的研究》,昆明理工大学硕士学位论文,2019年。
自　灿:《墨家文化创意产品设计研究》,北京服装学院硕士学位论文,2019年。
邹海城:《孙诒让与近代墨学的复兴》,湖南科技大学硕士学位论文,2019年。
张　波:《〈墨经〉逻辑与数理学术史研究(1782—2009)》,内蒙古师范大学博士学位论文,2019年。

2020 年

6 月，滕州市墨子研究中心积极参加山东省暨枣庄市第十七届社会科学普及周活动。

6 月 16 日，山东省暨枣庄市第十七届社会科学普及周活动在滕州市龙泉文化广场启动。此次社科普及周活动围绕“决胜全面小康，决战脱贫攻坚”这一主题，在龙泉文化广场共设 38 个特色展位，集中展示一批社科研究成果、非遗文化、扶贫项目、特色产品。滕州市墨子研究中心积极组织墨子纪念馆、鲁班纪念馆、墨砚馆参加社科普及周现场展示，精心选取展示内容，重点围绕墨子的十大思想主张，尤其是墨子在科技方面的成就、鲁班的创新精神及其发明创造等，科学设计展板内容，同时丰富科研书籍和文创产品等展品种类和数量，并邀请滕州市传统文化手工艺者现场展示其手工作品，通过版面和展品全方位、多渠道向观众宣传墨子科技思想、鲁班创新精神，让群众进一步了解墨子思想、鲁班文化，感受先贤聪明智慧，激发滕州市干部群众干事创业热情和创新创造能力。

9 月，朱传棨《墨家思想研究论稿》由人民出版社出版发行。

墨家学说对中华优秀传统文化的影响是多层次、多方面和具有长久性的，其在政治、经济、哲学、逻辑学、数学、物理学、人学、军事学、伦理学、宗教学等方面，均有其影响和贡献。应该说，墨家学说在中华优秀传统文化中具有特别重要的地位，秦汉之后，它虽被压制、被排斥，但对传统文化的发展和影响，不亚于儒家学说和道家学说。墨家学说的精华已融入中华民族的血液中，标记着中华优秀传统文化、民族精神的某些基本特征。如兼爱、非攻、强不执弱、富不侮贫、尚贤举能、强力从事、固本节用、尚功尚利等思想精华，均彰显着中华民族精神的基本特征。该书从墨子与墨家、墨家哲学思想及其影响、墨家的社会政治观和政治革新主张、墨家科技思想和军事思想对墨家思想进行了较为深入的研究。

10月25日,鲁班文化走进雄安新区。

10月25日,由中国中铁股份有限公司主办的“传承鲁班文化,弘扬工匠精神——雄安建设者之家一号营地系列文化活动”在雄安新区举行。滕州市墨子研究中心主任张子玉、鲁班研究专家王中等应邀参加活动。

雄安新区是继深圳经济特区和上海浦东新区之后又一具有全国意义的新区。滕州是鲁班故里、中国建筑之乡,文化底蕴深厚。中国中铁是美丽中国建设者、中国建筑业的引领者,也是鲁班文化的传承者。鲁班文化元素融入中铁建设发展理念,意义深远,必将助力雄安新区发展。

中国中铁股份有限公司将鲁班创新精神和工匠精神融入雄安新区建设,在“传承鲁班文化,弘扬工匠精神——雄安建设者之家一号营地系列文化活动”中,举办了雄安建设者之家一号营地开园启动仪式、“工匠精神”嘉宾访谈、大国工匠事迹报告会、鲁班文化主题展等系列活动,营造了浓厚的鲁班文化氛围。

活动期间,滕州市墨子研究中心精心设计了鲁班文化主题展,分为鲁班的介绍及鲁班的发明创造、鲁班故里对鲁班文化的弘扬传承、当代大国工匠精神三个部分,以文字、图片和实物相结合的方式对鲁班文化和鲁班精神进行了阐释和宣传。共展出200余件实物及文创产品,种类丰富,内容翔实,深受与会领导、嘉宾和中铁建设者的赞誉和好评。同时,为进一步传承弘扬鲁班文化和工匠精神,滕州市鲁班纪念馆和中国中铁雄安建设总指挥部签订了《合作协议书》,共同推动鲁班文化在建筑行业中的创新运用。

11月21日,第八届墨子文化节、第十三届国际墨子鲁班学术研讨会、儒学全球论坛(2020)在济南隆重开幕。

11月21日,由山东大学、中国墨子学会和滕州市委、市政府联合举办的第八届墨子文化节、第十三届国际墨子鲁班学术研讨会、儒学全球论坛(2020)开幕式在济南隆重举行。此次节会论坛以“儒墨会通与国家治理”为主题,旨在会通儒墨两大显学思想文化精髓,为加快中华优秀传统文化创造性转化、创新性发展，推动国家治理体系和治理能力现代化、构建人类命运共同体贡献智慧。来自海内外的 100 多位从事儒学、墨学研究的专家学者，齐聚一堂，追思先贤，共同就儒墨两家的治国理政思想展开深入的学术交流。

中国墨子学会名誉会长、山东省人大常委会原副主任王玉玺，山东省委宣传部副部长孔繁轲，中国墨子学会会长、山东大学原党委书记李守信，中国墨子学会常务副会长、山东大学常务副校长王琪珑，全国政协常务委员、中国墨子学会副会长、山东大学儒学高等研究院执行院长、《文史哲》主编王学典，国际儒学联合会副会长、清华大学国学研究院院长陈来，中国墨子学会顾问、武汉大学哲学院教授朱传棨，中国墨子学会顾问、中国人民大学哲学院教授孙中原，中国墨子学会顾问、山东大学国际教育交流学院原院长姜宝昌等应邀出席会议。枣庄、滕州两级市领导霍媛媛、刘文强、李健、宗大全、杨位明、朱晏辰、薛登峰、王次青出席开幕式。

王玉玺宣布第八届墨子文化节、第十三届国际墨子鲁班学术研讨会、儒学全球论坛(2020)开幕。

孔繁轲在开幕式上讲话，充分肯定了山东大学和滕州市委、市政府在弘扬儒墨文化上做出的努力。他说："山东是儒墨思想文化的发祥地，有着深厚的优秀传统文化根基。近年来，在习近平总书记关于传承弘扬中华优秀传统文化重要指示的指引下，在省委、省政府的正确领导和部署下，素以文史见长的山东大学，积极开展以古文、古史、古哲、古籍为标志的中国古典学术研究，组织了一系列水平高、规模大的弘扬优秀传统文化活动，在学术文化界和社会各界备受瞩目。作为墨子鲁班故里的滕州，有着强烈的文化传承使命意识，高度重视、深入发掘当地历史文化资源，先后实施了一系列传统文化发掘保护工程，积极举办形式多样的文化活动，为传承弘扬中华优秀传统文化作出了很大贡献。"

李守信在讲话中指出，"跨越千年藩篱，儒墨两家学者共同就国家治理展开对话，这是一个创举。儒墨应该会通，儒墨也能会通。只有将中华传统思想文化充分的融会贯通，才能形成具有中国特色、中国气质、中国风格的中国学派。28 年来，山东大学与滕州市精诚合作、互扶互持，在全国墨学研究者大力支持下，中国墨子学会取得了足以彪炳史册的研究成果，为传承弘扬墨学文化提供了强大的驱动力。我们要再接再厉，深化合作，协同创新，把中国墨子学会打造成一个世界级的墨学研究平台"。

枣庄市委常委、宣传部部长霍媛媛在致辞中说："墨子鲁班文化是齐鲁文化的珍贵遗产，是中华优秀传统文化的重要组成部分。党的十八大以来，习近平总书记就传承弘扬中华优秀传统文化发表了一系列重要讲话，党的十九届五中全会提出要推进社会主义文化强国建设，这些为传承弘扬中华优秀传统文化提供了重要遵循。枣庄市委、市政府将把弘扬优秀传统文化作为增进互信、形成共鸣的纽带，一如既往地支持滕州举办多种形式的弘扬墨子鲁班文化活动，进一步加强国际国内经济文化交流合作，加快发展区域特色文化产业，深入推进经济文化融合，加快推动创新转型高质量发展。”

王琪珑在讲话中说：“研究儒学墨学，必须以习近平总书记系列重要讲话为指导；儒学墨学的复兴光大，必须与实现伟大复兴的中国梦相结合。山东大学将立足打造世界古典学术复兴的东方中心这一目标，发挥儒家文明省部共建协同创新中心和山东大学·滕州市墨子研究中心的作用，通过跨区域合作，壮大传统文化研究队伍，提高传统文化研究水平，推动儒学和墨学研究向纵深发展。同时希望各位专家学者发扬儒墨经世致用的优良传统，深入挖掘，系统总结，努力从优秀传统思想文化中汲取智慧，为健全完善中国特色社会主义国家治理体系作出应有贡献。”

滕州市委书记刘文强代表滕州市委、市政府，向出席此届盛会的各位领导、嘉宾和各界朋友表示诚挚欢迎和衷心感谢。在简要介绍滕州历史文化和经济社会发展情况后，他说：“中国墨子学会成立近30年来，滕州坚持‘研究、传承、挖掘、弘扬、运用’并重的原则，先后与山东大学等高校联合，开创了优势互补、学用相长的校地合作模式，为墨子鲁班文化学术研究、传承发展奠定了坚实基础。下一步，滕州将深入贯彻落实习近平总书记关于传承弘扬中华优秀传统文化系列重要讲话和党的十九届五中全会精神，认真听取各位领导、专家提出的宝贵意见建议，深入推动墨子鲁班文化创造性转化、创新性发展，进一步把墨子鲁班思想文化发扬光大。他真诚希望各位领导、专家学者以节会论坛为纽带，走进墨子鲁班故里，感受墨子鲁班文化魅力，进一步加强与滕州的交流合作，携手共创美好未来。”

王学典主持开幕式。陈来、朱传棨分别致辞，中国墨子学会常务副会长、滕州市人大常委会主任李健通报了中国墨子学会领导班子成员调整情况。

此届节会论坛采取线上与线下相结合的方式进行。开幕式后，有10余场不同主题的专题活动在济南和滕州两地陆续展开。

11 月 20 日，中国墨子学会举行会长会议，调整第七届领导班子，通过了学会章程修改意见。

11 月 20 日，中国墨子学会会长会议在山东政协大厦召开。中国墨子学会会长、山东大学原党委书记李守信，中国墨子学会常务副会长、山东大学常务副校长王琪珑，中国墨子学会副会长、山东大学儒学高等研究院执行院长王学典，中国墨子学会顾问、武汉大学哲学院教授朱传棨，中国墨子学会顾问、中国人民大学哲学院教授孙中原，中国墨子学会顾问、山东大学国际教育交流学院原院长姜宝昌，以及滕州市领导刘文强、马宏伟、李健、宗大全、杨位明、朱晏辰、薛登峰、王次青参加会议。

中国墨子学会会长李守信、滕州市委书记刘文强分别讲话。

会议听取了中国墨子学会副会长、秘书长、滕州市墨子研究中心主任张子玉关于中国墨子学会工作开展情况的汇报，讨论通过了《中国墨子学会章程》修改建议和中国墨子学会领导班子成员调整建议，成立了中国墨子学会第七届领导班子，李守信任中国墨子学会会长，滕州市委副书记、市长马宏伟担任中国墨子学会第一副会长、常务理事。

11 月，第十三届国际墨子鲁班学术研讨会第二次全体会议召开，王学典教授作学术总结。

根据会议安排，王学典教授对此次会议的学术研讨情况进行简要总结，内容如下：

春秋战国时期的齐鲁大地，文化繁盛，百家争鸣，涌现出一批思想文化巨擘，对中国思想文化和社会发展产生了极其深远的影响。以孔子为代表的儒家学派和以墨子为代表的墨家学派，就是其中的杰出代表。千百年来，儒家思想成为中华传统文化的主脉，陶冶和塑造了中华民族的基本文化内核。而墨子和墨家思想也成为中华优秀文化的重要部分，在潜移默化中影响着中华民族的性格和精神。

进入 21 世纪，放眼当今世界，在经济、科技快速发展的同时，也出现了一系列重大问题，人类正面临百年未有之大变局。如何应对这一大变局，成为近年来国内外学术界探讨的热点。而儒家“仁爱和合”“己所不欲,勿施于人”的思想、墨家“兼相爱,交相利”“非攻”思想,则很好地契合了当今世界互利共赢、多元发展的趋势,彰显了前人的卓越智慧和中华文明的博大精深。有鉴于此,我们举办这次“儒墨会通与国家治理”国际学术研讨会,旨在通过研讨儒墨两家关于国家治理社会发展的一系列理论,进一步传承中华优秀文化中关于治国理政的传统智慧,以期对于应对百年未有之大变局、匡正当今世界时弊有所补益。

两天来,与会的线上线下学者,围绕会议主题和分议题,从不同角度进行了深入研讨,使此次会议呈现出很高的学术水准,取得了丰硕成果。

综合两天的研讨来看,主要集中在以下几个方面。

(一)关于儒墨两家的学术批评与优势互补

先秦儒家和墨家既有各自的优点,也有各自的缺点和偏颇。儒墨两家在互相的学术批评中,既指出了对方的局限和短处,也通过批评从另一个侧面反映出了对方的思想特点和长处。这对于增进后人对儒墨两家学术的理解,继承两家优长,在实践中形成优势互补具有重要作用。对于此问题,有学者指出,《吕氏春秋·不二》篇云:“孔子贵仁,墨翟贵兼。”孔、墨所“贵”不同,也就是儒、墨两家具有不同的价值取向。这种不同主要表现为儒家崇尚“仁爱”,墨家崇尚“兼爱”。儒家的“仁爱”与墨家的“兼爱”都是主张“爱人”,这是两家共有的人本主义思想,但是两家在“爱人”的方式、道德的起源以及人性论和天道观等方面存在差别。虽然在中国历史上主要是儒墨相“非”,但是在当今的新时代我们也应重视儒墨互补的一面。有学者讲到儒家和墨家是先秦诸子中的两个重要学派,他们从一开始就具有一种互绌互补的关系。这种互绌互补的关系主要表现为他们之间的学术批评与反批评。先秦墨家主要批评了儒家“以天鬼为不明”“厚葬久丧”“弦歌鼓舞”“以命为有”等“四政”;而先秦儒家则主要有公孟子对墨家“好辩自炫”的批评,孟子、荀子对墨家“兼爱”说的批评,孔鲋对墨家“非孔”的反诘,以及儒者董无心对墨者缠子“右鬼”说的批评等。先秦儒、墨相互之间的学术批评,也充分彰显了各自的思想特点和理论缺失。今天研究先秦儒、墨之间的学术批评,就是要站在客观公正的立场上,找到其学术思想的优缺点,然后加以批判、继承、融合、创新,使中华优秀的传统文化资源为今天中华民族的伟大复兴作出更大的和更积极的贡献。

(二)关于儒墨会通与国家治理问题

儒家和墨家对于国家治理提出了各自的主张,这些思想主张尽管表述的视角和层面不同，导致主张有同有异，但都对中国2000多年的社会演进产生了根本性影响。虽然这些思想主张有其糟粕和历史局限性，但对于今天的治国理政仍具有重要的借鉴意义。

对此问题，有学者认为，儒家的“为政以德”是孔子治国理政的根本方略。它主要有三个方面：第一，修己志仁是“为政以德”的基本前提，阐明了何者可以为政以及为政为何的道德内涵，并为落实这一前提提出了制度设想；第二，教民趋善是“为政以德”的主要手段，从施教者和受教者两个方面回答了教化作为为政的主要手段何以可能的问题，并在如何教化上体现了为君子儒与敬畏圣人相结合、立人达人与勿施于人相结合、见贤思齐与自省自讼相结合、论古说今与诵诗赏乐相结合；第三，和而不同是“为政以德”的理想目标，“为政以德”将礼作为实现和而不同理想的制度保障，用重义轻利的价值观指导人们认同这一理想目标。上述三个方面与墨学的治国方略有同有异。有学者谈到，孔子在《尚书》“敬德保民”思想的基础上提出了“为政以德”，这是儒家政治文明的重要主题。被誉为“群经之首，百家之冠”的《尚书》，为我们描绘了那个久远年代的一种清明博爱的精神：敬天明德，民为邦本，克诚节性，公正中道。这是中国政治的最古风范，影响后世十分深远。有的学者指出，在墨家生态思想体系中，墨家主张“天志”，推崇天是有意志的，地是对天的辅助和补充，但又极力反对天命论而强调人劳动的重要性以及人的主体性力量，提出“非命”、强力的思想。这看似矛盾的背后蕴藏着墨家以平民视角对于传统天人关系的批判性思考，而正是这种对于“三才”与众不同的思维方式构成了墨家生态思想的基石。对墨家“三才”观进行追本溯源式地梳理有益于深入把握墨家生态实践机制，从而在古代思想资源中探索解决现时代生态困境的新路径。

（三）关于儒墨会通与人类命运共同体建构

21世纪的今天，美国正挟其强势科技、庞大资金和优势文化的力量，不惜践踏《联合国宪章》和世界贸易准则，对中国进行遏制打压并制造贸易摩擦，在世界掀起一阵阵反华恶浪。在此复杂局面下，中国如何兼顾自身的安全与经济利益，以迈向进步繁荣，是一严肃课题。作为人文学术工作者，应该站在时代需要的高度，深入研究与诠释儒墨两家思想的奥蕴，助力国家建构一套恢宏而又完整的发展战略，加快推进人类命运共同体建设，为中华民族的伟大复兴作出贡献。

对于此问题，有学者指出，从文化的共通性和差异性来看，轴心时代的儒家,亦如古希腊哲学,是当今人们思考共同体问题的源头活水。早期儒家的共同体思想是基于亲亲而仁民、仁民而爱物的自然情感,以提供老安少怀、“庶之富之教之”、天下大同,过有德性的美善生活为目的,组成不同层级的家、国、天下共同体。德性自由是早期儒家共同体之思想前提,既是共同体中个人获得道德尊严和自我认同的前提,也是作为关系整体而存在的共同体的前提。德性自由成就个人之善,也在此基础上达成不同层级共同体的共善。在理论建构上,儒家共同体思想既有家国天下的横向展开,又有合内外、一天人、天人性命之双向循环的纵向论证,这种纵横交叉十字打开的儒家共同体思想,奠定了中国共同体思想的根基。不同于西方的文化语境,儒家共同体思想呈现出整体性、关系性、层级性、责任性、情境性等特色。面对人类共同的风险与挑战,对早期儒家共同体思想进行现代诠释不仅是理论上更高层次的回归,也有助于为化解原子个人的无根性问题、关系疏离问题、人类面临的纷争与共同风险等现实问题提供儒家思路和智慧。

有学者在研究了墨家“兼爱”思想后指出,“兼爱”是墨学的核心概念、范畴、命题与原理,由公元前5世纪墨子提出,公元前4世纪至前3世纪墨子后学继续从多维度、新视野与侧面深刻论证,是墨家始终坚持的美好理想、善良愿望与奋斗目标,是中华优秀传统文化中哲学等人文学领域的重要成果,蕴含着彻底的人道主义、人文主义精神,对人类命运共同体的构建有重要的理论、历史与现实意义。用E考据和元研究方法,全面阐发墨家“兼爱”说的逻辑,有助于认知墨家“兼爱”说的科学内涵与积极弘扬的价值,揭示墨家逻辑学由应用上升到理论的机制。

也有学者提出,面对秩序失范、政令不一的政治现状,墨子预设了一个导致社会混乱的原始自然状态,并以之作为秩序重建的逻辑起点,提出“一同天下之义”的“尚同”理论。此理论论证了一个以天子为核心的复杂政治体系的必要性和合理性,致力于建构一套“层层上同,尚同于天”的制度体系,以期实现政治统一和思想统一。然而,“尚同”思想存在理想与现实的二元割裂:一方面,在理想性层面依据“尚贤”体系,以实现“兼相爱,交相利”的良善秩序为目标;另一方面,在现实性政治实践层面缺乏贤者在位的制度保障,可能陷入专制的弊端与困境。

(四)对墨子及其思想的多角度研究

战国时期,墨家是与儒家并称“显学”的学派,但自汉代之后,墨家人物销声匿迹,墨家著作也久湮不彰,因而在墨学史研究领域有墨学于汉代“中绝”直至清中后期开始再度复兴的观点。本次会议有多位学者从史传文献、清华简，以及思维方法、语言发展、军事组织乃至职业教育等多个角度，论述了墨家思想对中国社会的广泛影响，从而发现墨学并未于汉代“中绝”，而是在“视墨同儒”的学术环境中依托儒家继续存在并持续发挥其影响。

有学者在研究了相关清华简后指出，面世的清华简（捌）《治邦之道》，整理与研究者均认为合于墨家思想。细绎该篇简文，“治邦之道”这一题旨力斥治国“在命”的观念，既印证了《墨子》一书《非命》篇的“非命强国”论，也符合《七患》等篇所述忧患意识及国家治理的切实问题；其主张“兼利而爱”，胪列节用之法，吻合墨家“兼相爱，交相利”之治道，与“倍人”“节葬”“反质”诸说同符合契；其倡导冲决血缘贵贱的“使贤、用能”之法度，倚重才能经验为任贤标准，设计官员考核方法程式，亦匹配《尚贤》篇别于儒家“举贤”之贤能理念。《治邦之道》确为深富墨学特征的珍稀文献，亦不啻探寻儒、墨辨异之崭新门径。

有学者在谈及墨家思想的表述方式后指出，墨家表达方式所蕴含的实况描述、问题解决与理论整合，转化为“思想单位”的思维方法，相应发展为“思想单位”的三层次：情境构作、情境处理与情境融合。其次，对墨家提问方式加以分析归纳，相应发展出思想单位中的纲要性问题：“有什么”“是什么”“为什么”“会怎样”，以及“要怎样”。思想单位是具有内容的思维形式，借由此一方法的操作，可应用于传统文献的解析诠释方法和教育上思考力、理解力之提升方法，提供科际整合的共通架构，以及建立人文学研究成果在评价上相对客观的评量标准。

有学者谈到，从语言发展的角度看，中华民族与世界上所有民族一样，最初的语言是感性的、隐喻的、诗歌式的语言。到了轴心时期，由墨子和名家等发起的正名运动，使语言向着抽象的、明确的方向发展，而出现了语言学转向。同时，诗歌语言走向逻辑化，成为论述式语言。

还有学者在研究了墨子在军事方面的成就后指出，墨子是“武圣”。墨家学派是学术、军事一体化的组织，墨家军声势浩大，却为人们所忽视。墨子领导的墨家军是有和平主张的正义之师，也是有士气、有规模、有武器、有战斗力的威武之师。墨家军的弟子兵属于“敢死队”，在巨子统帅下组成由弟子、信徒和从众构成的军队，配备先进的防御工具强弩（连弩车等）、技机（转射机等）、奇器（藉车、木鸢、云梯等），践行墨家“非攻”主张。

有学者论及墨子的教育思想时指出，中华优秀传统文化博大精深，墨子思想是重要组成部分之一。墨子是伟大的教育家,早在春秋战国时期就开始进行职业教育实践探索。墨子主张平民教育、分科教育、实践教育,是中国职业教育的鼻祖。职业教育作为类型教育,既要把墨子职业教育思想传承好,又要将其转化为职业教育的具体行动。

(五)关于儒墨思想的创造性转化和创新性发展

实现中华优秀传统文化的创造性转化和创新性发展,是新时代传统文化发展的方向,也是党和政府对我们人文学术工作者的要求。以儒墨思想等为代表的传统文化,只有与时俱进,实现符合时代特点和要求的创造性转化和创新性发展,才能永葆文化生命力。

对于此议题,有学者提出,学术界的墨学研究大多是从一般学术史的角度展开,由此带来的问题就是观察视野与研究深度的局限。但我们如果运用历史社会学的方法从社会经济政治变动以及社会流动、社会组织等多视角、多方面的研究方法,就可以对墨学的产生、发展及其历史影响有更加广泛深刻的认识。尤其是在出土文献秦简里面,我们可以看到许多秦国社会生活的信息都可以与《墨子》的内容相互印证。这样我们不仅可以更好地解释儒、墨两家思想的异同及其历史命运的差异,而且对于它们对当代中国转型时期乃至整个人类社会问题解决的价值有更为准确的认识。

有学者指出,墨学发端于先秦,以“兼爱”为核心观念,先秦时儒墨并显,盛极一时。由于墨家思想不能适应农业文明的需要以及大一统的意识形态,秦汉以后走向式微。近代以降,墨学复兴,最有意味的原因是“西学中源”说和振世救弊的社会实践需要。在现代化和全球化时代,墨学必须响应现代化与全球化的挑战,其“兼相爱,交相利”的伦理精神具有现代性价值,重构以“兼爱”为核心的实用理性伦理,以契合现代世界文化精神,从而实现墨学的现代化与世界化,成为现代世界的伦理规则之一和多元文化的组成部分,进而成为中华文化对世界的贡献。

在论及墨家社会政治观时有学者指出,墨家的社会政治观具有历史意义和进步意义。强烈要求变革以周礼为主导的贵族等级制度,主张建立为万民兴利除害“尚贤”“尚同”的平民民主制度;高扬农与工肆创造历史的作用,注重“强本”,突出农事的重要意义。崇尚节俭,改变陋习,以净化社会风尚。推行“兼爱”“非攻”,营造和谐环境等主张和举措,均具有现当代性,值得研究和借鉴。有学者在提到墨子“尚同”思想时指出,“尚同”是墨子提出的著名主张。尚同力是执政者一同天下的能力,是执政者的综合能力,也是执政者的核心竞争力。

执政者尚同力建设包括四个方面：政治领导力、思想引领力、群众组织力、社会号召力。墨子的“尚同”思想，在当下全球新冠肺炎疫情扩散蔓延之际，有很强的现实意义。

在谈到建构新时代文化时有学者谈到，“儒墨互补”应是今天中华优秀传统文化传承体系建设的重要方法论之一，在当前中华优秀传统文化传承发展工程中，必须把所谓“精英文化”与“平民文化”有机对接，使墨家思想最优秀的文化基因与当代文化相适应，与现代社会相协调。儒墨互补对当今新文化构建及社会治理有重要的启示：在哲学上，儒墨互补能使“以人为本”理论更具体化；在政治上，儒墨互补能让社会主义政治更加民主化；在经济上，儒墨互补能使公平和效率比更为平衡；在思想上，儒墨互补能使儒家道德理想主义与墨家理性经验主义结合得更为合理；在文化上，儒墨互补能对当今中西文化的交融更具指导价值。所以，儒墨互补问题特别是把其方法论意义运用在今天的学术研究与社会治理中的研究对当前新文化建设具有重要意义。在主题演讲、分论坛研讨和高端对话等环节中，还有不少学者围绕儒墨会通、儒墨互补、国家治理、人类命运共同体等议题，发表了若干真知灼见。

本次学术研讨会时代性强，特色鲜明，国内外参会学者线上线下认真切磋，深入研讨，使本次会议达到了很高的学术水平，对于促进以儒墨为代表的中华优秀传统文化的创造性转化和创新性发展将起到重要作用。

11 月 26 日，第八届墨子文化节文化惠民演出在龙泉文化广场举行。

11 月 26 日晚上的龙泉文化广场灯光璀璨、热闹非凡，由滕州市委宣传部主办，枣庄科技职业学院、滕州市墨子研究中心以及滕州市文化和旅游局联合承办的第八届墨子文化节文化惠民演出枣庄科技职业学院专场在这里精彩上演。一曲曲悠扬的歌，一支支迷人的舞，浸润着墨子鲁班故里独特的文化气息，让广大市民陶醉其中，享受到了一场家门口的文化盛宴。

11 月，邵长婕主编《墨子研究论丛》（十三）由山东大学出版社出版发行。

该书共收录参加第十三届国际墨子鲁班学术研讨会专家学者论文 55 篇，

主要学术成果体现在以下几个方面。

关于墨子思想与文化自信

朱传棨:《墨家文化在传统文化中的历史地位及其意义》

文章指出,学界有研究者撰文提出全面认识传统文化内涵,认为儒、道、释是支撑中国传统文化的三根柱子。这三者既是构成中国传统文化的核心,又是中国传统文化的精神力量。文中进一步提出由这三根柱子撑起的"两层楼",上面一层的文化是由文化人创造的精英文化,包括孔、孟、老、庄、唐诗、宋词、元曲……其共同载体是汉字,并借助汉字传承中华文化;然后包括口头传承文化和非物质文化遗产等,就是中国传统文化的全部内涵。此见解并不全面,因为通篇文章中始终未提到曾与儒家并称显学的墨家文化。由此表明,在中华优秀传统文化研究和宣传中,忽视对墨家文化的研究和宣传是非常不当的。墨家的十大主张蕴含的思想文化是十分丰富的,它涉及社会物质生活和精神生活的方方面面。兼爱互利的人道主义文化观,尚贤使能改革社会政治制度和治理行政管理的文化思想,强力从事发展经济的文化思想,兼爱非攻建立国际和平相处的文化思想,节葬节用移风易俗的社会文化观,非命非儒反对宿命论的人本主义文化思想,贵义法仪构建公平正义和谐社会的文化思想,亲士、修身、所染的人生观和价值观等,特别是墨家的科技文化观,更为凸显其文化思想独特的优秀本色,是非常值得研究和传播的。因此,作者认为,在中华优秀传统文化研究中,忽视对墨家文化的研究是不全面的,也不符合文化本身发展规律的基本特征,即文化的多源发生和多向发展的特点。

薛柏成:《论墨家思想与文化自信》

文章认为,在先秦诸子百家中,墨学和儒学在战国时代被并称为"显学",是中国传统文化的重要内容之一。墨子倡导兼爱、非攻、尚贤、尚同、节用、节葬等主张,基本反映了广大劳动阶层的呼声,因此,墨子又被誉为劳动人民的哲学家。墨家思想对传统文化的影响是多层面的,其在政治、经济、军事、科技、逻辑学、哲学领域的影响不可低估,研究中国传统思想文化不能忽视墨家思想。当前我们正在建构中华优秀传统文化传承体系,实现中华民族的伟大复兴之梦,如何创造性转化和创新性发展墨家思想,使其最优秀的文化基因与当代文化相适应,与现代社会相协调是我们今天文化自觉、文化自信的题中应有之义,更是一个重大的历史性课题。

墨家思想是中华优秀传统平民文化传承体系中最重要的一环，是一种极具人民性的立体伦理学说体系，体现了关爱百姓、向往进步、引导人民积极向上、促进社会繁荣发展的思想。

墨家思想自其学派消亡后一直以潜性的方式发挥作用，在中华民族精神的塑造中发挥了重要的作用，其狭义人格是中国人的脊梁。

墨家思想在学理上的方法论是“儒墨互补”，历代先行者及思想家对其进行了深刻的思考与实践，为我们今天的文化自觉提供了宝贵的思想财富。

墨家思想在当今社会的实践论是把所谓“精英文化”与“平民文化”有机对接，使墨家思想最优秀的文化基因与当代文化相适应，与现代社会相协调，这就是文化自信。

郭金鸿：《借鉴墨学的创新精神，增强文化自信》

文章认为，中华民族要实现伟大复兴梦，就要继承好、发展好自身文化。这就需要“保持对自身文化理想、文化价值的高度信心，保持对自身文化生命力、创造力的高度信心”。如今，有没有创新能力，能不能创新，是全球范围内各国文化竞争的决定性因素。墨子及其所创立的墨家学派非常具有开拓创新精神，集中体现了富有理性思辨的科学精神、救世济民的实践智慧和心系天下的兼爱情怀，可以直接生发出具有重要的世界意义和现代价值的思想。“现代学者面对新时代的科学难题，从墨学中借鉴丰富的哲理资源，汲取深湛的思想智慧。”此举或许可以使我们凭借千年前的古圣先哲精神血脉的滋养，扬弃继承、转化创新，在应对国内改革难题和国际风云变幻时，不卑不亢、不骄不躁，充分体现我们对中华文化的尊重、自我发展的自信。

文章指出，墨家强调生产，重视经济，提倡科学研究，具有实事求是的精神、理性思考的能力以及逻辑的探讨，再加上它的兼爱精神，表现出一种高度群体性的功利主义。这些都可以成为现代科技发展的促进力量。“以古人之规矩，开自己之生面。”不忘历史才能开辟未来，善于继承才能善于创新。墨子曾自信预言：“吾言足用矣，舍言革思者，是犹舍获而捃粟也。以其言非吾言者，是犹以卵投石也，尽天下之卵，其石犹是也，不可毁也。”其弟子对于老师的主张更是笃信不疑，“天下无人，而墨子之言犹存”，更是振聋发聩。肯定墨学在当今时代的价值、意义、功能和作用，而不排斥世界其他各流派学说，倡导兼容开放的学术风气和奉行与时俱进的创新方法论,这是墨家特性,也是我们实现中华文化的创造性转化和创新性发展的需要。

关于《墨经》与科学思想研究

姜宝昌:《〈经下3〉〈经说下3〉试解》(纲目)

文章说,《墨经》难读,号称"天书",其所涉学科众多,文字过于简约,错讹甚多,都是原因。如《经下3》《经说下3》,有些注疏家弃而不释,梁启超说:"此条《经》及《说》皆难读……必讹脱矣……今从盖阙。"台湾王讚源说:"此条脱落'说在……'一句,无从了解《经》的意旨。而且《经说》文字讹脱颇多,难于董理。……本条应存疑。"也有将它与《经下2》《经说下2》合为一条者,如伍非百、沈有鼎等。

作者对原文进行了校勘。

原文:

《经下3》:物尽同名,二与斗,爱食与招,白与视,丽与,夫与履。

《经说下3》:为麋同名,俱斗,不俱二,二与斗也。包、肝、肺、子,爱也。桔茅,食与招也。白马多白,视马不多视,白与视也。为丽不必丽,不必丽与暴也。为非以人是不为非,若为夫勇不为夫,为屦以买衣为屦,夫与履也。

作者校改:

《经下3》:物尽同名,[说在]二与斗、[子与]爱、食与招、白与视、丽与[暴][非]夫与屦。

"说在"二字,为作者所补。理由:《经下》书写通例为"……说在……"。"说在"后或出事理所在,或出举例证明。而出举例证明一类,或仅举一例,如《经下28》"倚者不可正,说在梯"。或举数例,如《经下5》"不可偏去而二,说在见与俱、一与二、广与修",《经下11》"疑,说在逢、循、遇、过",《经下39》"所知而弗能指,说在春也、逃臣、狗犬、遗者",等等,而《经说》即依《经》"说在"所举之例一一加以诠释。

"子与"二字,从谭戒甫校补。"暴"字,从张纯一校补。"非"字,为作者所补。如训"若"为或,则"为非以人是不为非""为夫以勇不为夫""为屦以买衣(当为'不')为屦",成为三平列句式。"履"改"屦",依《说》文。

《经说下3》:同名。马(为)麋俱斗,不俱二,二与斗也。包、肝肺,子与爱也。桔茅,食与招也。白马多白,视马不多视,白与视也。为丽不必丽,为暴不必暴也。丽与暴也。为非以人是不为非,若为夫以勇不为夫,为屦以买不为屦,非、夫与屦也。

“为”改“马”，从孙诒让校。“同名”移“马麋”前作牒经标目字，从高亨校。作者又对《经下 3》《经说下 3》进行了简注、链接、试译。

韩国建：《关于〈墨经〉中的矛盾律问题》

文章指出，诸多学者认为《墨经》的“或谓之‘牛’或谓之‘非牛’”，“不俱当，必或不当”等表示其已认识到思维规律的矛盾律。但是也有学者提出一些异议，如李先焜提出《墨经》只是认识到矛盾命题，并不是矛盾律。又如崔清田提出“当”并不表示真。此文对《墨经》中的矛盾律问题作了进一步讨论。

作者从矛盾命题与矛盾律是有区别的，关于命题、矛盾命题，关于命题的当不当和真假，关于一对矛盾命题的真假，与矛盾律的关系，《墨经》中的排中律，关于《墨经》中的矛盾律七个方面进行了论述。作者认为，关于补出《墨经》对于矛盾律的表示，提出如下理由：(1)《墨经》显示命题既有当不当(相符合与不相符合)问题又有是非(真假)问题。(2)《墨经》显示肯定命题“牛”(这是牛)有相符合(“当”)也就为真(“是”)，同样否定命题“非牛”(这不是牛)也有相符合(“当”)也就为真(“是”)。并且肯定命题“牛”(这是牛)有不相符合(“不当”)而为假(“非”)，而否定命题“非牛”(这不是牛)也有不相符合(“不当”)而为假(“非”)。(3)《墨经》认为一对矛盾命题“仮”，即“牛”(这是牛)、“非牛”(这不是牛)不能同时都相符合必有一个不相符合(“不俱当，必或不当”)。(4)《墨经》以论辩为“争仮”，论辩双方中甲持肯定命题“牛”(这是牛)、乙持否定命题“非牛”(这不是牛)，必有一人相符合并且真，一人不相符合并且假。(5)《墨经》有对排中律的表述，“不可两‘不可’也”“无以非也”也是《墨经》设立的一个规则，对于表示“仮”的一对矛盾命题“牛”(这是牛)、“非牛”(这不是牛)不可以同时认为是假，即不可同假。这是排中律的主要内容。(6)《墨经》的“不可两‘不可’也”等表示矛盾命题不可同时为假的排中律内容，反之表示的则是矛盾命题不可同时为真的矛盾律内容。

孙中原：《〈墨经〉科学宇宙观》

文章指出，墨子是中华传统科学技术的第一人。《墨经》是中华传统科学技术的第一经，是墨学发展高级阶段的标志性著作，是天下第一奇书、微型百科全书。《墨经》用科学逻辑的表达方式，以定义、划分、命题和论证的形态，总结中国古代传统科学技术的知识,在本体哲学、认知哲学、方法哲学、科技哲学和历史哲学各分科,都有开拓性、独创性、理论性和体系性的贡献。

本体哲学,是论世界本体规律性的哲学部门。本体论,又称“宇宙观”“世界观”“自然观”“存在论”“形而上学”。《小取》说:“摹略万物之然。”“其然也,有所以然也。”人类认识的全部目的是“摹略万物之然”和“所以然”,反映世界的本来面目、本质和规律。这是墨家学者对人与世界本体关系基本问题的正确回答。

张仁明:《〈墨经〉疑难字研究之七——兼及〈汉语大字典〉编纂疏漏》

文章指出,作者在《〈墨经〉疑难字研究》之一、之二两文中,论及《墨经》多古字、生僻字,是《墨经》难读的原因之一。要正确解读《墨经》,就要正确训释这些难字。所谓《墨经》难字,《〈墨经〉疑难字研究之一》已作了定位,训释这些难字,大多牵涉到用字现象的问题,即要确定其是否是讹误字、通假字、古今字抑或异体字等。由于《墨经》用字的纷繁复杂,除上述常规用字现象外,还有牒经字、自制字等特殊的用字现象,对这些字的用字现象处理不同,也就导致对句子的解读不同,所以,凡牵涉到这些疑难字的句子的解读至今仍然是众说纷纭,莫衷一是。

该文仍对《墨经》疑难字的历代训释作一梳理、总结,为的是更好地借鉴前人在《墨经》文字训释方面的成功经验,并提出《墨经》文字训释中的一些须解决的问题。同时还以《墨经》中疑难字为例,指出《汉语大字典》编纂存在的疏漏,以期对《墨经》的正确训释及研究有所裨益,为《汉语大字典》的进一步完善尽一份力。

关于墨子思想与人类命运共同体

可晓锋:《新时代文化自信与墨子的兼爱思想和天下观念》

文章指出,显而易见,“文化自信”已经成为近年来中国的思想话语场域中一个极其重要的关键词。虽然“文化自信”并非一个刚刚出炉的新鲜术语,但是作为新近的思想或文化的关键词,它展示了一个全新的可见性与一个前所未有的重要性。这直接表现在当今中国认识到并提出:“全党要坚定道路自信、理论自信、制度自信、文化自信……文化自信,是更基础、更广泛、更深厚的自信。”习近平总书记在庆祝中国共产党成立 95 周年大会上指出:“在 5000 多年文明发展中孕育的中华优秀传统文化,在党和人民伟大斗争中孕育的革命文化和社会主义先进文化,积淀着中华民族最深层的精神追求,代表着中华民族独特的精神标识。”对于新时代文化自信与墨子思想的相关性具体体现在以下几个方面。

第一，从总体上看，墨子思想追求“兴天下之利，除天下之害”“天下皆得其利”“天下大治”的目标。虽然这一目标被讥讽为“天下之好”，但是从天下着眼、胸怀天下的思考和处置世界、人生意义，这实在是中国政治文化对世界政治文化的一大裨益和贡献。

第二，新时代文化自信与墨子兼爱思想的相关性在于大度与开放意涵上。墨子的兼爱思想在政治、伦理的现实行动中具有乌托邦色彩，这是因为兼爱是爱无差等的，“不分民族、阶级、阶层、等级、亲疏、住地、人己、主仆等差别，包括过去、现在和未来的一切人”。这种包容一切，不拒他者，既是墨子思想的一大特色，也是中国的传统精神，体现了最为普遍深刻的人文精神与人道主义。

第三，墨子思想中也讲信，虽然少讲自信，但是墨子从行或实践来讲信，这一点对理解和坚定新时代文化自信非常重要。墨子“信”的思想启发人们，坚定新时代文化自信不能仅仅是“言合于意”，即不能仅仅是口头上、观念上的文化自信，更要“言必信，行必果”（《墨子·兼爱》），“口言之，身必行之”（《墨子·公孟》），言行相合。

梁靖茹：《墨子“兼爱”“非攻”与“人类命运共同体”》

文章指出，构建“人类命运共同体”是在中国国家实力实现跨越式提升、中国特色社会主义进入新时代、中国的国际角色出现新变化、中国开启了特色大国外交新征程的背景下提出的时代命题。这一命题既是对崛起中国的未来发展方向、中国将如何处理新形势下与世界不同国家和地区的关系等重大问题的明确回答，也成为推动世界和平发展、共同繁荣的中国方略，获得了广泛的国际认同。

作者认为，“兼爱”“非攻”思想对于构建“人类命运共同体”的积极作用，体现在以下几个方面。

第一，“兼爱”思想所提倡的平等观念是构建“人类命运共同体”的基础。

和而不同是人类共同生存的基本条件和基本法则。任何人类文明都有自己存在的价值，只有坚持和而不同，才能保障世界多元文化共同繁荣发展；如果因其他文明与本国文明有较大不同，就强制性地“同化”对方，甚至企图以自己的文明取而代之，则只能激化矛盾甚至引发战争，给世界文明带来灾难。

第二，“非攻”思想对于构建“人类命运共同体”具有积极意义。

“非攻”的“非”是“非议”“谴责”“诘难”之义，“非攻”便是反对一切“不义”的战争、侵略的战争。中华民族自古以来就养成了以爱国主义为核心的民族精神,更是世界和平的坚定践行者。近百年来,中华民族一直致力于反抗外来侵略,维护民族独立。我们在十四年艰苦抗战中更是付出了惨痛的代价,这一切的血泪和努力都只为换来一个相对和平的生存和发展空间。我们在中国特色社会主义进入新时代之际提出构建"人类命运共同体"的倡议,致力于推动经济全球化朝着更为均衡普惠共赢的方向发展,呼吁建立"共商共建共享"的国际社会新秩序,正是墨子"非攻"思想在中国建设和谐社会和走和平发展道路上的逻辑延伸。中国主张建立的和谐世界,是一个和平稳定、共同繁荣、互利合作和开放包容的世界,这与墨子"非攻"思想在内涵上是一致的。

秦彦士:《墨子与曼德拉思想的比较——兼论墨学与人类命运共同体》

作者从非洲的墨学讲座之邀引出墨子"兼爱"不可实现论的反思。通过对比与"兼爱"思想极其相近的古代非洲的"乌班图精神",指出曼德拉及其共同的精神领袖图图大主教、萨克斯大法官等杰出思想家打造的南非"真相和解委员会"引领南非人民走出冲突杀戮的怪圈,从而创造出当代人类奇迹这一事实。

墨子的和平思想不仅已经得到全世界的公认,也得到南非黑人与白人的民族大和解的事实证明。今天不仅南非共和国而且整个非洲同样需要墨学,这样的事实再一次证明了墨学的价值,同时也证明随着古老中国的传统文化在全世界的不断传播,中国古代先贤的智慧对于建设人类命运共同体将会发挥越来越大的作用。历史将由我们和非洲人民以及全世界人民共同来见证和实现。这也是我们中国人尤其是中国的知识分子未来的历史重任。

关于墨子的逻辑、教育、伦理思想方面的研究

杨武金:《墨家关于理性与意志的思想》

文章主要考察墨家关于理性和意志的关系、理性的本质和作用、意志对于人们行动的影响,等等。他认为,墨家非常强调逻辑思维等理性认识和理性能力对于人的作用;人要在行动和行为上取得成功,必须控制意志并摆脱欲望的支配。在墨家看来,理性不能缺失,必须加强培养,人的正常欲望必须保持在一个合理的限度之内。墨家提出了自己所主张的一系列核心理念学说。

在墨家的视野里,要实现天下大治,统治者必须顺天意,提倡"兼相爱,交相

利”。对个人来说,要想获得福报,避免祸祟,也必须尊天、事鬼、爱人。在墨家看来,兼相爱交相利的实现,必须依赖人们的理性来实现。墨家说:“志行,为也。”(《墨子·经说上》)“为知”即通过实践获得成功的真理是最高的知识,高于理性知识,通过意志的控制发挥理性的作用从而在实践中取得成功。墨子强调尊天守法,其实就是强调人在做天在看,不要以为天看不见,因此人们不能无法无天,否则理性就容易被欲望所支配。墨子强调非命、尚力,其实也就是要有意志有目的地进行有理性的实践活动。和亚里士多德认为人是有理性的动物的观点类似,墨家也认为,人是具有理性的认识能力的。《墨子·经上》说:“知,材也。”认知能力是人的认识器官所具有的生理功能。但这种认识能力必须在意志的控制之下才能充分地发挥作用。《墨子·修身》说:“志不强者智不达。”意志不坚强的人,他的理性能力就不能发挥作用。

任守景:《立德树人　全面发展——墨子职业教育思想探寻》

文章说,墨子是平民圣人,也是底层百姓的代言人,他的学说和主张自然反映了民众的心声,顺应了历史的发展潮流,加之墨家集团的大多数成员皆为“农工肆人”,学习研究的内容自然是如何提高劳动和生存技能。墨子在教授弟子的过程中,会把自然科学知识、技能技巧作为重要内容,尤其是分类施教、分科教学,创办了历史上第一个集文、理、工、农和军事等学科于一体的综合性平民学校,更是开了职业教育的先河,为后人留下了弥足珍贵的职业教育的宝贵遗产。

作者从墨子职业教育思想形成的背景、墨子职业教育思想的基本内涵、墨子职业教育思想的影响及价值三个方面进行了分析论述,认为:墨子教育思想是我国教育史上弥足珍贵的、极具借鉴价值的宝贵遗产,对后世产生了深远的影响,其立德树人的教育目标、以教行义的教育方针、知行合一的教育方式、全面发展的教育内容,尤其是重视科学技能及实践能力培养的教育实践,更为当前职业教育发展之急需,亟待我们加以传承和弘扬。

李巍:《作为伦理主张的墨子“知类”说》

作者认为,可将墨子“知类”思想的内涵概括如下:其一,所谓“知类”,是要探究“类”的具体应用(用于评价事态或指导言行),而非其抽象本质。因此,其不是对事实描述的正确性负责,而是对言行规范的正当性负责。揭示这种正当性的根据,就是“明故”。其二,确保一个“类”被正当地应用,从方法论上说,就是鉴察它在不同场合中用法的一致性。而检验这种一致性的标准,或者说确保这种一致性的根源,就是墨子所谓“法”(“三表”“三法”)。其三,确保一个“类”被正当地应用,亦不仅是在方法论上鉴察其用法的一致性,更要明了这“一致性”背后的“价值统一性”,亦即,“类”的应用不仅要合于“法”,更要合于“义”(“法”之“义”)。据此,该文认为墨子“知类”的思想与其被视为一种逻辑或形而上学的思想,不如被视为一种伦理思想,因为它的基本精神乃是实践性的,即将“类”应用于具体场合中,以评价事态或指导言行(而非描述本质)。

关于墨学研究的发展及比较研究

谭家健:《〈墨子〉的文学价值和历代评点》

作者在文章中首先介绍了历代学者对《墨子》文学价值认识的大致情况。接下来对《墨子》文章的文学地位提出三点看法:第一,从语录体到专论体的过渡。第二,有意识地在论说中运用形式逻辑。第三,从简单对话到曲折完整的故事。

论文指出,墨子散文是先秦散文发展链条中不可缺少的一个环节,有不可忽略的承前启后的作用。

李贤中:《墨家与先秦诸子思想的交锋与整合》

论文探讨墨家与孔孟、老庄、辩者、名家及法家思想的交锋,指出墨子与孔子的伦理目标相同,但达到的方法与价值根源不同;墨家与道家、辩者、名家也有许多观点上的差异与论题上的批驳;在思维方法上,墨家对于孟子与韩非皆有既深且广的影响,法家的政治思想也有多处借鉴墨家哲学。文章指出,相对于先秦各家的思想,墨家一方面发挥了多方面的影响力,使我们即使在今日也能察觉到墨家思想中真理的丰富质素;另一方面,我们也可由先秦诸子所注重的面向,使我们在研究现代墨学时,思考伦理学、知识论、心性论、天道观融入墨学的可能性,使墨学的理论在既有的理论基础上,开展并吸纳各家的真理质素,使墨家哲学及其精神也能在全球视野下,综摄各家思想精华以兴天下之利。

该文指出墨家与先秦诸子思想的交锋,可以展现墨家内涵之真理质素,特别是方法意识及思维方法的影响力;透过墨家与先秦诸子思想的论辩、对比,展示墨家学说的真理成分，进而呈现墨家思想在中华文化中的价值以及未来整合发展的方向。

张幼林：《用生命呼唤墨子归来——为纪念中国墨学第二次复兴肇始 30 周年而撰写》

作者张幼林是墨学复兴的发起者张知寒教授的女儿，该文为记述墨学事业发展的“口述史”而写。文章深情叙述了张知寒教授复兴墨学的历程。张知寒教授自 1988 年起，在整整十年里与众多同仁共同从事复兴墨学的开创性事业。从建立墨子学会到筹办墨子研讨会，张知寒教授工作极其紧张，遇到了许许多多的困难，直至身体被累垮了，付出了生命。张知寒教授以“摩顶放踵”“突不暇黔”的墨子精神，日夜操劳、奋斗不已，被匡亚明称赞为“活着的墨子”，蔡尚思先生赞其为“富有墨子精神”。该文还向诸多给予墨学事业巨大支持的前辈学者表示敬意，如匡亚明、蔡尚思、杨向奎、张岱年、任继愈、费孝通、刘敦愿、张政烺、季羡林、王裕安、李绍崑、王讚源等。文章最后指出：“墨子不仅属于滕州、属于山东、属于中国，而且属于世界！”这已成为我国学界的共识。墨学复兴后继有人，方兴未艾，这是令人无比欣慰的。

关于墨学研究的创新领域

翟奎凤：《另一种“三表”：论〈墨子〉天、鬼、人之“三利”主义》

《墨子·非命》篇提出“三表”或“三法”之说，即检验一种学说主张、认识判断是否正确，能否站得住脚，可以从三方面来考察衡量。《非命上》说：“何谓‘三表’？子墨子言曰：有本之者，有原之者，有用之者。于何本之？上本之于古者圣王之事。于何原之？下原察百姓耳目之实。于何用之？发以为刑政，观其中国家百姓人民之利。此所谓言有‘三表’也。”（或可简称为“三有”）在《非命》中篇、下篇也有类似的表述。不过，《非命中》曰：“于其本之也，考之天鬼之志、圣王之事。于其原之也，征以先王之书。”从这里看，“本之”不仅包括“圣王之事”，还包括“天鬼之志”；“原之”不仅有“百姓耳目之实”，也要“征以先王之书”。关于此种墨子的“三表”法，相关研究讨论比较多。

如果说通常意义上的墨子“三表”，主要是就认识主张正确与否（是非）的判断标准而言，那么，可以说，《墨子》一书实际上还有另一种“三表”，即衡量一种行为举措是否得当（善恶）的标准，要看是否“利天、利鬼、利人”（或可简称为“三利”),这种偏重实践论意义上的“三表”在《墨子》书中比偏重认识论意义上的“三表”出现的频率要高得多。当然,是否利天、鬼、人之“三表”,主要是就实践行动而言,但有时也可以用来衡量言论主张是否得当,就是说,实践论意义上的“三表”往往也是包含着认识论来说的,而认识论意义上的“三表”有时也用来检验实践举措。这两种“三表”有交叉,其共同点是都强调“百姓人民之利”,乃至也包括“天鬼之志”,所以在《墨子》的相关论证中往往也同时使用这两种“三表”法。

褚丽娟:《晚清墨学的现代性重构——有关传教士艾约瑟墨学研究的几点认识》

文章指出,英国伦敦会传教士艾约瑟(Joseph Edkins,1823—1905)在1858年的《上海文理学会会刊》(*Journal of the Shanghai Literary and Scientific Society*)上署名发表《墨子人格及作品简论》(“Notices of the Character and Writings of Mehtsi”)一文。这是历史上第一次从现代意义上“发现”墨学,但只停留在对文中内容的介绍。尽管笔者在过去的研究中曾多次涉及它,但一直未能从近代以来中西文化相遇与碰撞的脉络,从中国近代思想史的路数对这篇重要的文章展开讨论。笔者认为,这一文章对墨学思想中的兼爱概念、儒墨关系,对墨子及墨学的评价,开启了近代以来对墨学“现代性重构”的先河,这不仅从学术史角度来看,具有重要史料价值,就是对于今天讨论墨学的现代性转换,展开墨学的当代阐释仍然有着一定的意义。

对于艾约瑟的这篇《墨子人格及作品简论》,只要运用阐释学的“重构”(Rekonstruktion)理论进行分析,就会发现,他完全没有受到同时代的中国士大夫对墨学评价的影响,而是以基督宗教的伦理、英国功利主义的代表人物边沁(Bentham)等的学说这样的现代理论在重构墨学。作者讨论墨子思想产生的背景和主要的内容,分析儒墨之间的“恩怨”并作出评价,其中一些结论常见于后来的墨学研究中。艾约瑟的研究为“墨学复兴”开启了不同于士大夫的阐释路径,类似的阐释到了20世纪初才渐多起来。

作者认为研究这一问题不仅具有重要史料价值,而且对于今天讨论墨学的现代性转换,展开墨学的当代阐释仍然具有一定的意义。

察应坤:《吕振羽对墨子三次不同身份的判断及指向》

吕振羽对墨子的研究最早体现在他于 1934 年在清华大学作的一次演讲中。演讲的题目是“周秦诸子的经济思想”,清华大学“现代问题座谈会”的林亮、杨联陞两位同学记录整理,后发表在 1934 年 7 月《劳动季报》第 1 卷第 2 期上。1934 年 12 月 23 日,吕振羽根据另外一次演讲整理出《墨翟的学说及其劳动思想》一文,比较系统地谈了自己对墨翟的认识,1935 年 2 月《劳动季报》第 1 卷第 4 期登载了该文。1937 年 6 月,吕振羽专著《中国政治思想史》由上海黎明书局出版发行,其中一节以“作为农民阶级政治学说的墨子”为标题,对墨翟的思想和墨派的发展消亡作了全面论述。

论文提出,吕振羽对于墨子的身份有三次不同的判断:半个农民阶级的代言人;大体上却能符合当时农民意识;作为农民阶级政治说的墨子。三种不同的对墨子身份的判断,一方面符合吕振羽此时对于马克思主义,特别是他对马克思主义关于量变引起质变的理论的学习和理解。他认为这个理论在社会思想的研究中应该予以遵循,需要注重思想的渐变与突变、新思想的产生与旧思想的遗留、同一阶级的不同阶层的起落在思想上所引起的矛盾。另一方面,正如其对社会思想转折的分析一样,吕振羽的思想认识恰恰处在这种转折之中。

关于鲁班文化与工匠精神

夏伟、肖坤:《厚植工匠文化,培养工匠人才,培育工匠精神》

文章说,近几年来,国家高度重视工匠精神问题,把弘扬和培育工匠精神上升为国家战略。顺德职业技术学院积极响应党和国家号召,对传承和培育工匠精神进行了深入的探索与实践。

文章从工匠、工匠精神和工匠文化的内涵及关系,新经济高质量发展和人才供给侧改革亟须重塑工匠精神,新时期工匠精神匮乏的根源是工匠文化缺失,新时代传承和培育工匠精神的路径与举措,顺德职业技术学院传承和培育工匠精神的实践五个方面进行了阐述,认为传承和培育工匠精神对新时代新经济背景下的中国具有重要的现实意义。对国家来说,有助于中国经济从高速度时代向高质量时代迈进,有助于中国从制造大国向制造强国转变;对教育来说,有助于提升我国职业教育的地位,有助于倒逼我国职业教育提升内涵;对个人来说,有助于防止工匠在工业化过程中被异化为工具人,有助于工匠真正成为幸福的现代工匠。

颜玉明:《墨子鲁班文化的品牌塑造与推广》

文章指出,文化品牌对外具有感召力,对内具有渗透力,对经济社会发展具有推动力,是文化助推全面发展的引擎。文化品牌完全可以作为城市品牌,作为外界了解城市的窗口。

墨子和鲁班都是世界级的文化名人,墨子鲁班文化作为滕州文化的龙头,在落实新旧动能转换中,作为滕州城市品牌来塑造与推广,对于积极推进核心价值体系建设,极尽彰显本地丰富的文化资源,不断提升文化软实力具有深远的历史意义。

作者从依托浓厚的墨子文化研究氛围,打造墨子文化品牌;依托大量滕州地方民间传说,培育鲁班文化品牌;以提升滕州城市形象为核心,全力推广墨子鲁班文化品牌三个方面阐述了滕州市不断开创挖掘弘扬墨子鲁班优秀传统文化的新形式、新途径,为全面深入持久地宣传普及墨子鲁班优秀传统文化注入新活力,进一步扩大了“墨子鲁班故里在滕州”的影响。

作者同时指出,为助推“一带一路”建设,加快鲁班文化“走出去”的步伐,滕州市创新思维,积极探索,吸引马来西亚、新加坡、泰国、比利时等国家和我国港澳台地区的建筑业组织、专家、学生来到鲁班纪念馆,通过纪念鲁班、游学、鲁班文化座谈交流、鲁班文化产品赠送等活动,实现了良性互动。滕州市紧抓全省实施传统文化传承创新和新旧动能转换重大工程的历史机遇,依托墨子纪念馆、鲁班纪念馆、墨砚馆、目夷古城、墨子故里森林公园、墨子故里遗址、墨子湖、鲁班堤、鲁班造磨处、鲁班文化主题公园等文化项目,统筹资源,整体规划,全力打造“墨子鲁班文化产业示范区”并进行广泛宣传推介,搭建文化产业集团与示范区高层次对接平台,招引一批优势项目助力示范区建设,不断提升文化产业竞争力。

墨子鲁班文化已经成为滕州独具特色的文化品牌,在学术研究、文化交流、经济协作、城市形象中发挥着不可替代的重要作用。

曲洪炜:《乡村振兴背景下传统民居营造技艺以及匠人调查研究——基于章丘三村的考察》

2017 年 10 月,党的十九大在北京召开,以习近平同志为核心的党中央在党的十九大报告中提出了乡村振兴战略;2018 年全国两会期间,习近平总书记在参加山东代表团审议时提出推动乡村产业、人才、文化、生态、组织“五个振兴”;2018 年 6 月,习近平总书记在山东考察时来到济南市章丘区双山街道三涧溪村，强调乡村振兴，人才是关键。山东是一个农业大省，习近平总书记的嘱托对于山东的发展具有“点题”之效。

乡村振兴伟大战略中，乡村文化振兴不可或缺。只有有效保护乡村文化，恢复乡村文化生命力，弘扬乡村优秀文化，才能实现乡村文化振兴、乡村振兴的目标。如何保护乡村文化？该文以笔者在章丘三村的传统民居营造技艺及匠人调研为切入点，探讨乡村文化保护的途径以及意义。

通过考察，作者认为乡村文化根植于乡土，来源于劳动与生活，体现了广大劳动人民繁衍生息的脉络，优秀的乡村文化反映了一个乡村的文化发展史，反映了当地群众的审美情趣，也是民众自娱自乐、陶冶情操的文化载体，更是先进文化建设取之不尽的源泉。但是由于受到新的生产生活方式以及新的文化理念的冲击，许多优秀的乡村文化有可能被外来文化取代或者异化，造成乡村文化最终走向湮灭。因此，要实现乡村文化振兴就必须保护优秀的乡村文化。

对于传统民居营造技艺以及匠人也是如此。我们要有传承和保护传统民居营造技艺及匠人的使命感，要充分认识到保护传统民居营造技艺以及匠人的重要性。

12 月，墨子纪念馆、鲁班纪念馆成为墨子鲁班创新发展干部教育基地现场教学点。

12 月 18 日，墨子鲁班创新发展干部教育基地揭牌仪式在滕州市委党校举行。墨子纪念馆、鲁班纪念馆入选墨子鲁班创新发展干部教育基地第一批现场教学点。

为深入学习习近平新时代中国特色社会主义思想，贯彻落实中央和省、市委对干部教育培训工作的部署要求，培养造就高素质专业化干部队伍，滕州市委组织部聚焦提升干部专业化能力，创新干部教育培训载体，依托墨子鲁班优秀传统文化资源，建设了墨子鲁班创新发展干部教育基地，着力提升干部的创新思维、创新意识、创新能力。墨子鲁班创新发展干部教育基地以学习宣传贯彻习近平新时代中国特色社会主义思想为核心，突出墨子创新思想、鲁班工匠精神的传承弘扬，设置科技传承、动能转换、创业创新、服务治理四个教学专题，以滕州市委党校为教学主阵地，墨子纪念馆等 16 个现场教学点为第一批现场教学点，采取课堂教学与现场教学相结合的方式，促进干部专业化能力培训更加精准。墨子鲁班创新发展干部教育基地是全省首个以创新发展命名的干部教育基地,将成为党员干部教育的新平台、高质量发展的新窗口。

12 月,滕州市墨子研究博物馆(墨子纪念馆、墨砚馆、鲁班纪念馆)被评为国家二级博物馆。

中国博物馆协会发布第四批国家一、二、三级博物馆名单公告,滕州市墨子研究博物馆(墨子纪念馆、墨砚馆、鲁班纪念馆)被评为国家二级博物馆。

博物馆评估定级是从博物馆综合管理与基础设施建设、藏品管理与科学研究、陈列展览与社会服务等方面,对境内所有具有文物收藏保管、科学研究、陈列展览和对外开放的各类博物馆作出的综合评价,共分为三个等级。获评国家二级博物馆,是对滕州市墨子研究中心场馆建设和管理服务的充分肯定,标志着滕州市墨子研究中心采取"一中心、三分馆"共同组团申报模式取得成功,也标志着滕州市墨子研究中心下辖各馆的基础建设、管理服务、陈列展览及社会影响等已经迈入了国内先进博物馆行列,对滕州市加快建设文化强市、提升城市文化软实力、增进人民文化自信具有重要意义。

附件 1:《中国墨子学会第七届领导成员名单》

中国墨子学会第七届领导成员名单

名誉会长(12 人,按姓氏笔画排序)

王玉玺　朱正昌　宋　健　李　景　李建国　吴官正　张文台　张高丽
赵志浩　姜春云　贾万志　董凤基

顾问(20 人,按姓氏笔画排序)

王玉中　尹衍梁　冯宜明　孙中原　朱传棨　齐瑞端　乔幼梅　陈克守
汤恩佳　李殿仁　张尚德　陈之安　林兆义　周立升　姜宝昌　秦彦士
黄世瑞　曾繁仁　谭家健　潘建伟

特邀咨询(9 人,按姓氏笔画排序)

王崇杰　朱锡光　任守景　李广星　邵长婕　杨位明　胡小林　郭良志
董兴河

会长、副会长、秘书长、副秘书长、常务理事

会长:李守信

第一副会长:马宏伟

常务副会长:王琪珑　李　健

副会长:(11 人,按姓氏笔画排序)

王学典　王　凯　杜泽逊　杨武金　陈国前　张子玉

宗大全　侯同运　曾宪明　廖理纯　薛柏成

秘书长:张子玉(兼)

副秘书长:邢占军　郭震旦　何　芳

常务理事:(33 人,按姓氏笔画排序)

马宏伟　王学典　王琪珑　王　凯　史党社　邢占军

孙君恒　陈国前　李守信　李　健　李丽清　李澍扬

杜泽逊　张子玉　张幼林　张　明　何　芳　杨武金

杨建兵　郑杰文　宗大全　祖爱民　赵富平　侯同运

郭震旦　曹　峰　梅良勇　韩国建　曾宪明　曾振宇

鲍春生　廖理纯　薛柏成

附录 2:《中国墨子学会章程》

中国墨子学会章程

第一章　总则

第一条　本学会的名称为:中国墨子学会,英文名称:CHINA INSTITUTE OF MOHISM,缩写为 CIM。

第二条　中国墨子学会(以下简称本会)是山东大学与滕州市联合发起,由社会科学研究单位、高等院校、职业院校的墨学研究学者、热心关怀并支持墨学事业发展的人士自愿组成并依法登记的全国性、学术性、非营利性社会组织,是墨学文化研究事业的重要社会力量。

第三条　本会的宗旨是:团结组织墨学研究学者、热心关怀并支持墨学事业发展的人士,繁荣发展墨学文化研究事业。坚持"研究、传承、挖掘、弘扬、运用"的方针,提高墨学文化的研究阐释、传承弘扬、创新运用水平和能力,将弘扬

墨学文化与涵养社会主义核心价值观、建设社会主义文化强国相结合，促进墨学文化实现创造性转化、创新性发展，为弘扬中华优秀传统文化作出贡献。

本会遵守宪法、法律、法规和国家政策，践行社会主义核心价值观，弘扬爱国主义精神，遵守社会道德风尚，自觉加强诚信自律建设。

第四条　本会坚持以马克思列宁主义、毛泽东思想、邓小平理论、“三个代表”重要思想、科学发展观、习近平新时代中国特色社会主义思想为指导思想和行动指南，坚持中国共产党的全面领导，根据《中国共产党章程》的规定，设立中国共产党的组织，强化党组织的政治功能，开展党的活动，为党组织的活动提供必要条件。

第五条　本会接受业务主管单位教育部和社团登记管理机关国家民政部的业务指导和监督管理。

第六条　本会的住所设在山东省滕州市墨子研究中心，地址为滕州市塔寺路78号。本会网址：http://mozi.tengzhou.gov.cn/。

第二章　业务范围

第七条　本会的业务范围是：

(一)团结组织国内外墨学文化研究学者依据本会宗旨开展学术活动，统筹推进墨学典籍系统整理、思想意蕴阐释辨析、时代价值研究阐发，推进墨学文化的转化、创新和运用；

(二)组织开展国内外墨学文化等中华优秀传统文化学术研讨、交流活动，举办国内、国际学术会议，密切学术团体间的横向联系与协作；

(三)组织开展墨学课题研究，结合时代发展需求，有针对性地计划和组织研究课题、项目；

(四)编辑出版墨学期刊、专著等图书资料及电子音像制品；

(五)多渠道、多形式地开展墨学文化的宣传、普及、教育活动，扩大墨学文化影响力；

(六)搜集、整理有关墨子和墨学文化研究的图书、文献资料，及时了解和收存国内外学术研究动态及研究成果；

(七)开展学术讲座、短期讲习班等教育培训活动，提高会员学术水平；

(八)发挥学术咨询作用，配合协同有关部门研究、解决重大课题，提出合理化建议；

(九)筹集墨子与墨学文化研究基金，争取国内外的捐赠；

(十)发现、推荐和培养优秀墨学文化研究人才;

(十一)承办政府有关部门委托的工作任务。

第三章　会员

第八条　本会的会员种类为个人会员和单位会员。个人会员是学会的主体。单位会员包括学术单位会员、企业单位会员。

第九条　个人会员条件:

(一)遵纪守法,拥护本会的章程;

(二)有加入本会的意愿;

(三)发表过墨学学术论文或学术专著;

(四)在本会的业务领域内具有一定的影响;

(五)热心参与并支持学会工作的人士。

第十条　单位会员条件:

(一)学术单位会员:国内有一定数量中国墨子学会会员的研究和教学单位、学术团体;

(二)企业单位会员:愿意参加本会有关活动,支持学会工作的、合法设立的企业。

第十一条　会员入会的程序是:

(一)提交入会申请书;

(二)经本会常务理事会讨论通过;

(三)由本会常务理事会授权秘书处发给会员证。

第十二条　会员享有下列权利:

(一)本会的选举权、被选举权和表决权;

(二)参加本会的学术和其他活动;

(三)获得本会服务的优先权;

(四)对本会工作的批评建议权和监督权;

(五)优先获得本会编辑出版的有关学术资料;

(六)入会自愿、退会自由。

第十三条　会员履行下列义务:

(一)遵守本会的章程,执行本会的决议;

(二)维护本会的合法权益;

(三)完成本会交办的工作;

(四)自愿交纳会费,也可争取为本会捐赠;

(五)向本会反映情况,提供有关资料和研究成果;

(六)恪守学术道德,倡导学术诚信,不断补充更新知识。

第十四条　会员退会应书面通知本会,并交回会员证。会员如无故三次以上不参加本会活动的,视为自动退会。

第十五条　会员如有严重违反本会章程的行为,经常务理事会表决通过,予以除名。

第四章　组织机构和负责人产生、罢免

第十六条　本会的最高权力机构是会员代表大会,会员代表大会的职权是:

(一)制定和修改章程;

(二)选举和罢免理事;

(三)审议理事会的工作报告和财务报告;

(四)决定终止事宜;

(五)决定其他重大事宜。

第十七条　会员代表大会必须有2/3以上的会员代表出席方能召开,其决议须经到会会员代表半数以上表决通过方能生效。

第十八条　会员代表大会每届4年。因特殊情况需提前或延期换届的,经理事会表决通过,报教育部审查并经民政部批准同意。但延期换届最长不超过一年。

第十九条　理事会是会员代表大会的执行机构,在闭会期间领导本会开展日常工作,对会员代表大会负责。

第二十条　理事会的职责是:

(一)执行会员代表大会的决议;

(二)选举和罢免会长、副会长、秘书长、常务理事;

(三)筹备召开会员代表大会;

(四)向会员代表大会作工作报告和财务报告;

(五)决定会员的吸收或除名;

(六)决定设立办事机构、分支机构、代表机构和实体机构;

(七)决定副秘书长、各机构主要负责人的聘任;

(八)决定聘任本会的名誉会长、顾问;

(九)领导本会各机构开展工作;

(十)制定内部管理制度;

(十一)决定其他重大事项。

第二十一条 理事会须有2/3以上理事出席方能召开,其决议须经到会理事2/3以上表决通过方能生效。理事不能到会,可委托代表参会,并有委托投票权。

第二十二条 理事会每年至少召开一次会议;情况特殊的,也可采用通讯形式召开。

第二十三条 本会设立常务理事会。常务理事会由理事会选举产生,在理事会闭会期间行使第二十条第一、三、五、六、七、八、九、十的职权,对理事会负责(常务理事人数不超过理事人数的1/3,由会长、副会长、秘书长、副秘书长等组成)。

第二十四条 常务理事会须有2/3以上常务理事出席方能召开,其决议须经到会常务理事2/3以上表决通过方能生效。

第二十五条 常务理事会至少半年召开一次会议;情况特殊的也可采取通讯形式召开。

第二十六条 本会的会长、副会长、秘书长、副秘书长必须具备下列条件:

(一)坚持党的路线、方针、政策,有良好的品行和学风;

(二)在本会业务领域内有较大的影响;

(三)最高任职年龄不超过70周岁,秘书长为专职;

(四)身体健康,能坚持正常工作;

(五)未受过剥夺政治权利和刑事处罚的;

(六)具有完全民事行为能力。

第二十七条 本会会长、副会长、秘书长、副秘书长如超过最高任职年龄的,须经理事会表决通过,报教育部审查并经民政部批准同意后方可任职。

第二十八条 本会会长、副会长、秘书长任期4年,任期最长不得超过两届,因特殊情况需延长任期的,须经会员代表大会2/3以上会员表决通过,报教育部审查并经民政部批准同意后方可任职。

山东大学与滕州市是本会的发起单位,为有利于工作,根据任继愈教授等专家建议,山东大学与滕州的同志,在本会中的职务为岗位职务,随着人事变动而变动,新任职同志需经理事会表决通过后履职。

第二十九条 会长为本会法定代表人。因特殊情况,经会长委托、理事会同意,报教育部审查并经民政部批准后,可以由秘书长担任法定代表人。本会法定代表人不兼任其他团体的法定代表人。法定代表人代表本会签署有关重要文件。

第三十条　本会会长行使下列职权:

(一)召集和主持理事会、常务理事会;

(二)检查会员代表大会、理事会、常务理事会决议的落实情况;

(三)代表本会签署有关重要文件。

第三十一条　本会秘书长行使下列职权:

(一)主持办事机构开展日常工作,组织实施年度工作计划;

(二)协调各分支机构、代表机构、实体机构开展工作;

(三)提名副秘书长以及办事机构、分支机构、代表机构和实体机构主要负责人,交理事会或常务理事会决定;

(四)决定办事机构、代表机构和实体机构专职工作人员的聘用;

(五)处理其他日常事务。

第五章　资产管理、使用原则

第三十二条　本会经费来源:

(一)会费;

(二)捐赠;

(三)政府资助;

(四)在核准的业务范围内开展活动或服务的收入;

(五)其他合法收入。

第三十三条　本会按照国家有关规定收取会员自愿缴纳的会费。

第三十四条　本会经费必须用于本章程规定的业务范围和事业的发展,不得在会员中分配。

第三十五条　本会建立严格的财务管理制度,保证会计资料合法、真实、准确、完整。

第三十六条　本会配备具有专业资格的会计人员。会计不得兼任出纳。会计人员必须进行会计核算,实行会计监督。会计人员调动工作或离职时,必须与接管人员办清交接手续。

第三十七条　本会的资产管理必须执行国家规定的财务管理制度,接受会员代表大会和财务部门的监督。资产来源属于国家拨款或者社会捐赠、资助的,必须接受审计机关的监督,并将有关情况以适当方式向社会公布。

第三十八条 本会换届或更换法定代表人之前必须接受民政部和教育部的财务审计。

第三十九条 本会的资产,任何单位、个人不得侵占、私分和挪用。

第四十条 本会专职工作人员的工资和保险、福利待遇,参照国家有关规定执行。

第六章 章程的修改程序

第四十一条 对本会章程的修改,须经理事会表决通过后报会员代表大会审议。

第四十二条 本会修改的章程,须在会员代表大会通过后15日内,经教育部审查同意,并报民政部核准后生效。

第七章 终止程序及终止后的财产处理

第四十三条 本会完成宗旨或自行解散或由于分立、合并等原因需要注销的,由理事会或常务理事会提出终止动议。本会终止动议须经会员代表大会表决通过,并报教育部审查同意。

第四十四条 本会终止前,须在教育部及有关机关指导下成立清算组织,清理债权债务,处理善后事宜。清算期间,不得开展清算以外的活动。

第四十五条 本会须经民政部办理注销登记手续后即为终止。

第四十六条 本会终止后的剩余财产,在教育部和民政部的监督下,按照国家有关规定,用于发展与本会宗旨相关的事业。

第八章 附则

第四十七条 本章程经2020年11月20日会员代表大会表决通过。

第四十八条 本章程的解释权属于本会的理事会。

第四十九条 本章程自民政部核准之日起生效。

附录3:《墨子研究论丛》(十三)论文目录

察应坤:《吕振羽对墨子三次不同身份的判断及指向》

陈建华:《试论墨子的工匠思想》

陈克守:《墨家的“通意”论》

陈卫平 王 磊 陈 沅 李 蔚:《兼爱非攻:实力支撑下的理想与自信》

褚丽娟:《晚清墨学的现代性重构——有关传教士艾约瑟墨学研究的几点认识》

崔壬杰:《〈周易〉同人卦与墨子兼爱思想——兼论墨子(墨家)兼爱大同的理想世界》

〔日〕冈本光生:《关于“自爱”的个人发现》

盖立涛:《墨家新仁学思想探微》

郭金鸿:《借鉴墨学的创新精神,增强文化自信》

韩国建:《关于〈墨经〉中的矛盾律问题》

侯东风:《子墨子第一个“子”应是“宗子”,“墨”和“翟”与职业相关,墨子字“易”》

黄大昭:《墨子的人文思想对设计活动的影响》

姜宝昌:《〈经下3〉〈经说下3〉试解(纲目)》

可晓峰:《新时代文化自信与墨子的兼爱思想和天下观念》

李京珍:《论墨子“非命”思想理念下的创业观》

李　巍:《作为伦理主张的墨子“知类”说》

李贤中:《墨家与先秦诸子思想的交锋与整合》

李宗易　朴炳久:《墨子“义利观”与世界公民价值观分析》

梁靖茹:《墨子“兼爱”“非攻”与“人类命运共同体”》

刘亚兰　杨艳梅　王洪见　白真祯:《浅谈〈墨子〉的“非乐”观及其现实意义》

刘永在:《墨学即常识,墨者永在行——墨家思想与文化自信》

卢凤鹏:《〈墨经〉疑难字研究之八——兼及〈汉语大字典〉编纂疏漏》

陆启光:《墨子是世界上最早的职业教育家》

吕靖雪:《墨家对侠义精神的影响》

马晓彤:《和评论:基于墨学思想的社会发展理论》

秦彦士:《墨子与曼德拉思想的比较——兼论墨学与人类命运共同体》

任守景:《立德树人　全面发展——墨子职业教育思想探寻》

商原李刚:《墨子“尊天明鬼”学说的社会批判价值》

宋赛花:《墨子的社会思想》

宋守山:《墨子“尚同”及其现代价值研究》

孙君恒　陈久云:《墨子没有被尊称为武圣的原因》

孙天胜:《论墨子的人格魅力》

孙中原:《〈墨经〉科学宇宙观》
谭家健:《〈墨子〉的文学价值和历代评点》
童恒萍:《墨家性染论及其对后世的影响》
王洪见　刘树勇:《"墨子号"与墨家探测技术的发展》
王洪鹏　梁丽红:《不忘墨子初心提升文化自信——浅谈小孔成像的背景知识与"墨子号"量子卫星》
王　凯　罗　叶:《墨子节俭思想对廉政建设的启示》
王玉婷:《"世纪学人"蔡尚思的墨学思想初探》
王兆春:《〈墨经〉疑难字研究之九——兼及〈汉语大字典〉编纂疏漏》
夏　伟　肖　坤:《厚植工匠文化,培养工匠人才,培育工匠精神》
解启扬:《墨子与佛教——学术史视角》
薛柏成:《论墨家思想与文化自信》
杨　文:《〈墨经〉科学的世界意义》
杨武金:《墨家关于理性与意志的思想》
翟奎凤:《另一种"三表":论〈墨子〉天、鬼、人之"三利"主义》
张仁明:《〈墨经〉疑难字研究之七——兼及〈汉语大字典〉编纂疏漏》
张幼林:《用生命呼唤墨子归来——为纪念中国墨学第二次复兴肇始30周年而撰写》
朱传棨:《论墨家文化在传统文化中的历史地位及其意义》
颜玉明:《墨子鲁班文化的品牌塑造与推广》
高炯干:《〈圣匠鲁班〉的启示》
李国良　王　斌　公海娜:《鲁班文化融入土建类职业院校社团建设研究》
刘焕云:《台湾鲁班信仰及巧圣仙师庙宇之研究》
刘章庆:《鲁班的工匠精神及其在华为的实践》
曲洪祎:《乡村振兴背景下传统民居营造技艺以及匠人调查研究——基于章丘三村的考察》

附录4:2020年墨学研究硕士、博士学位论文目录

陈　倩:《人类命运共同体视域下墨子兼爱思想研究》,黑龙江大学硕士学位论文,2020年。

符小勇:《梁启超"新墨学"思想研究》,湖南科技大学硕士学位论文,2020年。

胡　磊:《墨家"兼相爱、交相利"伦理思想研究》,华中师范大学硕士学位论文,2020年。

况　影:《墨子"贵义尚利"的伦理思想研究》,杭州师范大学硕士学位论文,2020年。

李赛赛:《墨子教育思想在初中〈道德与法治〉教学中的应用研究》,信阳师范学院硕士学位论文,2020年。

李树明:《梁启超哲学思想中的墨子观》,黑龙江大学硕士学位论文,2020年。

刘志强:《墨子非攻思想及对构建人类命运共同体的伦理价值研究》,山东师范大学硕士学位论文,2020年。

孙洪静:《梁启超对墨家逻辑思想的探究》,黑龙江大学硕士学位论文,2020年。

许钰滢:《墨子教育思想对当代大学生思想政治教育的启示》,太原科技大学硕士学位论文,2020年。

于梦月:《墨子国家起源思想简论》,华侨大学硕士学位论文,2020年。

张　博:《墨子"兼爱非攻"的国家间政治思想研究》,辽宁大学硕士学位论文,2020年。

张　静:《墨子天人观探讨》,河南大学硕士学位论文,2020年。

赵文婷:《墨子"崇义"思想对大学生思想政治教育的当代价值》,陕西科技大学硕士学位论文,2020年。

赵振鹏:《〈墨经〉中的"类"思想研究》,南京大学硕士学位论文,2020年。

朱亚彬:《墨家谬误理论研究》,燕山大学硕士学位论文,2020年。

沈传河:《清代墨学研究》,扬州大学博士学位论文,2020年。

2021 年

1 月，举办“弘墨鉴心”首届全国书画作品展。

为深入贯彻习近平新时代中国特色社会主义思想，弘扬中华优秀传统文化，坚定文化自信，繁荣文艺创作，集中展示“墨子故里”山东省滕州市墨子研究及墨学文化弘扬取得的成就，在第八届墨子文化节暨第十三届国际墨子鲁班学术研讨会期间，中国墨子学会、山东墨子基金会、滕州市委宣传部、滕州市墨子研究中心、滕州市文联等联合承办举办了“弘墨鉴心”首届全国书画作品展。

“弘墨鉴心”首届全国书画作品展，共收到来自全国各地的书法、绘画、篆刻作品 600 余件。这些作品神饱气足、风格各异、流派纷呈，具有鲜明的艺术特色。经过专家评审，“弘墨鉴心”首届全国书画作品展共评出一等奖 2 名、二等奖 5 名、三等奖 10 名，入展作品 134 件，入选 145 人。

3 月，实施滕州市龙泉文化广场综合提升工程项目。

滕州市龙泉文化广场综合提升工程是滕州市委、市政府立足群众需求和塑造精致现代城市风貌的现实需要而实施的一项民心工程，也是滕州市 2021 年度二十大民生实事之一。此次提升主要根据“一塔六馆”既有布局，补充和完善景区服务配套设施；按照兼收并蓄的原则，对该区域南北主轴等主要道路设计方案进行优化完善，广场铺装在原有基础上进行修缮提升，利用绿化设计烘托气氛，合理组织地面、地下交通流线等。工程改造绿化面积 1.5 万平方米、广场及人行道铺装 3 万平方米、增设室外排水管道 800 米、给水管道铺设 916 米、景观电气安装 289 套、新建公厕两座，新建南北道路长 193 米、宽 13 米，新建东西道路长 193 米、宽 20 米。

4 月,《墨学研究口述史》采编工作正式启动。

4 月 20 日,《墨学研究口述史》采访组一行四人赴济南采访中国墨子学会特约咨询、墨学研究专家、墨子研究中心原主任李广星,标志着《墨学研究口述史》采编工作正式启动。

《墨学研究口述史》是列入山东省传承发展中华优秀传统文化工作方案的研究项目,通过前期多方论证,认真准备,采编工作正式进入实施阶段。李广星作为墨子研究中心第一任领导,是滕州市墨学研究事业发展的亲历者、见证者和推动者,三十多年来一直致力于墨学文化的研究、传承和普及工作。李广星对开展《墨学研究口述史》工作给予充分肯定和大力支持。采访中,李广星结合自己亲身经历讲述了三十年来墨学研究从筚路蓝缕,逐步开拓创新,到如今发展兴盛的情况,并对下步工作开展寄予殷切期望。

墨学研究的发展离不开老领导、老专家的关心支持,离不开他们的艰辛付出,通过采访三十年来墨学文化发展历程中重要的人物,把墨学研究的重要节点、重大事件以图片、音频、影像等形式展现出来,对于充实完善墨学研究史实资料,传承、弘扬墨学文化,促进墨学研究的健康持续发展具有十分重要的现实意义和研究价值。

5 月,滕州市墨子研究中心办公室顺利完成事业单位改革工作。

滕州市墨子研究中心办公室成立深化事业单位改革工作领导小组,由主要负责同志牵头,顺利完成了本单位改革的各项工作。改革后,共设主任 1 名(副处级),副主任 2 名(正科级)。内设机构科级领导职数 7 名,其中正科级 2 名、副科级 5 名;下设墨子纪念馆、墨砚馆、鲁班纪念馆,馆长配副科级领导干部。增加编制 11 名,核定事业编制 35 名,增设了文博管理科、宣传文创科两个副科级内设机构,为墨子鲁班文化事业进一步发展奠定了坚实基础。

7 月,滕州市墨子研究中心“鲁班大讲堂”研学游互动体验中心启用。

滕州市墨子研究中心倾力打造的“鲁班大讲堂”研学游互动体验中心启用,

为中小学生提供了一处极富人文情怀的研学游基地。

研学旅游作为近年来我国出现的一种新型旅游形式，逐渐成为当前旅游领域新的发力点和创新育人方式、推进素质教育的特色教育手段，深受广大学生和家长的青睐。滕州市墨子研究中心在党史学习教育中，积极开展“我为群众办实事”活动，通过争取上级资金，对墨子纪念馆、墨砚馆、鲁班纪念馆游客服务中心进行高标准改造，依托三馆“国家二级博物馆”“全国科普教育基地”“全国优秀科普教育基地”等平台，高质量建设了“鲁班大讲堂”研学游互动体验中心。

“鲁班大讲堂”研学游互动体验中心以“走进墨子鲁班故里，感悟创新创造之源”为建设理念，设有文创产品展示、木工坊、织造坊、印染坊等功能分区，通过实地参观游览、听取现场讲解和“鲁班大讲堂”聆听老师讲课以及鲁班锁拆解等手工操作，让游客和中小学生身临其境感受墨子鲁班伟大发明创造的独特魅力，培养热爱家乡、热爱祖国的高尚情怀，激发创新创造思维能力，增强民族自豪感，坚定文化自信。

9月，“科圣故里，公益福彩”即开型福利彩票“墨子”全国云首发仪式在滕州举行。

9月7日，由山东省福利彩票发行中心、枣庄市民政局、滕州市人民政府主办，枣庄市福利彩票中心、滕州市墨子研究中心和滕州市民政局联合承办的“科圣故里，公益福彩”即开型福利彩票“墨子”全国云首发仪式在滕州市龙泉文化广场举行。中国福利彩票发行管理中心主任安宁，山东省民政厅副厅长冯建国，枣庄市副市长刘吉忠，滕州市委副书记、市长马宏伟出席仪式并推动上市发行启动设备；滕州市副市长张晓翠向滕州市东沙河街道办事处有关负责人捐赠“公益路灯”福彩公益金项目资助；枣庄市民政局局长张峰向滕州市墨子研究中心赠送“墨子”彩票珍藏册，中国墨子学会副会长兼秘书长、滕州市墨子研究中心主任张子玉回赠“收藏证书”。

即开型福利彩票“墨子”是以墨家学派创始人——墨子为画面设计的一款历史文化主题六联票，分别采用“十大主张”“规矩方圆”“小孔成像”“九攻九破”“墨家学派”“光照千秋”六个画面场景来体现其深远的历史影响力。即开型福利彩票“墨子”的发行，对于进一步传承弘扬中华优秀传统文化，推动墨子文化创造性转化、创新性发展具有广泛而深远的影响。同时，该彩票不但具有传统即开票的特点，还有很高的收藏价值，活动现场不少民众排起长队，竞相购买，现场一派热闹场面，彰显了人们对“墨子”这款即开型福彩的喜爱。

9月，滕州市墨子研究中心两个项目获国家社科基金立项。

经全国哲学社会科学工作领导小组批准，滕州市墨子研究中心申请的国家社科基金社科学术社团主题学术活动“墨学思想及其当代价值研究”和“‘鲁班文化与工匠精神’鲁班文化学术研讨会”获准立项，项目类别分别为课题研究类和学术会议类，资助金额分别为20万元和10万元。

国家社科基金社科学术社团资助项目为新设立的国家社科基金特别委托项目，实行绩效导向、竞争择优、定额资助，旨在以国家资助支持优秀社科学术社团活动，提升社科学术社团学术水平、活动质量和发展能力。社团主题学术活动资助主要有学术研究类、学术会议类和国际学术交流类。2021年教育部重点联系的全国性社科学术社团共获批学术活动项目34项，其中，山东省立项7项。滕州市墨子研究中心通过中国墨子学会申请的学术研究类和学术会议类两个项目均获批立项，数量列省内第一。这是滕州市墨子鲁班文化研究工作首次申报国家级项目、首次获得国家级项目资助，对于扩大滕州市作为“墨子鲁班故里”的对外影响力和知名度将起到积极的推动作用。

9月，墨子鲁班文化元素亮相第二届中国国际文化旅游博览会。

9月16日至20日，第二届中国国际文化旅游博览会在山东国际会展中心成功举办。此届博览会以“庆祝建党百年，共享盛世文旅”为主题，17个国家驻国内相关文旅机构、22个省区市、全省16市26区县共同参展，参展商达2600余家，参展展品50余万件。其中，以墨子鲁班文化元素为设计主题的文创产品备受关注。

展会现场，墨子鲁班系列文创产品以丰富的文化内涵、新颖独特的创意设计，成为此届博览会滕州展区的一大亮点。此次亮相的文创产品有墨子鲁班精装书籍、墨子鲁班铜像、名人纪念币、鲁班扑克牌、纸扇等。以鲁班卯榫结构为原理制造的鲁班锁、东方之冠为代表的各种建筑造型深受青睐，吸引了大批观众驻足观看。

10月20日，第五届鲁班文化节在济南开幕。

10月20日，由中国墨子学会、山东建筑大学、滕州市人民政府主办，山东建筑大学马克思主义学院、滕州市墨子研究中心承办的第五届鲁班文化节在济南隆重开幕。来自海内外近百名鲁班研究专家、学者汇聚一堂，共同就鲁班文化研究展开深入交流。中国墨子学会会长、山东大学原党委书记李守信，中国墨子学会副会长、山东建筑大学党委书记陈国前，山东建筑大学党委副书记张祥云，鲁班研究专家、国家一级编剧王中，中国墨子学会副会长、青岛大学文学院院长王凯应邀出席会议。滕州市领导陈永生、马宏伟、李健、宗大全、薛登峰、康凤霞出席开幕式。

此次节会以“弘扬大国工匠精神，激发创新创造活力”为主题，与山东建筑大学建校65周年系列活动紧密结合，精心设计了鲁班文化学术研讨会、大国工匠报告会、鲁班文化进校园等系列主题活动，旨在进一步传承劳模精神劳动精神工匠精神，挖掘滕州文化底蕴，彰显滕州历史名城魅力，推进中华优秀传统文化创造性转化、创新性发展，不断提升文化自信，为加快现代化强市建设提供强大精神动力。

李守信在开幕式上讲话。他指出，“滕州是中国古代能工巧匠‘双璧’墨子鲁班的故乡。鲁班文化作为中华优秀传统文化的重要组成部分，在今天仍蕴含着深厚的精神内涵。第五届鲁班文化节是我们贯彻落实习近平总书记重要讲话精神，勠力同心把墨子鲁班文化研究、传承、弘扬推向新高度的重要举措。希望各位专家学者充分利用鲁班文化节这一平台，进一步加强交流，深入挖掘鲁班文化的现代价值，赋予其新的时代使命。建议滕州进一步加强对墨子鲁班文化资源的开发利用，努力打造特色文化产业，把历史文化资源转化为现实生产力。中国墨子学会、山东建筑大学和滕州市要加强联系，紧密合作，携手并进，让鲁班的工匠精神、创新精神在中华民族伟大复兴历史进程中绽放出更加夺目的光彩”。

陈国前在讲话中指出，“滕州是鲁班故里、中国建筑之乡，是山东省人口最多的县级市，区位优势明显，自然资源丰富，基础设施完备，产业特色显著，发展潜力巨大。山东建筑大学作为我省最重要的建筑人才培养基地之一，在新型城镇化建设、建筑工业化、绿色建筑、智慧城市、古建筑保护等领域发挥了积极作用。今年是学校建校65周年,多年来学校传承墨子鲁班精神,激励学生思辨求新,积极进取,着力培养高素质应用型创新人才,一大批当代'鲁班'遍及齐鲁、造福四方,为山东经济社会发展特别是建筑事业发展作出了应有的贡献。下一步,我们将继续发挥人才集聚优势和学科特色,深入开展鲁班文化专题研究,力求推出一批高质量理论成果。积极与滕州开展产学研合作,进一步建立起长期紧密、富有实效的全面合作关系,努力为区域经济和社会发展作出新的更大贡献”。

滕州市委书记陈永生代表市委、市政府向出席此次盛会的各位嘉宾、领导和社会各界表示热烈欢迎和衷心感谢。在简要介绍滕州历史文化和经济社会发展情况后,他指出,“鲁班工匠精神,是中华优秀传统文化的重要组成部分,也是滕州独有的地域文化符号。近年来,在各位领导和专家的关心支持下,我们坚持'挖掘、开发、研究、普及、传承'并重,与山东建筑大学联合成立了鲁班文化研究院,设立鲁班文化研究基金,先后成功举办十三届国际墨子鲁班学术研讨会和四届鲁班文化节,打造了鲁班纪念馆、鲁班湿地公园等一批文化传承载体,鲁班文化和工匠精神已经成为激励后人艰苦奋斗、开拓创新的巨大精神力量。本届鲁班文化节形式多样,内容丰富。我们相信有各级领导的关心支持,有各位专家、各界朋友的共同努力,一定能够把本届鲁班文化节办成一次智慧碰撞、百家争鸣、融合创新的学术盛会,成为特色鲜明、精彩圆满、影响深远的文化盛会。我们将以本届鲁班文化节为新的起点,认真听取各位领导、各位专家提出的宝贵意见建议,深入挖掘鲁班文化资源,探索更多弘扬优秀传统文化的'滕州路径''滕州模式',推动鲁班文化更快更好走向全国、走向世界”。

中国墨子学会第一副会长,滕州市委副书记、市长马宏伟主持开幕式。开幕式上,山东建筑大学马克思主义学院院长张鹏代表中国墨子学会发布了鲁班文化研究暨“鲁班文化与工匠精神”鲁班文化学术研讨课题。与会领导共同为第五届鲁班文化节开幕推动启动杆。

10月22日,第二十五期滕州大讲堂暨“大国工匠”报告会举行。

10月22日,第五届鲁班文化节主题活动之一的第二十五期滕州大讲堂暨“大国工匠”报告会在滕州市政务中心举行。报告会由市委、市政府主办,市委组织部、市委宣传部、市墨子研究中心承办,邀请全国劳模、党的十八大代表、全国优秀共产党员、中铁集团“大国工匠”窦铁成作专题辅导报告。中铁一局山东指挥部指挥长范立波，中铁一局电务公司党委委员、工会主席、副总经理白明涛应邀出席报告会。滕州市委常委、宣传部部长康凤霞，市人大常委会副主任郭传伟，市政协副主席李培永，市墨子研究中心党组书记、主任张子玉出席报告会。

窦铁成在报告会上作了题为“传承红色基因牢记初心使命——用不懈奋斗谱写人生最美华章”的专题报告，报告内容丰富，语言生动，使与会人员深受启发、受益匪浅。

滕州市委常委、宣传部部长康凤霞主持报告会。

10 月 22 日，滕州市墨子研究中心举办“墨子鲁班文化进校园”活动。

10 月 22 日，滕州市墨子研究中心在杏花村小学举行“墨子鲁班文化进校园”活动，进一步纵深推进中小学德育工作，引导广大中小学生学习、崇尚、践行、传播中华优秀传统文化，营造浓厚的校园文化氛围。

此次活动是第五届鲁班文化节主题活动之一，活动中，同学们集中观看了鲁班文化图片展，围绕鲁班文化、工匠精神，给学生们开设了精彩的讲座，阐释了鲁班文化的丰富内涵，阐明了鲁班文化在当今的时代价值，揭示了鲁班的思想智慧在创新创造、学生教育、做人与做事等方面的启示意义，事例鲜活，生动风趣，引人入胜，让学生们对鲁班文化有了新理解、新认识。

12 月，张子玉主编《墨子研究论丛》(十四)由山东大学出版社出版发行。

该书共收录参加第十三届国际墨子鲁班学术研讨会的专家学者论文 32 篇，主要研究成果有以下几个方面。

关于儒墨会通与国家治理

朱传棨：《墨家社会政治观的现当代性刍议》

在中华优秀传统文化研究中，如何体现创造性转化和创新性发展的原则？对这个问题，在已有传统文化研究中甚为罕见，特别是对儒家文化的研究，无论是对原典的诠释,还是对其思想观点的逻辑论析,似乎存在着颂扬多于转化、沿袭多于创新的现象。因此,对中华优秀传统文化的研究要有科学的视角和方法。作者认为,要以整体观对中国数千年传统思想文化的演进和发展,进行历史的和逻辑的科学分析。从整体上揭示诸学派的学说思想相互渗透和影响的关系,从中汲取其思想文化的精华,进行与当代文化相融合、与现实发展相协调的研究。因为,任何学说和思想观念,特别是对社会历史产生过重大影响的学说和思想观念,一经产生不仅有其相对独立发展的规律性,而且它还会渗透到整个文化思想发展中。任何一个学派的思想观念、哲学概念不仅要与其共存的其他学派的哲学思想产生相互影响、相互渗透的关系,而且还同其以前和以后的哲学观念发生沿袭与变革、吸收和剔除的相互关系。这既是创造性转化和创新性发展的思想前提,也是研究儒墨融合和互补的思想前提,还是研究墨家思想学说当代意义的方法论原则。依据这种方法原则,把墨家思想放在整个中华优秀传统文化数千年的历史发展中,对其进行深刻的分析和研究,就可以揭示其学说中具有现时代意义的文化基因,使之与当代文化相融合,与现实发展的要求相协调。同时,也可以揭示其社会政治观、价值观、伦理观、科技观乃至人才观和劳动观等对其他学派特别是对主流学派的影响和渗透。

作者从“墨家社会政治观的理论基础和为政之本”“农与工肆是社会发展和国家稳固的支柱”“推行兼爱非攻,倡导节俭利民”三个方面进行了论述,认为墨家的社会政治观具有历史意义和进步意义。墨子强烈要求变革以周礼为主导的贵族等级制度,主张建立为万民兴利除害尚贤、尚同的平民民主制度;高扬农与工肆创造历史的作用,注重“强本”,突出农事的重要意义;崇尚节俭,改变陋习,以净化社会风尚;推行兼爱、非攻,营造和谐环境;等等。这些主张和举措,对于现当代社会均具有研究和借鉴意义。

张子玉、刘大林:《墨子“节用”思想蕴含的国家治理智慧》

文章指出,“崇俭节用”是中华民族的传统美德,也是中华民族十分重要的价值观念取向。2000多年前,墨子提出“节用”思想主张,提倡厉行勤俭节约,反对奢侈浪费,其“俭节则昌,淫佚则亡”的命题潜移默化影响了一代又一代中国人的道德实践。之后历经历史长河的积淀,节用思想逐步演变为一种烛照千秋的文化精神,不仅对中华民族产生了深远影响,更对中国勤俭节约、艰苦奋斗的优秀传统以及中华民族精神之形成,发挥了至关重要的促进作用。习近平总书记强调，中华民族在几千年历史中创造和延续的中华优秀传统文化，是中华民族的根和魂。艰苦奋斗、勤俭节约思想中所蕴含的民族精神、价值理念、使命担当都是对中华优秀传统文化的继承和发展。在全面建设社会主义现代化强国的时代背景下，墨子节用思想蕴含的治国理政智慧，不仅为我们认识和改造世界提供了有益启迪，而且也为国家治理提供了有益启示，为道德建设提供了有益启发。

关于儒墨两家的学术批评与优势互补

高华平：《儒、墨的互绌与互补——先秦儒、墨之间的学术批评》

作者认为，儒家和墨家是先秦诸子中的两个重要学派，他们从一开始就具有一种互绌互补的关系。这种互绌互补的关系主要表现为他们之间的学术批评与反批评。先秦墨家主要批评了儒家“以天鬼为不明”“厚葬久丧”“弦歌鼓舞”“以命为有”等“四政”；而先秦儒家则主要有公孟子对墨家“好辩自炫”的批评，孟子、荀子对墨家“兼爱”说的批评，孔鲋对墨家“非礼”的反诘，以及儒者董无心对墨者缠子“有鬼”说的批评等。先秦儒、墨相互之间的学术批评，也充分彰显了各自的思想特点和理论缺失。今天研究先秦儒、墨之间的学术批评，就是要站在客观公正的立场上，找到其学术思想的优缺点，然后加以批判、继承、融合、创新，使中华优秀传统文化资源为今天中华民族的伟大复兴作出更大的和更积极的贡献。

薛柏成：《关于“儒墨互补”问题研究的再认识》

文章认为，“儒墨互补”应是今天中华优秀传统文化传承体系建设的重要方法论之一，在当前中华优秀传统文化传承发展过程中，必须把所谓“精英文化”与“平民文化”有机对接，使墨家思想最优秀的文化基因与当代文化相适应.与现代社会相协调。儒墨互补对当今新文化构建及社会治理有重要的启示：在哲学上，儒墨互补能使“以人为本”理论更具体化；在政治上，儒墨互补能让社会主义政治更加民主化；在经济上，儒墨互补能使公平和效率比更为平衡；在思想上，儒墨互补能使儒家道德理想主义与墨家理性经验主义结合得更为合理；在文化上，儒墨互补能对当今中西文化的交融更具指导价值。

李贤中：《墨家方法论的发展与应用》

文章指出，墨家思想蕴含思想单位的结构与发展思路，虽然未被明确提出，但是我们可以从其各篇章的运思与表达发掘此隐含的方法。并且,此“思想单位”一方面取法于墨家思想,另一方面也可以作为进一步发展现代墨学的方法。

从思想单位的主要问题来看,这是有关“要怎样”的问题。此问题联系着其他系列问题,如在进入21世纪后,这个墨家视野下的“天下”有什么、是什么,我们应怎样做才符合现代的情境构作与情境处理。

该文从墨家思想的论述方法、表达方式中撷取并提炼出“思想单位”的方法,并希望学者尝试用这种方法构作各层面的墨家式思想单位,进而结合这些单位,构建现代墨学的完整理论体系。此理论体系一方面涉及各领域知识,也是科技整合的系统知识;另一方面也一定要与实践结合,以发挥其理论价值作用,逐步改善今日天下,完成墨家终极理想。

关于墨家思想与人类命运共同体及传统文化创造性转化、创新性发展

孙中原:《“兼爱”逻辑论证与人类命运共同体构建》

作者指出,墨家兼爱说的元性质,是把全人类看作命运共同体,由此引申出普遍地爱全人类,自始至终用逻辑学的理论方法,论证爱的穷尽性、无遗漏性、交互性、平等性、整体性、不可分割性、彻底性与普遍性。兼爱是墨家显学的美好理想、善良愿望与奋斗目标。

墨家兼爱说的理论基础,是全人类的共同本性论,其理论要点有三。第一,人生论:全人类命运共同体所有个体的生命存在论,衣食住行,饮食男女。第二,人权论:所有个体的人权享有论,劳动、休息与发展权。第三,人格平等论:所有个体互尊彼此的独立人格。以上理论要点,贯穿于公元前5世纪至前3世纪墨家显学对兼爱说的全部逻辑论证,始终如一。

作者通过对23例墨家兼爱说的逻辑论证得出结论:墨家兼爱说,包含对现代和未来有重要意义的人文精神与人道主义启示。在世界一体化和全球化的新时代,墨学兼容儒学与诸子学,创造性转化,创新性发展,为振兴中华、实现中华民族伟大复兴的中国梦、构建人类命运共同体提供锐利的思想武器和强大的精神动力。

杨武金:《墨家“尚贤”“尚同”思想的创造性转化与创新性发展》

文章指出,众所周知,墨家的兼爱思想着眼于处理人和人之间的关系,这种人和人的关系表现在政治上主要呈现为国家或社会集团与个人之间的关系。

兼爱是墨家思想学说中最为核心的主张。那么,兼爱理想又应该怎样来加以实现呢?即究竟需要什么样的人,这些人又怎么样来实行兼爱的问题。政治的实质就是管理,谁来管理、怎样管理,这是政治的核心问题。墨子主张,必须要贤人用智慧的方法管理国家。人和制度是政治的核心与关键问题。

在墨家看来,国家治理最根本的任务就是要尚贤或者聚贤,也就是要把众多的贤人或者才士都集中在统治者的周围。墨子指出:"故大人之务,将在于众贤而已。"(《墨子·尚贤上》)那么,墨子为什么要将尚贤看得如此重要呢?墨子为什么说"是以知尚贤之为政本也"(《墨子·尚贤中》)?墨家尚贤思想有什么特别的地方?什么样的人才可以说是贤人,也就是贤者的基本标准应该是什么?在墨家看来,一个国家要真正地实现尚贤,最基本的做法是什么?尚贤的基本原则应该是什么?墨家为何要提出用人唯贤、唯才是举的思想主张?墨家的尚同思想究竟是民主制还是专制?该文对这许多问题作出了阐述。

关于墨子思想的多角度研究

姜宝昌:《傅山〈《墨子·大取篇》释〉评述》

傅山(1607—1684),号青主,别号啬庐,阳曲(今山西太原)人。明末清初著名学者,谙经史,研诸子,嗜诗词,好佛理,善书法,主张"经子平等"之说,一时惊动学界。其荦荦大者有三:其一,校勘道藏本《墨子》全书;其二,校改《经上》《经下》《经说上》诸篇(此事不久以前才为人所知,因为一直深藏民间的傅氏手书三篇真迹以及所附文字校改注释,为学人访得);其三,撰《〈墨子·大取篇〉释》。该文专就"大取释"之得与失,予以简要评述。作者的初衷,乃在于长期以来学界不少人以为傅氏此作价值不高,如句读多误、注释未晰之类,不予以理睬,或不够重视。早先注疏家的著述暂且不论,即使近50年来的《墨经》注释作品,对傅氏《〈墨子·大取篇〉释》也十分冷漠。

为使人们更加真实地认识傅氏"大取释"的价值,作者就自己之所知,对傅释一一加以评述。

通过对《〈墨子·大取篇〉释》中57段傅释一一评述,作者认为:傅氏这一"读子"(《百泉帖》)成果给予后学的重要启迪,可以归纳为以下四点。

其一,傅氏准确地把握了《大取》全篇用以阐扬墨家"兼爱"理念的精义与宗旨。尤其对作为"兼爱"主要表现的"节葬",他十分看重,随时随地突出"厚葬诲盗"的思想。有时在人们看来不必理解为"节葬"的某些节段,他也十分自信地作如是解。

其二,傅氏十分重视对语句中某些关键词语(包括实词和虚词)的训释,可以说,此乃清乾嘉时考据兴盛的滥觞。

其三,傅氏对古代哲学中的思辨问题已有若干尝试性的探索。

其四,傅氏认为《大取》全篇文字是一个有机的整体,段与段之间,其意都存在某种必然的联系。

作者同时提出,作为早年试释之作的《墨子·大取》篇释,也不可避免地存在若干缺失和不足。其中,未能发掘墨家"三物论"形式逻辑的存在,是最令人遗憾的事。因为傅氏未能将后文出现的"故""理""类"和前文出现的"三物必具"密接起来,而是将"三物"误释为"所以养生"的鸡、犬、豚。

韩国建:《〈墨经〉中的"名""实"及其关系》

文章指出,《墨经》中的"名"与"实"向来是中国逻辑史学界讨论的主题,其讨论也有相当程度的深入。该文在学界已有讨论的基础上,通过"名""实""命""同""异""体"等讨论《墨经》对于词项与事物及其关系的认识,并联系西方逻辑史上的一些论述,探讨《墨经》中的逻辑思想成果。

《墨经》中的"名"指语词、名称、概念、词项等,"实"一般指客观外界事物,又称实体,而通常指有形体的物体。孙中原说,"实"为"实物,实体,实在"。崔清田说:"'实',指具体事物。"沈有鼎说:"名实关系的问题,可以说是中国古代逻辑思想的中心问题。"名、实及其关系问题是一个重要的问题,反映了词项与事物以及词项的外延、内涵等关系,表现了《墨经》的词项学说。

作者从事物"实"与词项"名",词项"名"的外延;事物"实"与词项"名",词项"名"的内涵;从"同""异""异类"看词项的外延;"异类"——有关分类的一些观点;"名""实"的其他一些论述五个方面讨论了《墨经》条文中"名""实"等所表现的词项与事物以及称谓关系的认识,认为《墨经》中"名"的论述就是《墨经》的词项学说。

《墨经》区分了普通词项和个别词项,涉及范畴、类、个别,有通名、类名、专名。《墨经》提出了词项的同和异,涉及了个别、种、属,同时还涉及了词项的外延和内涵。《墨经》提出了各种异类问题,还提出了专名的使用可以只需指外延,不用其内涵。

该文提出,《墨经》对于词项、词项与事物之间关系还有许多内容可以进一步讨论。

刘成群:《清华简〈治邦之道〉与墨家经济思想》

《清华大学藏战国竹简》第八辑出版后引发了学界的广泛关注。该辑披露八篇文献,皆为传世文献所未载。其中一篇题名为《治邦之道》,整理者认为与墨家学派关系密切,如其指出:"本篇简文的面世,对研究墨家学说及其在战国时期的传播颇有价值。"在第八辑出版之前,整理者就曾写文章论述清华简《治邦之道》的思想与墨家相近,"应是一篇与墨学有关的佚文"。此后,魏栋也指出:"清华简《治邦之道》是与传世文献《墨子》思想关系密切的一篇先秦佚籍。"马腾也对《治邦之道》进行了详细讨论,认为"《治邦之道》确为深富墨学特征的珍稀文献,亦不啻探寻儒墨辨异的崭新门径"。不过,也有学者提出了不同的看法,如陈民镇指出《治邦之道》的某些观点与墨家不合,将其定位为墨家佚书并不合适,"总体来说更接近儒家的旨趣","《治政》与《治邦》的思想总体来说更接近儒家"。李守奎虽然认为对楚人政论文"不宜轻易贴上儒家、墨家等的标签",但还是表述为"《治政之道》(包括《治邦之道》)这种儒家色彩十分浓重的楚人文献",显然是更倾向于将《治邦之道》定位为儒家文献。

作者通过对《治邦之道》中的人口思想、《治邦之道》中的分工思想、《治邦之道》中的工商业思想、《治邦之道》中的"用""利"思想的分析认为,就《治邦之道》整篇思想而言,的确存在儒墨混杂的特点,甚至还显示了一定的黄老思想的痕迹,一些学者因而提醒说"不宜轻率定性"。从严谨性的角度来说,这种提醒是非常有道理的。尽管先秦时代各学派界限未必像后世认为的那样分明,尽管到了战国中后期各学派有走向融会的某种态势,但不能否认的是,《治邦之道》确乎存在较为明显的墨家思想因素。尤其从人口、分工、对工商业的重视以及"用""利"思想等经济思想角度来说,《治邦之道》中的相关观念的确更为接近墨家学派的主张,而与其他学派则存在较为明显的差异。

童恒萍:《墨子与荀子环境伦理观之比较》

文章指出,当今重新挖掘墨子、荀子思想中的精华,尤其是比较研究荀子与墨子的环境伦理观思想,无疑对构建现代生态文明社会具有很好的借鉴意义。我们应立足于现实发展状况,并从传统文化中挖掘思想资源,寻求其中对于现代社会发展有启示意义的生态文化。墨子以兼爱、非攻、节用为核心的环境伦理观,对建立和谐与可持续发展社会有重要借鉴意义。现今我们要转变人类中心主义和功利主义的心态,必须在生态哲学的基础上建立环境伦理,而“儒家从人与社会的关系来理解环境伦理学,是一个不同于西方的重要的方法。由此出发,可以找到改变西方环境伦理基础的东西”。从人类的认识和感情上同时解决问题,从而从根本上改造人们的环境伦理意识,使之更适应现代生态文明的需要。

比较研究荀子和墨子的环境伦理观具有一定的现实意义,可为现代社会发展找到可行的出路。

张金星:《墨学文化遗产的数字化保护与传承》

文章指出,随着互联网、数字化、大数据、云计算的逐渐发展,对优秀传统文化的保护和传承也进入了数字化阶段。随着时间的推移,书籍和物品会慢慢氧化、发黄、褪色、风化以至最终消失。数字化却可以让文化遗产得以永久、鲜活地保存。

在谈及如何对墨学文化遗产进行数字化保护和传承时,作者给出以下意见:一是建设全球最大、资料最为完备的墨学研究数字化文献资料库。二是配套建设数字化检索系统。三是建设墨学研究专家库。四是建设场馆网上720°VR实景展示。五是建设展品二维码系统,对场馆的不同展品进行二维码标注。六是建设网上点播和直播平台。七是搭建线上问答系统。八是搭建网上文创展品系统。九是建设网上预约系统。十是打造综合宣传矩阵。十一是AI游客智能统计。十二是建设墨子云平台大数据看板。

附录1:《墨子研究论丛》(十四)论文目录

陈克守　唐春瑞:《墨子的“不辩”之辩》

高华平:《儒、墨的互绌与互补——先秦儒、墨之间的学术批评》

郭金鸿:《爱与正义的诠释——墨家思想的现代视野》

韩国建:《〈墨经〉中的“名”“实”及其关系》

黄大昭:《先秦诸子设计思想的文质异趣》

姜宝昌:《傅山〈《墨子·大取篇》释〉评述》

姜宝昌　王　鹏　高　伟:《信阳长台关楚墓竹书为〈墨子〉佚篇质疑——兼论申徒狄不可能是墨子》

李广星:《墨子生卒考论》

李贤中:《墨家方法论的发展与应用》

林晓辉:《墨子开创了语言学转向》

刘成群:《清华简〈治邦之道〉与墨家经济思想》

马　腾:《论清华简〈治邦之道〉的墨家思想》

马　越:《〈墨子〉平均主义思想新议》

孙中原:《"兼爱"逻辑论证与人类命运共同体构建》

童恒萍:《墨子与荀子环境伦理观之比较》

王　凯:《"非命"与"天命"——墨子和孟子对传统天命观的发挥》

魏　艾:《墨家生态思想之"三才"观》

解启扬:《墨学的历史命运与未来趋向》

薛柏成:《关于"儒墨互补"问题研究的再认识》

杨武金:《墨家"尚贤""尚同"思想的创造性转化与创新性发展》

张希宇　陈明元:《试论儒墨优势互补与中华新文化建设》

张晓芒　贾　磊:《儒墨的公私义利观对推类模式前提预设的影响》

张永春:《乾嘉学术与清中期儒墨关系的变动趋向——以汪中儒墨观为中心的考察》

张子玉　刘大林:《墨子"节用"思想蕴含的国家治理智慧》

朱传棨:《墨家社会政治观的现当代性刍议》

巩文学:《中国之治——用墨子"兼爱"思想解读全球新冠肺炎疫情背景下人类健康命运共同体》

刘书玉:《社会发展视域下的儒墨会通探析》

任守景:《打造新时代墨学文化传承新高地——从墨子书院的创建运营看墨学振兴的实践路径》

田　茹:《以殡葬改革谋乡村振兴——践行墨子"节葬"思想的沂水样板解读》

肖　坤:《墨子职业教育思想的传承与转化》

赵富平:《从新冠肺炎疫情防控角度浅谈墨子"尚同"思想》

张金星:《墨学文化遗产的数字化保护与传承》

附录2:2021年墨学研究硕士学位论文目录

白　廷:《墨家“兼爱”论及其对大学思想政治教育的启示》,浙江大学硕士学位论文,2021年。

李　望:《墨子“道技合一”思想探究》,湖南师范大学硕士学位论文,2021年。

刘　蓉:《墨子的教育本质观及其现代启示研究》,广西师范大学硕士学位论文,2021年。

刘苇杭:《墨家思想视域下工匠精神的管理意蕴与新时代建构》,吉林师范大学硕士学位论文,2021年。

钱永棒:《墨家科技渊源考论》,山东大学硕士学位论文,2021年。

沈凯文:《唐代墨学文献辑证与研究》,重庆三峡学院硕士学位论文,2021年。

王　敏:《〈墨子〉艾乔恩英译本中的深度翻译研究》,长春理工大学硕士学位论文,2021年。

王显丰:《论墨子的人生哲学思想》,黑龙江大学硕士学位论文,2021年。

张冬冬:《墨子政治伦理思想研究》,锦州医科大学硕士学位论文,2021年。

张宁宁:《墨学对马克思主义哲学中国化的影响》,昆明理工大学硕士学位论文,2021年。

周　军:《先秦儒家与墨家尚贤思想比较研究》,哈尔滨工业大学硕士学位论文,2021年。

后　记

我与墨子和墨学研究结缘应该追溯到1992年10月在滕州市举办的首届墨学国际研讨会暨墨子科技文化节。

1992年4月间，滕州市为举办好首届墨学国际研讨会暨墨子科技文化节，市委、市政府专门成立了筹备工作小组，组长由时任中共滕州市委常委、市委宣传部部长的付超同志担任，从全市机关和企事业单位协调部分同志参加筹备工作。由于墨子故里——滕州市首次举办这样大型的国际节会，来自海内外的著名学者200多人参加，市里高度重视，精心筹备好开幕式更是被作为头等大事，为此又专门成立了开幕式及文化活动筹备小组，由10名同志组成。我当时在滕州市总工会组织部工作，有幸被组织抽调成为筹备小组一员，在动员大会上，市委主要领导要求我们要抢时间、争速度，高标准地办好此次节会，特别是要全力办好开幕式，向世界展示墨子故里——滕州市的精神风貌。

我被分配负责文化节开幕式参会方队导引员的选拔、培训和组织工作。当时我只有29岁，组织能把如此重要的工作交给我，我很珍惜。在筹备小组各位领导和同仁们的帮助下，我所负责挑选、培训的导引员以昂扬的精神状态、灿烂如花的笑容和一袭白裙白靴，受到所有参会的中外专家和与会领导、市民的一致赞扬，成为开幕式一道亮丽的风景线。在开幕式的群众文艺会演方队经过时，许多参会的外国学者情不自禁地从观礼台走到参演的队伍中，载歌载舞，开幕式成了欢乐的海洋，取得了巨大成功。

时光荏苒，岁月如梭。2011年2月，在组织的关心培养下，我由滕州市经济开发区党工委副书记、善南街道党委书记调任滕州市墨子研究中心办公室主任。在即将到岗时，时任中共枣庄市委常委、滕州市委书记的王忠林同志与我谈话。他首先肯定了我在善南街道办事处、滕州经济开发区近十年(2001.6.25—2011.2.26)的工作，对我即将到滕州市墨子研究中心办公室工作寄予很高的期望,“我认真翻阅了你的档案,结合你曾经的工作经历,希望你在新的工作岗位上,为弘扬传统文化做出新的成绩”。

带着组织和领导的关心,我在滕州市墨子研究中心办公室主任这个职位上一干就是九年(2011.2.26—2020.1.12)。在这期间,顺应新时代发展的要求,在党和国家大力弘扬优秀传统文化的良好环境下,在各级领导和专家的亲切关怀下,在滕州市委、市政府的坚强领导下,在社会各界和全市人民的大力支持下,在墨学研究同仁及滕州市墨子研究中心办公室全体同志的共同努力下,墨学研究事业在以往良好的基础上又有了新的发展,取得了新的成绩。

工作的经历使我增长了才干,成绩的取得归功于大家,想说最多的还是感恩、感谢。

首先要感谢我们所处的这个伟大的时代。这一时期,正是习近平总书记和党中央高度重视中华优秀传统文化的时期。2013 年 11 月 24 日至 28 日,习近平总书记在山东考察工作时,对传承和弘扬中华优秀传统文化作出重要指示。党的十九届六中全会上,习近平总书记进一步强调,要弘扬中华优秀传统文化,推动中华优秀传统文化创造性转化,创新性发展。习近平总书记的讲话为中华优秀传统文化的发展和繁荣指明了方向,也让我们真切感受到肩上的责任。

要感谢中国墨子学会历任名誉会长、顾问、会长、副会长的关心支持和推动。在任滕州市墨子研究中心办公室主任的九年间,我体会最深的也是最令我感动的就是,如果没有中央、省、枣庄市、滕州市各位老领导的关心推动,中国墨子学会和墨学研究事业不会取得如此的成就!从 1991 年 6 月山东墨子学会成立、1992 年 10 月中国墨子学会成立至今三十多年来,先后有多位中央、省、市级领导和著名学者担任中国墨子学会名誉会长、顾问、会长等职务。从 20 世纪 90 年代初墨学研究事业创始时的费孝通副委员长、蔡尚思教授、颜道岸教授、任继愈教授、张岱年教授、陈之安书记、乔幼梅校长、林兆义书记、张知寒教授等,到 21 世纪初的宋健副主席、吴官正书记、姜春云副总理、张全景部长、李景将军、杨斯德将军、李继耐将军、王玉玺副主任、朱传棨教授、潘建伟院士、孙中原教授、姜宝昌教授、谭家健教授、朱正昌书记、李守信书记、王学典教授等,他们不遗余力,全力推动墨学研究事业,并为之营造了良好的发展环境,从而使墨子及墨学研究事业走向全国,走向世界。特别是王玉玺副主任不顾年事已高,始终关注、推动着墨学研究的健康发展。在筹备 2012 年于北京召开的第九届国际墨子鲁班学术研讨会暨中国墨子学会成立二十周年纪念大会期间,老领导抱病亲自带队赶赴北京,向中央首长和有关领导汇报,有时累了就停车在路边稍作休息,缓解病痛后继续工作,令陪同前往的滕州市委常委、宣传部部长孟宪纲和随行的墨子研究中心办公室的同志们深受感动。张知寒教授在20世纪80年代就发起当代墨学研究,在身患多种疾病的情况下,多次奔走,奋力争取,推动了墨学第二次复兴,功绩卓著,可歌可泣。

要感谢中国墨子学会的创始者创立了一套好的机制体制,为墨学研究发展提供了坚实的保障。从成立至今三十多年的实践证明,中国墨子学会的组织框架非常明确且富有成效。据资料显示,1990年11月间,滕州市委书记林兆义、市长张昭、市人大常委会主任郭良志、市政协主席朱锡光与山东大学教授、当代墨学研究发起人张知寒教授在滕州召开座谈会。会后由朱锡光主席牵头去往山东大学联系协商墨学研究之事,时任山东大学党委书记陈之安、副校长乔幼梅大力支持,市委、市政府果断决定,于1990年12月底在滕州成立山东大学·滕州市墨子研究中心,为全额事业编制,核编20人。这在当代墨学研究的历史上具有里程碑的意义,标志着墨学研究从此进入了有组织、有领导、有人员、有场所、有保障的新阶段。三十年来,历任山东大学党委书记均担任中国墨子学会会长,滕州市委书记担任第一副会长,山东大学分管文科教学与科研的副校长、滕州市人民政府市长担任常务副会长。特别是山东大学原党委书记李守信同志,从2011年10月担任会长以来,十多年的时间里,每逢学会和滕州的重大活动,李会长总是挤出时间,百忙中参加,对墨学研究事业倾注了满腔热情。全国政协常委、山东大学儒学高等研究院执行院长、《文史哲》主编、中国墨子学会副会长王学典教授更是心系桑梓,在山东大学和滕州市多方协调,促成了很多重大工作的推进和开展,也使得校地关系更加融洽和谐。滕州市历届市委、市政府主要领导和分管领导高度重视墨学研究,真正做到了人、财、物全力保障、全力支持。这样的组织架构,分工明确,保障有力,使墨学研究事业始终保持勃勃生机,可谓当前校地合作弘扬中华优秀传统文化的成功范例。

要感谢三十多年来积极参与和支持墨学研究事业的国内外专家学者。他们有的年事已高,有的工作繁忙,有的远渡重洋,有的抱病在身,但是对墨子及墨家学说的热爱和执着让他们始终紧紧跟随中国墨子学会的脚步,埋头苦读,细心钻研,使墨子研究成果不断涌现。在一大批老专家的传帮带下,中青年专家不断成长,有的走上了中国墨子学会副会长及常务理事的岗位。更可喜的是不断有大量年轻学子积极投身墨学研究事业,难怪有些专家说:“从来没有哪个学会像中国墨子学会这样紧密,学者们三十年初心不改,砥砺前行!”

要感谢滕州市百万市民和社会各界的支持。墨子和墨学研究事业已经成为墨子故里——滕州市百万人民生活中的一件大事,融入市民的血液之中。“墨子鲁班故里,湿地红荷之都”这块金字招牌已蜚声海内外,从墨子思想中提炼出的“兼爱包容,诚实守信,开放创新,敢为人先”的新时期滕州精神已成为全市人民的行动引领。举全市之力办好国际墨子鲁班学术研讨会和墨子文化节,已成为在滕州市委、市政府坚强领导下的全市人民、社会各界和各级各部门的共识。

要感谢滕州市墨子研究中心办公室的各位同仁。滕州市墨子研究中心办公室从1990年12月成立至今,先后历经李广星、任守景、邵长婕、张子玉、宋捷五位主任。不论在什么时期、什么条件下,滕州市墨子研究中心办公室全体干部职工始终团结一心,集思广益,攻坚克难,与时俱进,取得一个又一个的胜利,以实际行动做响做亮“墨子故里”“鲁班故里”品牌。我在任的九年间,大事、难事多,有时工作任务重、时间紧,同志们都承担了巨大的工作压力,特别是2018年墨子纪念馆、墨砚馆及龙泉文化广场升级改建期间,还要同时筹备第七届墨子文化节暨第十二届墨子鲁班国际学术研讨会,组织中国墨子学会第三届评选表彰工作。研讨会和文化节召开得隆重热烈,两馆改造实现了当年开工、当年建成的目标,墨子纪念馆改造工程还被授予滕州市2018年度精品工程奖!我们以实际行动向市委、市政府和全市人民交上了一份优异的答卷,领导的肯定和市民的认可是对我们最好的奖赏!

衷心感谢中共枣庄市委常委、滕州市委书记王广部同志,滕州市委副书记、市长周刚同志。他们全力支持墨学研究事业,本书在编写和出版过程中,王广部书记、周刚市长给予了极大的关心和支持,王广部书记还为本书写了序言,不胜感激!

感谢山东墨子基金会理事长、滕州市人大常委会原主任杨位明同志,他为本书的编撰提供了良好的工作环境和支持保障。

感谢朱传棨教授、姜宝昌教授、王学典教授、郭震旦教授、李广星主任、任守景主任、张子玉主任、宋捷主任,他们对本书提出了很多好的意见和建议,使本书不断得到完善,朱传棨教授专门为本书写了序言,不胜感激!

感谢我的中学班主任、语文老师蒋振远先生,他不仅是滕州教育界的专家,也是一名墨学研究方面的专家。在本书编撰之初,蒋老师就鼓励我并全程指导。在此表示感谢！

《中国墨子学会与墨学研究三十年》以编年体的形式，全面、客观展现了中国墨子学会与墨学研究三十年来波澜壮阔的历史。文稿中既有本人撰写的部分，也有从中国墨子学会秘书处(滕州市墨子研究中心办公室)积累的相关材料中编辑、整理的部分，涉及年代久远重大事项的部分，又请李广星、任守景两位主任给予补充。应该说《中国墨子学会与墨学研究三十年》是集体智慧的结晶，本人只是起到"搬运工"的作用。谨以此书纪念中国墨子学会成立三十周年，并向为墨学研究事业作出贡献的各级领导、专家学者、社会各界致以崇高的敬礼！

由于本人才疏学浅，编撰过程中还有很多纰漏和不尽如人意的地方，敬请批评指正。

邵长婕

2023 年 4 月